教育部百所重点研究基地
中国政法大学诉讼法学研究院

第26卷

诉讼法学研究

Procedural Law Research

熊秋红 主编

中国检察出版社

图书在版编目（CIP）数据

诉讼法学研究．第二十六卷／熊秋红主编．—北京：中国检察出版社，2022.3

ISBN 978－7－5102－2718－9

Ⅰ.①诉… Ⅱ.①熊… Ⅲ.①诉讼法－法的理论－研究 Ⅳ.①D915.01

中国版本图书馆 CIP 数据核字(2022)第 036286 号

诉讼法学研究（第二十六卷）

熊秋红　主编

责任编辑：常嘉文
技术编辑：王英英
美术编辑：曹　晓

出版发行：中国检察出版社
社　　址：北京市石景山区香山南路 109 号（100144）
网　　址：中国检察出版社（www.zgjccbs.com）
编辑电话：（010）86423709
发行电话：（010）86423726　86423727　86423728
（010）86423730　86423732
经　　销：新华书店
印　　刷：河北宝昌佳彩印刷有限公司
开　　本：710 mm×960 mm　16 开
印　　张：27.25
字　　数：427 千字
版　　次：2022 年 3 月第一版　　2022 年 3 月第一次印刷
书　　号：ISBN 978－7－5102－2718－9
定　　价：95.00 元

诉讼法学研究（第二十六卷）

主编絮语

《诉讼法学研究》初创于2001年，迄今已经出版了25卷。经过编辑部工作人员的共同努力，在中国检察出版社的鼎力支持下，第26卷将于2022年呈现在广大读者面前，这里首先向诸位作者和工作人员表示衷心的感谢！

我们希望通过编辑部工作人员和诸位学者的共同努力，为推进中国特色的程序法治理论研究贡献一份力量，促进我国诉讼法学的繁荣和发展，推动中国程序法治不断进步。本卷《诉讼法学研究》分为“诉讼前沿”“实务研究”“证据专论”“比较研究”和“博士生论坛”五个栏目，汇集了国内外学术名家与青年学者的学术成果，旨在推进诉讼法学研究的学术交流，体现对诉讼理论与实践前沿问题的探索。

“诉讼前沿”栏目刊登了五篇文章。杨宇冠教授和张沈锲撰写的《指导性案例的功能与实现途径研究》一文对英美法系“遵循先例”的判例进化路径和大陆法系“个案规范”的法条演绎路径进行了研究，指出我国司法办案机关选择了“案例指导”的实现路径，未来还需注意发现裁判规则。樊文副教授翻译的萨比娜 格雷斯所著《法庭上的人工智能：刑事审判中机器证据的比较分析》以德国和美国的联邦法为例，强调机器证据在刑事程序中带来的挑战，指出刑事司法制度还没有足够的能力来处理嵌入消费品中的人工智能所产生的各种新型的信息，建议应将对抗制中双方审查证据的制度工具与审问制中在特定条件下的庭外陈述的采纳相结合，以建立起充分的机器证据测试手段。郭志媛教授和朱伟悦合写的《智慧司法背景下在线庭审模式的司法实践审视》一文指出，新冠肺炎疫情期间在线庭审模式对于便利人民群众诉讼、提升审判质效发挥着重要作用，但在线庭审模式仍存在问题，建议应以《人民法院在线诉讼规则》

的出台为契机，统一在线庭审适用平台。王玉晴撰写的《论社会保障视角下法律援助制度的功能定位——从法律援助与社会救助之制度关系入手》从构建中国特色社会保障体系出发，指出应当在理论上重新界定法律援助制度的功能定位及其与社会救助制度之间的关系。马晶撰写的《行政诉讼“一行为一诉”的分阶段功能及其例外情形》对“一行为一诉”的实践难题进行了分析，指出“一行为一诉”的正当性与界限的实质，在于平衡保障公民诉权和提高行政审判效率。基于“一行为一诉”的实际功利性需求，应当确立不同诉讼阶段中“一行为一诉”的功能。

“实务研究”栏目选录了五篇文章。李艳玲撰写的《刑事审级制度的时下反思与改良路径》对刑事审级制度的形成与依据进行探讨，对时下的刑事审级制度进行了反思，从而提出了刑事审级制度的改良路径。严泽岷撰写的《刑事速裁程序中的律师参与》一文指出在当前的司法实践中适用刑事速裁程序处理了很大一部分刑事案件，且适用比例将随着认罪认罚从宽制度的发展逐步扩大。因此，我国应从理论到实践逐步实现律师参与的“全覆盖”。徐猛撰写的《审判中心视野下侦查预审程序改革》指出完善和改革侦查预审程序是全面落实司法责任制、推进以审判为中心的诉讼制度改革的一个重大现实问题，有必要从法条入手，围绕侦查预审的内涵界定、功能建构和程序完善展开具体探讨。李清伟撰写的《试述检察法律文书释法说理制度》厘定了检察法律文书释法说理的内涵及特征，指明检察文书释法说理制度具有提高效率、保障权利、维护正义等方面的价值，并针对该制度存在的困境提出相应实践改革路径。杨佳瑜撰写的《庭审实质化视角下刑事判决说理问题刍议——基于普通程序与简易程序的对比分析》强调刑事判决说理应当以提高法官释法说理能力为原则，以增强判决说理的技术规范为手段，以案件繁简程度为说理的区分标准，助力司法资源的科学配置。

“证据专论”栏目刊登了五篇文章。任勇撰写的《有专门知识的人意见的科学性审查——以刑事一审普通程序为视角》指出，有专门知识的人出庭制度在有效帮助法庭认定鉴定意见及案件中的专门性问题的同时，凸显出诸多理论与制度缺陷，继而从出庭审查程序、提出意见程序、协助质证规则、意见认证规则四个方面，对有专门知识的人意见的科学性审查及前置程序进行重塑，以期更好发挥该制度对庭审实质化的推动作用。周俊彦撰写的《论刑事诉讼中的事故调查报告及其审查判断》认为，2021 年刑事诉讼法司法解释明确了事故调查报告可以在刑事诉讼中作为证据使用，但并未明确事故调查报告的内涵、外延以及相应的审查判断规则，据此建议应当对刑事诉讼法司法解释进行更深入的学理解释和规范续造。周维琦撰写的《书证提出命令制度的检视与廓清——以新证据规定为视角》从“书证提出命令”制度的产生背景、法律性质及与相关证据规则的关系等角度，厘清“书证提出命令”制度在证据规则体系中的定位，并据此完善相应制度规则。王菲撰写的《民事判决理由预决事实效力规则再议——以主客观要素为解释论展开》以主体要素和事实要素为类型化基础，梳理了民事判决理由预决事实效力的适用情境类型、判决理由确认事实效力的解释论路径和预决事实效力规则。侯芳郁撰写的《区块链技术下电子证据的推定真实问题分析——以技术核验为视角》基于对全国涉及区块链存证的 82 个案件的分析，提炼出对于区块链技术下电子证据的四种审查方式和两种审查阶段。

“比较研究”栏目选录了两篇文章。李康震撰写的《法律控制下的技术规则之治：区块链技术的刑事诉讼适用》尝试引入区块链的规范性与约束性技术规则替代部分法律规则，将刑事诉讼中不同要素间的行为展开从以人为核心的操作模式部分转移到技术架构层面，力图实现数字时代技术与法律的共存共治，推动技术适用司法迈向更深层次的规则治理。楚天舒撰写的《保护规范理论本土化的挑战与应对》通过还原保护规范理论背后特殊的主观公法权利观以及由此形成的个人权利保护制度体系，力图弥合该理论与我国行政诉讼构造之间的现实偏差，重构一种具有特定适用场域和解释方法的本土化保护规范理论。

“博士生论坛”栏目刊登了三篇文章。李振洋撰写的《刑事司法改革的双重面向：定位、协同及冲突》强调“以审判为中心”的重点在于庭审实质化，庭审实质化的前提是司法资源的合理配置。

认罪认罚从宽制度通过“繁简分流”的程序优化，为庭审实质化的推进创造了条件。只有全面把握法院和检察院的关系，才能共同搭建起中国刑事诉讼新范式。李佳威撰写的《认罪认罚视域下裁量不起诉制度的反思与重塑》从裁量不起诉制度的理论基础入手，通过对制度进行解构，将问题的成因归纳为制度设计和权力运行两大方面，建议对裁量不起诉制度内部的酌定不起诉、附条件不起诉及特殊不起诉加以重塑，并通过公开听证、变革评价机制等方法解决检察机关行使起诉裁量权的后顾之忧。李策撰写的《举报人行政诉讼原告资格：规范、理论与重塑》认为，举报人原告资格界定标准经历了合法权益、法律上利害关系、利害关系、为维护自身合法权益向行政机关投诉的演变，其困境表现为利害关系缺乏判断标准，行诉法司法解释的相关规定有待细化。

《诉讼法学研究》编辑们二十年如一日的严谨、认真以及致力于推荐学术研究成果的热情，使《诉讼法学研究》成为刊载诉讼法学研究成果的重要平台，其中许多文章被多次转载和引用，取得了良好的社会效果。今后，我们将继续秉持学术包容精神，吸引更多优秀学者投稿，努力为热爱学术者提供一个优质的学术交流平台。同时，我们也诚挚欢迎来自各方的意见和建议。我们将尽己所能不断提高这一平台的专业性和权威性，努力使其成为展示诉讼法学优秀研究成果的最佳学术园地。

熊秋红

2021 年 12 月 10 日于蓟门法大

目 录

实务研究 135

比较研究　321

博士生论坛　359

●诉讼前沿

指导性案例的功能与实现途径研究*

杨宇冠** 张沈锲***

指导性案例是我国极具创新性的一项制度。2010 年，最高人民法院、最高人民检察院、公安部开创性地制定了案例指导规范，吸收了案例汇编的传统做法，我国案例指导制度初步确立。[①] 2014 年中央提出全面依法治国的重大国策，“案例指导”与“司法解释”并列，作为严格司法的措施，“保证司法公正，提高司法公信力”[②]。

* 本文系国家社会科学基金“研究阐释党的十九大精神”专项课题“深化司法体制改革研究”项目（项目批准号：18VSJ079）的阶段性成果。

** 法学博士，中国政法大学诉讼法学研究院教授，检察基础理论研究基地高级研究员。

*** 中国政法大学刑事司法学院诉讼法学专业 2019 级博士研究生。

① 参见最高人民检察院于 2010 年 7 月 30 日发布的《关于案例指导工作的规定》（高检发研字〔2010〕3 号）、公安部于 2010 年 9 月 10 日发布的《关于建立案例指导制度有关问题的通知》（公法〔2010〕661 号）。

② 文件对指导性案例的表述原文为“加强和规范司法解释和案例指导，统一法律适用标准”，参见《中共中央关于全面推进依法治国若干重大问题的决定》，载中国政府网，http://www.gov.cn/zhengce/2014-10/28/content_2771946.htm，2021 年 9 月 3 日最后访问。

截至2021年9月初，最高人民法院发布了28批162件指导性案例[①]，最高人民检察院发布了29批115件指导性案例，各地裁判文书也越来越多引用指导性案例，引用比例呈递增趋势[②]。党的十九大以来，最高人民法院、最高人民检察院推进以司法责任制为核心的司法体制综合配套改革，规定类案与关联案件检索机制，避免同案不同判。指导性案例收集整理各地司法办案经验，必将发挥越来越重要的作用。

案例指导制度是指最高人民法院、最高人民检察院筛选下级院报送的案例，发布供法院、检察院统一参照适用，从而指导司法工作的一项新型制度。学界、实务界对指导性案例均给予较高期待，"案例的使用和指导性案例的适用带来司法实践中的'静悄悄的革命'"[③]。但是，案例指导的功能及其实现路径方面仍有不少问题有待进一步讨论。本文通过对比国外情况，分析指导性案例的功能定位、实现路径，给出完善建议。

一、指导性案例的功能定位

关于案例指导制度的功能有多种说法，包括法解释功能、补充立法和规范法官、裁判验证和试行立法等，甚至有学者认为，"以符合司法原则的审判工作机制，取代过去行政化的审判工作机制，'建立法院之间、法院内部审判机构之间和审判组织之间法律观点和认

---

① 最高人民法院现行有效的指导性案例共计160件，根据2020年12月29日最高人民法院《关于部分指导性案例不再参照的通知》（〔2020〕343号）规定，第9号、第20号指导性案例不再参照适用，但不影响案件本身判决效力，以及已经参照该案件作出判决的效力。参见 http://www.court.gov.cn/fabu-xiangqing-282441.html，2021年9月10日最后访问。

② 原文表述为：应用案例数量2011—2017年不断增多，2018年新增应用案例767例。参见郭叶、孙妹：《最高人民法院指导性案例司法应用年度比较分析报告——以2011—2018年应用案例为研究对象》，载《上海政法学院学报（法治论丛）》2019年第6期。截至2019年12月31日，被应用的最高人民法院指导性案例数量增加了13例，新增援引指导性案例的2006例。参见郭叶、孙妹：《最高人民法院指导性案例2019年度司法应用报告》，载《中国应用法学》2020年第3期。

③ 张骐：《以个案促法治，案例指导制度亟待跃升》，载中国社会科学网，http://www.cssn.cn/fx/fx_rdty/201701/t20170131_3400572.shtml，2021年9月3日最后访问。

识的协调机制'"[1]。案例指导制度能产生多种影响，既有本源性的直接影响，也有发散式的附带影响，这也是为什么不少研究列举了三项以上的制度功能。但是，这些影响是互相关联的，有着内在层次性，并且以其中一项影响作为案例指导的核心功能。"在认识司法判例制度的意义或价值时，聚焦于'同案同判'。"[2] 笔者赞同这种看法，"两高"发布指导性案例，指向的是自由裁量权的行使方式，对司法实务的意义也在于此。案例指导制度服务于"统一法律适用"，这与案例指导制度的历史传统、现实定位有关。

（一）"例以辅律"的历史传统

我国古代司法有着"例以辅律"的传统，"先秦判例制度以'议事以制'、遵从先例为基本特征。秦汉以后，这种审判方式在缺乏成文法或成文法不完善的情况下起着临时补救作用，并被赋予成文法的形式或者被以后的成文立法所吸收"[3]。我国古代的案例制度，就是为了补救成文法不足而发展起来的。有学者研究发现，"从汉代的'春秋决狱'和司法官吏总结的大量'决事比'，到宋代的'编例'活动及明清时期的'律例并存'，再到北洋政府时期的大理院为各级法院审案所创制的'先例'，南京国民党政府明确将'例'作为法律的重要渊源，可以说，'例以辅律'构成了中华法系的独特风貌"。[4] 在我国古代，司法机关有着总结案例辅助成文法实施的传统做法。

案例指导的这种辅助功能更多体现在规范司法推理与司法说理之中，司法人员运用案例进行上述两种裁判思维与阐述过程，达成相对统一的裁判结论。司法裁判是终局性的纠纷解决方式，原因不仅在于司法裁判背后的国家强制力，更在于司法所遵循的"看得见的公平正义"的要求。其中"公平正义"显示为同样情况同等裁判处理，"看得见"则在于得出裁判结论的过程遵循了依照在先规则的

① 胡云腾、于同志：《案例指导制度若干重大疑难争议问题研究》，载《法学研究》2008 年第 6 期。

② 张志铭：《司法判例制度构建的法理基础》，载《清华法学》2013 年第 6 期。

③ 武树臣：《寻找中国的判例法》，人民出版社 2018 年版，第 1 页。

④ 胡云腾、于同志：《案例指导制度若干重大疑难争议问题研究》，载《法学研究》2008 年第 6 期。

要求，并且以“裁判说理”的方式展现出法律推理的过程。在犯罪行为侵害个人权利时，国家为了维护社会共同体的安全与秩序而代行惩罚，裁判说理几乎成为国家强制力核心的正当性来源。为此，人类长期的司法实践发展出了司法推理的思维工具，司法推理包含内外证成。一方面，司法办案人员以案件事实、法律规则为推理基础，尤其以法律规则作为裁判的权威性来源，即外部证成；另一方面，司法人员发展出对案件事实审理的裁判规则，包括司法人员运用法律概念解释等工具，引用包括案例、判例等材料，充分说明裁判结论推导过程的正当性，即内部证成。“为实现依法裁判与个案正义的目标，司法裁判既要满足内部证成、也要满足外部证成的要求。裁判文书说理的重心在于外部证成，法官一方面要符合证据规则来进行事实认定，另一方面又要进行正确的法律适用。就后者而言，他既要运用恰当的裁判依据及法律方法，又要运用其他论据来论证裁判理由，使得判决结论既有权威来源、又有实质合理性。”① 作为一种与法律解释并用的司法技术，最高人民法院、最高人民检察院可以运用指导性案例，指导下级法院、检察院运用具体法律规范。这个意义上，指导性案例与证据分析技术等都属于裁判审理及文书制作的技术，服务于规范司法裁判的作出过程。

（二）我国指导性案例的确立

我国的指导性案例分别由最高人民法院和最高人民检察院发布。指导性案例在各地法院对类似案件的裁判中具有参照适用效力。②“法官在处理同类或类似案件时，应将对指导性案例整体内容的正确

---

① 雷磊：《从“看得见的正义”到“说得出的正义”——基于最高人民法院〈关于加强和规范裁判文书释法说理的指导意见〉的解读与反思》，载《法学》2019 年第 1 期。

② 2010 年最高人民法院《关于案例指导工作的规定》（以下简称最高法《案例指导规定》）第 7 条规定，“最高人民法院发布的指导性案例，各级人民法院审判类似案例时应当参照”。《〈关于案例指导工作的规定〉实施细则》（以下简称最高法《案例指导细则》，或与最高法《案例指导规定》并称“最高法《案例指导规定》及其细则”）第 9 条进一步明确，“应当参照”指导性案例的类似案件是指“在基本案情和法律适用方面，与最高人民法院发布的指导性案例相类似的”案件，所参照的内容为“相关指导性案例的裁判要点”。

理解转化为针对待审案件合法合理的司法判断。”[①] 最高人民法院以此确认了指导性案例的效力与运用要求。

随后，最高人民检察院也规定了指导性案例不得替代法律规定，不直接适用，但需检索参照。[②] 指导性案例在检察机关办案过程中成为一种重要的参考，体现着最高人民检察院统一检察系统对于法律的理解与运用的基本要求。指导性案例不仅是一种释法说理材料，更是在检委会对疑难案件审议过程中形成的难案参考材料，指导性案例中包含了对法律疑难问题的理解与适用，对于包含类似疑难问题的案件具有重要的参考意义。指导性案例可以作为承办检察官证明其决定合理性、参照验证其法律规则适用正当性的一种支撑材料。

另外，指导性案例还与我国的司法责任制改革相挂钩，改革要求以指导性案例为裁量权规范基础，进一步细化类案检索、报告与讨论说明要求，以便落实司法责任。[③] 上述规则约束司法办案过程，指导性案例制度已经深入我国刑事司法实务。

（三）案例指导的现实定位

“同案同判”体现了社会对刑事诉讼实现公平价值的期待。同案同判背后是法律公平适用的价值。即“公平体现为法律的平等适用，

---

① 胡云腾等：《〈关于案例指导工作的规定〉的理解与适用》，载《人民司法》2011 年第 3 期。

② 2019 年，修订后的最高人民检察院《关于案例指导工作的规定》（高检发办字〔2019〕42 号，以下简称最高检《案例指导规定》）第 15 条规定，各级人民检察院应当参照指导性案例办理类似案件，可以引述相关指导性案例进行释法说理，但不得代替法律或者司法解释作为案件处理决定的直接依据。各级人民检察院检察委员会审议案件时，承办检察官应当报告有无类似指导性案例，并说明参照适用情况。

③《关于进一步全面落实司法责任制的实施意见》第 9 条规定，健全完善法律统一适用机制。各级人民法院应当在完善类案参考、裁判指引等工作机制基础上，建立类案及关联案件强制检索机制，确保类案裁判标准统一、法律适用统一。存在法律适用争议或者“类案不同判”可能的案件，承办法官应当制作关联案件和类案检索报告，并在合议庭评议或者专业法官会议讨论时说明。类似规定还有《最高人民法院司法责任制实施意见（试行）》，其中第 39 条规定，承办法官审理案件，均应依托办案平台、档案系统、中国裁判文书网、法信、智审等，对本院已审结或正在审理的类案和关联案件进行全面检索，制作类案与关联案件检索报告。检索类案与关联案件有困难的，可交由审判管理办公室协同有关审判业务庭室、研究室及信息中心共同研究提出建议。

即要求法律无偏倚地适用于每一个人，做到使人们不感到自己受到的对待与和自己地位相似的人不同”[①]。在刑事诉讼案件中，对每个公民法律适用平等的原则，体现在司法办案机关按照同一法律尺度对待犯罪嫌疑人、被告人，定罪量刑。指导性案例对法律平等适用的作用，体现在如下四个方面：

首先，指导性案例能够补全法律推理的逻辑链条。案件裁判的背后是法律适用，而法律适用则需要遵循法律推理的规律，在对案件事实法律定性与定量分析过程中，司法人员应当提供支撑材料。虽然指导性案例只是一种说服性材料，但是实际对法官的法律推理产生影响。由于法律条款本身的模糊性，抽象规范无法自明其意，指导性案例包含裁判规则及其适用范围的完整材料，作为一项已经完整适用裁判规则的范例，以参考样本的形式呈现在后续裁判者的面前，为法官理解抽象的法律规范，提供了具象的个案范例。在比较指导性案例与所审理案件异同的过程中，司法办案人员“目光来回往复”完成司法推理，将抽象规范对应适用到案件事实之中，确定法律概念的外延。

其次，指导性案例能用于创制法律运用的范例，与试行立法直接相关。指导性案例并非法律规则本身，而是指导司法办案人员适用法律。最高人民法院、最高人民检察院通过发布指导性案例，适当创制法律适用的范例，指导各地法院、检察院适用法律。“在法律论证上要做到有借鉴参考的论证价值，并有适度的创新，以此带动说理的方法运用，而不仅仅如司法解释一样作出一个判断。”[②] 而且对于法检机关而言，指导性案例有着高度的实用性，能对后续公诉或裁判行为产生实质性的影响，逐步推动试行立法走向正式立法。

再次，指导性案例可以作为适用裁量权的范例，用于验证个案拟适用的裁判规则是否合理。在个案裁判中，司法办案人员需要运用裁判经验与自由裁量权，而司法办案人员对个案的自由裁量，得出的结果不免存在细微差别。“法官的自由裁量权为司法裁判所必不

① 樊崇义主编：《刑事诉讼法》（第四版），中国政法大学出版社 2020 年版，第 42 页。

② 黄文俊：《司法案例的生成与运用》，人民法院出版社 2019 年版，第 137 页。

可少，否定不可取，约束（法官自由裁量权）的提法也过于负面，准确地说应该是规范，即司法判例及其制度有助于规范法官的自由裁量权。”[①] 通过对比个案结果，司法办案人员可以尝试将拟采用的裁判规则运用到指导性案例中，验证能否得到类似结果，进而验证裁判规则的适当性。

最后，指导性案例释法说理，更顺应普通人的思维方式。普通人并不懂得复杂的法律规则，但可以从具体鲜明的案例中理解法律规则是如何适用的。指导性案例包含了案例事实，一定程度上脱离了枯燥而陌生的法律概念推理过程，换用了更加贴近普通人理解方式的叙事化语言，便于理解。“假如某类材料在以往的司法实务中一直被认可，审理个案的法官就不能无视它。在此意义上，可以说法官有（基于同案同判等正义考量的）道德义务去运用它，例如前述第一类指导性案例就是如此。”[②] 案例、先例的做法在此裁判中并非完全异质的材料，指导性案例属于七类明文规定的“释法说理”材料之首[③]，而裁判说理是裁判文书的主要内容，也奠定了裁判结果不再为各方所异议，被接受作为权威性纠纷处理结论的基础，司法办案人员用指导性案例释法说理，更顺应被告人、普通民众的思维方式，增强社会对“同一法律规则适用于同类案件”的主观感受，增强裁判结果的可接受程度。

---

① 张志铭：《司法判例制度构建的法理基础》，载《清华法学》2013 年第 6 期。

② 雷磊：《从“看得见的正义”到“说得出的正义”——基于最高人民法院〈关于加强和规范裁判文书释法说理的指导意见〉的解读与反思》，载《法学》2019 年第 1 期。

③ 最高人民法院《关于加强和规范裁判文书释法说理的指导意见》第 13 条规定，除依据法律法规、司法解释的规定外，法官可以运用下列论据论证裁判理由，以提高裁判结论的正当性和可接受性：最高人民法院发布的指导性案例；最高人民法院发布的非司法解释类审判业务规范性文件；公理、情理、经验法则、交易惯例、民间规约、职业伦理；立法说明等立法材料；采取历史、体系、比较等法律解释方法时使用的材料；法理及通行学术观点；与法律、司法解释等规范性法律文件不相冲突的其他论据。

指导性案例的功能定位于“统一法律适用”。[①] 案例指导与同为最高人民法院发布的“典型案例”有显著区别，指导性案例更偏重从法律体系本身考虑法律适用问题，典型案例则更偏重普法目的，选取社会关注度高、相对案情简单、立场明确的案件，用于展示刑事政策。2020年初以来，最高人民法院发布多批关于疫情防控工作中的典型案例，涉及依法惩处妨害疫情防控、保障复工复产等司法政策。法律与刑事政策有联系，但互相区别，指导性案例的作用是促进法律的统一实施。指导性案例从刑事法律体系全局的角度考虑，消除法律适用中互相矛盾的因素，追求法律制度适用的内在规则一致，也即实现“同案同判”，不能完全为执行刑事政策所容纳。

二、我国指导性案例与国外相关制度的比较

指导性案例是从我国本土的司法制度独立演进而来，区别于两大法系的案例制度，但是在适用方式上有着相似性，有必要做比较研究。英美法与大陆法共同来源于罗马法，但在各自制度演进中形成了各异的诉讼模式，判例/案例也由于其所处制度环境不同，走出了两种不同的发展路径——“遵循先例”的判例演进路径和“个案规范”的法律推演路径。从实践效果看，两种路径殊途同归，案例/判例在各自刑事诉讼模式下发挥规范自由裁量权、统一实际的裁判尺度的作用。

（一）英美法系的“遵循先例”路径

判例制度被罗斯科·庞德评价为普通法的核心要素，整个普通法体系包含了两项基本原则，即“遵循先例”与“法律至上”。“当一些案件出现时，通过显示其实际工作的纳入和排出的过程并证明其在实际运作中达到如何程度的伸张正义，从中逐渐发现法律原则的范围。”[②] “遵循先例”，即在先案件的判决，构成了裁判后续案件类似事实或法律问题的规则基础，遵循先例的文义中已经包含了

---

① 根据最高法《案例指导细则》第1条的规定，充分发挥指导性案例对审判工作的指导作用，统一法律适用标准，维护司法公正。最高检《案例指导规定》第1条规定，发挥指导性案例对检察办案工作的示范引领作用，促进检察机关严格公正司法，保障法律统一正确实施。

② ［美］罗斯科·庞德：《普通法的精神》（中文修订版），唐前宏、廖湘文、高雪原译，法律出版社2019年版，第127页。

"同案同判"的含义。

进一步而言，英美法的"遵循先例"原则并非偶尔为之，而是在整个规则体系构建的范围内使用。"判例法是从一系列生效判决中发现的裁判规则，这些裁判规则在所在领域中构成了一项完整的法律规则，或者规则的一部分。判例法在某种程度上以一定的形式存在于各个法律之中。当然，仅仅多个个案判决本身并不构成判例法规则。但是，不管是否是被有意引向一般化，甚至不管是否意识到这一过程，在任何法律领域中，法律规则都迟早会从案件问题的实务解决中被挖掘出来。判例法规则蕴藏或建立在过去个案判决之上，当其以对未来纠纷解决有约束力的裁判规则之面目出现时，判例法也就确立了下来。"① 在此基础上，在后的裁判必须援引在先的裁判作为依据，下级法院一般情况下需要遵循上级法院的先例，次第形成判例法规范体系，使得司法裁判注重与不同时期、不同法院的裁判保持适用裁判规则的统一、协调，追求法律体系内在的统一、安定。为此，先例运用的过程，有学者称之为"裁判规则发现"的过程。

美国奉行"遵循先例"与其历史传统、多法域环境和国家体制有着密切关系。首先，美国司法"遵循先例"有着体制原因，即在美国发展历程中，司法逐渐起到了对行政、立法的制衡作用。具体而言，联邦最高法院为争取在美国总统、国会之外的独立地位，审理了美国宪法史上的经典案件——马伯里诉麦迪逊案，确认联邦最高法院享有违宪审查权。而违宪审查中，司法机构由于宪法的抽象性，实际以"遵循先例"的方式进行司法推理与价值衡量，并且最终作出裁判。"先例原则，起初被表述为，法院在早期司法实践中，

---

① Caselaw. (1861) the law to be found in the collection of reported cases that form all or part of the body of law within a given jurisdiction. – Also written case law. "Case law in some form and to some extent is found wherever there is law. A mere series of decisions of individual cases does not of course in itself constitute a system of law. But in any judicial system rules of law arise sooner or later out of the solution of practical problems, whether or not such formulations are desired, intended or concisely recognized. These generalizations contained in, or built upon, past decisions, when taken as normative for future disputes, create a legal system." Karl N. Llewellyn, "Case Law" in 3 Ency. Soc. Sci. 249 (1930). See Bryan A. Garner, Black's Law Dictionary, ninth edition, West Publishing Co. (1990), p. 244.

尽可能在做出决定所表明的程度内，遵循此前案件所揭示的法律规则。随着美国联邦宪法制定，立国者考虑司法权应当遵循先例，意图以此限制联邦司法机构行使司法权。”① 其次，“遵循先例”是普通法系国家的传统。“在英美法系国家，制定法的数量正在与日俱增。但是，在法律实践中，关于制定法的解释依然仰赖判例法。”②判例法成为宪法、成文法之外的“第三类法源”③。最后，美国司法体系过于分散、多元，在涉及个人生命、自由、名誉与安全等核心权益的刑事裁判中，司法人员为维护裁判的权威性，迫切需要保持裁判尺度的相对一致。美国刑事诉讼司法有52套司法体制（1个联邦司法体制、50个州的司法体制和1个华盛顿特区的司法体制），由于层次复杂，保持司法裁判结果不互相矛盾、避免互相冲突，成为重要的实务问题，为此，美国司法实践也有不作出与先例相矛盾的判决，保持司法规则内在一致性的现实需求。

考虑到“遵循先例”原则历史悠久、文献庞杂，本文不一一述及，仅针对其对有利于统一法律适用的特点，择要分析如下：

其一，以人权保障为主要内容的判例较多，这些判例完善了刑事诉讼保护被追诉人权利的规则，体现着司法文明的程度。英美一大批振奋人心的刑事司法判例，都是围绕《人权法案》中的各项被告人基本权利而来，尤其是美国宪法第四至第六修正案分别保障搜查/逮捕中被追诉人权利、不得强迫自证其罪权利与律师帮助权，第十四修正案则保障“正当法律程序”，指导性案例辅助提供了丰富的宪法权利判例。美国历史上著名的“沃伦法庭”，也是因为作出一个个被告人权利保障的进步判例，赢得了普遍的赞誉。被告人权利保障，是最需要厘清司法对其保护的尺度之领域，也是最值得以判例方式展示其司法进步程度的领域。

其二，判例内容更侧重法律统一适用问题。作为英美法判例的判决，一般已经经历了基层法院一审“事实审”的过程，都是以

① Stephen Micheal Sheppard, Bouvier Law Dictionary, Desk edition vol. Ⅱ, Wolters Kulewer Law & Business (2012), p. 2122.

② 《美国联邦宪法第四修正案：搜查与扣押》（美国宪法刑事诉讼法经典判例丛书），吴宏耀等译，丹尼尔·J. 凯普罗、吴宏耀评，中国人民公安大学出版社2010年版，第8页。

③ See the online book “*Criminal law*” (2015 version), published by the eLearning Initiative of University of Minnesota Libraries Publishing. p. 20.

"法律审"为重点内容，判例行文中常常以十几页甚至几十页的篇幅论述法律适用问题，以此分析裁判规则及其适用限度。对此，国内学者表达了对指导性判例过分关注证据问题，法律说理可能不详尽、不透彻的担忧："各级人民法院中泛化的事实审冲淡了指导性案例中法律问题的重要性，不就具体法律适用争议创制规则的指导性案例最终徒具政策宣示或指导工作的作用。"① 英美法实务中有一种"超级先例"（Supersede Precedent），是指"某项判例的规则经过了长时间的反复确认证成，已经牢固确立、很难推翻，尤其是在多次裁判中都得到支持的先例判决，以及先例的法律推理被延伸到涵盖并不相似的事实，或者完全无关事实的案件之中"②。经过了仔细的审查，在没有特别重大的变化发生之前，超级先例因为其充分审查与论述，不能被轻易推翻。"为什么马普诉俄亥俄州案这样的里程碑判决意见能成为超级先例。该案件确认了一个迄今仍适用的原则——并入第四修正案中针对不合理搜查和扣押的权利保障。马普案十分重要，因为其认可了证据排除规则，即违反第四修正案所获得的证据在州法院不被采信。"③ 为实现同案同判，判例制作中也更需要突出对法律适用的说理。

其三，判例的说理保留了合议庭中的不同意见。在英美司法进程中，最有影响力的判例往往都是合议庭内部意见冲突激烈的判决，美国联邦最高法院的 9 位大法官达不成完全一致意见的情况很常见，例如表决确定经典无效辩护标准的 Strickland v. Washington 案件中的意见比例是 7∶1∶1，两位大法官分别部分不同意和完全不同意裁判的多数意见。④ 表决支持非法证据排除适用于美国各州的经典案例 Mapp v. Ohio 的意见比例是 6∶3⑤，沃伦法庭表决"米兰达规则"

---

① 牟绿叶：《论指导性案例的效力》，载《当代法学》2014 年第 1 期。

② See Bryan A. Garner, Black's Law Dictionary, ninth edition, West Publishing Co. (1990), p. 1296.

③ 美麦可尔·J. 格哈特：《先例的力量》，杨飞等译，中国法制出版社 2013 年版，第 256 页、同页脚注 19。

④ Strickland v. Washington (1984), available at website: https://supreme.justia.com/cases/federal/us/466/668/# tab - opinion - 1955515, last viewed on 5th Sep. 2021.

⑤ Mapp v. Ohio (1961), available at website: https://www.britannica.com/event/Mapp - v - Ohio, last viewed on 5th Sep. 2021.

判例的意见比例甚至是 5：4[1]。要知道这些经典判例的形成过程也充分考虑并遵循先例，合议庭确认系“同案”，达致“同判”的过程，本身就需要充分考虑异议意见，形成判例；后续案件的裁判中也需要仔细衡量“先例”中异议意见担忧的情况是否存在，正如药物使用说明书一般详细列明禁忌症、毒副作用，先例也往往包含详细的判例规则适用的边界，以及价值权衡的基本考量过程，以便后案法官参考衡量、谨慎选择。正是通过这种包含异议意见分支的先例裁判说理，司法判例才得以有序地进化、渐进地发展，并且合情合理地以统一逻辑向案件当事人、社会公众说理，体现出判例可遵循的实践价值。

（二）大陆法系的“个案规范”路径

大陆法系对案例制度最新的理论是“个案规范”，认为个案规则是司法人员在个案中充分证成，并且提取出来，用于后续类似案件裁判的裁判实务规则。实际上在成文法的传统之外，大陆法系学者一定程度上承认了案例的裁判影响力。个案规范的正当性在于，“裁判规则对于个案的解释具有直接的、实际的效力，因而是判决的根据。与此同时，裁判规则又具有一般化特征，因而具有对此后判决的可参照性”[2]。虽然个案规范之下的案例本身，并不是正式法源，但是在“解释”“验证”两方面发挥作用。有学者研究认为，“判例在德国司法实践中的功能可以从两个层面进行理解，一方面通过以案释法的方式规范法律解释，保障演绎推理的逻辑结构能够闭合、自洽；另一方面通过判例统一法律适用并对司法裁判的结果进行正当性验证，起到统一司法尺度的功能”。[3] 这是因为大陆法系曾经严格奉行成文法条文，但是“严格的规则主义难以适应司法活动对规则的需求，即使是司法三段论的适用法律，在个案中适用的裁判规则与作为大前提的法律规范，也是完全不同的。在这种历史背景下，

---

① Miranda v. Arizona (1966), available at website: https://sites.gsu.edu/us-constipedia/miranda-v-arizona-1966/, last viewed on 5th Sep. 2021.

② 陈兴良：《案例指导制度的法理考察》，载《法制与社会发展》2012 年第 3 期。

③ 高尚：《德国判例使用方法研究》，法律出版社 2019 年版，第 224 页。

判例制度得以在大陆法系国家确立”。[①] 当大陆法系不再禁止法官解释法律时，探寻并运用个案规范成为可能。以德国的证据禁止制度为例，德国证据禁止分为取得禁止和使用禁止，取得禁止是自始禁止某种方式取得证据；使用禁止则是在证据经取得后，因为非法问题而禁止使用该证据。对此，德国法采用了判例与成文法相结合的规范方式：

第一，区分情形，决定判例、成文法如何适用。“《德国刑事诉讼法》对证据取得禁止的规定比证据使用禁止的规定要多。因为证据取得禁止不会直接产生程序性后果，提供的是规范性和制约性的效力，能够产生一定制约作用，但并不会直接导致证据的排除；而证据使用禁止直接与证据能力联系在一起，一旦证据使用禁止成立，证据就必须被排除，在这一点上，《德国刑事诉讼法》有一定的消极态度，但不代表这是一种不合理的消极。正是在立法规定上的有张有弛，司法实践才有机会创造更为细致、更为灵活的具体标准。”[②] 上述规范示例即表现了判例与成文法互相补充、此消彼长的关系，而且德国规范考虑到了不同规范主题的状况，成文法提供统一的裁判规则，判例则提供相对灵活、参照意义的适用规则，维持裁判规则的刚性，同时也保持裁判规则必要的弹性。

第二，对较少出现例外情况的事项，德国以成文法的方式予以规定。“《德国刑事诉讼法》第136a条中绝对禁止使用的证据类型规定，法律已经明确了严格的立法态度，此时，司法实践没有较多的运用和裁量空间，对符合该条款的行为，只能以禁止使用的方式进行处理；而对于其他条款中的证据取得禁止，司法实践相对来说更为灵活，也在具体问题的成立上并不完全统一。”[③] 成文法在刑事诉讼程序上规范限制公权力、保障人权的强制性事项，避免了规范刚性不足的问题，可以有效规范公权力的恣意行为。

第三，在需要个案衡量的问题上，德国则暂不制定统一规则，留出空间给法官，允许其通过创制案例继续探索。“在出现非法证据

---

① 陈兴良：《案例指导制度的法理考察》，载《法制与社会发展》2012年第3期。

② 张袁：《德国证据禁止规则研究——法典与判例的有效融合》，法律出版社2019年版，第294页。

③ 张袁：《德国证据禁止规则研究——法典与判例的有效融合》，法律出版社2019年版，第295页。

时，第一时间不是使用禁止的方案对应解决，而往往去想方法补救和治愈程序性错误。这种补救和治愈可以在联邦德国法院和联邦宪法法院许多判例中找到，诸如‘假设侦查流程学说’也能体现治愈的目的的追求。”[①] 判例的价值在于其高度灵活性，对于制定统一规则时机尚不成熟的规范主题，国家不急于制定成文法，而是以个案判例积累个案经验，直到积攒的个案足够充分，能够涵盖规范主题下各类情形，国家再提炼统一规则，上升为成文法，达到明确统一规范规则的目的。

大陆法系的“个案规范”路径也以追求法律的统一适用为目的。“德国学者对判例的约束力的主流观点，以卡尔·拉伦茨为代表，认为判例在德国并不是正式渊源，应当被理解为法律的认识渊源。”[②] 该观点强调大陆法系案例的内在正当性价值，长期实践中确认了案例的事实影响力。“虽然没有先例约束原则，但在判例制度上德国为维护统一裁决与法的安定性，通过判例背离的上诉权赋予以及报告义务的设置，对于统一裁判进行制度性保障，力求实现法之安定性原则。”[③] 在日本，司法机关同样主要遵循成文法，判例的效力只是对制定法的解释，为了维护判例的安定性，“实际上，法官对待判例非常慎重，通常法官可以通过以往判例来预测最高法院将来处理同类案件的态度，也会尽量避免做出违反判例的判决”[④]。法官除非有特别强烈的理由，一般不违背已有的先例作出判决，也就保持了法律适用的内在一致性。

（三）我国指导性案例的特点

我国指导性案例与两大法系的案例/判例做法有着共同之处，并且在功能实现上汲取了两大法系各自的优点，服务于统一法律适用的目的。

在个案裁判的微观层面上，我国的“案例指导”具有类似于大

---

① 张袁：《德国证据禁止规则研究——法典与判例的有效融合》，法律出版社 2019 年版，第 290 页。

② 高尚：《德国判例使用方法研究》，法律出版社 2019 年版，第 41 页。

③ 张袁：《德国证据禁止规则研究——法典与判例的有效融合》，法律出版社 2019 年版，第 294 页。

④ 于佳佳：《日本判例的先例约束力》，载《华东政法大学学报》2013 年第 3 期。

陆法系案例的“说理”与“检验”的双重影响。一方面，裁判文书引用指导性案例作为裁判说理材料，不仅在形式上说明裁判规则的权威性，还在实体上发挥着“说理证成”的作用，弥补单纯法律规范不能自明其意，一般人无法直接从法条中理解裁判结果正当性的问题。司法人员通过裁判说理，回应被告人对“为什么构成犯罪”与“何以这样定罪”的异议，消除当事人对裁判结果的疑惑。另一方面，指导性案例能够作为个案公正的典型样本，可用于“检验”是否同案不同判，在成文法的普遍性裁判标准之外，为裁决者多提供了一个个案的验证视角，即手头的案件是不是指导性案例的类案，是否与指导性案例的裁判尺度平衡一致。

在裁判规则体系进化的宏观层面上，指导性案例与指导性案例之间、指导性案例与司法解释之间，均应当形成“发现裁判规则”上的意见竞争关系。“只有通过立法的制定与司法的生成这两种途径，才能为司法活动提供足够的规则，从而实现规则之治。”① 英美法系的学者也有这样的看法。“一个发达的法律体系由两个因素构成。一个是传统或习惯的因素，另一个是制定法律或强制性因素。”② 其中，传统或习惯的因素就是指英美国家的判例或大陆法系的案例。“（成文法与判例）这二者之间是相互依赖、相互矫正的。所以无论任何一方，长时期占据法律领域而变得过于固执和刚性，恢复法律必要的灵活性则需求助于竞争对手方可。”③ 我国的指导性案例、司法解释均是裁判规则的供应产品，处于裁判规则的竞争市场之中，二者应当供给裁判规则的消费者——司法办案人员自由选择，在实务中不断引用、选择与淘汰，不断促进裁判规则的发展。

三、我国指导性案例的完善建议

根据上述比较分析，两大法系都以各自司法传统为基础，都以提供渐进的“裁判规则发现”手段定位判例/案例的功能。“在任何一个国家，无论是大陆法系的成文法国家还是英美法系的判例法国

---

① 陈兴良：《案例指导制度的法理考察》，载《法制与社会发展》2012 年第 3 期。

② ［美］罗斯科·庞德：《普通法的精神》（中文修订版），唐前宏、廖湘文、高雪原译，法律出版社 2019 年版，第 120 页。

③ ［美］罗斯科·庞德：《普通法的精神》（中文修订版），唐前宏、廖湘文、高雪原译，法律出版社 2019 年版，第 120—121 页。

家，法律与判例都有其存在的合理性与必要性。”[①] 我国有着自身独特的制度环境，司法机关采取的是“案例指导”的功能实现路径，该路径与两大法系之间判例法和成文法有所不同，体现我国以成文法为主，以指导性案件为辅，以达到完善法律适用的统一性的特点。目前指导性案例制度尚属于发展初期，行政色彩相对偏重，“自发生成裁判规则”的能力相对较弱，适用注意事项以及具体建议如下：

（一）处理好指导性案例与司法解释的关系

为了实现同案同判的功能，指导性案例重点需要处理好与成文法的关系，司法办案人员在发布和运用上，尤其需要注意其与司法解释的功能互补。

第一，指导性案例与司法解释功能有重合之处。“最高人民法院发布的部分指导性案例，实际上也承担着填补法律漏洞的功能，但当前的司法实践并未将指导性案例像法律或司法解释那样作为裁判的依据，而只能在‘本院认为’的说理部分进行参照和援引。”[②]

第二，指导性案例以个案示例的方式解释法律，与司法解释有着明显的不同。“正如齐佩利乌斯指出的那样，词义上的模糊地带可以通过解释予以限缩，却不能通过解释完全将之排除。”[③] 在法律解释限缩概念含义仍存在词义模糊的情况下，司法人员需要引用相关案例，类比分析个案中的情形，即所谓“类型化解释”，确定所审判案件的情形是否在法律概念涵盖范围之内，这也就用到了案例示例的解释方法。

第三，我国有以判例辅助成文法施行的传统。“从某种意义上说，‘政策法’为‘判例法’预备了良好的土壤和环境。在法律政策未能经过国家立法渠道及时变成法律、法规、条例时，真正指导法官进行审判活动的，莫过于判例了。”[④] 在不宜形成司法解释等一般性规范时，“两高”可以发布指导性案例，以个案示范的方式展示

---

① 陈兴良：《案例指导制度的法理考察》，载《法制与社会发展》2012 年第 3 期。

② 陈福才、何建：《我国案例指导制度的检视与完善》，载《中国应用法学》2019 年第 5 期。

③ ［德］齐佩利乌斯：《法学方法论》，金振豹译，法律出版社 2009 年版，第 16 页。

④ 武树臣：《寻找中国的判例法》，人民出版社 2018 年版，第 275 页。

裁判规则，一旦统一规范的时机成熟，则可以发布司法解释，替代、废止过时的指导性案例。“特别是当指导性案例为其他新的法律解释观点所代替，或者因其他原因而失去指导性时，是由报送该案例的下级法院或当事人申请，或者直接依职权废止某一指导性案例。如果废止后，对于该案件当事人的效力不发生变化，但对于基于参照了该指导性案例而做出的案件效力，仍需要考量。”[①] 司法解释与指导性判例作为严格司法的实现手段，在规范新兴问题时，应当发挥功能互补的作用。

（二）我国案例指导遴选的完善

“案例指导”功能实现路径的完善，需要充分考虑本国的司法体制背景，“由于采取了行政性的管理方式，我国案例指导制度不具有规则自然生成的机制，因而丧失了其提供规则的独特性”[②]。我国的重点问题在于克服案例指导制度的行政化倾向，让重心回归到法律适用上来。根据最高法《案例指导规定》和《案例指导细则》第5条至第8条，以及最高检《案例指导规定》，指导性案例的质量管控包括筛选、征求意见、审查、发布等环节。对此，有学者指出，“可以通过以下程序性措施保障指导性案件的质量：首先由办案人员申报，经办案机关选送，邀请法学界对该类案件有专门研究的专家参与撰写评论和推荐意见，由最高人民检察院审查批准后发布。这样可以尽最大可能保障指导性案例的质量，同时达到理论与实践相结合的效果”。[③] 总体看，案例指导制度需要更多挖掘办案人、办案机关的主动性，引入与外部意见交流的机制，保障指导性案例生成充分吸收了各方面的意见。

为了增加专业性，减少行政化色彩，案例筛选中，司法办案机关更多鼓励承办人主动申报。根据最高人民法院、最高人民检察院的规定，指导性案例的备选案例产生方式包括案例指导办公室发现、承办人自荐、司法办案机关推荐、社会各界推荐，其中，承办人自

① 陈福才、何建：《我国案例指导制度的检视与完善》，载《中国应用法学》2019年第5期。

② 陈兴良：《案例指导制度的法理考察》，载《法制与社会发展》2012年第3期。

③ 杨宇冠、鲍文强：《彰显指导性案例示范引领作用》，载《检察日报》2021年9月13日，第3版。

荐应当成为最主要的方式，承办人是所涉案件亲历者，对检察、审判工作的成败得失有着切身感受，更能推荐合适的备选案例。为了提高备案案例质量，司法办案机关要求承办人自我评价案件成败得失，对表现突出的承办人给予奖励，有利于收集有价值的案例。为了激励承办人汇报案件材料，指导性案例推荐以及最终选择情况，可以与司法办案工作绩效奖金发放、法官和检察官入额遴选、晋职晋级相互挂钩，以保持对法官、检察官的激励。

（三）指导性案例的征求意见

指导性案例应当是有分量的说理性材料，在形成机制上，应当包含吸纳外来建议的机制。按照现有案例筛选模式，备案案例形成过程中可以有两次征求专家意见的机会。首先，案件筛选可以先经过司法机关外部的推荐，形成备选案例。其次，最高法《案例指导规定》明确规定，案例指导工作办公室在收到推荐后、送最高人民法院审委会审核之前，还可以征求意见。最高检《案例指导规定》第 8 条则将征求意见的权力扩大分配到最高人民检察院各个业务厅、法律政策研究室，细化征求意见的对象包括三类：实务人员——有关业务条线、相关内设机构、有关机关的对口业务部门；理论研究人员——专家学者；社会其他人员——人大代表等。征求意见的内容，应当是阐明案例的“指导性”何以充分，作为指导性案例有哪些理论与实践意义。司法办案机关筛选案例时吸收专家意见，并且随后还应当及时回应推荐意见，回应要求约束了司法、检察机关认真对待推荐意见。“以案例为载体，加强司法实践与法学教育、研究的交流互动，打破司法实践与法学院校之间的壁垒，将法学院校丰富教育研究资源‘引进’法院，将法院优质实践教学资源‘送入’高校，为法官培训和法学人才培养提供养分与供给。”[①] 为筛选指导性案例，司法办案机关征求专家意见，实际也为提供了理论实务界提供了更多互相交流的机会，形成更具正当性的裁判说理材料，有利于法律统一适用。

（四）指导性案例的筛查与发布

承办法院、检察院讨论备选案例，就案例所涉问题的创新性、

---

① 黄文俊主编：《法官事业中的案例研究：能力建设与方法探索》，人民法院出版社 2019 年版，第 131 页。

程序的合法性、处理意见的中肯程度，由承办单位提出一份全面的评析报告。上述入选理由事项非经一线办案业务人员讨论，很难形成有针对性的意见。为此，配合司法体制改革的进展，案例筛选工作也可考虑逐步引入“法官会议”或类似的检察人员业务讨论机制。

根据“两高”关于案例指导的规定，各级法检机关审委会、检委会讨论备选案例，并且通过后，才会继续向上推荐。例如，在2020年初，最高法就公民个人信息保护问题征集备选指导性案例，先后经由河北省高院、河北省廊坊市中级法院、三河市法院等三级法院，逐层下达了推荐要求。[①] 就指导性案例的筛选过程而言，检委会、审委会审核固然具有权威性，但未免有较重的行政色彩。考虑到最高人民法院、最高人民检察院发布案例指导规定都在2019年以前，此后的司法体制改革纵深推进带来了很多变化，基于“由审理者裁判”的考虑，法检部门相继在业务工作管理中去行政化，案例指导工作中也是如此。

最高人民检察院规定各内部厅室负责筛选案件。[②] 该分工已经体现出减少行政性色彩的趋势。有学者分析，“各基层法院的案例向市级法院研究室报送；市法院各审批业务部门案例的报送，经部门主要负责人审核后，报送市法院研究室。市法院研究室对拟报送的指导案例材料进行初步评审后，报经市法院审委会讨论决定是否向省法院推荐。市法院研究室和审判业务部门可以根据审判工作重点和难点征集精品案例素材”[③]。北京市第四中级人民法院就在全国范围内率先设立了法官委员会。[④] 未来，法院、检察业务机构，如法官委

---

① 《三河市人民法院关于征集公民个人信息保护备选指导性案例的通知》及其所附廊坊中院通知（廊中法明传〔2020〕77号），河北省高级人民法院通知（冀高法明传〔2020〕154号）。参见 http：//shsfy. chinacourt. gov. cn/article/detail/2020/06/id/5326898. shtml，2021年9月18日最后访问。

② 最高检《案例指导规定》第7条第2款规定，各检察厅、法律政策研究室分工配合，各检察厅负责在其职责范围内筛选指导性案例，法律政策研究室则编制涉多个检察厅业务或者院领导指定的专题案例。

③ 黄文俊主编：《法官事业中的案例研究：能力建设与方法探索》，人民法院出版社2019年版，第140页。

④ 熊琳：《北京成立首个法官委员会》，载人民法院网2016年3月24日，https：//www. chinacourt. org/article/detail/2016/03/id/1827461. shtml，2021年9月18日最后访问。

员会、法官会议等，可以承担指导案例的筛选工作，案例筛选任务进一步向司法办案业务机构转移，减少行政性因素，也充分激发司法办案业务人员的积极性。指导性案例应当由最高人民法院审委会、最高人民检察院检委会审查认定，并对外发布。

（五）指导性案例的运用与效力

我国司法实务界习惯于成文法的三段论运用，但对于案例的“类案”比较技术并不十分熟悉，亟须适应类比推理的案例适用方法。

有调研访谈显示，有些接受访谈的法官还没有完全习惯指导性案例的适用方式。“就像‘世界上没有完全相同的两片树叶’一样，每个案件都有其特殊性，最主要就体现在事实认定上，法官在只能根据当事人在庭审中提交的证据进行事实认定，所以出现事实完全相同的两个案件的可能性是很低的，故而不可能完全比照案例进行裁判，只能作为参考。”① 该说法有其合理性，但也一定程度上反映了法官仍然只接受相对狭隘的“同案/类案”观念，这实际限制了指导性案例的运用空间，迫切需要类比推理的意识与技术予以纠正。经过更换视角，案例可以适用于更广阔的范围。“指导性案例的裁判理由与裁判要点都可以在法院的审判和判决书中适用；它们既可以作为裁判理由的组成部分、帮助法官进行法律推理，也可以在必要时作为审判案件的实质依据，指导法官审理案件。”② 指导性案例也只有更多适用，才能发挥自身经验理性，而不仅仅是另一种形式的司法解释，从而推动裁判规则的渐进发展。

根据两大法系的立法经验，一国的案例/判例的效力有“正式法源模式”“非正式法源模式”两种立法例，所选择的立法例与该国法律传统有着密切联系。其中，普通法系国家采取“正式法源模式”，即英美法承认判例的正式法律渊源的效力，只要没被推翻，就具有正式的法律规则的约束力。在历史上，英美国家承认“习惯法”作为其主要法律渊源，承认“法官造法”；但是，在大陆法系国家，成文法居于法律体系的主导地位，尤其在刑事法领域遵循罪刑法定

---

① 参见黄文俊主编：《司法判例的生成与运用》，人民法院出版社 2019 年版，第 84—85 页。

② 张骐等：《司法案例的适用方法研究》，北京大学出版社 2020 年版，第 98 页。

的基本原则，只有成文法才能规定犯罪。案例不是成文法，也就不能新设立或否定一项罪名，但是可以作为理解法律规则的材料，具有事实的影响力。结合我国的法律传统，我国从不曾以案例作为法律渊源，指导性案例定位为“应当参照”的裁判说理材料，不能替代正式的法律规则作为裁判依据，该效力规定是清晰而明确的。但是有司法实务工作者在一项调研中发现，“三级法院认为‘指导性案例、参考性案例的效力定位不明确’的法官人数为52.67%”。[①] 指导性案例并不强制要求适用，只在具有同案类案的情形时才“应当参照”，为此，指导性案例发挥作用涉及两个环节：判断是否同案类案、确定参照哪一部分以及如何参照。目前，两个环节都过于模糊，简言之，并非指导性案例效力不明确，而是指导性案例的适用条件难判断、适用手段不完备，导致指导性案例适用范围有限，削弱了其事实影响力。对此，司法办案人员需要采取如下措施。

第一，司法办案人员应当破除案例僵化运用思维，适当拓宽“类案对比”范围。因为司法实务界没有完全适应案例裁判的思维方式，适用场景过于局限，仅在认为待审案件与指导性案例事实完全一致的情况下，才考虑适用指导性案例。司法办案人员之所以认为指导性案例“适用条件难判断”，是因为过分强调案件事实的完全一致，人为限缩了案例适用范围。为拓宽指导性案例的适用范围，最高人民法院、最高人民检察院不仅需要增加编写指导性案例的“裁判要旨”，更需要培养司法办案人员识别“类案”的能力，通过制定“同案类案”的类比思维方法的相关指导规定，拓宽实务中指导性案例的适用范围。该类指导规定应当包括类比思维的使用方法、类案对比的“对比点”重要性判断方法等内容。

第二，确立“类案对比”的基本原则——司法办案人员不应该脱离具体的法律适用，考虑案件是否属于“类案”。因为类案对比的目的是确认是否具备同一法律规则的适用条件，针对几项可能适用的裁判规则，司法办案人员需要分别考察是否构成类案。另外，司法办案人员还需根据可能适用的裁判规则，选择对比点，确认哪些

① 调研涉及东、中、西部的两家高级人民法院、四家中级法院和八家基层法院的员额法官，一共发放问卷600份，回收469份，回收率78.17%。参见黄文俊主编：《司法判例的生成与运用》，人民法院出版社2019年版，第62—67页。

对比点重要，哪些不影响法律适用。

第三，有待对“类比推理”的案例适用专门制定指导性规则。为了加强对指导性案例的解读、宣传，最高人民检察院有多层次的指导性案例的解读，以正当防卫的第十二批指导性案例为例，最高人民检察院第一检察厅发布第十二批案例的解读文章[①]，同时又推出专著《最高人民检察院第十二批指导性案例适用指引》[②]，该做法仍是以汇编更多案例的方式，解释指导性案例，类似于成文法的解释方式。但是，司法办案人员并非仅仅执行规则，更需要掌握司法推理中的案例适用环节，为此需要对类比推理的专门适用方式的指导。指导性案例的效力来源于其统一法律适用的功能，法律适用则离不开法律推理的各个环节。大陆法系的司法办案人员以成文法作为主要裁判规则的来源，案例仅具有事实影响力，大陆法系的司法推理过程，与我国的司法推理有着相似性。参照大陆法系的做法，案例指导制度统一法律适用，具有终局性地解决法律适用争议的效力，应当对法律原则、法律规则的适用产生影响，其中对法律原则模糊之处、法律规则所包含的概念争议，指导性案例应当都具有实际的裁判规则效力。围绕这些内容，“两高”可制定规范，指导类比推理的适用。

指导性案例的“应当参照”效力实际在不断发展过程之中，有学者指出最高检《案例指导规定》就其适用问题经历了由“可以参照执行”“可以引述”到“应当参照”的表述变化，使指导性案例的效力不断深化，制度适用的刚性不断增强。[③] 同案同判的要求，对指导性案例的适用也将由浅入深。即在司法办案的演绎推理中，司法办案人员以案例补全对法律概念的示例解释；法律原则的适用上，案例予以补充细化；并且最终通过证明裁判结果的正当性和一致性检验，判断法律适用是否得到了统一。

---

① 周颖：《〈最高人民检察院第十二批指导性案例〉解读》，载 http：//www. jcrb. com/xueshupd/jrtt/201903/t20190319_ 1978345. html，2021 年 9 月 18 日最后访问。

② 最高人民检察院第一检察厅：《最高人民检察院第十二批指导性案例适用指引》，中国检察出版社 2019 年版。

③ 杨宇冠、鲍文强：《彰显指导性案例示范引领作用》，载《检察日报》2021 年 9 月 13 日，第 3 版，http：//newspaper. jcrb. com/2021/20210913/20210913_ 003/20210913_ 003. html，2021 年 9 月 16 日最后访问。

另外，指导性案例的变更关系到案例体系自身的进化过程。现有规则仅对完全失效情形作了规定[①]，实际案例中更多的是因为不属于类案而宣布不能适用，这种情况则需要个案裁判予以确定。为此，指导性案例是否部分适用、部分失效或者需要变更适用等，法院、检察院应当有权根据案例对比的情况，行使自由裁判权，审查决定是否适用案例，从而确定案例是否实质发生了变更。只是任何适用或不适用指导性案例的情形，如果引起被追诉人关注，司法办案人员就应当在相关文书中予以充分说理，体现司法理性原则。

① 参见最高人民检察院《关于案例指导工作的规定》第 19 条。

法庭上的人工智能：刑事审判中机器证据的比较分析*

［瑞士］萨比娜 格雷斯** 著 樊 文*** 译

一、导论

能够处理特定任务的自动化系统，比如驾驶一辆汽车，目前被定义为狭义的人工智能（AI）。这应该与一般的人工智能区分开来，后者拥有类似人类的认知能力和对环境的经验理解，还具有以比人脑快得多的速度处理大量信息的能力①。本文主要探讨由人工智能驱动的系统，这些系统可以观察和评估人类使用者的行为，以预测未来的行为，例如安全增强驾驶系统，该系统可以自动和自主地对人类驾驶员的行动和反应等外部信息作出反应。在法庭上使用一般人工智能技术产生的数据的可能性（潜力），对刑事实体法和刑事诉讼

---

* 原文为"AI in the Courtroom：A Comparative Analysis of Machine Evidence in Criminal Trials"，首发于 the Georgetown Journal of International Law［51 GEO. J. INT' LL. 195（2020）］。本文的翻译和发表取得了作者的特别授权，也得到了百度（在线网络技术有限公司）公共政策研究院"人工智能基础应用与法学理论研究"项目的支持。中国人民大学法学院杨文萱同学和中国社会科学院大学梁旭婷、刘砥柔同学对译文进行了仔细校对，中国政法大学证据科学研究院林静副教授对译文进行了批判性审读，对她们的专业贡献在此特致谢意。

** 瑞士巴塞尔大学法学院刑法学、刑事诉讼法学和国际刑法学教席教授。

*** 德国弗莱堡大学法学博士，中国社会科学院大学法学院副教授，中国社会科学院法学研究所刑法研究室副主任。

① 围绕人工智能的定义问题的详细讨论，参见 Matthew U. Scherer，*Regulating Artificial Intelligence Systems：Risks，Challenges，Competencies，and Strategies*，29 Harv. J. L. & Tech. 353，358 - 69（2016）。

程序都提出了新的挑战①。人工智能有能力观察和评估人类的适当性，从而为广泛的合作作出贡献。这是否会产生另一种数字化的证据收集工具？这种可以在刑事诉讼中使用的数据是否足够可靠？在发生事故时，这种观察是否可以等同于一种“机器证言（证词）”②？要解决这些问题，首先必须承认机器人和软件机器人，即与消费品使用者互动的独立运行的机器或者程序，不同于呼气酒精测试仪、DNA 检测试剂盒或雷达测速枪等法庭鉴定工具。后者的设计是为了测量特定的输入数据，并执行简单明了的计算或者提供其他（可预测的）输出，而嵌在消费品中的狭义人工智能则有能力从各种各样的输入中收集信息，自主评估信息的模式，并基于算法和机器学习传达一种既不受人类指导也不完全被人类理解的信息。它们原本也不是为证据的目的所设计的。因此，这种信息可能很难用传统的证据规则进行分类和分析。

通过对与此主题相关的法律分析可以发现，事实调查程序，尤其是证据可靠性的评估是以人为中心的，其目的是为事实认定者（trier of fact）提供透明、客观的信息，同时也保障事实调查程序的可靠和有效。因此，在法庭鉴定工具中，应用狭义的人工智能已经对当今的证据法和事实鉴定提出了挑战。例如，数字化的呼气酒精测试仪已经揭示了此类证据助手所存在的问题，包括固有的暗箱③问题，即无法充分解释其内部的工作原理④。

如果法庭可以接受人机合作中人工智能产生的数据，那么此类数据有可能被归类为一种书面证据，甚至是一种证人证言。但无论如何，根本的问题仍然是：如何有意义地评估人工智能及其产生的数据的可靠性和可信性，特别是当呈现在法庭上的数据是由评估人

---

① See generally Mireille Hildebrandt, *Ambient Intelligence, Criminal Liability and Democracy*, 2 Crim. L. & Phil. 163（2008）（讨论的是环境智能对刑法的影响）.

② Andrea Roth, *Machine Testimony*, 126 Yale L. J. 1972, 1979（2017）.

③ black－box，电子技术用语，指未知框；航空术语，指黑匣子；鉴于所指的是不透明的意思，本文采用便于理解的“暗箱”。——译者注

④ 关于数字化呼气酒精测试仪的更多细节，同上 at 1972, 1979, 2015－16; Stacy Cowley& Jessica Silver－Greenberg, *These Machines Can Put You in Jail. Don't Trust Them*, N. Y. Times（Nov. 3, 2019）, https://www.nytimes.com/2019/11/03/business/drunk－driving－breathalyzer.html。

类行为的技术产生的，这些技术不是为了产生有形的证据，而是为了满足特定的商业需求，并没有考虑到刑事司法制度方面的问题。

对德国和美国的联邦制中这一问题的研究将表明，在对抗式制度中，事实调查中的审查要复杂得多，检验证据可信性和可靠性的方法有很多，学者们已经提出了新一代数字化证据的解决方案[①]。在德国这样的审问式制度中，由于先天缺乏评价证据可靠性和可信性的手段，如果在刑事案件事实调查（认定）中努力创造系统地评价机器证据的手段，就需要创建一条新的法律途径。也就是说，逐步建立案卷和依靠庭外陈述的纠问（审问）式传统，可以更容易地对复杂的证据检验进行全面评价，同时进行纸质记录，而且从审判程序开始，各方当事人就可以获得此类记录。检验一个人工智能驱动的工具的性能，除了用机器进行实验和显示所有结果的详细记录外，还需要时间和连续地试运行。对于技术上很复杂，但仍必须在法庭上以言词（口头）方式陈述和解释的证据来说，由法院指定的专家进行彻底的检查，并将结果提供给双方当事人，可能是一种更可行的评估证据的途径。

从比较法的角度，本文认为，无论是欧洲大陆流行的审问式制度，还是美国使用的对抗式制度，都没有为可能出现在法庭上的人工智能数据做好准备，因而就无法利用潜在的相关机器证据。审问式制度一直在努力寻找合适的防御工具来对抗这种新形式的信息，而在对抗式制度中，包括记录对人工智能驱动的设备进行彻底审查的庭外测试在内的可行手段，却寥寥无几。为应对世界各地法院都将面对人工智能产生的证据这一趋势性问题，本文建议对这两种制度进行重大变革，并主张采用一种从对抗式和审问式法律制度中吸取经验的方法路径。这条新路径将包括对抗式制度中，当事人模式下对证据的彻底审查，以及审问式制度中对法庭外评估复杂的技术证据所需的时间和空间的分配，以及所有各方在案件上的知识共享。本文的最终目的是为刑事审判中机器证据的呈现提供一种新的方法。

① Erin Murphy, *The New Forensics: Criminal Justice, False Certainty, and the Second Generation of Scientific Evidence*, 95 Calif. L. Rev. 721 (2007); Brandon L. Garrett, *Big Data and Due Process*, 99 Cornell L. Rev. Online 207 (2014); Christian Chessman, *A "Source" of Error: Computer Code, Criminal Defendants, and the Constitution*, 105 Calif. L. Rev. 179 (2017).

本文首先以涉及自动化驾驶的交通事故为主要例子，对人工智能产生的机器证据进行简单的勾勒，据此，监测人类驾驶员面部是否有睡意的数据、睡意警报的启动或者对驾驶员行为的驾驶辅助系统的评估，所有这些都可能成为相关证据。其次，分析人工智能产生的机器证据如何通过专家报告调查结果的方式进入审判，或者设计一种方法将软件或机器带入法庭。从确保事实调查的可信性来看，很难简单地将机器证据作为某种形式的文书证据引入，也很难将其与证言证据联系起来。机器证据可能不属于这两类的任何一个，我们需要一种新的证据方法。这种新方法能考虑到这一点：像人类证人一样，人工智能能够根据自己的评价（指认）认定某名被告人是某犯罪的行为人。因此，必须将其作为证人而不是作为提供检测结果的工具进行审查。

（一）人工智能的法律定义

并非只有法律学者在持续为定义人工智能[①]、机器人[②]或自动程序等技术术语而努力[③]。这种（技术术语仍不明晰的）困难表明技术在快速而重大地进展着，而法律还没有跟上。无论如何，人工智能缺乏法定定义的现状，不应妨碍我们分析外围的智能环境（那些能够监测和响应人类行为环境的电子设备）会如何影响刑事司法。

---

① J. McCarthy et al., *A Proposal for the Dartmouth Summer Research Project on Artificial Intelligence* (Aug. 31, 1955), http://jmc.stanford.edu/articles/dartmouth/dartmouth.pdf. For a more recent discussion, see Yavar Bathaee, *The Artificial Blackbox and the Failure of Intent and Causation*, 31 Harv. J. L. & Tech. 889, 898 (2018).

② Matt Simon, *What is a Robot?*, Wired (Aug. 24, 2017), https://www.wired.com/story/what-is-a-robot/ (describing a range of disagreement); see also Ryan Calo, Robots as Legal Metaphors, 30 Harv. J. L. & Tech. 209, 215 (2016).

③ 在本文中，机器人将被定义为能够与人类使用者或其他 IT 系统交互的自动化软件。参见 Carlene R. Lebeuf, *A Taxonomy of Software Bots: Towards a Deeper Understanding of Software Bot Characteristics*（2018 年 8 月 31 日）（未发表的维多利亚大学硕士论文）（维多利亚大学图书馆存档）（全面讨论了软件机器人的各种定义，并提出了一个新的分类法）；参见 Renee DiResta, *A New Law Makes Bots Identify Themselves - That's the Problem*, WIRED（2019 年 7 月 24 日），https://www.wired.com/story/law-makes-bots-identify-themselves（强调了加州立法者对“机器人”定义的潜在后果）。

恰恰相反，只有当律师和法律学者讨论新技术的各个方面及其对法律制度的潜在影响时，一致的法律定义才有可能形成。就本文的目的而言，重点在于人工智能驱动的系统，这些系统观察和评估人类使用者的行为，并预测其未来的行为，以便在自动和自主地作出反应的同时提高安全性[①]。这种系统可能采用机器人或软件机器人的形式[②]，但是始终拥有它们自己的（程序）议程、自动性和自主评估的能力[③]。

（二）方法论

本文采用了两种方法。第一种是分析刑事审判中围绕机器证据的实体法和程序法，以及无论在哪个司法管辖区或者哪种法律制度下都可能出现的问题。第二种是基于茨威格特（Zweigert）和科茨（Köz）原创著作的功能比较法[④]。比较中项（tertium comparationis）[⑤]，即最相关（重要）的比较点，是在提出机器证据的刑事案件事实调查过程中评价可信性的手段。本文将以德国和美国的联邦制作为例子，因为它们代表了对比鲜明的刑事司法制度，而且两个国家都是重要的汽车工业（制造）国。

本文分析了两个法域中每个法域与事实调查中的可信性有关的法律规定、证据规则和相关判例法，特别是对机器自动生成的证据有争议之处。本文还研究了专家和技术报告的使用情况，并说明了对此类证据的相反做法。虽然这样的一种法律比较不可能永远是完全中立的，因为每个术语的含义在不同的文化和司法管辖区都会有

---

① Mark A. Lemley & Bryan Casey, *You Might Be a Robot*, Cornell L. Rev.(2019), https://papers.ssrn.com/sol3/papers.cfm?abstract_id=3327602; Chessman, supra note 5, at 206, 220 n.310; see Esra Vural et al., Drowsy Driver Detection Through Facial Movement Analysis, in Human - Computer Interaction 6 - 18 (Michael Lew et al. eds., 2007)（描述睡意检测系统）.

② Ryan Calo, *Robotics and the Lessons of Cyberlaw*, 103 Calif. L. Rev. 513, 530 - 31 (2015).

③ *Id.*

④ Konrad Zweigert & Hein Köz, An Introduction to Comparative Law 33 (3d ed. 1998).

⑤ 拉丁语术语 tertium comparationis，有比较基础、比较中项、第三对比项的意思，是比较法学中的重要概念。该术语的源起，参见 http://news.shisu.edu.cn/research-/170607-100106。——译者注

很大的不同，但它确实可以将具体的司法概念纳入一个总体的法律现实中①。在此，值得信赖的事实调查的概念是与不同的基本价值观念（对美国公民陪审员和法官的信任与对德国完全由法官组成的法庭的信任）密切相关，并且充满了规范性的层面，这些规范如果没有适当地进行语境化，可能会使比较结果的有效性失真②。任何功能性方法的目标③都是超越规范层次，并将其作为一种分析刑事审判中机器证据的具体事实问题的工具，这个程序与如何评价机器证据这一更普遍的问题直接相关，这最终将成为所有司法管辖区的问题。

二、人工智能产生的机器证据

本文的这个部分认为，自动化驾驶在各种刑事司法领域提出了新的但又相互交织的问题。刑事责任问题在实体法上没有得到解决，这将导致人机互动造成损害情况下的证据问题，因为人工智能可否与人类驾驶员共同承担刑事责任的问题还未明确，这也给该如何处理人工智能生成的机器数据造成了困惑——是将这些机器数据视为提供专家证言或者感知证言的证人，还是应将其归为共同被告人的陈述？

（一）自动化驾驶

自动化驾驶是技术迅速发展使得人工智能得以监控人类行为的一个常见例子。随着这项技术的进步，人类将越来越多地与所谓的“驾驶辅助系统（驾驶助手）”或者说软件机器人共享转向盘，这类设备可以支持人类驾驶员的驾驶表现，并在特定情况下协助甚至接

---

① Axel Tschentscher, *Dialektische Rechtsvergleichung-Zur Methode der Komparatistik im öfentlichen Recht*（辩证的法比较——论公法中比较学的方法），17 Juristenzeitung 807（2007）（Ger.）.

② Annelise Riles, *Wigmore's Treasure Box: Comparative Law in the Era of Information*, 40 Harv. Int'l L. J. 221, 225（1999）; For an example of comparative contextualization, *see* Mirjan R. Damaška, *Of Hearsay and Its Analogues*, 76 Minn. L. Rev. 425, 431（1991 - 1992）.

③ Oliver Brand, *Conceptual Comparisons: Towards a Coherent Methodology of Comparative Legal Studies*, 32 Brook. J. Int'l L. 405, 415（2007）（传播了另一种功能比较理论，这种作者使用了其中的一个变种）.

管驾驶①。然而，在后一种情形下，目前还不清楚在任何给定的时刻，谁将会被视为驾驶员，而这对责任归咎有着重大的影响②。

自动化驾驶技术已经能够不依赖于人类驾驶员而执行一系列复杂的动作。这些系统可以监测车辆在车道上的位置以及驾驶员的转向（控制）模式、体温和面部动作（尤其是眼球运动）③。它们能够学习驾驶员的典型姿势、头部位置、眨眼率、面部表情和转向模式。在检测到异常时，会警告驾驶员停车休息（例如，用闪烁的橙色咖啡杯标志）。尽管有些驾驶辅助技术看起来几乎像玩具，但在人类对车辆放手而不加控制时，监控人类驾驶行为的系统就至关重要。此时，自动化驾驶技术就是主要的驾驶员，但如果驾驶辅助技术无法处理特殊的情境，人类还是必须响应系统的干预请求，并接管对汽车的控制④。因此，接管-请求设备会持续不断地监测人类驾驶员必要时是否有接管的能力⑤。

由于许多事故都是由疲倦不堪的驾驶员引起的，因此，或许睡

---

① Markus Enzweiler, *The Mobile Revolution - Machine Intelligence for Autonomous Vehicles*, 57 Info. Tech. 199 (2015).

② Sabine Gless, Emily Silverman, & Thomas Weigend, *If Robots Cause Harm, Who is to Blame? Self-driving Cars and Criminal Liability*, 19 New Crim. L. Rev. 412 (2016); Susanne Beck, *Robotics and Criminal Law. Negligence, Diffusion of Liability and Electronic Personhood*, *in* Digitization and the Law 41, 46 (Eric Hilgendorf & Jochen Feldle eds., 2018); Sabine Gless & Thomas Weigend, *Intelligente Agenten und das Strafrecht*, 126 Zeitschrift für die Gesamte Strafrechtswissenschaft 561, 578 (2014) (Ger.).

③ Yanchao Dong et al., *Driver Inattention Monitoring System for Intelligent Vehicles: A Review*, 12 IEEE Transactions on Intelligent Transp. Sys. 596 (2011); Luis M. Bergasa et al., *Real-Time System for Monitoring Driver Vigilance*, 7 IEEE Transactions on Intelligent Transp. Sys. 63 (2006).

④ Madeline Roe, *Who's Driving That Car? An Analysis of Regulatory and Potential Liability Frameworks for Driverless Cars*, 60 B. C. L. Rev. 315, 319 (2019).

⑤ *Cf.* Vivien Melcher et al., *Take-Over Requests for Automated Driving*, 3 Procedia Manufacturing 2867 (2015); Tobias Vogelpohlet al., *Asleep at the Automated Wheel—Sleepiness and Fatigue During Highly Automated Driving*, 126 Accident Analysis & Prevention 70 (2018); Joel Gonçalves et al., *Drowsiness in Conditional Automation: Proneness, Diagnosis and Driving Performance Effects*, 2016 Inst. Of Electrical and Electronics Eng'rs (IEEE) 19th Int'l Conf. on Intelligent Transp. Sys. (ITSC) 873.

意检测系统中最关键的安全特性就在于它能够观察人类驾驶员并记录他们的行动和反应。欧盟修订了《通用安全条例》，从 2022 年开始将睡意检测系统指定为欧洲车辆的强制性安全配置①。该技术很可能建立在面部识别技术的快速发展及其令人印象深刻的成功的基础之上，同时该技术也是一个不断发展的行业的一部分——该行业投资于涉及人类监控的人机界面②。

虽然显得有些未来主义（未来派），但是有标准睡意检测系统和其他能够持续监控人类驾驶员系统的汽车不会是科学幻想。除欧盟之外，还有一些司法管辖区已经允许自动化驾驶中的人机互动。例如，2017 年 6 月，德国就此问题通过了一项法规③；瑞士政府目前正在考虑最终允许全自动车辆的法律④；美国多个州也有类似的法律⑤。

在何种条件下一个设备只是一个工具，而在何种条件下它又会达到软件机器人或机器人的水平（而被视为软件机器人或者机器人）？驾驶自动化和驾驶辅助的应用，既体现了围绕使用人工智能进行取证的分界线，也体现了其灰色地带。利用实用功能测试，考察

---

① Regulation (EU) 2019/2144 of 27 November 2019 on Type - Approval Requirements for Motor Vehicles and their Trailers, and Systems, Components and Separate Technical Units Intended for such Vehicles, as Regards their Safety and the Protection of Vehicle Occupants and Vulnerable Road Users, 2019 O. J. (L 325) 1..

② Jasper Gielen & Jean - Marie Aerts, *Feature Extraction and Evaluation for Driver Drowsiness Detection Based on Thermoregulation*, Applied Sciences 2019, Aug. 30, 2019, at 3555; for information about EU technology, see alsoEuropean Commission, In - Vehicle Detection and Warning Devices, https: //ec. europa. eu/transport/road_ safety/specialist/knowledge/fatique/countermeasures/in_ vehicle_ detection_ and_ warning_ devices_ en (last visited Feb. 6, 2020) .

③ Achtes Gesetz zur Änderung des Straβenverkehrsgesetzes [Eighth Amendment to the Road Traffic Law], BGBl I at 1648 (Ger.) .

④ Aktivitäten des Bundes [Federal Activities], Bundesamt für Strassen (ASTRA), https: //www. astra. admin. ch/astra/de/home/themen/intelligente - mobilitaet/aktivitaeten - des - bundes -. html (last accessed Mar. 24, 2020) .

⑤ For statistics and an autonomous vehicles legislation database, seeNational Conference of State Legislatures, Autonomous Vehicles: Self - Driving Vehicles Enacted Legislation, www. ncsl. org/research/transportation/autonomous - vehicles - self - driving - vehicles - enacted - legislation. aspx (last visited Feb. 6, 2020) .

使用此类证据的事实问题[①]，我们可以区分以下两种情况：一种是人工智能驱动的设备，它本身不传递任何信息（仅仅是为人类使用者服务的工具）；另一种是自主性程度更高，可以被认为人工智能生成的、提供意见的机器证据（例如，评估人类驾驶汽车的能力）。只有后者会被要求在法庭上进行单独的可信性测试。[②] 自20世纪50年代以来，为汽车安装防抱死制动系统（ABS）已是常例。这种安全配置会进行自动顿挫制动，来防止车轮锁死，比仅靠驾驶员的制动能更有效地保持与路面的摩擦。[③] 防抱死制动技术已日趋成熟，但该技术仍被视为只是对非人类实体（路况）作出反应的东西，因此，它只是一个供驾驶员使用的工具，并没有添加它自己的任何信息，即它不会在制动过程中评估人类的表现并提供意见。

相比之下，睡意检测系统是驾驶辅助软件机器人，它通过观察和评估人类驾驶员的行为，并在驾驶员打盹时发出警报，从而提高驾驶安全。这些系统可以在驾驶员保留对车辆的控制时使用，或者也可作为接管-请求助手的一部分。该系统发挥作用的技术可能包括监视转向模式、车道位置、驾驶员的面部变化以及驾驶员的坐姿[④]。与防抱死制动系统相反，睡意检测系统会添加自己的信息；也就是说，如果它们评估到驾驶员犯困要打盹，就会发出警报。然后，这个警报会被记录和存储，并有可能用作刑事审判中的证据。

（二）实体法

近年来，由人工智能、机器学习和大数据操控的智能设备，已经开始在许多个人和专业领域创造新的机会。如今，数字化辅助可以帮助医生诊断预示着某种疾病的症状；智能住宅可以为年迈的居民、残疾人士或者寻求更多便利者提供帮助；自动驾驶可以分担驾

---

① Lemley & Casey, *supra* note 9.

② 然而，人工智能驱动的设备在传达自身诉求的层面上有所不同。因此，区分它们的复杂性、不透明性、对（特定情形）人类操作的敏感性以及在案例中的具体用途，将是非常重要的。E. g. , Roth, *supra* note 3, at 1979, 1986 - 93, 2002 - 22.

③ 自动化技术的运行速度和效率远远超过了大多数驾驶员的处理能力。

④ See, e. g. , Chris Schwarz, John Gaspar, Thomas Miller& Reza Yousefian, *The Detection of Drowsiness Using a Driver Monitoring System*, 20 Traffic Inj. Prevention 157 - 161 (2019) .

驶责任，为那些想要在通勤期间获得一点额外空闲时间的人提供选择。[①]

人工智能技术创造的这些新的可能性，大约花了 50 年的时间才得以公开。当学者们在 20 世纪 50 年代创造出人工智能这个词时，他们指的是创造“智能机器”背后的科学和工程[②]。他们不太可能预料到人工智能的能力，它可以学习自我重组以提高效率，包括重写自己的代码[③]。尽管如此，人工智能的进展并没有达到能够被广泛应用去更为全面地解决问题的程度，而只能处理特殊（特定具体）的任务，这也是它被称为狭义的人工智能的原因之一[④]。

尽管人们期望的是自动驾驶或使用驾驶辅助技术会提升道路交通安全，但是随着人机互动的新的可能性的增加，造成损害（这种互动合作的一种后果）的可能性也增加了。当此类损害发生时，就有必要进行责任归咎[⑤]。在这个方面，可以说，人工智能驱动的设备（或者其创造者）可能会被视为与人类使用者共同承担责任的潜在的被告人。

就目前的情况来看，我们并不认为任何形式的人工智能在伦理上可以代理被告人接受审判。它的智能在很大程度上是单一维度的，至少目前还缺乏反思和解释过去行为的能力[⑥]。尽管如此，技术的发展已经引发了一场关于机器人责任的学术辩论，大家承认，虽然责任是一种社会性建构，但在某些时候，社会不得不认为机器人是合

---

① 现有的技术并没有止步于此——执法机构还广泛使用新的工具，例如，在决定保释还是释放时，以及在追捕嫌疑人或者潜在行为人时，计算风险。Andrea Roth, *Trial by Machine*, 104 GEO. L. J. 1245 (2016).

② McCarthy, *supra* note 6; Bathaee, *supra* note 6.

③ Calo, *supra* note 10, at 534.

④ Scherer, *supra* note 1, at 358 - 69.

⑤ Gless, Silverman & Weigend, *supra* note 17.

⑥ Dafni Lima, *Could AI Agents Be Held Criminally Liable? Artificial Intelligence and the Challenges for Criminal Law*, 69 S. C. L. Rev. 677 (2018); Ying Hu, *Robot Criminals*, 52 U. Mich. J. L. Reform 487 (2019); *see also* John C. Coffee, *No Soul to Damn: No Body to Kick: An Unscandalized Inquiry into the Problem of Corporate Punishment*, 79 Mich. L. Rev. 386 (1981)（广泛地分析了对非人类的处罚）.

适的责任代理人，那么责任就会扩张适用到机器。[①] 这种发展的可能性似乎与人工智能在不同领域能够准确评估信息的程度有关，也与它们能否发展出类似于人类常识的推理能力有关。

即使肯定那些否认人工智能代理的传统观点[②]，人工智能不承担法律责任也不一定意味着它们就是中立的旁观者。在某种程度上，机器人或软件机器人可以被视为次要的（也许不一定要承担法律责任）嫌疑人，或者甚至是汽车制造者的代理嫌疑人。因此，虽然我们认为人工智能缺乏代理权和道德指针，但它可能会有一些过错，大多数人都希望它为这些错误承担一定形式的责任。例如，某睡意检测系统可能是不精确或者模糊的——它可能包括带有偏见的算法或者标准化数据等。沿着这个思路，一些人工智能已经被证明在软件设计中存在有利于企业自身利益的“自动偏差”[③]。

当有人类受到自主运行的汽车的伤害时，谁应承担责任以及如何分配罪责的问题是紧密相连的。[④] 最早出现的一批法律问题是对实体法的挑战，随着更多的人工智能进入我们的生活，我们对代理的概念、罪责应该如何分配、谁是犯罪行为人（正犯）或者共犯等问题的理解很可能要发生变化。到目前为止，实体刑法倾向于将人类作为道德代理者、有能力的行为人以及某些情形下的刑事风险承担者。虽然国内立法者确实已经对于诸如公司等非自然人可以承担刑事责任的观点有更大的接受度，但起诉的基本理念仍然是只有人类行为才需要承担刑事责任。[⑤]

---

① Monika Simmler & Nora Markwalder, *Guilty Robots? Rethinking the Nature of Culpability and Legal Personhood in an Age of Artificial Intelligence*, 30 Crim. L. F. 1 (2019).

② Gless, Silverman, & Weigend, *supra* note 17, at 412.

③ *Id.*

④ Scherer, *supra* note 1, at 358, 366 - 67; Wolfgang Wohlers, *Individualverkehr im 21. Jahrhundert: das Strafrecht vor neuen Herausforderungen*（21 世纪的私车交通：面临新挑战的刑法）, 3 Basler Juristische Mitteilungen 113 (2016) (Ger.).

⑤ Sabine Gless & Sylwia Broniszewska - Emdin (eds.), *Prosecuting Corporations for Violations of International Criminal Law: Jurisdictional Issues*, 88 Int'l Rev. of Penal L. (Special Issue) 1 (2017)（提供的是一个比较性的概览）.

（三）人工智能和刑事审判中的证据周期

与之前出现的其他形式的技术一样，机器证据有可能成为新的信息源，从而为在刑事审判中更为准确地查明事实提供机会。然而，在刑事诉讼中引入无法解释某种结果的内在暗箱技术是要付出代价的。事实认定者将不得不决定是否采信人工智能生成的、专家也只能解释明白一部分的陈述。过去，法院反对使用呼气酒精分析仪等法庭鉴定工具，认为它们是"协助检方给公民定罪的魔法暗箱"[①]。随着人工智能在未来数代法庭鉴定工具中越来越多地融入，法院对此问题保持怀疑态度是明智的。为解决消费者的需求而开发的人工智能，并不当然意味着它可以是为法庭提供证据的工具，这就对如何认定在消费品（如驾驶辅助）中产生的机器证据提出了新的挑战。

起初，人工智能在我们日常生活中使用的扩张，不太可能增加机器证据在刑事审判中对建构事实的重要性，特别是考虑到法庭过去对使用一切可用技术手段（如测谎仪）的犹豫态度，但持续的技术发展可能会转变法官的观念。随着人工智能的普及，如果这种技术能够对人类行为进行准确的评估，那么更多的人就可能愿意承认它是可靠的和值得信赖的信息源。尽管存在这种可能性，但这种信息能否以及怎样为法庭所接纳，仍不清楚。早在人工智能出现之前，其他领域技术的发展也创造出了新的证据形式（如 DNA 检测），而当这些新的证据形式突然被引入刑事审判中的时候，就更加凸显刑事诉讼程序对此毫无准备。[②]

1. 从沉默的证人到数字分析工具

每当新型记录技术出现时，法院都面临着登记或记录手段是否可靠、准确和客观的问题。[③] 后文将把这一过程称为证据生命周期[④]。这一周期涉及根本性的利益，因为它产生的法律问题超越了证据层面，涉及重要的宪法问题，如对质条款。这还涉及在刑事审判中使用新技术进行事实调查和专家证据基础的基本问题。值得注意

---

① State v. Lance, No. 48 - 2012 - CT - 000017 - A / A, slip op. at 24 (Fla. Orange County Ct. Sept. 22, 2014).

② Murphy, *supra* note 5, at 728 - 44.

③ *See* James E. Bibart, *Metadata in Digital Photography: The Need for Protection and Production of this Silent Witness*, 44 Cap. U. L. Rev. 789 (2016).

④ *See infra* Part Ⅲ. B. 3.

的是，从比较的角度来看，目前美国学者的辩论似乎更集中于对质不利证词的权利（质证权——译者）[①]，而在德国，这种争论（仍然）主要在隐私权的领域展开[②]。

我们希望，法学者们最终能将争论统一在以下范围：人机互动过程中人工智能生成的数据的相关性和可靠性，以及由此产生的隐私权问题。一方面，一些人可能抛开隐私和其他方面的顾虑，会支持这种看似更为精确的新型评估手段，希望更准确地建构事实。另一方面，批评者可能会认为这种技术是侵入性的和容易出错的，并指出其设计和/或所使用的机器学习技术存在的缺陷。这种技术的功

① See, e. g., Murphy, *supra* note 5, at 775; Roth, *supra* note 3, at 1979, 1986 - 93, 2002 - 22; Joseph C. Celentino, *Face - to - Face with Facial Recognition Evidence: Admissibility Under the Post - Crawford Confrontation Clause*, 114 Mich. L. Rev. 1317, 1331 - 33 (2016). 隐私权问题方面的讨论，*see* Katherine Strandbergh, *Home, Home on the Web: The Fourth Amendment and Technosocial Change*, 70 Md. L. Rev. 614 (2011); Jason M. Weinstein, William L. Drake & Nicholas P. Silverman, *Privacy vs. Public Safety: Prosecuting and Defending Criminal Cases in the Post - Snowden Era*, 52 Am. Crim. L. Rev. 729 (2015)。

② Bundesverfassungsgericht [BverfGE] [Federal Constitutional Court] Feb. 2, 2008, 1 BvR 370/07 (§ 169) (Ger.); Bundesverfassungsgericht [BVerfGE], [Federal Constitutional Court] Mar. 3, 2004, 1 BvR 2378/98 and 1 BvR 1084/99 (Ger.); Bundesverfassungsgericht [BVerfGE] Apr. 4, 2006, 1 BvR 518/02 (Ger.); *see generally* Jan - Christoph Wehage, Das Grundrecht auf Gewährleistung der Vertraulichkeit und Integrität von Informationsverarbeitungssystemen (2013) (Ger.); *see also* Tobias Singelnstein & Benjamin Derin, *Das Gesetz zur effektiveren und praxistauglicheren Ausgestaltung des Strafverfahrens*, 70 Neue Juristische Wochenschrift 2646, 2647 - 52 (2017) (Ger.); Sabine Gless, *Wenn das Haus mithöt: Beweisverbote im digitalen Zeitalter*, 38 Strafverteidiger 671, 675 - 77 (2018) (Ger.). 最近的一个争论确实包括对可靠性的考虑：Oberlandesgericht [OLG] [Higher Regional Court] Karlsruhe, July 16, 2019, 1 Rb10 Ss 291/19 (Baden Württemberg) (Ger.); Verfassungsgerichtshof [BayVerfGH] [Constitutional Court] Apr. 27, 2018, Lv 1/18 (Saarbrücken) (Ger.); Eric Hilgendorf, "*Die Schuld ist immer zweifellos*"? *Offene Fragen bei Tatsachenfeststellung und Beweis mit Hilfe □ intelligenter" Maschinen*, *in*Beweis 229, 238 - 39 (Thomas Fischer ed., 2019) (Ger.); Dominik Brodowski, *Die Beweisführung mit digitalen Spuren und das Unmittelbarkeitsprinzip*, *in* Digitalisierung der gerichtlichen Verfahren und das Prozessrecht 83 - 93 (Almuth Buschmann et al. eds., 2018) (Ger.)（讨论了在德国程序中最佳证据规则在数字化证据上的应用）。

能在于，它在传统的沉默证人（如模拟摄像机或防抱死制动系统）、数字化法庭鉴定分析工具（如DNA测试套件或法庭鉴定的面部识别）和人工智能驱动的设备（如睡意检测系统）之间划出了界限。与前两者不同，这些人工智能驱动的设备通过对情境的独立评估传达它们自己的信息。

随着某种形式的技术进入我们生活的各个领域，数字化证据进入刑事诉讼程序也就不足为奇[①]。有趣的是，"数字化证据"一词在教科书和法学期刊中被广泛使用，但它似乎并不是一个技术性的法律术语，而是对于在刑事侦查中和在法庭上以二进制形式存储或者传输信息的现象（或者需求）的描述[②]。数字化证据可以存在于计算机的硬盘、云端技术为基础的存储（云存储）、手机或个人数字化助手、闪存盘（flash drives）甚至数码相机中。数字化证据可以给人们提供大量的信息，包括电子邮件的内容、电子邮件的发送者和接收者的身份、摄像录影镜头的连续监控报告、移动位置的跟踪记录[③]、浏览器跟踪信息或者社交网络映射数据（mapping data）。它可以是"小数据"，也可以是大数据[④]的某一类，它可以由人类产生，也可以由机器产生。当下，它最常被用于起诉犯罪[⑤]，但像DNA测试一样，它最终也有可能有利于辩方[⑥]，因为使用者越来越意识到此类消费品提供不在场证明的能力。

以"0"和"1"编码的数字化信息给法院带来的迫在眉睫的问题是，此类信息想要发挥作用，必须由专家将其转化为类似（/模

① Orin S. Kerr, *Digital Evidence and the New Criminal Procedure*, 105 Colum. L. Rev. 279, 285 - 306 (2005).

② *See*, *e. g.*, Donald A. Dripps, "*Dearest Property*": *Digital Evidence and the History of Private "Papers" as Special Objects of Search and Seizure*, 103 J. Crim. L. & Criminology 49, 53 - 54 (2013); Kerr, *supra* note 47.

③ *See*, *e. g.*, Joshua A. T. Fairfield & Erik Luna, *Digital Innocence*, 99 Cornell L. Rev. 981, 1032 - 38 (2014).

④ Garrett, *supra* note 5, at 208 - 09.

⑤ 从历史上看，号称"客观"的新技术首先被用来对付被告人，但最近被告人（至少部分地）已经把这一观念扭转了过来。Roth, *supra* note 30, at 1254 - 64.

⑥ 参见 Fairfield & Luna, *supra* note 49, at 990（倡导将数字化设备转化为证明无罪技术的要求）。

拟）形式[①]。有时，专家只有在信息被解密后才能获取信息，此时还需要其他的专家来解释信息是怎样获得的以及信息的含义是什么。不过，如果仅仅是存储格式的问题，即信息只是以不同的形式存在（例如，以电子邮件代替书面说明，以 JPG 文件代替打印的照片等），那么这还不会给刑事司法系统的应对造成太大困难？

然而，随着技术持续快速发展，刑事侦查中的数字化证据很快变得更加复杂：呼气酒精分析仪配备了智能技术，提供个性化基因信息的 DNA 试剂盒向公众开放，而不再为执法部门所独享。[②] 虽然这种数字化分析工具可以由人工智能驱动，但它首先是一种仅供检测使用的测量工具，如检测某人呼气中的酒精含量。[③] 即便如此，基本的问题仍然是：事实认定者在什么情况下（以及为什么）能开始信任这项技术？什么条件下我们会达到这样一个程度，即技术变得如此受到信任，以至于它不再受到强烈而充分的质疑（挑战）？而在什么情况下又会对其值得的可信性产生新的怀疑？

2007 年，艾琳·墨菲（Erin Murphy）提出了将第一代法庭鉴定证据（如指纹分析、弹道学）与第二代证据进行区分的方法[④]，区分的基础是第一代证据的适用、观测功能和机械功能十分有限并且设计狭窄，第二代法庭鉴定证据的特点是更为复杂、科学性更强，因此使用范围更广（如 DNA 分析、位置跟踪）。

法庭鉴定中的数字化分析工具可以与第一代证据（如指纹鉴定或者笔迹鉴定）区分开来，因为前者是由源代码而不是人的专业知识[⑤]指导，而且更难看到其背后的运作基本机制[⑥]。仅仅是这种透明

---

① Kerr, *supra* note 47, at 298 - 99.

② See, e. g., Stacy Cowley& Jessica Silver - Greenberg, *These Machines Can Put You in Jail. Don't Trust Them*, N. Y. Times (Nov. 3, 2019), https://www.nytimes.com/2019/11/03/business/drunk - driving - breathalyzer.html; Matthias Gafni & Lisa M. Krieger, *Here's the 'Open - Source' Genealogy DNA Website ThatHelped Crack the Golden State Killer Case*, Mercury News (Apr. 30, 2019), www.mercurynews.com/2018/04/26/ancestry - 23andme - deny - assisting - law - enforcement - in - east - area - rapist - case (illustrating the successful use of an "open source" genealogy website).

③ Roth, *supra* note 30, at 1254 - 64（提供了此种工具的历史）.

④ Murphy, *supra* note 5.

⑤ 源代码是驱动着人类程序员的创造行动的 IT 程序的基本组成部分。

⑥ Roth, *supra* note 30, at 1269 - 76.

度的缺乏就给查明案件事实中的可信性带来了巨大的风险，因为潜在的缺陷很难被事实认定者发现。虽然最近 DNA 测试的可信性引发了热烈的讨论，但其根本的技术却截然不同，因为 DNA 测试并不存在人工智能所能实现的代理（可能性），包括监控周围环境、评价人类行为和自主行动的能力。因此，机器生成的证据必须被视为第三代法庭鉴定的证据类型。

2. 数字化分层和可信的事实调查

随着数字化复杂性的增加，获取相关信息变得更加困难，并需要（某些）事实认定者可能不具备的专门知识。法律对证据的可靠性和可信性的规定产生了额外的问题，这些问题不仅影响到证据的可采性（对抗式诉讼程序的一个关键要素），而且影响到证据的重要性（审问式诉讼模式中事实认定特别重要的一个方面）[①]。

（1）暗箱问题和专家证据

虽然使用者可能还看得见汽车中睡意检测系统的特定组件，但其背后的评估过程对使用者或法庭上的事实认定者来说并不完全透明。即使是被法庭传来解释机器证据的专家，在深入全面解释人工智能驱动的设备如何评估人类使用者的行为，或者展示清晰的因果关系链的方面也束手无策。[②] 正是这些问题构成了当下研究人员正在研究的机器证据中的“暗箱问题”。[③] 迄今为止，研究表明，人工智能可以被解释的程度与系统准确性（或者其他性能目标）成反比。[④] 尽管如此，为了达到对证据充分的理解和对事实调查的值得信赖，我们仍然必须使用人类专家向事实认定者解释机器数据。但是说到准确的数据收集和评估，机器当属无可否认的超级优秀的“专家”。

---

① Thomas Weigend, *Evidence Law im anglo - amerikanischen Strafverfahren*, *in*Beweis 253 - 65 (Thomas Fischer ed., 2019) (Ger.).

② See Finale Doshi - Velez & Mason Kortz, *Accountability of AI Under the Law: The Role of Explanation* (Berkman Klein Ctr. Working Grp. on Explanation and the Law, Berkman Klein Ctr. for Internet & Soc' y, Working Paper, 2017).

③ See Cary Coglianese & David Lehr, *Regulating by Robot: Administrative Decision Making in the Machine - Learning Era*, 105 Geo. L. J. 1147, 1160 - 1, 1167 (2017)（讨论的是暗箱问题）; see also Frank Pasquale, *The Black Box Society: the secret algorithms that control money and information* (2015)（提供的是更为详细的讨论）.

④ See Doshi - Velez & Kortz, *supra* note 60, at 2.

在事实认定者缺乏相关知识[①]的情况下，利用专家来提高事实认定的可信性的道理在对抗制和审问制中都是一样的，不过其手段却大不相同。在对抗制中，专家证人通常由当事人申请传唤，并根据其专家认证资格、技能或经验在法官或陪审团面前作证，以协助案件的审理。[②]在审问式制度中，如果法官认为他们自己缺乏相关知识，则他们自己主动寻找专门知识[③]；专家证言一般在公开听证会上口头提供，但也可以以书面报告的形式提供。

无论事实认定者是陪审员还是法官，就一般的人的知识范围和理解能力来说，如何理解与可靠性问题有关的此类能自主进行评估的设备，以及设备在重构案件事实方面到底有用还是没有用等问题，都已经超纲了。正因如此，在查明事实中使用复杂的技术，使得专家证据在对抗式和审问式司法系统中都至关重要。

（2）人工智能产生的机器证据

本文的重点是消费品在人工智能驱动的互动过程中产生的机器数据。与此相关的是，罗特（Andrea Roth）创造了“机器证词”（machine testimony）或机器证据这一术语，以区分仅仅作为协助人类传达信息的工具和智能机器，后者可以根据设备的设计和算法，登记和评估特定数据来传递它们自己的信息[④]。潜在的基本的问题是，当所提供的机器数据被认为是所主张事项的真相时，是否应当适用与人类的陈述相同的保障措施。这将包括类似于与证人对质

---

① See Fed. R. Evid. 702. But see Michael H. Graham, *Expert Witness Testimony and the Federal Rules of Evidence: Insuring Adequate Assurance of Trustworthiness*, 1986 U. Ill. L. Rev. 43 (1986); Bruce D. Sales & Daniel W. Shuman, *Experts in Court: Reconciling Law, Science, and Professional Knowledge* (2005)（讨论的是专家的值得信赖性的当前问题）. 带有对数字化工具特别关注的文献是：Jennifer N. Mellon, *Manufacturing Convictions: Why Defendants Are Entitled to the Data Underlying Forensic DNA Kits*, 51 Duke L. J. 1097, 1101 (2001).

② Fed. R. Evid. 706.

③ 授权法官在适当的案件中聘用一位“中立的”专家。Strafprozeβordnung [StPO] [German Code of Criminal Procedure] as amended Apr. 7, 1987, § 73 [hereinafter StPO].

④ See Roth, *supra* note 3, at 1979, 1986 - 93, 2002 - 22; Roth, *supra* note 30, at 1301（创造的是“机器证言”和“自动化证明”两个术语）; *cf.* Chessman, *supra* note 5, at 197, 183, 206, 222（使用的是“计算机程序创造的证据”这个短语）.

（和怀疑）的权利，以及在无法充分对质证人的情况下对相关证据排除的权利。

这场辩论主要集中在用于刑事诉讼的法庭鉴定工具上——在后续进程中（可以）产生作为事实提供的证据的工具。围绕着为法庭使用而设计的数字化工具的可适用性问题另当别论，不是本文的重点。就机器生成的数据而言，它的生成并没有考虑刑事诉讼，更重要的是，其产生过程中包括了机器对人类的观察和评估。

在睡意检测系统的情况下，各种来源的数据都会被记录，每一个数据都可以作为一个单独的证据。这些数据包括面部特征的观察、驾驶员是否困倦的评估、向驾驶员发出的警报以及驾驶员对警报的反应等情况。虽然其中有些数据并没有体现并传达出来自机器的评估，但很大一部分数据确实来自软件机器人的自主评估，而且传统工具和机器人之间的界限变得模糊。在刑事诉讼的事实调查中，如何处理证据产生中的可信性问题，将是区分单纯的工具和作为信息来源的工具二者的关键所在。

（3）生成机器证据的消费品

连接人类和机器人的数字化界面经常被设计成针对消费品技术解决方案的一部分，比如自动化驾驶，如果这些数字化界面也能被用于执法目的，这些消费品就会提供巨大的可能性。

挖掘人工智能驱动设备的潜力也带来了大量的证据法方面的问题和在刑事诉讼中确定事实的一些问题，其中一些问题已经提到过[参见上文二（三）2（1）]。机器人和软件机器人具有一种几乎无限的、不知疲倦的能力来记录所处的环境信息，并且由于它们能够持续记录、评估和归档人类行为，因此它们也不只是单纯提供测试结果那么简单。在自动化驾驶的情况下，这种持续的监测为判定人类是否适合驾驶提供了大量的数据。

尽管有能力收集大量数据，但人工智能驱动的设备无法解释它们自己是如何评估人类行为或者作出决定的。因此，执法部门和法院必须谨慎对待他们从机器生成的数据中了解到的信息。

（4）应对证据方面的挑战

前面的解释已经说明，机器证据对很多方面都构成了挑战。首先，人工智能产生的信息是以数字化方式存储的，必须由专家检索调取出来并予以解释。其次，更重要的问题是，使用人工智能来评估驾驶员灵敏度（清醒程度）的证言可能会被定义为专业意见，但由于人类的理解力受到黑箱问题的限制，许多细节无法解释清楚[①]。尽管存在这些问题，但人工智能可能会扮演目击证人的角色，表明被告人的不法行为。人们担心事实认定者会像偶尔相信目击证人那样，毫不犹豫地相信这种陈述，这种担心似乎是有理由的。

迄今为止，机器证据能够可靠地转化为可理解的信息的具体手段尚不明确，相关的采信标准仍未统一。[②]暗箱问题的程度似乎与机器人生成信息的准确性直接相关，这就限制了专家的解释和其他检验可信性的手段。机器生成的证据与更多传统类型的证据之间的根本差异，让审查人工智能证据真实性的传统手段失效。与人类证人不同，无论是机器人还是软件程序，都不能列于证人席上出庭，也不能要求它们宣誓说真话。它们也不会因为可能被起诉伪证的风险就不撒谎。尽管存在所有这些问题，然而在人机互动不断增加的情况下，在与人类的交互协作过程中人工智能产生的机器证据仍有望提供大量可能有助于刑事调查的相关信息。

3. 证据周期和协助执法的消费品

判例法[③]和学术研究[④]表明，新类型的证据都有一个可预测的生命周期，开始于这个理论假设：起初，证据因为形式太新而不可靠；之后，它成为新的但要经过检验的证据，进而成为一般来说是可靠的但偶尔会出错或者被不适当地应用的证据；最后，许多这类证据

① Daniel J. Grimm, *The Dark Data Quandary*, 68 Am. U. L. Rev. 761, 819 (2019).

② 参见 Jennifer L. Mnookin, *Of Black Boxes, Instruments, and Experts: Testing the Validity of Forensic Science*, 5 Episteme 343 (2008); Bathaee, *supra* note 6。

③ *See, e.g.*, United States v. Beasley, 102 F. 3d 1440, 1448 (8th Cir. 1996); US v. McCluskey, No. 10－2735 JCH, 2013 WL 1239717 at 2 (D. N. M July 2, 2013); Texas v. Josiah Sutton (District Court of Harris County, Cause No. 800450) (2003); People v. Castro, 545 N. Y. S. 2d 985, 987 (N. Y. Sup. Ct. 1989); State v. Butterfield, 27 P. 3d 1133, 1143 (Utah 2001); Spencer v. Commonwealth, 384 S. E. 2d 785, 797－98 (Va. 1989).

④ *See* Jay D. Aronson, Genetic Witness: Science, Law and Controversy in the Making of DNA Profiling (Rutgers University Press 2007).

达到了被盲目信任的程度。[①] 事后看来，这个证据的生命周期并非不可逆转——例如，DNA 检验曾经被盲目信任，但现在却受到越来越多的仔细审查[②]。逆转证据周期是一场艰苦的战斗，一场先要经历大量的人类痛苦的战斗。因此，当机器证据作为一种潜在的第三代法庭证据被提出时，其初始可采性的问题就显得尤为重要。这是因为，相关证据是通过使用消费品，由人工智能驱动的人机互动而自动生成的。[③] 虽然看似客观，但这种证据容易出错，还是必须由专家来解释（至少部分解释）[④]。

今天，我们大多数人认为，在事实调查中越来越多地使用机器数据，包括法庭（如 DNA 测试）和非法庭（如 GPS 的跟踪）技术，使得重建案件事实的准确性和客观性全面提高[⑤]。然而，除了巨大的隐私问题外，这个假设还带有盲目相信机器准确性的风险，而且鉴于大多数人，包括刑事案件中的法官和陪审员，都不了解基本的技术，因此这个假设是有悖于直觉的。

虽然对抗制的学者（特别是在美国）越来越多地谴责对这种不透明机制的盲目信任，并列举了 20 世纪 60 年代错误使用呼气分析器和 21 世纪 DNA 测试的错误鉴定的两个例子，但在欧洲却没有出现类似的辩论。此外，尽管美国有这样的学术争论背景，但是对于审查已被广泛认定为可靠证据的诉讼请求，大多数美国法院仍然十

① 理查德·迈尔斯（Richard Myers）提出了这一观点。理查德·迈尔斯（2019 年 4 月 5—6 日）在杜克大学数据、技术和刑法研讨会上的讲话。See also United States v. Beasley, 102 F. 3d 1440, 1448 (8th Cir. 1996)（认为"DNA 分析的 PCR 方法的可靠性已经充分确立，允许本巡回法院在未来的案件中对其进行司法关注……"但这种方法何时会再次受到质疑还有待观察）.

② Frederika A. Kaestle, Ricky A. Kittles, Andrea L. Roth & Edward J. Ungvarsky, *Database Limitations on the Evidentiary Value of Forensic Mitochondrial DNA Evidence*, 43 Am. Crim. L. Q. 53, 85 - 87 (2006).

③ Roth, *supra* note 3, at 1975.

④ *See infra* Part Ⅲ. B. 5. 同样，就本文而言，这些数据是作为直接证据（TOR 请求已经启动的事实）还是作为间接证据（如果睡意检测系统观察到身体信号，并将其记录为驾驶员疲劳的迹象，即睡意的证据），并不重要。

⑤ Roth, *supra* note 3, at 1975 - 76.

分慎重[①]。

这暗含的意思是，一旦达到了相关性和有证明价值的门槛，可能就会导致需要提高有用证据（而不是旨在误导和迷惑事实调查者的证据）可采性推定的标准。如果社会对人工智能驱动系统（比如自动数字化驾驶辅助系统）的平稳运行已经建立了信任，那么在刑事审判期间当被告人试图挑战其所谓的完美无缺的功能时，法官可能会特别犹疑。这个问题可能与这样一个事实有关，即法官和其他任何人一样，不可能对审理的所有问题都有专家级的知识。这种局限虽然可以理解，但也可能导致被告人无法有效地质疑某些专家证据的相关性，因为这种质疑很可能误导陪审员[②]。

在这个数字化的时代，我们还不清楚上述这种普遍问题将如何转化。随着人工智能驱动的消费品（如自动化汽车）的增加，评估机器证据的可信性问题可能会变得更加紧迫。随着高科技产品的增加和普及，随着机器证据在证据生命周期中的后移，特别是从太新而不可靠的阶段到新的但有待测试的阶段，其可信性也将变得日益重要。

机器证据目前仍处于第一阶段，其中原因有很多。首先，迄今为止，还没有已受认证的程序来支持生成的机器数据在刑事审判中使用的可靠性，因为这些人工智能产品的设计并不是为了准确记录用于刑事审判事实调查的具体数据，而是为了满足更广泛的消费需求。此外，这些数据由私人或者公司拥有，并存储在云系统中；而在云系统中，这些数据还可能被制造商以商业秘密特权为由进行加密和屏蔽[③]。

在这一点上，政府方对于消费品产生的任何一项机器证据的可靠性几乎一无所知。以睡意检测系统为例，在驾驶员不知道的情况

---

① *See*, *e. g.*, Edward J. Imwinkelried, *Computer Source Code*: *A Source of the Growing Controversy over the Reliability of Automated Forensic Techniques*, 66 DePaul L. Rev. 97, 99 - 101 (2016).

② *See*, *e. g.*, Kaestle, *supra* note 72, at 81 - 86（讨论的是 DNA 证据）; Celentino, *supra* note 45, at 1325 - 30（讨论的是面部识别技术）.

③ *See* Rebecca Wexler, *Life*, *Liberty*, *and Trade Secrets*: *Intellectual Property in the Criminal Justice System*, 70 Stan. L. Rev. 1343 (2018)（描述了关于解决被告人辩护权和商业秘密之间利益冲突的争论）; Natalie Ram, *Innovating Criminal Justice*, 112 Nw. U. L. Rev. 659 (2017).

下，算法的编写者可能将监测人类行为的智能系统设计得有些偏颇，从而使其将责任从汽车本身转移到人类驾驶员身上①，以保护企业的自身利益。

造成系统输出不精确的方式有很多，包括编程阶段的人为错误、有偏见的算法或者有偏见的标准化数据，等等。相较于更受管控的政府设施，能够产生数据信息的消费类产品可能更容易存在不易为我们察觉的（可能是无意的）主观倾向。即使假设使用狭义人工智能的制造商会确保机器证据的最佳中立性，计算机工程师也会在无意中、不可避免地造成误差②。以睡意检测系统为例，选择某些特定的设计来捕捉驾驶员的脸部表情或者身体姿态，以及为实现一定功能而作出的牺牲，都可能会导致严重的后果。例如，需要考虑到不同种族之间眼睑位置的差异，以避免将个体差异错误地解释为困倦的迹象。类似的保障措施亟须制定，以确保算法设计特定程度的透明和真实③。

三、法庭上的人工智能：比较视角

基于比较，本文建议对德国和美国的刑事司法制度在机器生成的证据方面进行重大改革。德国必须增加被告人可用的法律手段，而美国则需要通过诉讼双方对专家庭外陈述和报告的承认、分享，继续扩大被告人获得法庭证据的机会，以优化向事实认定者提供的客观、科学的证据。

① *Cf.* Roth, *supra* note 30, at 1272.

② *See*, *e.g.*, Cathy O' Neal, Weapons of Math Destruction (2016)（讨论的是歧视性算法及其对社会的影响）; *see also* Mireille Hildebrandt, Smart Technologies and the (Ends) of Law: Novel Entanglements of Law and Technology 34 (2015); Emily Berman, *A Government of Laws and Not of Machines*, 98 B. U. L. Rev. 1277, 1325 - 27 (2018). 对于具体应用的反映（以面部识别技术为例），see Georgetown Ctr. on Privacy and Tech., The Perpetual Line - Up, https://www.law.georgetown.edu/privacy - technology - center/publications/the - perpetual - line - up。

③ Berman, *supra* note 80, at 1325 - 27.

（一）对真相的追求

在任何刑事诉讼中，事实调查的主要目标是确立真相[①]。在德国和美国，人们寄希望于法院根据“真实的”事实作出有罪或者无罪的决定，因而真相的确定代表着极大的公共利益[②]。今天，这两种制度都以某种类型的辩诉交易来结束大多数刑事诉讼，这一制度并不一定与其寻求真相的承诺相矛盾，因为这两种制度运行的基础，都是假设被告人的坦白悔罪会揭示真相[③]。

当然，以寻求真实可信的证据为基础，这两种法律制度有着类似的规则，包括独立、公正的法官以及围绕证据程序的形式要求。尽管如此，对抗式审判和审问式审判所采用的程序方法还是非常不同[④]。产生这些不同最主要的原因在于事实调查主体的不同：在审问制中，事实调查机构是由法官和非专业人员组成的全体法官，而在对抗制中则是法官或者陪审团。这种差异塑造了证据规则，包括如何使用陈述来确立事实，以及是否有必要作出经得起上诉审查的合理判决[⑤]。这两个司法管辖区追求真相的共同目标（尽管在程序上

① StPO §244，第2段（规定“为了确定真相，法院应自行将取证范围扩大到与裁决有关的所有事实和证据手段”）；Thomas Weigend，*Should We Search for the Truth，and Who Should Do it*? REG. 389，389（2011）．然而，无论是美国宪法还是联邦法律都没有明确要求调查人员、检察官或法院寻求真相。似乎恰恰相反，《联邦刑事诉讼规则》提出，某些原则应当指导解释工作，“为每一个刑事诉讼提供公正的裁决，确保程序的简单性和管理的公平性，并消除不合理的费用和延误”。FED. R. CRIM. PROC. R. 2. 然而，判例法确实指出，寻求真相是刑事诉讼的基本指导原则。例如，见 Tehan v. United States，383 U.S. 406，416（1966）；United States v. Havens，446 U.S. 620，626（1980）；Colorado v. Connelly，479 U.S. 157，166（1986）。更详细的讨论，参见 Jenia Iontcheva Turner，*The Exclusionary Rule as a Symbol of the Rule of Law*，67 SMU L. REV. 821，829（2014）。

② Jenia Iontcheva Turner & Thomas Weigend，*The Purposes and Functions of Exclusionary Rules*：*A Comparative Overview*，*in*Do Exclusionary Rules Ensure a Fair Trial? 255，260（Sabine Gless & Thomas Richter eds.，2019）．

③ Thomas Weigend，*The Potential to Secure a Fair Trial Through Evidence Exclusion*：*A German Perspective*，*in*Do Exclusionary Rules Ensure a Fair Trial? 61，64（Sabine Gless & Thomas Richter eds.，2019）．

④ Weigend，*supra* note 59，at 253 - 265.

⑤ Damaška，*supra* note 14，at 426.

不同），以及它们对自动化驾驶和人工智能驱动设备的信任，就促成了有趣的比较研究。

（二）对抗制和审问制法庭中的人工智能

近年来，随着人们越来越愿意与技术和人工智能驱动的设备进行互动，机器监测人类行为的机会大大增加。由此产生的机器证据可能会有力地促进事实调查，但是由于缺乏特定的工具来彻底审查其可靠性或者有效性，审问制和对抗制都必须依靠专家证人向事实认定者解释这种肉眼无法理解和把握的证据，因此，目前世界各地的刑事司法制度还不具备充分处理此类数据的能力。

1. 现代法庭上的机器证据

在传统的证据与程序设计中，人们以正式的方式交流沟通、寻求真相，但是机器证据并不适合于此。因此，人们要么选择创造一种全新的模式来评价机器证据在刑事诉讼中的可靠性，要么重新思考现有的证据类型，并检视法律制度和司法过程中的薄弱环节，看看法官、检察官和辩护律师是否能够在现有法律制度的框架内，以某种方式充分审查此类证据。[①]

对于在刑事审判中机器证据的使用来说，专家证人至关重要。除了解释特定自主学习设备的影响、说明造成事实发现错误的可能原因外，他们还必须捕捉并释明特定数据是如何被记录的。在对抗制诉讼中，专家证据通常被用作案件当事人的部分陈述；而在审问制的调查中，检察官通常会委托专家，随后将他们的报告加入案卷材料。需要注意的是，这些报告往往只是描述方法、解释结果，并不解释如何测量原始数据，也不说明数字化证据手段是如何设置和使用的。[②] 因此，还不等辩方能够提出主张，质疑不同形式的证据为何应该或者不应该进入事实调查，专家报告对案件的叙述就已经纳入了卷宗。如果案卷中有证据报告，法官可以根据书面报告选择采纳专家证据，可以传唤专家出庭作证，也可以召唤其他专家提交新

---

① Myers, *supra* note 71.

② *See*, *e. g.*, Oberlandesgericht [OLG] Bamberg, June 13, 2018, 3 Ss Owi 626/18 (Ger.); Oberlandesgericht [OLG] Karlsruhe, July 16, 2019, 1 Rb10 Ss 291/19 (Ger.), Verfassungsgerichtshof [VerfGH] Saarbrücken, Apr. 27, 2018, Lv 1/18 (Ger.); Kammergericht [KG] Apr. 2, 2019, 3 Ws [B] 97/19 - 122 Ss 43/19 (Ger.)（解决用于侦测超速驾驶的雷达枪）.

的报告[①]。法官还可以预见到进一步收集事实的需要，并在口头审理时传唤其他专家[②]。

在德国，辩护律师在审前调查结束前可以查阅整个案卷卷宗，并能请求法庭传唤专家出庭，以便对其进行询问。如果律师对专家的可信性有严重怀疑，他们可以带自己的专家到庭（只要有相应的资源），但法官作为事实调查的推动者，并不是必须听取这种证词。如果在法官看来，被质疑的事实已经被第一个专家意见明确证明（或反证），德国法律允许驳回（基于怀疑的申请）。[③] 值得注意的是，这一规则不适用于以下情况："第一位专家的专业能力受到怀疑，或者其意见基于不正确的事实，或者意见内容中有自相矛盾的地方，或者新专家掌握的研究手段可能优于前一位专家。"[④] 随着证据在证据周期中位置的变化，这一法律规定有着不同的适用：法官更有可能允许多个专家对一项新颖的法庭技术发表意见，但是很难倾向于请第二位专家对一项普遍可靠的甚至是被盲信的证据发表意见。

德国的诉讼法是在19世纪发展起来的，但是它至少在某种程度上受到了来自20世纪50年代欧洲人权法院（ECtHR）的判例法中对抗性理念的影响，该著名的人权法院是以《欧洲人权公约》（ECHR）为根据建立的[⑤]。特别是公平审判的理念，包括审查定罪证据的权利（《欧洲人权公约》第6条），对欧洲大陆的事实调查产生了深远的影响，并常常成为救济传统的审问制对个人权利保护不周时的手段[⑥]。根据《欧洲人权公约》第6条第3款（d）项[⑦]，用质

---

① StPO § 221, § 222, § 244, § 256.

② *Id.* § 245.

③ *Id.* § 244, para. 4.

④ *Id.*

⑤ *See* Roberto E. Kostoris, *European Law and Criminal Justice*, *in*Handbook on European Criminal Procedure 47 - 56 (Roberto E. Kostoris ed., 2018)（详述欧洲人权法院的判例和对成员国法院的约束力）; Weigend, *supra* note 82, at 64（具体描述了在德国的影响）.

⑥ *See generally* John D. Jackson & Sarah J. Summers, The Internationalisation of Criminal Evidence: Beyond the Common Law and Civil Law Traditions 79 - 95 (2012).

⑦ 《保护人权和基本自由公约（Convention for the Protection of Human Rights and Fundamental Freedoms）》art. 6, Nov. 4, 1950, 213 U. N. T. S. 222.

问不利证人的权利来质疑机器证据的可靠性的想法短期内不太可能被德国法院接受①，但最近来自高等地区法院（州的最高法院）的案例法确实表明，越来越多的法官可能对允许获取所谓“原始测量数据（实测数据）”的想法持开放态度，以便更彻底地审查类似数字化雷达枪一样的机器证据②。这些判决力求实现“双方信息平等”，以努力达到关于《欧洲人权公约》第6条的欧洲判例法基准，进而实现控辩双方“武装对等”，并强化辩方在法官面前的庭审地位③。这一理念，虽然看起来是对抗性的，却是欧洲人权法院以大陆法和普通法传统为基础，建立一种跨法域的程序公平理念的尝试结果④。

这种新的论证思路在某种程度上与美国学者的呼吁相类似，即把机器证据看作当事人提出的、为证明己方主张的真相（并且需要语境）的庭外证词⑤。即使人们认同，人工智能驱动的设备因其具有精密的设计、标准化数据的基础或者内置机器学习软件，而应接受与证人类似的可信性测试，也必须意识到，一旦这一论证观点被接受，可能会不恰当地使此类机器处于近似于自然人证人的地位。

为了说明这一点，如果让汽车中的人类乘客出庭作证来证明被告人的驾驶能力，证人在感知能力、潜在的偏见、错误的判断，甚至是故意撒谎（有可能被起诉并受到因伪证的刑罚处罚）等方面都会受到对方质问。就目前而言，即使仅仅是评估人类使用者并得出

---

① *Cf.* Oberlandesgericht［OLG］Bamberg, June 13, 2018, 3 Ss Owi 626/18 (Ger).

② *Cf.* Oberlandesgericht［OLG］Karlsruhe, July 16, 2019, 1 Rb10 Ss 291/19 (Ger.); Verfassungsgerichtshof［VerfGH］Saarbrücken, Apr. 27, 2018, Lv 1/18（根据《欧洲人权公约》第6条准许获取测量数据）.

③ Jürgen Cierniak & Holger Niehaus, *Neuere Entwicklungen im Recht auf Einsichtnahme in Messunterlagen*（阅取测量文件材料权利的最新发展）, 14 Deutsches Autorecht［DAR］541, 541 - 44 (2018) (Ger.).

④ *See* Jackson & Summers, *supra* note 94, at 79 - 80.

⑤ *See* Joëlle Vuille, Luca Lupària & Franco Taroni, *Scientific Evidence and the Right to a Fair Trial under Article* 6 *ECHR*, 16 L. Probability and Risk55 (2017); Paul Roberts & Michael Stockdale, *Introduction*: *Forensic Science*, *Evidential Reliability and Institutional Reform*, *in* Forensic Science Evidence and Expert Witness Testimony: Reliability Through Reform? 22 (Paul Roberts & Michael Stockdale eds., 2018).

结论（比如驾驶员是否具有操作车辆的能力）这一方面，人工智能驱动的设备也无法接受相当于交叉询问的同等审查。如果人工智能作出的这种测定被用作证据，法庭就应当特别审查它的设计、算法和机器的学习（/训练）数据方面。

考虑到人工智能驱动设备的复杂程度，以及企业保护自己商业机密的愿望，对设备内部运作的彻底评估和理解就只能在法庭之外进行，这使得事情就变得异常复杂。结果就是，在对抗制中，这种评估将不可能被庭审接纳。相反，只能请专家作为一种代理人，与特定设备直接接触之后，再出庭汇报检索、审查数据的结果，以及对设备的可靠性和有效性的判断。

2. 机器证据关联性和可靠性的检测

在德国或美国，只有具备关联性和可靠性的证据才能在法庭上提出。虽然德国法律缺乏明确的有关证据可采性的要求、如何确定证据的可靠性的通行规则体系，但法院遵循的原则是，所有具有关联性的证据都应被认作其寻求真相任务的自然组成部分①。

这一原则在普通法中也有规定，例如《美国联邦证据规则》第401条和第402条。虽然只有具备关联性的证据才可以被采纳，但并不是所有具备关联性的证据都可以被采纳。如果证据与其所提供的证明或者反驳的事实之间有特别的联系，该证据便是具有关联性的。不过这种联系不一定要强烈到仅凭单一项证据就可以决定某事实的可能性②，如果该证据能够成为证据信息链中的一个环节，那就足以满足关联性的要求。设备在监测人类驾驶员的脸部表情时，或者因启动睡意警报时收集的数据可能具备关联性。但是，如果驾驶辅助系统对驾驶员行为的总体评估，被纳入证据之后与排除它相比，使一项重要事实更有可能或者更不可能，那么该证据也可能具备关联性。

有许多规则会导致可能具备关联性的证据被排除，包括《美国联邦证据规则》第403条，该规则授权法官在一项证据的证明价值与接受该证据可能造成的损害之间进行权衡。该规则还规定，如果相关证据的证明价值被不公平损害、给事实认定者造成混淆、被认

---

① *See* StPO § 261; *see also* Weigend, *supra* note 82, at 389.

② *See* Sanford H. Kadish, Stephen J. Schulhofer & Rachel E. Barkow, Criminal Law and its Processes: Cases and Materials 25 - 26 (10th ed. 2017).

为是在浪费时间或者具有积少成多的危险性后患，则应排除该证据。如果来源可疑，证据也会被视为不太可信[①]。因此，如果法官认定触发汽车中的睡意检测系统的原因不足以证明驾驶员是否犯困了，他或她将排除该证据。虽然法院倾向于对第403条进行狭义解释[②]，但很大程度上取决于法官的推理，特别是在证据是否会迷惑或误导陪审团的问题上[③]。鉴于机器生成的数据具有高度的技术性和有限的解释手段，这个问题特别关系到机器生成的数据所固有的暗箱问题[④]。

证据除了需要具有关联性外，还必须是可靠的。例如，测谎仪所得证据缺乏可靠性，因此，美国联邦法院一般禁止使用测谎仪[⑤]。用托马斯大法官在Scheffer案中的话说，“对于测谎仪提供的证据是否可靠，根本没有达成共识”。[⑥] 不过，一些联邦上诉法院已经放弃了这一排除规则，而是根据Daubert案确立的原则（多伯特标准）将

① *See* Edward J. Imwinkelried, *The Meaning of Probative Value and Prejudice in Federal Rule of Evidence* 403: *Can Rule* 403 *Be Used to Resurrect the Common Law of Evidence*?, 41 Vand. L. Rev. 879, 881 - 86 (1988) (describing additional information about Rule 403).

② *Id.* at 884, 886 - 89.

③ John Nawara, *Machine Learning*: *Face Recognition Technology Evidence in Criminal Trials*, 49 U. Louisville L. Rev. 601, 607 (2010).

④ *See supra* Part Ⅱ. C. 2. a.

⑤ 美国第四巡回上诉法院一般都禁止采用这些方法，而《美国检察官手册》建议美国助理检察官应反对采用这些方法，因为它们不可靠。*See* U. S. Dep't of Justice, U. S. Attorneys' Manual: Criminal Resource Manual § 262, https://www.justice.gov/usam/criminal-resource-manual-262-polygraphs-introduction-trial.

⑥ United States v. Scheffer, 523 U. S. 303 (1998). 时至今日，全世界的科学界对于测谎技术的可靠性仍然存在着极大的分歧。*See*, *e. g.*, Jacqueline Elton, *The Polygraph in the English Courts*: *A Creeping Inevitability or a Step too Far*? 81 J. Crim. L. 66, 68 - 74 (2017); *see also*United States v. Posado, 57 F. 3d 428, 434 (5th Cir. 1995); United States v. Cordoba, 104 F. 3d 225, 228 (9th Cir. 1997) (for U. S. examples). 至少有一家联邦上诉法院最近重申了其禁令。*See* United States v. Sanchez, 118 F. 3d 192, 197 (4th Cir. 1997). 第二巡回法院最近指出，它“还没有决定用测谎仪测谎是否已经达到了足够可靠的状态，可以被接受”United States v. Messina, 131 F. 3d 36, 42 (2d Cir. 1997)。

采纳或排除的决定权交给地区法院自由裁量[①]，为将来判断新技术的关联性和可靠性留出更多的回旋空间[②]。随着人工智能技术越来越有用且普遍，法官的态度可能会继续改变。

鉴于欧洲法院对使用测谎仪并未明确表态，人们可能会猜想，类似美国的情况是否会很快出现。1998 年，德国联邦最高法院认为测谎仪证据是"一种完全不合适的证明手段"，没有任何证明价值[③]。法院还认为，测谎仪对身体机能的测量，特别是对数据的登记和评估，缺乏足够的科学依据，不能被视为可靠的证据[④]。

尽管世界各地的法院对测谎证据态度不一，但技术仍在不断发展，人工智能驱动的面部识别技术和其他通过机器监测和评估人类行为的程序被使用得越来越多。因此，如果继续认为机器生成的证据不足以评估一个人的精神状态或预测人类的行动，刑事法庭可能会面临更大的困难。关于睡意检测系统，有证据表明，它们能很好地预测驾驶员短暂的打盹[⑤]，正因为如此，这种技术将成为欧盟车辆安全措施的一部分。因此在欧洲，机器证据可能不久就会进入证据的生命周期[⑥]。

3. 使用书面报告引入机器证据

如果机器证据被确定为足够可靠，那么是否可以在审判中以专家提交的书面报告的形式提出（而不是通过口头证词提出）证据？或者，因为机器的认定被作为所主张事项的真实性而提出的，从而引发了对质权，包括证人质询和传闻规则，这类报告是否会被排除？在德国，只要双方当事人信任法院指定的专家，并且可以通过案卷共享充分查阅报告，原则上这种报告是可以接受的。然而，在美国，鉴于长期以来对证据可信性需要进行当庭评估的传统，以及对何为

① Daubert v. Merrell Dow Pharm., Inc., 509 U. S. 579 (1993); David E. Bernstein & Jeffrey D. Jackson, *The Daubert Trilogy in the States*, 44 Jurimetrics 351 (2004) (explaining *Daubert* in detail).

② Nawara, *supra*note 105, at 605.

③ Bundesgerichtshof [BGH] [Federal Court of Justice] Dec. 17, 1998, 1 StR 1998, 156/98 (Ger.).

④ *Id.* at 44 - 74.

⑤ Vural et al., *supra* note 9（声称他们的系统预测驾驶人机博弈中与睡眠有关的车祸的准确率为 96%）.

⑥ Kaestle, *supra* note 72, at 53（描述了 DNA 证据的这种循环）.

"证词"（及其构成）有很宽泛的不同理解，此类报告提交庭审可能会遇到相当大的阻力。

（1）德国

在德国，刑事审判中的正常操作程序是，检方在诉讼程序初期将实验室报告列入案件档案。这类文件将说明检察机关或法庭任命了一名专家来评估案件的是非曲直，并包括专家进行的测试和随后的结论。不过，实验室报告一般不会透露实验室机器的细节，比如雷达枪这样的数字测量设备。只要该设备已被认证为证据手段，测量的原始数据和数字设计的细节一般不会向被告人披露。例如，在案件中，睡意检测系统提供的作为证据的数据报告可以包括驾驶员是否被提醒、何时被提醒疲劳驾驶而不能开车，以及专家计算出的警报强度随时间的变化；但是目前报告还不会包括软件设计、机器学习中使用的方法或者机器训练数据等细节。

事实认定者（本案中的法官）可能会接受这类报告，将其作为专家证据，即主张例如睡意检测系统的咖啡杯信号亮起是事实，但也可以作为补强证据以证明驾驶员疲劳驾驶没有停车休息；这些可能意味着驾驶员在当时的情况下没有尽到应尽的注意义务，甚至可能达到轻率的（过失）程度。法官作为审讯程序中事实认定的天生推动者，也可以选择指定另一位专家提供新的报告，或者在言词审理中传唤更多的专家来评估机器的结论①。目前，我们尚不清楚为了确定"真相"，可以对人工智能驱动的设备进行多少修补或者评估，以及人们认为进行多少次修补或者评估是必要的。然而很明显，至少在理论上，法院指定的专家有足够的时间和强有力的手段，借助那些指定他的检察官或者法官获取必要的数据。

在调查阶段，被告人可以通过向首席检察官提供专家报告，非正式地提供专家证据来支持其主张。当然，这取决于被告人是否有财力聘请专家，以及是否能获得必要的案件资料②。这样的报告一旦产生，就会被控方加入案卷材料中，然后被告方就会提出自己的证人意见。这样，案卷中的所有文件就成了法院调查真相任务的一部分，在案件进入审判之前，所有当事人都可以查阅案卷③。

---

① StPO § 214.

② *Id.* § 222.

③ *Id.* § 261.

审问式司法程序是建立在以下一般假设基础之上的：法官作为专业人员，在每个案件开始时都是公正的，并且有足够的经验来识别不可靠的证据。关于法庭的科学证据[1]，人们对与检方密切合作的各政府机构给予了很大的信任，而检方也必须寻找既能定罪又能免责的证据[2]。米里扬·达马什卡（Mirjan Damaška）认为，欧洲大陆阶段分工的案卷移送制度和非对抗性的诉讼传统，很可能是导致其缺乏明确证据规则的主要原因，而且这个问题在未来可能持续存在。[3] 然而，审问制的一个特别重要的方面是允许在法庭外对专家进行充分的询问，人们也可以说，缺乏明确的证据规则为更灵活的制度选择提供了余地。

虽然如此，信任法官足够开明、执法机构足够公正显然是理想化的，而且需要人们对国家抱有很大的信心。传统上，所谓的安全网是通过上诉法院对事实的认定进行审查而形成的[4]。因此，在实践中，法官在执行诉讼程序时，都会考虑到上诉审查的可能性，尽管缺乏严格的证据规则，但证据审查的程序是可以预见的。相应地，法官有义务在判决书中解释自己为何如此评价证据，法官的说理可能是全面的，这有利于法律程序透明化，但法官的判决也可能导致武断的千篇一律、一刀切，后者在上诉时或许能经得住审查、维持原判，但是却没有顾及特定案件的具体情况[5]。

鉴于在调查阶段有各种方式获取证据，机器证据在这个制度中的发展路径就有些难以预料。机器证据会如何发展，在很大程度上将取决于检察机关，他们很早就通过案件卷宗设定了事实调查的蓝

---

① 科学证据（forensic evidence）与普通证据相比，还多出了科学论证这一步，一般是法医证据、科学证据、电子取证。——译者注

② *Id.* § 256, para. 1; Matthias Krüger, *Commentary StPO* § 256, *in* Münchener Kommentar zur Strafprozeβordnung Bd. 2: § § 151 - 332 (Kudlich et al. eds., 2016) (Ger.).

③ Damaška, *supra* note 14, at 428 - 29.

④ Andreas Mosbacher, *Das Ideal richterlicher Wahrheitsfindung und die Betrübnisse des wirklichen Lebens: Richterliche Schuldfeststellung und die Gefahr des Fehlurteils*, 9 Forensische Psychiatrie, Psychologie, Kriminologie 82, 86 (2015) (Ger.).

⑤ Wolfgang Frisch, *Beweiswürdigung und richterliche Überzeugung*, 10 Zeitschrift für Internationale Strafrechtsdogmatik 707, 711 - 13 (2016) (Ger.), http://www.zis-online.com/dat/artikel/2016_10_1056.pdf

图，也取决于法官，因为法官最终决定一项证据在成为确定真相的可靠依据之前，到底需要受到多少审查。有趣的是，在过去的几年里，经过认证的数字化证据工具围绕着案卷的获取范围，或者更广泛地说，围绕着“信息对等”的理念，引发了一场激烈的辩论①。从目前的情况来看，检方或者法官只是将专家报告加到档案中，以便辩方查阅，但是报告并不包括数字化工具是如何工作的详细信息，法官也不向辩方提供任何收集或者获取这些信息的手段。最近，各地区高等法院的判例法对这一不足之处进行了审查②，但联邦法院尚未就此作出裁决。不过，看来今后专家很可能会提出比现在更加详细的机器证据，无论是采取书面报告还是口头报告的形式。

（2）美国

与欧洲大陆相比，在美国记录不出庭的专家调查结果的报告会遇到更多来自辩方的阻力③。也就是说，在现行的证据制度下，法院在法庭上询问证人时，往往依靠法律备忘录和科学文件资料，而不是口头听证④。这种做法是否也应该适用于在法庭上出示的机器证据？反对这种新事物的学者们已经详细解释了使用机器证据在设计上的缺陷（暗箱问题），以及其他的人机错误也会导致的不可靠的事实认定。他们将这种缺陷比作隐藏在证人证言中的传闻危险，因此反对采用书面证据的提议⑤。

---

① Rudolf Wendt, Das Recht auf Offenlegung der Messunterlagen im Bussgeldverfahren 30 *Neue Zeitschrift für Verkehrsrecht*, 441, 442 - 443 (2018) (Ger.).

② Oberlandesgericht [OLG] Bamberg, June 13, 2018, 3 Ss Owi 626/18 (Ger.). *But see* Oberlandesgericht [OLG] Karlsruhe July 16, 2019, 1 Rb10 Ss 291/19 (Ger.), Verfassungsgerichtshof [VerfGH] Saarbrücken Apr. 27, 2018, Lv 1/18; Kammergericht [KG] April 2, 2019, 3 Ws [B] 97/19 - 122 Ss 43/19 (Ger.)（根据《欧洲人权公约》第 6 条，准许获取测量数据）.

③ *See*, *e. g.*, Melendez - Diaz v. Massachusetts, 557 U. S. 305 (2009); Bullcoming v. New Mexico, 564 U. S. 647 (2011); Williams v. Illinois, 567 U. S. 50 (2012); *see also* Celentino, *supra* note 45.

④ *See*, *e. g.*, Hayes v. State, 660 So. 2d 257, 262 - 64 (Fla. 1995); United States v. Porter, 618 A. 2d 629, 635 (D. C. 1992); United States v. Havvard, 117 F. Supp. 2d 848, 854 (S. D. Ind. 2000); People v. Palmer, 145 Cal. Rptr. 466, 472 (Cal. Ct. App. 1978).

⑤ Roth, *supra* note 3, at 1989 - 99; Chessman, *supra* note 5, at 209.

传闻规则是否以及何时应适用于专家报告①，或者是否应将报告（和其他书面证据）作为事实的主张予以接受，这是一个有争议的问题，判例法也尚未作出任何澄清②。下文的论述也是证人证据问题讨论的一部分［见上文二（三）3］。值得注意的是，有学者提出这样的论点：就机器证据而言，用多样的代替性方案取代要求严格的言词（口头）听证，对于需要复杂手段才能全面检测的智能仪器来说，可能更为有效③。鉴于当今的法院和立法机构往往更愿意进行庭外的评估和实验，这一主张可能会得到支持④。

从比较的角度看，如果机器证据可以作为书面证据提出（例如，作为传闻规则例外的实验室报告），其可信性可以通过披露来评估。换句话说，被告人将有权与执法部门对证据可靠性有同等程度的了解。根据传闻例外所采纳的庭外机器的或者自然人的主张，可以通过辩护方主张机器是陈述人来进行测试。辩护方可以利用“陈述人”任何前后不一致的叙述来质疑其可信性⑤，包括引用睡意检测系统的有效性测试（抑或缺乏有效性测试）。

在消费品产生的机器证据的案件中，披露手段是否足以检验其可靠性是个值得怀疑的问题。首先，与民事案件中的证据开示规则

---

① See generally Madeline Smedley, Note, *Hearsay in the Modern Age: Balancing Practicality and Reliability by Amending Federal Rule of Evidence* 801 (*d*) (1) (*A*), 87 Geo. Wash. L. Rev. 207 (2019), for additional details about Federal Rule of Evidence 802.

② *See* Christopher B. Mueller, Laird C. Kirkpatrick, & Liesa L. Richter, Evidence Under the Rules: Text, Cases, and Problems 313 - 19 (9th ed. 2019); Paul C. Giannelli, *The Admissibility of Laboratory Reports in Criminal Trials: The Reliability of Scientific Proof*, 49 Ohio St. L. J. 671 (1988); *see also* Lyle Denniston, The Confrontation Clause—Again, and Again, SCOTUS Blog (May. 9, 2014, 2: 24 PM), https://www.scotusblog.com/2014/05/the - confrontation - clause - again - and - again/ (last visited January 26, 2020).

③ *See* Maayan Perel & Niva Elkin - Koren, *Black Box Tinkering: Beyond Disclosure in Algorithmic Enforcement*, 69 Fla. L. Rev. 181, 185 (2017).

④ Roth, *supra* note 3, at 2028（使用了“有意义地获取机器证据”这一短语）.

⑤ Roth, *supra* note 3, at 2033.

相比[1]，刑事被告方在开示期间获取证据的权利并不是特别强大[2]。此外，判例法提供的旨在强化披露规则的救济措施，也不能满足作为消费品副产物的机器证据的特殊需要，更何况相关数据由有利害关系者掌握[3]。基于第十四修正案的正当程序条款，*Brady v. Maryland* 案[4]明确，控方有义务向辩方提供任何可能合理改变审判结果[5]的实质性证据[6]。因此，近年来，检方的法庭证据披露给被告方的范围扩大了许多[7]。

尽管有这一义务，但在消费品产生的定罪性机器证据的案件中，检方往往不掌握那些有可能会破坏法院对汽车驾驶辅助系统所产生的数据的信任的材料。睡意检测系统所使用的源代码、机器训练数据和算法通常会由汽车制造商掌握，制造商可能会以商业秘密特权为由拒绝出示这些材料[8]。因此，被告人如果想寻求质疑这些数据的可用材料，就不能仅仅依靠检方已经掌握的东西。机器证据不同于

---

① *See* Ion Meyn, *Discovery and Darkness: The Information Deficit in Criminal Disputes*, 79 Brook. L. Rev. 1091, 1094, 1103 (2014).

② 传统上，这种不平衡的理由是给予刑事被告的特权和宪法保护，理论上对他或她有利，包括保持沉默的权利或不被要求披露辩护策略的权利。参见 United States v. Garsson, 291 F. 646, 649 (S. D. N. Y. 1923)（“根据我们的刑事诉讼程序，被告人具有这一优势。虽然控方僵化地坚持控罪，但被告人却无须披露最简单的辩护概念，他可用免受质疑或者评论。他的保持沉默不会受到质疑或评论；如果 12 人中的任何一人心中有最少的合理疑点，他便不能被定罪。此外，为什么他要事先拿到对他不利的全部证据，以便在闲暇时挑拣出来，并作出公平或错误的辩护，我一直看不明白。”）。然而，考虑到这些权利的实用性，这些权利的作用（或不作用）很难超过检方在证据发现方面的优势。

③ *See* Kerr, *supra* note 47, at 309 - 10 (providing information on the general issue of cybercrime).

④ Brady v. Maryland, 373 U. S. 83 (1963).

⑤ *Id.* Evidence is deemed “material” if the prosecutor's failure to produce it would undermine the court's confidence in the outcome of the proceedings. Kenneth M. Miller, *Nixon May Have Been Wrong, but it Is Definitely Misunderstood (or, a Federal Criminal Defendant's Pretrial Subpoenas Duces Tecum Properly Reaches Potentially Admissible Evidence)*, 51 Willamette L. Rev. 319, 324 (2015).

⑥ *See* Miller, *supra* note 136, 323 - 26 (for additional information).

⑦ U. S. Dep't of Justice, Justice Manual 9. 5. 001 (F) (2018), https://www.justice.gov/jm/title-9-criminal.

⑧ *See* Wexler, *supra* note 78; Ram, *supra* note 78, at 701 - 4.

专门设计用于事实调查的法庭数字化工具（如呼吸测试器或者 DNA 采样），因为《联邦刑事诉讼规则》强制要求披露后一类信息[①]。尽管有这一规则，但法院一直不愿意批准披露任何用于编制最终报告的“基本文件”，尤其拒绝披露使用数字化工具进行法庭电子取证的文件[②]。类似的问题很可能出现在人工智能使用大数据进行预测的情况中。此外，法院将如何应对作为证据的、由消费品产生的数据，还有待观察[③]。

如果被告人试图质疑来自“智能机器”的陈述的准确性，如睡意检测系统，可能需要访问源代码以了解它是如何编程的。被告人可能还想了解机器的学习算法，以审查其他方面的信息，例如在人工智能驱动的过程中，为了进一步提高效率和有效性作出了何种牺牲[④]。正是在这样的背景下，学者们要求适用“数字化布雷迪”规则，或者公开特定数据的生成程序，以及公开这些数据的可靠性信息[⑤]。虽然这种呼吁的严肃性无可非议，但现实情况是，大多数刑事诉讼程序都以辩诉交易告终（典型的情况是，被告人并不完全理解

---

① *See* Mellon, *supra* note 63, at 1113 - 14（认为当“科学报告”一词被解释为包括在创建最终专家报告时明确或隐含地依赖的任何信息时，被告人有权获得法庭环境中的数字化工具的源代码，尽管大多数司法管辖区尚未接受这一解释）.

② 参见 United States v. Iglesias, 881 F. 2d 1519, 1524 (9th Cir. 1989)（denying discovery of a chemist's log notes）; Roberts v. State, 396 S. E. 2d 81, 81 (Ga. Ct. App. 1990)（拒绝专家的笔记、工作成果、数据记录、内部文件或图表中的发现）; State v. Parnell 883 N. W. 2d 652, 667 (Neb. 2016)（州政府在审判前一周披露细胞分析师的意见并没有违反正当程序）。

③ 需要对商业秘密特权采取新的立场. *See*, *e. g.*, Wexler, *supra* note 78.

④ *See* Berman, *supra* note 80, at 1325.

⑤ Garrett, *supra* note 5, at 211 - 12; *see* Danielle Keats Citron & Frank Pasquale, *The Scored Society: Due Process for Automated Predictions*, 89 Wash. L. Rev. 1 (2014); Tom Baker & Benedict G. C. Dellaert, *Regulating Robo Advice Across the Financial Services Industry*, 103 Iowa L. Rev. 713 (2018).

对其不利的机器证据的证明价值)[1]，因此也就没有质询证人的权利[2]。资源问题也始终是一个决定性因素。因此，即使有数字化布雷迪的披露规则，也只有在以下情况中才发生作用：即使在认罪之后，被告人仍然能够主张自己的证人质询权[3]，也有机会和资源聘请己方专家对证据进行批判性评估，并提出适当问题[4]。这也使得人们更加关注经济拮据的被告人，关心他们目前实际可采用何种手段来质疑证据[5]。

4. 机器证据与情景化和质询的需要

当机器证据被作为事实真相提出时，法律保障措施无论是在德国（如查阅案卷、直接言词原则、证人出庭义务和对质权）还是在美国（如对质和质询证人的权利、反对传闻的规则），都不能保证有效的事实调查，因为这两种制度都缺乏足够的手段在法庭上“对质”这类证据，并对其进行彻底的审查，以及为事实认定者提供必要背景。

如果假设通过书面报告提出的机器证据可以作为预先录制的证词，作为所主张事项的真相提出，那么问题就有根本上的不同。根据最高法院在 *Crawford v. Washington* 一案中的裁决，一项被视为属于证供性质的陈述，不得针对被指控人在审讯中提出，除非被指控人已经有机会质证作出该陈述的人，而后者又无法在庭审中作证[6]。然而，如果一份陈述不被视为证言性质，则对质条款对采纳该陈述不会构成障碍。

“证言”一词的含义，或者说，哪类证人会触发对质条款，一直

---

① Roth, *supra* note 3, at 2033.

② 参见 United States v. Ruiz, 536 U.S. 622, 629 (2002)（讨论政府在达成认罪协议前披露重要弹劾证据的义务）；另见 Colin Miller, The Right to Evidence of Innocence Before Pleading Guilty, 53 U.C. DAVIS L. REV. 271, 293 - 299 (2019)（认为根据正当程序条款，被告人有权在认罪协商前获得自己无罪的证据）。

③ *See generally* Miller, *supra* note 146, at 293 - 99, 320 - 21.

④ Murphy, *supra* note 5, at 749.

⑤ 参见 Stephen A. Saltzburg, *The Duty to Investigate and the Availability of Expert Witnesses*, 86 Fordham L. Rev. 1709, 1715 - 20 (2018).

⑥ Crawford v. Washington, 541 U.S. 36, 36 (2004).

是激烈辩论的主题①。在欧洲，欧洲人权法院曾处理过第6（3）（d）条下的对质权产生的一些诉讼②。美国的主流原则规定，如果控方证人不能在审判中作证，则除非辩方事先有机会通过交叉质询对该等陈述提出质疑，否则控方证人的陈述必须予以排除③。欧洲的学说（原则上）则含糊得多，因为欧洲人权法院目前采用的是在 *Al - Khawaja & Tahery v. U. K.* 一案中首次提出的三步分析法④：第一，审判中证人缺席是否有充分的理由；第二，定罪是否完全或决定性地基于缺席证人的陈述；第三，是否存在足够的平衡因素，“以补偿因采纳未经检验的证据而给被告人造成的障碍，并确保整个审判是公正的”⑤。欧洲人权法院在最近一个涉及德国的案件中适用了这一检验方法，强调审判法院有义务“谨慎对待缺席证人的未经检验的证据”，并寻找确凿的证据⑥，这说明了这一判例法的不可预测性⑦。

虽然对美国权利的严格解释在实践中可能也在减弱⑧，但学者们坚持认为，宪法保护要求证人宣誓，并由被告人亲自对质，在交叉质询下坚持其主张⑨。为了防止虚假指控，使得事实认定者更准确评估陈述的可信性，通常宣誓作证者也需要出庭，以便事实认定者能

① *See*, *e. g.*, Richard D. Friedman, *Grappling with the Meaning of Testimonial*, 71 Brook. L. Rev. 241, 242 (2005).

② *See* Vuille, *supra* note 100, for references to applicable case law.

③ *See* Denniston, *supra* note 128, for a detailed discussion.

④ Al - Khawaja & Tahery v. U. K., Eur. Ct. H. R., App. No. 26766/05& 22228/06, 37 (2011), https: //hudoc. echr. coe. int/eng# {%22itemid%22: [%22001 - 108072%22]}. *Cf.* Jackson & Summers, *supra* note 94, at 93 - 95, 338 - 41.

⑤ *See* Al - Khawaja & Tahery v. U. K., *supra*note 154, at 37.

⑥ Schatschaschwili v. Ger., Eur. Ct. H. R., App. No. 9154/10, 30 - 31 (2015), https: //hudoc. echr. coe. int/eng# {%22itemid%22: [%22001 - 108072%22]}.

⑦ *See* Deborah Paruch, *Testimonial Statements*, *Reliability*, *and the Sole or Decisive Evidence Rule*: *A Comparative Look at the Right of Confrontation in the United States*, *Canada*, *and Europe*, 67 Cath. U. L. Rev. 136 - 137, 147 - 48 (2018).

⑧ 严格解释这项权利最初并非没有争议，正如雷恩奎斯特法官所描述的那样，“虽然我同意制宪者主要关注的是宣誓书和证言，但这并不意味着他们同样关注法院更广泛的证言类别”。Crawford v. Washington, 541 U. S. 36, 71 (2004) (Rehnquist, J., concurring).

⑨ Celentino, *supra* note 45, at 1331.

察其言观其色。

但是以上问题在机器证据的情况下显得毫无意义，因为它不可能在法庭上经历类似的审查过程。将人工智能驱动的设备替换成它的创造者的方式，似乎也不太可行。这不仅仅是因为人工智能的制造和操作通常涉及许多个人，即便在使用了可以自主学习的机器的情况下，也没有一个人能够完全解释机器人的行动①。在审核自然人的证词时，我们希望知道特定的事实因素是如何被感知并考虑的，以及这些因素如何导致人类得出特定的结论，但是今天的技术下，人工智能还无法回答这些问题。尽管人们在“可解释的人工智能”或者可被人类解释的机器自主学习模型的开发以及能够自我解释的人工智能的创建方面已经做了大量工作，但在可解释的决策方面，有意义的进展微乎其微②。鉴于某些信息可以仅从其系统中获得，对人工智能进行充分的审核似乎是不可能的；但研究人员仍在努力实现这一目标，尝试使人工智能自行解释内部运行机制。最近，在教会图像识别软件展示其作出结论的证据基础这一方面，各方科学家小有进展③。

目前，我们需要功能相当的手段来评估人工智能的陈述，这不仅需要专家证人的解释，而且要提供机器运行的全部过程，具体包括：数据的输入、数据如何被处理，以及直接来自机器的，而不是经过专家解释的一手运行结果（就像我们不允许专家作为人类证人证言的中间媒介一样）。

（1）德国

在德国法律中，人工智能驱动的设备得出的结论是否就类似于人类证人一样可以得到准确评估，这起初是个悬而未决的问题，因为德国法律没有规定人类证人的真正对质，而且德国没有类似于对

---

① *See* Chessman, *supra* note 5, at179.

② 参见 Johannes Fähndrich, Sebastian Ahrndt, & Sahin Albayrak, *Towards Self-Explaining Agents*, in TRENDS IN PRACTICAL APPLICATIONS OF AGENTS AND MULTIAGENT SYSTEMS: 11TH INT'L CONF. ON PRACTICAL APPLICATIONS OF AGENTS AND MULTI-AGENT SYS. 147-150 (Javier Bajo Pérez et al. eds., 2013)（关于自解释系统的一般思想）。

③ *Cf.* Dong Huk Park, et al., *Multimodal Explanations: Justifying Decisions and Pointing to the Evidence*, Conference on Computer Vision and Pattern Recognition (June 18-22, 2018), https://arxiv.org/pdf/1802.08129.pdf.

抗制的传闻规则[①]，也没有实质性的交叉询问程序[②]。这主要是因为评估消息来源可信性的不是由非专业人士组成的陪审团（对案情了解不够）进行，而是由具有审判经验和了解案情的人组成的陪审团。不过，德国的刑事司法制度确实也承认，根据事先准备好的案卷进行审判存在特定的风险。为了防止检察机关的调查预先干扰法院的真相调查任务，法庭应当遵守所谓的即时审理原则。该原则规定，法院只应根据公开审判中的言行作出判决[③]。庭审过程的审问性质允许法官采纳在普通法体系中会被视为传闻的信息[④]。基于对专业法官的事实调查能力、对人性的洞察力和自身公正性的坚定信任，法律规定赋予法官权力，允许他们自己判断，决定给证人或专家提供哪些案件事实背景是合适的[⑤]。

作为事实的认定者，法官的任务是听取所有相关证据，并自由地（不带偏见地）评估这些证据，以确定其证明价值[⑥]。初步比较一下德国的刑事诉讼程序就会发现，它缺乏类似于对抗式司法管辖区的可信性测试[⑦]。不过，通过欧洲人权法院在《欧洲人权公约》第6条中围绕对质权的判例法，使得被告方询问不利证人的权利得

① *See generally* Michael Bohlander, Principles of German Criminal Procedure 145 - 57 (2012).

② 该法确实包括了一种审问式的交叉询问，尽管在实践中并没有以任何有意义的方式使用它。《刑事诉讼法》第239条。

③ *Cf. id.* § 244, 250, 261.

④ Thomas Weigend, *Defense Rights in European Legal Systems under the Influence of the European Court of Human Rights*, *in* The Oxford Handbook of Criminal Process 165 - 188 (Darryl K. Brown, Jenia L. Turner & Bettina Weisser eds., 2019).

⑤ StPO §244 ¶ 2 (The presiding judge is primarily responsible for deciding what evidence will be presented at the trial. The prosecution as well as the defense may propose additional pieces of evidence, but the court decides on the relevance and admissibility of the proposed evidence.).《刑事诉讼法》第244条第2款（主审法官主要负责决定将在审判中提出什么证据。控方和辩方都可以提出其他证据，但由法庭决定所提出的证据的关联性和可采纳性）。

⑥ Damaška, *supra* note 14, at 446.

⑦ 一些辩护律师已经开始指出审问式制度的缺陷，并测试他们可用工具的界限。*See, e.g.*, Ralf Neuhaus, *Kriminaltechnik für den Strafverteidiger - Eine Einführung in die Grundlagen*, 24 Strafverteidiger - Forum 393 (2006) (Ger.).

到了显著加强[①]。该条款规定的公平审判权在机器证据方面，变得更加重要。在最近的案件中，由于事实调查的基础是数字化工具（例如雷达枪）产生的证据，这一权利几乎成为被告方要求信息平等的第二位救济[②]。这也揭示了在案件卷宗缺乏相关信息，且检方或者法官又不愿意赋予辩方适当反驳检方主张的手段时，传统德国法律在充分救济方面存在的空白[③]。

审问式传统允许在诉讼程序中使用传闻证据，这是它与对抗模式的若干根本的区别之一[④]。乍一看，人们可能会认为德国的制度与美国坚持严格适用传闻证据规则形成了鲜明的对比[⑤]。然而，仔细比较德国和美国的联邦证据规则，就会发现这两种制度之间的一些共同点。例如，两者对于详细说明实验室调查结果的报告都采取了类似的办法，包括必须传唤谁出庭解释实验结论[⑥]。

在德国，事实调查中阐明可信性的机制可能不像在对抗式管辖区那样透明公开。与其他审问式制度一样，德国法院的事实调查在很大程度上依赖于涉案各方的参与，以帮助在整个调查过程中确定真相。这一过程以法官在最后事实调查之前传唤相关证人参加口头听证会结束，但直接言词是不变的原则[⑦]。

这种直接言词原则是德国制度中最重要的保障措施，目的是实现事实认定者与信息来源之间的直接接触。通常情况下，所有的证

---

① Weigand, *supra* note 166, at 183.

② Wendt, *supra* note 122; Cierniak & Niehaus, *supra* note 98; *see also* Oberlandesgericht [OLG] Karlsruhe July 16, 2019, 1 Rb10 Ss 291/19 (Ger.); Verfassungsgerichtshof [VerfGH] Saarbrücken, Apr. 27, 2018, Lv 1/18; Kammergericht [KG], April 2, 2019, 3 Ws [B] 97/19 - 122 Ss 43/19 (Ger.).

③ *Cf.* Benjamin Krenberger, Anmerkung zu Verfassungsgerichtshof (VerfGH) Saarbrücken, Apr. 27, 2018 Lv 1/18, 30 Neue Zeitschrift für Verkehrsrecht 282 - 83 (2018) (Ger.).

④ 严格说来，在德国的刑事诉讼中不存在可彩性测试。

⑤ 参见 Crawford v. Washington, 541 U.S. 36, 40 (2004)。

⑥ Bundesgerichtshof [BGH] [Federal Court of Justice] May 25, 2011, 2 StR, 2011, 585/10 (Ger.); Kathleen Schnoor, Beurteilung der Schuldfähigkeit - eine empirische Untersuchung zum Umgang der Justiz mit Sachverständigen (2009) (Ger.).

⑦ 虽然是一般规则的例外，但控辩双方均可自行带其证人出庭，或要求法官传唤证人。*See* StPO § 244.

人都必须出庭，或者引用德国诉讼法的规定，“如果对某一事实的证明是基于某人的观察，则应在主审庭审上对该人进行询问。不得以宣读以前的询问记录或宣读书面陈述来代替询问”[①]。在数字化证据设备的情形下，问题就出现了，因为其对设备的分析是在法庭之外、在该设备的“封闭的门”内进行的。

由于法律改革和对法官的高度信任，对证人陈述的可信性的评估由法院负责。证人不会被安排到（控方或者辩方）“一方”（选边站队），而是中立的，作为法院整体真相调查任务的一部分[②]；控辩双方询问证人的权利，其行使方式也不如对抗制的当面诘问那样正式。鉴于德国的这种诉讼结构，要求对作为准证言提供者的机器人进行相当于对证人的询问，似乎并没有不合理的地方。

德国法律界将如何应对这一问题尚不清楚，特别是考虑到随着时间的推移，作为保障质证权盾牌的直接言词原则已经漏洞百出。虽然程序法一般都是建立在传统的判例之上，即法院必须仅以公开审判中的言行为依据，但今天的德国法律规定了一些例外情况，将缺席证人的证言也纳入可接受的证据，因此，原来的最佳证据规则已经失去了基础[③]。此外，当“疾病、体弱或其他不可克服的障碍”使证人、鉴定人甚至同案被告人“长期或者无限期地”无法在主审中出庭，或者“公诉人、辩护律师和被告人同意宣读证言”时，那么记录证人、专家甚至同案被告人审前的质证书面记录可以代替其口头质证[④]。

这些例外情况既给机器证据带来了风险，也带来了可能的解决方案。一方面，它为在法庭外彻底测试人工智能驱动的设备提供了

---

① *Id.* § 250.

② 即“意见规则”，排除非专业证人的结论性事实陈述，或者“最佳证据规则”，要求原始文件证明文书的内容。

③ Damaška, *supra* note 14, at 425, 448 n. 64 (drawing a line from Carl Mittermaier to English evidentiary law); *see also* Eser et al., *AE – Beweisaufnahme*, GA 2014, 1, 13 ff.; Thomas Weigend, *Das Konfrontationsrecht des Angeklagten – wesentliches Element eines fairen Verfahrens oder Fremdköper im deutschen Strafprozess?*, *in* Gesamte Strafrechtswissenschaft in internationaler Dimension: Festschrift für Jürgen Wolter zum 70. Geburtstag am 7. September 2013, 1145 (Mark A. Zöler et al. eds., 2013) (Ger.).

④ StPO § 251, para. 2.

空间，以便为事实认定者提供相关文件，也是为评估机器证据可信性提供基础。另一方面，它也带来了机器证据不被当作证言证据的风险，这就使得机器证据在没有经过充分审查的情况下，最终可能进入事实认定环节。如果我们认为，人工智能可以通过对人类使用者行为的评估作出自己的判断，我们会希望知道人工智能输入的数据类型是什么，以及它是如何得出特定结论的；这些与我们会向出庭作证的人类证人提出的问题其实是一样的。因此，问题仍然是如何充分评估人工智能以确保证据可信性。

（2）美国

如果联邦法院将机器证据视为一种预先录制的证人陈述，需要接受交叉询问以确定其主张的真实性，那么谁会被传唤到证人席？是机器？还是机器背后的人？

有趣的是，这个问题引起了美国法律学者的激烈争论[①]，但它也暗示了对抗制与审问制的交叉融合。在美国对抗式诉讼制度的集体记忆（传统观念——译者）中，传闻证据排除是不可或缺的。在Crawford一案中，斯卡利亚大法官解释了为什么在美国法庭上向裁判官提供的证词通常是不充分的，尽管在大陆法系司法管辖区认为并不如此[②]。虽然在审问式事实调查过程中，证人证言和专家证言可以由双方当事人和法官进行评估，但是在对抗式诉讼中，这些信息仍然是不可采纳的，除非属于例外情况。因此问题就在于：证据的可靠性和可信性的基础是某一项复杂的技术，而这项技术的运作原理必须能被人们理解、被后续测试，并能向事实认定者充分解释。正是由于这个原因，一些学者认为，应当扩大现有的可信性测试形

---

① *See*, *e. g.*, Roth, *supra* note 3, at 2046; Friedman, *supra* note 151, at 256-59.

② Crawford v. Washington, 541 U. S. 36, 53-56 (2004); *see also* People v. Lopez, 286 P. 3d 469, 494 (Cal. 2012) (Liu, J., dissenting) ("由于技术越来越强大，我们的司法系统越来越依赖刑事诉讼中对关键事实的单方面计算机判定——以前是由人做的。犯罪实验室对气相色谱法的依赖，可能比准确度较低或主观性较强的血液酒精含量测定方法有明显改进。这种技术的魅力在于它的无懈可击、精确性和廉洁性。但我想知道，这种诱惑是否应该促使我们对宪法方面的问题保持警惕，以免我们通过机器而不是裁判官，逐渐重现大陆法系中单方面出示证据的模式，而这种模式构成了对质条款所针对的主要弊端") (quoting Crawford, 541 U. S. at 50.).

式，或者为机器证据创造一个类似于测试证人证言可信性的检测方式[①]。

克里斯提安·舍斯曼（Christian Chessmann）提出了一个想法，即询问创造相关机器或软件的自然人，而不是试图将机器人送上证人席[②]。虽然这是一个合理的想法，但对于法院来说，这一提议也有不便之处[③]。鉴于询问证人往往涉及对其可信性的质疑，为了质疑像自动化汽车这样由人工智能驱动的设备所产生的数据，法庭必须传唤大量的证人到庭，因为至少在本案中，设备依赖于许多“驾驶辅助系统”，而每个这样的辅助系统都有自己的源代码和机器学习的标准化数据[④]。

作为该领域的早期学者，安德烈亚·罗斯（Andrea Roth）提出了一条新的路径。根据定义，传闻仅指人们的庭外陈述，但是她指出，在数字化时代，人们被持续关注的“传闻”所误导[⑤]。在分析智能机器的诸多潜在缺陷时，她鼓励采用一种新的形式——质询非人类实体证人。这与典型的法庭测试的要求有所不同，但于对抗制和审问制两者都可以适用。

与其对负责设计具体软件的程序员进行口头质询，不如在审判前通过让双方获得某些信息，以便发现机器在错误的设计和数据生产方面存在的总体上潜在的缺陷。理想的情况下，此类信息包括源代码、标准化数据和训练数据（在适用的情况下尊重商业秘密），以及对机器进行实验和分析算法系统的可能性[⑥]。对机器的这种测试可能相当于庭外的“对抗”，随后需要由参与评估的专家向法院介绍以上的所有内容。

5. 机器证据通过专家证言翻译的必要性

由于必须对人工智能生成的数据进行解释，机器证据和专家证词密不可分。在德国的制度中，法官作为事实调查者，通常会在认

---

① Roth，*supra* note 30，at 1283 - 85，1300 - 01.

② Chessman，*supra* note 5，at 220 n. 310.

③ *Id.*

④ Roth，*supra* note 30，at 1278.

⑤ Roth，*supra* note 3，at 2046.

⑥ *See* Perel & Elkin - Koren，*supra* note 129，at 198 - 212；Roth，*supra* note 3，at 2050（建议程序员可以在一个类型的科学委员会面前提供现场证词，并在软件被改变或者更新的任何时候回到这个委员会）.

为自己缺乏必要的专业知识时聘用专家，但被告人却几乎没有可采用的方式质疑法院的专家证据。在美国，由于专家由当事人一方聘请，可能存在偏袒、片面的陈述，所以这些专家提供的结论有可能不再只是一般的科学知识，存在误导事实认定者的内容。当经济拮据的被告人没有资源聘请受人尊敬又有经验的专家时，面临的这种风险会更大。

如前所述，专家对于在刑事审判中使用机器证据至关重要。除了处理和评估与事实调查有关的数据外，专家还必须捕捉固定、解释机器人是如何输入这些数据的。当人工智能的评估结论或者其他数据被认定为证据时，人工智能本身在某些方面就充当了专家证人。例如，人工智能驱动系统能通过分析人类无法理解的大量数据，判断分析人类的面部动作。这超过了人类自身的能力，人类专家即使有足够的时间对人工智能进行质疑和评估，也往往无法解释操作过程和结论的所有细节。这就是机器数据问题的症结所在。人类仍然需要能帮助他们评估证据的可靠性和可信性的、对证据的解释，这个问题仍然亟须现代法庭解决。

在审核人类专家证言时，程序法一般允许对专家得出结论的过程进行评估。在人工智能生成的信息被认定为证据时，类似的评估也是必需的，但很可能有不同的评估模式。尽管如此，事实认定者必须明白机器如何收集信息、评估信息并作出判断。最好的方式是事实认定者直接了解人工智能驱动的设备或者软件本身，但就目前的情况而言，我们不得不借助于人类专家的解释去理解智能设备的运行，而专家的解释又受到暗箱问题的限制，我们还要考虑到这一不利事实：解释若追求能被普遍理解，就必定会失于精确[①]。那么问题就来了，面对一个既不能为自己说话，也不能解释其评估结论的人工智能驱动的设备，人类专家虽然可以对它进行解释，但是又如何保障专家证言背后可能存在的对于可信的事实调查的风险呢？

（1）德国

一种行之有效的方式是，允许对机器证据进行全面的庭外测试，并将复杂的测试结果汇编成各方共享的案卷，特别是针对人类专家提供有关机器数据证据的情况下。这种形式能够使得法庭充分评价人工智能驱动设备准确评估人类行为的能力的优势和弱势，但是缺

① 参见 Doshi - Velez & Kortz, *supra* note 60。

点在于，无法确保公正性和法官自行评估的准确性①。

除了在法庭上作证，法庭指定的专家还可以通过深入的庭外评估来促进事实认定者对案件事实的了解，那么这样的评价就会得到法院的信任，因为专家“一般都已宣誓要提出有关的意见”②。根据直接言词原则的例外情况之一，专家的报告可以作为书面的专业知识被法官接受，但专家也可以被召唤到庭，做口头报告，并接受询问以澄清任何有疑惑的地方。例外情况例如，如果预先没有足够的时间准备报告，辩方专家可以在没有预先提交书面报告的情况下出庭。

放弃专家的口头报告会带来重要问题得不到问询的相应风险。在机器证据的情况下，与软件或设备的“沟通”完全是由专家居间传达的，而缺少当事人双方的任何审查。法庭是否以及在多大程度上愿意传唤专家口头解释他们的方法和结论，取决于法官认为在法庭上听取专家意见的价值（以支持事实调查）和控辩双方对同一报告的意见③。基于自由评估现有证据的权利，法官会考虑其寻求真相的义务，还会考虑在有根据的判决中对事实确立过程的说理和必要的解释，以避免上诉时判决被推翻。尤其是在控方或辩方指出专家意见存在缺陷的情况下，更是如此④。在复杂证据有争议的情况下，建立案卷式的审理过程为详细、彻底审查专家意见提供了充分的机会。在机器证据的情况下，这使得调查人工智能驱动的设备的构造和操作成了可能，在此期间，各方可以指出任何潜在的缺陷。当然，这取决于双方是否有足够的资源，取决于他们是否能够获得所有相

① 参见 Michael Bohlander, *supra* note 163, at 154 - 56, 170 - 71.

② StPO § 256.

③ 在实践中，当专家证据对指控至关重要时，特别是当被告的精神健康状况受到质疑时，法官会在指定专家之前与控方和辩方联系，让他们有机会在传唤专家在口头听证会上提出意见。See, e. g., Klaus Detter, *Der Sachverständige im Strafverfahren*（刑事程序中的鉴定人） - *eine Bestandsaufnahme*, 18 NEUE ZEITSCHRIFT FÜR STRAFRECHT 57, 58 (1998) (Ger.). 当专家证据更多的是机械性的评估，如读取自动车辆的数据时，检方一般会在侦查阶段与专家联系，决定是否要提出指控，并将书面报告加入案卷。一般来说，专家的选择会被法官接受。参见 Beck'scher Online - Kommentar StGB [BeckOK] [Beck's Online Commentary of German Penal Code] (45th ed) § 20 (C. H. Beck 2020)。

④ Damaška, *supra* note 14, at 425, 454 - 55.

关信息。

虽然侦查期间的事实调查和庭审前的准备工作由检方和法院决定，不过被告人试图质疑法院接受书面专家意见时，则有三种选择。首先，被告人可以带自己的专家出席口头听证会①。然而，在审问式诉讼中，自行聘用并自行支付专家出庭是例外而不是常规。除了实际上的困难之外②，如果发现待证明的事实已经确定，或者法院认为被告方提出要求专家意见的动议只是为了拖延诉讼③，当然还有其他原因，那么被告人还需要克服法律规定允许法官拒绝听取专家意见所带来的障碍④。

其次，辩方可以在主审准备期间提议提交新的专家意见，此时被告人必须陈述这样做的事实理由以支持提取新的证据。理由说明可以在检方向法院登记案卷后进行。⑤ 如果检方在审前调查期间已经委托了一名专家，应立即通知辩护律师。⑥

最后也是最有效的方式，是根据第 244 条要求审判法庭为被告人指定一名额外的专家⑦。然后，法官必须传唤专家，除非他认为额外的专家意见“是多余的，因为该事项是众所周知的，要证明的事实与本案无关或者已经得到证明，证据完全不合适或者无法获得，提出申请是为了延长诉讼程序，或者一项旨在提供证明以使被告人免罪的重要说法，可以像所称的事实属实那样来对待（一项若被证实则会脱罪的重要指称——译者）”⑧。如果法院本身拥有必要的专业知识“或”如果第一个专家意见已经证明了与指称事实

① StPO § 220, para. 1.

② 被辩护人传唤的人只有在被告人向法院交纳保证金的情况下才必须出庭。同上，第 220 条第 2 款。即使在有补偿的情况下，被告人也需要熟练的律师来询问专家。值得注意的是，如果被告人传唤的专家证人被证明对澄清案情有用，法院应从国库中对其进行补偿。*Id.* § 220, para. 3.

③ 法官不能仅仅因为发现专家的证词没有必要（因为他们自己也是知情人），或者以被告人而非法官选择专家为由，拒绝被告人传唤的专家出庭作证。显然，合法与不当拒绝辩护专家之间的界限是不固定的，如果法院非法拒绝听取这种专家意见，可以对最终判决提出上诉。

④ *Id.* § 245, para. 2.

⑤ *Id.* § 219, para. 1.

⑥ *Id.* § 147, para. 3.

⑦ *Id.* § 244, para. 3.

⑧ *Id.*

相反的事实[①]，“法院也可以驳回提供额外专家证据的动议”。然而，该规则不适用于“以下情况：第一位专家的专业能力受到怀疑，他的意见是基于不正确的事实假设，意见中包含矛盾，或者新专家掌握的研究手段有可能优于前一位专家的研究手段”[②]。

由于辩方可以查阅全部卷宗，至少在假设的情况下，它应该知道提出的专家意见是否符合一般标准，或者是否有新的方法。值得注意的是，法院驳回补充专家证据的动议是可以上诉的[③]。然而，虽然有大量的判例法涉及法官何时可以驳回这种动议，但大多数判例法并没有深入探讨在对抗性诉讼中经常受到质疑的事实调查的可信性问题，而是侧重于法官本身在没有专家协助的情况下评估有争议问题的能力问题[④]。

遗憾的是，如果法官认为自己能够回答机器证据本身具体而复杂的科学问题（往往是不太现实的自我评估），或者已经倾向于相信某位专家，那么任何一方都没有办法对此信念提出质疑[⑤]。在这些案件中，如同在处理法官过早评估事实问题的其他案件中一样，可能特别难以确保法院对新类型的证据保持开放的态度[⑥]。

在这方面，德国的制度有一个盲点，即在法庭任命专家保持中立，并且有大量时间充分阐述证据的优势情况下，现有制度并没有权衡对法官发现事实能力和其思维开放程度的质疑。2015 年专家法改革委员会讨论了一项来自法官的提议，即为了高效工作，“在某些领域，法院应当依赖与专家的持续合作，在此，专家的专业知识不被质疑，而且在个别案件中，还需要专家保证他们能迅速执行法院

---

① *Id.* § 244，para. 4.

② *Id.*

③ *Id.* § 337.

④ Bundesgerichtshof [BGH] [Federal Court of Justice] July 6，2011，2 Strafrecht [StR] 124/11，2011 (Ger.)；Bundesgerichtshof [BGH] [Federal Court of Justice] July 9，2015，3 Strafrecht [StR] 516/14，2015 (Ger.)；Bundesgerichtshof [BGH] [Federal Court of Justice] July 12，2017，1 Strafrecht [StR] 408/16，2017 (Ger.) . See Vuille，*supra* note 100，at 231 - 32，for further details on the expert concept in Continental Europe；*see also* Jackson & Summers，*supra* note 94.

⑤ Ulrich Eisenberg，Beweisrecht der StPO：Spezialkommentar，1518 (10th ed. 2017) (Ger.) .

⑥ Bundesgerichtshof [BGH] [Federal Court of Justice] May 30，2000，1 Strafrecht [StR] 582/99，2000 (Ger.) .

的指令”[1]。

（2）美国

美国法律提供了一个带有高度倾向性的结构来检验专家证据，这是一种彻底的庭外测试手段（尽管还不发达），其强烈倾向于让事实认定者能够不受干预地接触任何特定意见。以自动化驾驶为例，这将转化为希望所有人工智能的证据用途在法庭上公开化，以确保它在司法程序上的可信性[2]。在机器证据的评估方面，美国的制度在庭外证据测试方面完全没有变通，仍然坚持人们应当能与人工智能技术的“直接”交流。这也让人相信，尽管人们试图通过向事实认定者提供客观的科学知识来提高事实调查的可信性，但专家可能存在偏见。

虽然在美国，双方都有权选择自己的专家，但是法官是包括专家意见在内的证据把关者，由他对证据的可接受性作出决定。在联邦法院，科学性证词和专家意见必须符合多伯特（Daubert）案确立的可靠性标准，为事实认定者提供评估消息来源可信性所需的案件背景。出于各种原因，包括现行的证据法，法官的任务是根据 *Daubert v. Merrell Dow Pharm. Inc.* 案[3]及其后续案件[4]所确立的四级检验标准，用处理法律问题的方式，处理涉及科学性证据的方法论的问题。法官在确定科学性证据和专家证据的可接受性时必须考虑多种因素，包括：科学技术是否成功地经受住了检验；是否经过同行审查和公开评价；是否有已知的出错率和控制其操作的标准；以及是

① 该委员会还建议法官和检察官在选择专家之前与被告人协商。见 Bund - esministerium der Justiz und für Verbraucherschutz（联邦司法和消费者保护部），Bericht der Expertenkommission zur effektiveren und praxistauglicheren Ausgestaltung des allgemeinen Strafverfahrens und des jugendgerichtlichen Verfahrens（专家委员会关于一般刑事诉讼程序和少年法庭程序最有效和最可行设计的报告）37（2015年），https：//www. bmjv. de/SharedDocs/Downloads/DE/PDF/Abschlussbericht _ Reform_ StPO_ Kommission. pdf? _ _ blob = publicationFile&v = 2（德国）。

② See Daniel J. Capra, *Expanding* (*or Just Fixing*) *the Residual Exception to the Hearsay Rule*, 85 Fordham L. Rev. 1577, 1581 - 4, 1608 - 9 (2017).

③ See Daubert v. Merrell Dow Pharm., Inc., 509 U. S. 579 (1993); Bernstein & Jackson, *supra* note 109; *see also* Mellon, *supra* note 63, for a detailed discussion.

④ Gen. Elec. Co. v. Joiner, 522 U. S. 136, 145 (1997); Kumho Tire Co. v. Carmichael, 526 U. S. 137, 149 (1999).

否为科学界普遍接受。[1]

使用多伯特标准来确定机器证据的可采性，将有助于排除明显不可靠的机器证据。然而，这一测试对于人工智能生成的人机交互数据的有效性仍不清楚，因为生成数据的消费品将如何作为法庭证据还不甚明晰。那么问题就变成了，除了最极端的案例之外，这种听证会还有多大用处？可能的情况是，只要有一些验证性研究证明机器的出错率很低，而应用的方法是合理的[2]，大多数法官就会接受机器证据；但是，几乎可以肯定，商业自动化系统不会被公开、接受同行评审，针对机器设备的研究依旧有必要进行。显然，多伯特标准并不适用于机器生成的结论，而是适用于包含这些结论的证人陈述。正因为如此，问题其实是多伯特测试是否可以、是否应该被修改。如果陪同机器进入法庭的专家是机器信息的“单纯抄写者”[3]，那么专家必须通过多伯特标准测试；如果机器的评估被用来证明对案件有重要意义的事实（比如评估驾驶员事实上已经犯困），那么机器本身必须通过多伯特标准测试。

总的来说，多伯特标准对机器证据作为一种专家陈述的可采性的影响尚不明确。鉴于政府在刑事案件中负有举证责任，严格地把关将直接影响他们提供的新类型证据和专业知识。在被告方发挥更积极作用的情况下，核心问题很可能成为证据在《联邦证据规则》第 401 条和第 403 条规定的证据的关联性[4]。确实，使得具备相关性的信息被法庭采纳，并能够彻底评估所采用的人工智能的工作原理是至关重要的。

《联邦刑事诉讼规则》第 17 条允许被告人独立申请证据出示、传唤证人，但是他仍必须遵守商业秘密特权。这条规则既有可能为被告人用来提出自己的专家证据，对控方的案情提出质疑，也有可能迫使控方对任何被用作取证工具的源代码、算法和数据扩大证据开示的范围[5]。尽管如此，当被告方成为提出新的科学证据的推动力时，作为把关人的法官仍然至关重要。例如，如果法官认为辩方倾

---

① See *Daubert*, 509 U. S. at 593 - 94.

② See Roth, *supra* note 3, at 1981 - 82, for further discussion.

③ *Id.* at 2032 - 33.

④ Myers, *supra* note 71.

⑤ Chessman, *supra* note 5, at 179.

向于歪曲科学知识，故意在陪审员中制造合理的怀疑，法官就倾向于拒绝接受证据，依靠多伯特标准将这种不客观的专家证据挡在法庭之外[①]。所以，虽然原则上辩方有办法独立于控方调用专家证据[②]，但实际上，情况（以及相关判例法）比较复杂[③]。

关于消费品产生的机器证据，《联邦证据规则》第 17 条具有特别的意义，因为它可以被用作获取第三方掌握的信息的依据[④]。这类情况尤其经常发生在汽车上的人工智能驱动设备产生了相关数据之时[⑤]。根据规则第 17（c）条的传票是一种传统上携带证物或文件出庭的传票（subpoena duces teum），它要求被送达人在审判时出示物证。它还允许物证“被提前带入法庭……以便随后可以提前检查，目的当然是让当事人自己判断是否能够、是否愿意使用它”[⑥]。根据规则第 17（b）条，如果被告人能证明自己无力支付，法院必须决定公共财政是否需要为这种传票支付费用。如果怀疑被告人试图以一种故意导致陪审团产生合理怀疑的方式来解释相关事实证据的科

---

① 参见 David E. Bernstein & Eric G. Lasker, *Defending Daubert: It's Time to Amend Federal Rule of Evidence* 702, 57 Wm. & Mary L. Rev. 1, 5 (2015); *see also* Suedabeh Walker, *Drawing on Daubert: Bringing Reliability to the Forefront in the Admissibility of Eyewitness Identification Testimony*, 82 Emory L. J. 1205, 1207 (2013)。

② 特别是当政府在起诉时遗漏了某些证据，却将其保存在一个单独的“调查档案”中，不考虑潜在的无罪证据，或者当辩护人想参考第三方掌握的某项证据时，就会出现这种情况。

③ 参见 United States v. Armstrong, 621 F. 2d 951, 954 (9th Cir. 1980); United States v. Nixon, 418 U. S. 683 (1974); Pennsylvania v. Ritchie, 480 U. S. 39 (1987); United States v. Soape, 169 F. 3d 257, 269 (5th Cir. 1999); Miller, *supra* note 136, at 326。

④ 美国诉 Yee 案，129 F. R. D. 629（俄亥俄州北区，1990 年）（判决认为，根据第 16（a）（1）（c）条，联邦调查局持有的实验室匹配条件和标准、环境损害测试、人口数据和能力测试数据是可予披露的）。见 United States v. Iglesias, 881 F. 2d 1519, 1524 (9th Cir. 1989)（判决认为，测试过程中产生的日志记录不能作为科学报告予以披露）。

⑤ FED. R. CRIM. R. CRIM. P. 17（c）（1）（“传票可命令证人出示传票指定的任何书籍、文书、文件、书籍和其他物品。法庭可指示证人在审理前或者在证据提出之前，在法庭上出示指定的物品。当物品到庭时，法院可允许当事人及其律师检查全部或部分物品”）.

⑥ Bowman Dairy Co. v. United States, 341 U. S. 214, 222 n. 5 (1951) .

学道理，法院往往会犹豫不决，进而拒绝动议，至少部分原因是为了减少不必要的公共开支，但也是因为担心让“诡辩的伎俩”进入法庭①。

涉及在法庭环境中使用数字化工具（如DNA测试）的判例法表明，数字化工具就类似于上述的证据生命周期②。如今，大趋势是采用更严格的标准，联邦证据规则咨询委员会讨论了可能增加第707条规则的问题，该规则将限制司法自由裁量权，以提高专家证据的可靠性③。它还将扩大适用至庭外陈述，以便事实认定者能更好地理解复杂的证据问题。

6. 文本化（情境化）和可信性测试的新机制

我们有必要建立一套新的机制，不仅要考虑到机器证据的背景并测试其可信性，而且要使事实认定者能够评估机器证据的可靠性。在美国，数字化时代新型对抗权的建立，可以通过将可信性测试与现行的以法庭为中心的传闻模式进行部分的分离而实现，例如对人工智能驱动的设备的庭外评估权④。相比之下，德国模式下，应当向辩方提供新的工具，使其能够有效质疑法官的事实调查和专家证据；特别重要的是，辩方必须能获准取得法院指定专家所掌握的任何相关数据。

① See Saltzburg, *supra* note 149, at 1720.

② See *supra* Part Ⅲ. B. 3. (前面第三部分B 3).

③ Memorandum from Daniel J. Capra, Reporter, Advisory Comm. on Evidence Rules, Symposium on Forensic Expert Testimony, Daubert and Rule 702 (Oct. 1, 2017), in ADVISORY COMMITTEE ON RULES OF EVIDENCE OCTOBER 2017 AGENDA BOOK 371, 381 (2017) (原文有改动) (提出新的联邦证据规则707), http://www.uscourts.gov/sites/default/files/a3_0.pdf ("If a witness is testifying on the basis of a forensic examination [conducted to determine whether an evidentiary sample is similar or identical to a source sample], [or: testifying to a forensic identification] the proponent must prove the following in addition to satisfying the requirements of Rule 702: (a) the witness's method is repeatable, reproducible, and accurate — as shown by empirical studies conducted under conditions appropriate to its intended use; (b) the witness is capable of applying the method reliably... and actually did so; and (c) the witness accurately states... the probative value of [the meaning of] any similarity or match between the evidentiary sample and the source sample."). *see also* Saltzburg, *supra* note 149, at 1709.

④ Roth, *supra* note 3, at 2048.

对审问式和对抗式刑事司法系统的比较分析表明，如果机器证据进入法庭，就会出现新的证据问题，而且可能没有统一的解决方案。人机互动在增加的同时，我们获取海量信息的潜力也在释放，前提是我们不考虑其可靠性的基本问题，也不考虑尚无有效手段充分评估这些信息。此外，使用这些数据还会引起对商业秘密和隐私的进一步问题，但是这些超出了本文的范围[①]。

尽管如此，对比分析为机器证据的独特性质提供了有价值的信息，也为人工智能在各法域的法庭上可能造成的证据问题提供了更加清晰的认知。传统上，纠问式（如今的审问式）和对抗式系统维持事实调查可信性的方式，都是指出证据程序中的人为错误。如果试图在刑事诉讼中引入机器证据，这两种诉讼模式都必须修正其传统方法。在某些方面，这两个司法管辖区的结论是相同的：必须承认人工智能的独特地位，必须让诉讼各方，以及法院和公众，看到人工智能所承载的信息。

如何让人工智能的信息在法庭上得到最好的呈现，与每个刑事司法体系的细微差别有很大关系。在美国，罗特（Andrea Roth）提供的一个制度[②]建议，在审前对机器证据的前端设计、输入和操作协议进行可信性测试。这种在审判前对相关设备进行有意义的接触，使得双方当事人能够审查机器的功能。最终，有效的情境判断和可信性检验将取决于机器或软件的设计和构造。除了国内的单一的或者多样的技术之外，有必要确定一种规范的方法来确保可靠的事实调查。这样，当机器证据出现问题时，两种诉讼模式就可以不拘泥于现行的可信性测试方法来提高事实调查的可信性。

在对抗制中，这将意味着改变以法庭为中心的证言模式[③]。为了确保智能机器的可信性及其证据的可靠性，可能要在独立于案件的法庭之外对基础技术的复杂性能进行更好的审查[④]。评估机器的设计、学习模式、源代码和其他编程的专家，可能在法庭外能够更好

① Nawara, *supra* note 105, at 614（是关于商业秘密的问题）；*see also* Wexler, *supra* note 78；Ram, *supra* note 78, at 665 - 683, 701 - 03.

② Roth, *supra* note 3, at 2028.

③ 参见，比如 Celentino, *supra* note 45, at 1331 - 33。

④ Roth, *supra* note 3, at 2028.

地对其可靠性和可信性作出初步决定，这些初步决定可以作为对案件中所提供的证据的个人评估①。法庭可以考虑接受此类新的证据代理方式，因为他们在评估智能机器证据可信性方面作出了必要的贡献②。

在审问制中，必须设法解决事实调查程序中对传统辩护工具的坚定信任的问题，而传统辩护工具的基础是假定法官能够在整个诉讼过程中保持开放的心态。要做到这一点，可以赋予被告人（必要时）对法官和专家提出质疑的权利，这就超越了目前仅仅允许被告人利用案卷中的报告准备辩护的框架。这也是因为现有的证据工具可能无法解决机器证据可靠性的关键问题。③ 关于机器证据，需要从以法官为主导的模式转变为以审查为导向的模式，即根据《欧洲人权公约》第 6 条对所有提供定罪性证言的证人进行评估④。德国大多数地方高等法院都采用了这种更具对抗性的方法处理机器证据，这种方式在审查数字化证据工具方面也更有前景⑤。

四、结论

在刑事审判中，如果机器证据被作为证据提出，就必须对其进行充分的背景分析和可靠性测试。这种证据——就像人类的证词一样——不是无懈可击的⑥。有些智能设备难以被人们理解，而且最初

---

① 参见 Perel & Elkin - Koren, *supra* note 129, at 186 - 98。

② 比较 Damaška, *supra* note 14, at 425, 446。

③ 参见 Jürgen Cierniak, *Prozessuale Anforderungen an den Nachweis von Verkehrsverstösen*, 12 Zeitschrift für Schadensrecht 664 (2012) (Ger.)。

④ European Convention for the Protection of Human Rights and Fundamental Freedoms art. 6, Sept. 3, 1953, 213 U. N. T. S. 222; *see also* Vuille, Lupària & Taroni, *supra* note 100, at 59 - 62; Cierniak & Niehaus, *supra* note 98.

⑤ Oberlandesgericht [OLG] Bamberg, June 13, 2018, 3 Ss Owi 626/18 (Ger.); Oberlandesgericht [OLG] Karlsruhe July 16, 2019, 1 Rb 10 Ss 291/19 (Ger.); Verfassungsgerichtshof [VerfGH] Saarbrücken, Apr. 27, 2018 Lv 1/18; Kammergericht [KG] April 2, 2019, 3 Ws [B] 97/19 - 122 Ss 43/19 (Ger.).

⑥ 参见 Roth, *supra* note 30, at 1283 - 85, 1300 - 01; Erin Murphy, *Databases, Doctrine & Constitutional Criminal Procedure*, 37 Fordham Urb. L. J. 803, 825 - 26 (2010); Ellen M. Ayoob, Aaron Steinfeld & Richard Grace, *Identification of an "Appropriate" Drowsy Driver Detection Interface for Commercial Vehicle Operations*, 47 PROC. HUM. FACTORS & ERGONOMICS SOC'Y ANN. MEETING。

作为满足消费者需求而生，当这些不透明的设备的数字化输出逐渐被法庭接受为事实或者间接证据时，立法机构和法院必须以开放的心态和批判的态度处理这个问题①。

随着人工智能在人类生活各领域的兴起，法律学者指出，我们对机器运作的规律性和公正性的假设往往是不准确的，这一点很重要②，必须考虑多方面的因素。跨领域的研究表明，人工智能驱动设备的物理形状和认知能力直接影响我们对其可靠性、健全性和整体“特性”的认知③。我们很少意识到这一事实，遑论质疑设备的哪些特征，会引起对其结果的可靠性的信任或者怀疑④。

从法律角度来看，如何在刑事诉讼中使用人工智能生成的证据仍然是无解的。法律没有提供围绕审查“智能机器”可信性的规则，只要机器和软件缺乏必要的特征来就其结论接受有意义的交叉询问，法律就会继续把它们当作没有传达自主信息的、只会数字化运算的工具。这种武断的做法受到了批评，认为它没有暴露出刑事诉讼中

① 参见 Sergey Bratus, Ashlyn Lembree & Anna Shubina, *Software on the Witness Stand: What Should It Take for Us to Trust It?*, *in*Trust and Trustworthy Computing 396 - 416 (Alessandro Acquisti, Sean W. Smith & Ahmad - Reza Sadehi eds., 2010) (identifying and critiquing several criminal cases); Eric Van Buskirk & Vincent T. Liu, *Digital Evidence: Challenging the Presumption of Reliability*, 1 J. Digital Forensic Prac. 19, 20 - 21 (2006)。

② Murphy, *supra* note236, at 804; Garrett, *supra* note 5, at 213; Chessman, *supra* note 5; Roth, *supra* note 3, at 1989 - 99.

③ 参见，比如 Kate Darling, Palash Nandy & Cynthia Breazeal, *Empathic Concern and the Effect of Stories in Human - Robot Interaction*, Proc. 24th IEEE Int'l Symp. on Robot Hum. Interactive Comm. 772 - 75 (2015), for a detailed discussion; *see also* Jacqueline M. Kory et al., *Effects of Framing a Robot as a Social Agent or as a Machine on Children's Social Behavior*, Proc. 25th IEEE Int'l Symp. on Robot Hum. Interactive Comm. 689 - 93 (2016)。

④ 虽然前面的设计和算法肯定很重要，但其他元素也可能被证明是重要的。如果一个驾驶助手具有拟人化的元素，并且能够在法庭上对其行为进行说明（例如，“晚上 11 点，我建议驾驶员休息一下，但她拒绝了我的建议”），对可信性测试的需求可能会更强。机器声音的音调、音量、语气和口音是否会影响其感知的可靠性也可能成为一个问题。

可靠的事实调查的所有潜在风险[1]。

比较的视角可以帮助我们发现解决机器证据问题的潜在方法。对抗制创造了审查证据可靠性的工具，而审问制则发展了一种连续的庭外证据收集模式，使各方能够有意义地评价复杂的证据。

机器证据的基本问题对所有法域都是一样的。鉴于人工智能产生的数据无法像人类证人那样经过审查，但在数据处理和评估系统中，人工智能仍然可能出现类似人类的偏见，那么到底如何对其进行充分的审查呢？我们知道机器和软件虽然在法庭上看不见，但可能成为起诉的积极推动者，我们如何利用这些数据？

如何处理像刑事诉讼中机器证据的使用这样的新问题，是普遍存在于所有司法系统的众所周知的困境[2]。我们是从技术角度还是法律角度入手，即代码服务于法律抑或法律服务于代码？[3] 这一阶段的决定不仅决定了对抗制和审问制在未来面临的问题是相似的还是不同的，也决定了事实调查是否仍然是我们所熟知的以人为本的程序，即专注于向事实认定者提供透明的、理想的、客观的信息以帮助决策。

为满足消费者需求而设计的与人类互动的人工智能，是有其内在价值的[4]。一般来说，它的形成并不符合证据法的相关法律规范，当然也不符合刑事审判中典型的事实调查程序或者宪法保障规则。在没有获得新的证据工具的情况下，相信人们愿意而且能够在刑事审判中破解数字化设备的谜题而追求真相，实在是太过天真了。

因此，现在是为高度智能化环境下的刑事诉讼的事实调查做准备的时候了。要做到这一点，我们首先必须了解各类机器证据的特点，并与有资历的专家合作，既要了解技术，又要搞清基本的法律

---

① Mellon, *supra* note 63, at 1101; Pamela S. Katz, *Expert Robot: Using Artificial Intelligence to Assist Judges in Admitting Scientific Expert Testimony*, 24 Alb. L.J. Sci. & Tech. 1, 36 (2014).

② 参见 Hildebrandt, *supra* note 2, at 165。

③ Roger Brownsword, *What the World Needs Now: Techno – Regulation, Human Rights and Human Dignity*, *in* Global Governance and the Quest for Justice 203 (Roger Brownsword ed., 2004); Ronald Leenes, *Framing Techno – Regulation: An Exploration of State and Non – State Regulation by Technology*, 5 Legisprudence 143 (2011).

④ Hildebrandt, *supra* note 2, at 166.

概念[1]。只有这样，才能在法庭上从所有必要的角度对人工智能驱动的设备进行有意义的评估。如果从技术角度（从而要求技术为法律服务）解决将机器证据纳入刑事审判事实认定的问题，对抗制和审问制将面临同样巨大的挑战。理论上，两种诉讼模式都可以采取类似的行动，比如对人工智能驱动的设备进行认证，提供对源代码的开放访问，以及指定机器学习的标准参数等。如果要寻求新的法律解决方案，每种模式都需要找到自己的答案，不过向对方借鉴经验仍然是可取的。机器证据可能会遵循技术证据的生命周期：起初，证据被认为形式太新而不可靠；随后，它被纳入需要经过检验的新证据，进而成为总体可靠的、偶尔出差错的证据；最后，许多证据达到了被盲目信任的程度。回顾刑事司法的近代史，它告诉我们，扭转证据循环是一场艰难的战斗，而在这场战斗胜利之前，司法错误给人类造成了巨大的痛苦。对于法庭上的人工智能，人们应该采取哪些程序性保障措施，将是非常重要的。

无论人工智能是否成为入罪[2]或者出罪[3]的新工具，在刑事诉讼中使用机器证据的事实调查过程中，我们必须确保其可信性。一般来说，尽管有大量证据的可靠性受到质疑，但人类还是会相信对方的证词。我们能够被证据说服，因为我们可以诉诸人类的感知和经验来求证其真实性；总之，我们拥有同理心。机器证据可以试图创造一个类似的印象，或许，正是因为机器缺乏人类的同理心，反而能够弥补我们缺失的所谓的客观性。我们目前还不完全清楚，为什么人们倾向于直接相信人类同胞的陈述。也许是因为我们相信人们固有的善良，或者我们认为人类害怕因作伪证而受到处罚。然而，我们今天所知道的人工智能却不受这些限制。

法律要跟上科技快速发展的步伐，这些问题亟待解决，而解决这些问题的最好办法就是对抗式和审问式司法制度之间的相互学习。没有任何一种证据制度是完美的，但是让美国的司法制度引以为豪的，正是它的强大、灵活和勇于尝试新的方法[4]，现在是再次发挥这

---

① 参见 Perel & Elkin - Koren, *supra* note 129, at 185。

② 从历史上看，新的“客观”技术首先被用来对付被告人；而最近，被告人一直在利用技术来为自己谋取利益。Roth, *supra* note 30, at 1254 - 64.

③ Fairfield & Luna, *supra* note 49, at 990.

④ Mirjan R. Damaška, Evidence Law Adrift 151 (1997) .

些优势的时候了。事实认定者不应仅仅因为出现了一种我们不熟悉的、目前还不能被有效质证的新证据，就在证据的可靠性和可信性上作出让步。为了维护刑事审判中事实调查的真实性和合法性，我们的法庭（事实认定者）仍然必须坚持以人为本的原则。

智慧司法背景下在线庭审模式的司法实践审视

郭志媛[*]　朱伟悦[**]

新冠肺炎疫情期间，为避免线下庭审模式增加疫情防控风险，最高人民法院及时印发《关于新冠肺炎疫情防控期间加强和规范在线诉讼工作的通知》，在线庭审模式得到广泛采用，智慧法院站在了司法“抗疫”的第一线，在线庭审的案件总数较 2019 年同期增长 160% 以上。[①] 2021 年 6 月 17 日，最高人民法院印发《人民法院在线诉讼规则》（自 2021 年 8 月 1 日起施行），以司法解释形式进一步规范在线立案庭审等诉讼活动。然而，就笔者工作中发现及相关调研情况而言，在线庭审的案件数量随着疫情得到有效防控、线下开庭得以实现的形势，呈现出一定的“降温”趋势，“成都市法院系统 2020 年 2 月份以来至 2 月底，两级法院共开庭 5403 件，其中线上开庭 1889 件（占比 34.96%），而到了 2020 年 4 月 12 日，两级法院共开庭 17239 件，其中在线开庭 3313 件（占比 19.22%），在线诉讼比例明显下降。上海法院的数据也显示，随着 3 月 24 日上海市调整重大突发公共卫生事件应急响应级别，该市采用在线庭审与线下庭审的比例已由之前的 1∶2.8 下降到 1∶5.3”[②]。此外，司法实践中的地域间标准不一、配套设施不健全、庭前准备时耗过长影响适用积极性等问题也不断显现。

---

* 中国政法大学刑事司法学院教授，博士生导师。

** 中国政法大学刑事司法学院诉讼法学专业 2020 级博士研究生。

① 参见余剑、潘自强：《刑事在线庭审的实践观察、法理检视和规则修缮》，载《人民司法》2021 年第 25 期。

② 左卫民：《中国在线诉讼：实证研究与发展展望》，载《比较法研究》2020 年第 4 期。

一、问题提出：在线庭审模式的司法实践

（一）全国法院在线庭审模式的司法实践概况及特点分析

表1 在线庭审模式的司法实践概况

平台名称	法院	借助平台	功能模块	受理范围	在线庭审规则	使用说明
互联网法院电子诉讼平台	杭互、北互、广互	三家互联网法院自身分别建设的诉讼平台	全流程网上诉讼	互联网民事、行政案件	三家互联网法院已分别制定了电子诉讼庭审规范、在线庭审规则	操作手册
互联网法庭	天津、山西、内蒙古、河南、湖南、湖北、云南、广西、海南、宁夏、西藏法院，新疆仅在乌鲁木齐、昌吉和阿勒泰三地	云间庭审手机App端。微信小程序端，计算机客户端	在线庭审，证据展示，查阅笔录并签字	天津民商事、行政案件，部分刑事案件适用远程视频开庭；山西、内蒙古、河南、湖北、湖南、云南、广西、海南、宁夏、西藏、新疆未明确	《天津市高级人民法院在线诉讼规程（试行）》；广西高院《在新型冠状病毒防疫期间免费使用互联网法庭的通知》；山西、内蒙古、河南、湖北、湖南、海南、云南、宁夏、西藏、新疆未明确	使用说明
移动微法院“掌上法庭”	浙江、四川、贵州、陕西、福建、江西、安徽法院	中国移动浙江、四川、贵州、陕西、福建、江西、安徽微法院“掌上法庭”模块下的“移动庭审”	在线庭审、证据交换、联系法官、线索举报	江西民商事、行政案件，部分利事案件适用远程视频开庭；浙江、四川、贵州、陕西、福建、安徽未明确	浙江《关于进一步加强在线诉讼的若干意见》，《浙江法院网上诉必指南（试行）》；江西高院《关于印发大力加强在线诉讼工作服务保障疫情防控的实施意见的通知》；四川、贵州、陕西、福建、安徽未明确	平台具体操作指南

续表

平台名称	法院	借助平台	功能模块	受理范围	在线庭审规则	使用说明
北京云法庭	北京法院	自身建设平台的计算机端、手机App端、微信小程序	在线庭审、上传证据并批注、查阅笔录并签名	未明确	《北京互联网法院电子诉讼庭审规范》	网上开庭操作手册
上海法院12368微开庭	上海法院	计算机版视频客户端、微信版视频客户端	在线庭审、证据展示、查阅庭审笔录并扫码签名	未明确	上海高院《关于积极推广并严格规范在线庭审的通知》	在线庭审操作指南
重庆法院易诉平台	重庆法院	重庆法院“易诉”平台，重庆“易法院”手机App端	在线庭审、证据交换	民商事、行政案件，部分刑事案件适用远程视频开庭	重庆高院《关于规范在线庭审活动的工作规则(试行)》，《关于全面推行在线诉讼服务充分保障当事人诉讼权利的通知》	无
河北电子法庭	河北法院	自身建设平台的计算机端、手机App端	在线庭审、证据展示、查阅笔录签字	未明确	无	操作手册
广东法院诉讼服务网	广东法院	计算机使用谷歌浏览器登录“广东法院诉讼服务网”、手机使用微信“粤公正”小程序	在线庭审、证据交换、查阅庭审笔录并签名	未明确	《广东省高级人民法院、广东省司法厅、广东省律师协会关于在新冠肺炎疫情防控期间加强和规范在线诉讼的意见》	“联系我们”帮助指引
黑龙江法院诉讼服务网	黑龙江法院	自身建设“网上诉讼服务”平台	在线庭审	未明确	无	使用手册
吉林电子法院	长春市中级人民法院及下辖院	自身建设平台的“电子法院云会议”系统，分别有计算机端和手机App端	在线庭审、申请示证、材料递交、查阅笔录签名	民事一审简易案件	无	网上诉讼指南网上庭审篇

续表

平台名称	法院	借助平台	功能模块	受理范围	在线庭审规则	使用说明
辽宁智慧法院	辽宁法院	自身建设的“互联网庭审云平台”，分别有计算机端使用浏览器和手机移动端的智慧庭审“公道互联”App	在线庭审、确认笔录、扫码签字	未明确	无	操作指引
江苏微法院	全国法院	与腾讯云、北明软件合作开发微信小程序“互联网开庭”	实时开庭、预约开庭、多方禁言、在线签名、举证质证、查阅笔录、手机签名	未明确	《关于在新冠肺炎疫情防控期间全面推行网上诉讼服务切实保障当事人诉讼权利的通知》	操作手册
山东法院互联网法庭	山东法院	“山东法院互联网法庭”微信小程序或手机App，由北京天宁威视科技公司提供支持	在线庭审，证据交换，查阅笔录并签字	公开审理的民事、行政案件	《关于在新冠肺炎疫情防控期间全面推行网上诉讼服务切实保障当事人诉讼权利的通知》，山东省高级人民法院《互联网法院使用指引（暂行）》	使用说明
甘肃法院“云上法庭”	甘肃法院	新浪司法频道提供技术支持手机App端和计算机客户端	在线庭审、证据交换、联系法官、线索举报	未明确	无	平台具体操作指南
青海网上法院	青海法院	北京华宇信息技术有限公司开发的“庭审”计算机和手机App的客户端	在线庭审	未明确	无	无

由表 1 可见，《人民法院在线诉讼规则》出台之前，在线庭审模式已在全国范围内广泛推广适用，但亦反映出适用中存在的地域差异。

1. 借助平台不一

目前各地法院在线庭审平台分为四类：（1）法院依托互联网专业通讯平台搭建的音视频实时沟通系统，如北杭广三家互联网法院；（2）以最高人民法院搭建的“移动微法院”平台作为总入口，再通过小程序跳转至各地的分平台；（3）法院与网络公司合作研发的庭审小程序，如江苏高院与腾讯云研发的“互联网开庭”；（4）利用网络公司视频会议系统，如钉钉、云间等（如图 1）。另外，各地在线庭审平台名称不一，呈现“一地一名”现象（如表 2）。

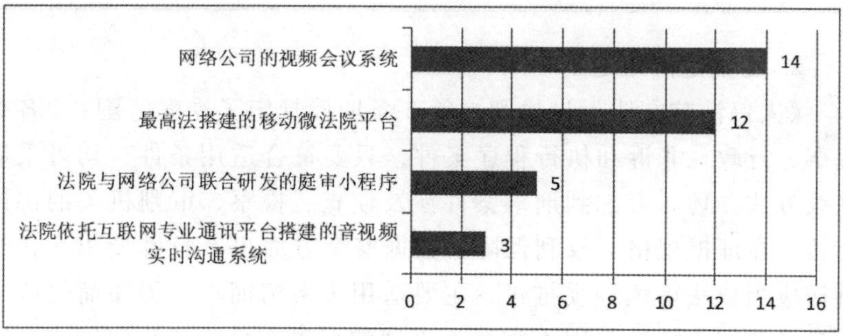

图 1　在线庭审平台分布

表 2　在线庭审平台名称

名　称	数　量
互联网法院电子诉讼平台	3
互联网法庭	13
移动微法院“掌上法庭”	7
诉讼服务网	2
互联网开庭	1
微开庭	1
云法庭	1

续表

名　称	数　量
易诉平台	1
电子法庭	1
电子法院	1
云上法庭	1
网上法院	1
智慧法院	1

2. 受案范围规定不一

《人民法院在线诉讼规则》第3条明确规定了受案范围，“各类民事、行政、非诉和执行程序案件，只要符合适用条件，均可采取在线方式办理。考虑到刑事案件涉及侦查、检察、审判机关的协调衔接，在证据规格、权利保障、数据安全方面也有特殊要求，在线诉讼应当依法审慎稳妥推进，主要适用于案情简单、程序简便或者因疫情防控等特殊原因不宜线下审理的刑事案件。司法实践中，对于哪些属于‘适宜采取在线方式审理’案件，人民法院可以结合当事人意愿、案件性质、复杂程度、证据情况等因素作出综合判断”[①]。在上述规定之前，各地标准不一：北杭广三家互联网法院受理的是与互联网相关的民商事及小部分行政案件，天津、重庆、吉林、江西、山东五地明确规定民商事、行政及部分刑事案件可适用在线庭审，其余26省未明确。在河北省法院司法实践中，因在线庭审系统“华宇”“科达”均无法与法院专网、立案调解平台“冀时调”实时对接，而导致电子卷宗、庭审音视频及举质证材料无法同步迁移，特别是装有“科达”在线庭审系统App的计算机频现无法打开“冀时调”App，一件案件的操作需要两台计算机来完成。基于平台App兼容功能限制的客观因素，河北省承德市八县三区基层院一般使用在线庭审审理案情简单、标的不大、易于调撤的民商事

① 刘峥、何帆、李承运：《〈人民法院在线诉讼规则〉理解与适用》，载最高人民法院微信公众号，2021年6月17日。

案件，均以当事人与涉诉法院距离来决定是否采用在线庭审，疫情期间在线庭审2件刑事案件。

3. 使用说明不一

2020年2月7日，上海市高级法院微信公众号发布了《上海法院在线庭审操作指南》，图文并茂细致讲解了操作流程，是很好的范本，但是通过表1可知并非所有地区都制作了使用说明。部分法院主要依靠书记员在庭审前通过电话告知当事人、诉讼参与人，而且由于接受能力的差异，这个告知过程所占用时间有差异。在承德市宽城县法院的调研座谈中，有书记员分享了通话2个多小时告知在线庭审系统如何使用，开庭只用了20分钟的一段经历，庭前准备的工作量空前增大。

（二）A法院在线庭审模式的样本调查与分析

A法院在线庭审借助第三方软件（“华宇”“科达”）视频会议系统，结合图1，这种在线庭审方式在全国较为普遍，因此选取A法院数据作为样本调查具有典型意义。需要指出的是，在新冠肺炎疫情之前，该院并无在线庭审案件。

2020年2月1日至6月30日，A法院共实地开庭1367件、在线庭审144件（含刑事专网远程庭审2件），在线庭审占全部开庭案件的9.53%。具体来看，刑事2件，占1.39%；传统民事30件，占20.83%；商事110件，占76.39%；行政0件；其他2件，占1.39%。

1. 案由分布

首先是民间借贷在线庭审数最多，共42件；其次是金融借款合同28件；最后是买卖合同13件、离婚10件、租赁合同7件、银行卡5件、继承4件、劳务合同3件。这八类案由占民商事在线庭审案件总数的77.78%。可见，在线庭审可适用于多种类型纠纷的处理，而不仅局限于互联网性质案件。

2. 庭审时长

适用在线庭审的案件中，刑事平均时长44分钟、传统民事34.43分钟、商事32.6分钟、其他26.5分钟。截至2020年6月30日，共有127件民商事案件已结，其中40件调解结案平均时长为34.7分钟，21件移送结案为4.67分钟，1件撤诉结案为32.5分钟，65件判决结案为39.88分钟。

在线庭审与实地开庭相比并未显示其节约庭审时长的优势，其仅是节约了当事人到庭时间，为当事人的异地审理提供了便利，但线上线下的开庭平均时长大致相当。且由于内外网无法实时迁移，造成在线庭审庭前准备时间较长，使法官助理与书记员的工作量增加。

3. 系统平台使用次数

数据显示，尚未开庭、仅在线询问便调撤结案的共4件，使用一次在线庭审结案的共123件、两次在线庭审结案的1件。

4. 适用程序

简易程序77件、普通程序64件（含公告27件）、特别程序3件。民事诉讼繁简分流改革仅明确了简易程序案件可采取在线庭审，未对非简易案件禁止采用在线庭审，在疫情的特殊背景下允许普通程序在线庭审，赋予当事人程序选择权更有利于当事人对诉讼结果的信服与接纳，提高司法效率。

5. 使用原因

当事人在外地，避免长途跋涉是使用在线庭审最主要的原因；其次是疫情期间避免聚集；最后是当事人被羁押于看守所、当事人急于调撤等原因。

综上所述，A法院在线庭审模式司法实践呈以下特点：

（1）案件事实清楚、案情相对简单，但简易、普通程序均有之；

（2）案由集中在民间借贷、金融借款合同、买卖合同等商事案件，因此类案件律师参与度高；

（3）存在双方在线或双方线上、线下结合的开庭模式，形式灵活；

（4）选择在线庭审主要是因疫情或当事人在外地无法来本地开庭，且多以一庭结束；

（5）节约了当事人庭前路途时间，但增加了书记员、法官助理庭前准备工作量，部分案件由于网络设备中断等原因，在线庭审比实地庭审时间反而更长。

（三）在线庭审的个案访谈情况

笔者通过向A基层院56名法官及助理发放问卷、个案访谈的形式进行调研、梳理问题，了解在线庭审在普适过程中存在的困境（如表3）。

表3　用户体验表

项目	满意度	法官	助理	合计	占比
对在线庭审平台的满意度（选1项）	非常满意（9—10分）	4	6	10	17.86
	基本满意（6—8分）	23	20	43	76.79
	不太满意（3—5分）	2	1	3	5.36
	难以接受（1—2分）	0	0	0	0.00
	合计	29	27	56	100.0%
项目	存在的问题	法官	助理	合计	占比
使用互联网在线庭审时存在的问题（选出最有感受的5项，画√）	不便上传或查阅证据，双方举证质证困难	21	22	43	16.54
	网络不稳定	16	21	37	14.25
	前期准备时间过长	18	13	31	11.92
	系统对接出现问题	15	12	27	10.38
	庭审纪律难以保障	9	8	17	6.54
	当事人身份不便核实	8	9	17	6.54
	证人、鉴定人等出庭难度大	8	8	16	6.15
	难以捕捉当事人情绪和态度等细节	9	7	16	6.15
	庭审笔录记录困难	8	6	14	5.38
	当事人笔录签字困难，笔录难以生效	6	4	10	3.85
	存在泄密风险	3	6	9	3.46
	难以界定当事人“拒不到庭”“中途退庭”	4	4	8	3.08
	当事人对在线庭审意愿不高	4	3	7	2.69
	当事人故意拖延诉讼，拒绝在线庭审	3	2	5	1.92
	对肆意辱骂、诽谤法官等破坏法庭秩序行为无法及时制裁	1	2	3	1.15

从用户体验来看，在线庭审的适用整体上较为积极且效果基本满意，但部分法官选择在线庭审实属疫情下的无奈之举，其适用中呈现问题如下：

1. 庭前准备工作量大，庭审效率遭拖延

法官核实当事人身份成本较高，存在冒充本人出庭风险；证据交换、举质证困难，对实物证据难以甄别其真实性；庭审纪律难以保证，部分当事人开庭环境喧嚣，在庭审中随意走动、随意着装、随意下线退出庭审，未经授权私拍庭审情况；部分当事人拒绝签字确认笔录，造成笔录难以生效。

2. 技术条件薄弱，网络环境欠佳

法院机房带宽及解码器不足，视频在编解码过程中画面不稳定、卡顿，法官与当事人沟通不畅，因视频“丢帧”，发言者真实意思表达不清；部分案件上传证据失败，无法打开音视频或文本证据；部分刑事案件使用互联网而非专网远程视频，存在泄露审判机密风险。有的案件，在线庭审全部顺利进行完毕，在最后的笔录在线传输签字环节出现问题，最后不得不再重新开庭审理。

3. 当事人意愿不高，大量案件延期

大部分当事人能够较好地促成在线庭审，但是，老年当事人对智能手机等装备不熟悉，受技术、设备、案情、举证方式等多方因素影响，使用热情不高；部分被告为拖延诉讼而拒绝在线开庭。与当事人对在线庭审两极分化的态度呈鲜明对比的是律师群体参与意愿更积极、能力更高，随机访谈的律师均表示，在线庭审解决了线下庭审造成的物理空间“分身无术”的问题，让同一天开几个跨省代理的案件成为可能。

二、问题探析：在线庭审模式运行困境的形成

在线庭审模式作为践行“智慧法院”建设的重要探索，各地法院虽早已纷纷试水运行，但实践中出现平台建设标准不一、法官用户体验不同的现象。追溯问题的根源，可以归结为观念、制度、技术这几个方面：

（一）观念认知偏差：法官缺乏网络思维，当事人质疑在线庭审的法庭权威

1. 法官办案模式僵化，缺乏互联网思维支撑

从宏观层面来讲，目前在线庭审使用频率较高的仍为互联网法院，其因案件类型、举证质证手段均与互联网联系密切，易于通过在线庭审的方式化解矛盾。部分基层法院使用在线庭审审理非涉网纠纷则多因疫情“被迫”。从微观层面检视，在被调查的 56 名法官及助理中，有 3 人对在线庭审模式的价值存在严重怀疑。部分法官尤其办案年龄较长的法官对在线庭审的推进态度消极、用户满意度

偏低，认为其缺乏实用性和合法性，存在畏难情绪和抵触心理，严重依赖传统线下模式办案。有一位老法官言，“面对面”庭审，能及时发现调解时机，很容易就能解决的问题，到了网上审理，感觉很奇怪，十几年积累的审判经验得不到发挥。究其原因，主要在于法官缺乏互联网思维、缺乏互联网知识、对传统审判的路径依赖根深蒂固，尤其在面对疑难案件时习惯与当事人“面对面”沟通，“屏对屏”束缚了当事人畅所欲言表达诉求的方式，亦削弱了法官在庭审中“察言观色”的能力。

2. 司法仪式缺失，当事人质疑司法公信力

传统法院实地庭审中，国徽、法槌、法袍等代表公权力的符号塑造着法庭的“庄严”，司法仪式令当事人产生敬畏心理，敦促当事人遵守法庭纪律、接受法官询问、不得虚假陈述或伪证。在线庭审中，法庭的庄严肃穆感被削弱，法官对在线规则和纪律不易把控，易造成在线审理的过程随意化。当事人身处法庭之外难以感受到传统司法仪式易产生松懈心理，继而质疑司法公信力，甚至产生负面舆情。另外，对于当事人破坏法庭秩序、肆意辱骂诽谤法官等行为，在线庭审中无法及时有效制裁。

（二）制度问题争议：理论规范冲突，规程指引乏力

目前，部分法院虽构建了互联网法庭，具备在线庭审条件，但相关规范配备不齐、规程指引缺位，造成在线庭审不断出现各种问题。主要表现如下：

1. 在线庭审模式与诉讼理论规则的冲突

（1）与直接言词原则冲突。部分观点认为，直接言词原则强调法官和当事人对庭审的亲历性、公开性、在场性以及证据原始性，实地开庭强调诉讼活动的现场效果和教化功能。在线庭审的空间虚拟性、当事人非现场化等特征是对直接言词原则的彻底突破，脱离了法庭特定场景，法官便难以捕捉当事人的情绪、态度等细节。

（2）与辩论原则冲突。[①] 部分观点认为辩论原则的前提是交流的同步性，在线庭审由于网速延迟，“亲口说出”与“亲耳听到”存在时间差，造成当事人表达诉求的障碍，从而突破辩论原则。

（3）与当庭出示证据并质证原则冲突。实地开庭当事人举证、

---

① 全国人大常委会法制工作委员会民法室：《〈中华人民共和国民事诉讼法〉解释与适用》，人民法院出版社 2012 年版，第 13 页。

质证并非单纯对证据的罗列与展示，而需随着庭审的深入随时调整诉讼策略。在线庭审由于当事人无法近距离观察对方的面部表情，其诉讼策略及诉讼心理的调整受到影响。

（4）证人出庭难题无解。民事诉讼证据规定要求证人不得旁听庭审，而在线庭审存在如何保证证人在线上较为随意的情况下陈述内容真实性、如何避免证人旁听案件影响证言客观中立性、如何防止证人串供等问题。①

2. 具体规程指引缺位

在《人民法院在线诉讼规则》出台前，我国民事诉讼法及司法解释并未对在线庭审从法律的高度作出原则性规定，尽管最高法下发多份文件对在线庭审内容作出规定，但对在线庭审的基本操作规程及细节语焉不详、付诸阙如，各地亦缺乏统一精准的实践指引。即便有互联网法院及部分非互联网法院构建的在线诉讼（庭审）规则，但这些规范呈分散化、地方化面貌，难以在全国推行。配套指引不到位，易造成法官在线审理无序化，使用时存在思想顾虑、态度消极，因此亟须从中央层面构建在线庭审规则及作出对当事人失范行为惩戒的规定。《人民法院在线诉讼规则》的出台，在制度层面解决了上述问题，但是，徒法不足以自行，好的规则要想落到实处，仍需要各地法院有配套的、详细的、易懂的操作规程指引。在文章的开篇，笔者提到上海市高级法院微信公众号发布的操作指南，值得各地借鉴学习。

（三）技术层面：配套设施资源匮乏，难以满足司法需求

1. 软硬件配套设施难以迎合在线需求

部分在线庭审平台设计欠缺人性化、视频画面不清、网络迟延与卡顿等情况导致用户体验较差。部分中西部地区由于视频系统开发技术薄弱、网络技术人才不济导致大部分法院互联网技术水平难以迎合司法需求。庭审平台的随意性加大了黑客攻击、数据泄露的潜在风险，不利于法院司法公信力的树立。

2. 系统开发与司法需求不匹配

部分在线庭审平台在研发过程中欠缺用户体验思维，未充分体现和尊重用户需求和习惯，存在操作流程不明、用户使用说明不实

---

① 姜丽萍、黄亚洲：《民事电子庭审与直接言词原则的冲突与协调》，载《沈阳大学学报（社会科学版）》2019 年第 6 期。

用的情况，难以满足司法需求。随着疫情控制趋于平稳，各法院将庭审逐步转移至传统的现场开庭，使得投入大量资金和精力的在线法庭呈现“空运营”现象，后续投入研究和维护的精力明显不足，部分地区的在线庭审平台逐渐成为“僵尸平台”。有的地区甚至不得不把“在线庭审率”作为一项业绩考核的激励指标，这种操作显然已经违背了在线庭审制度的设置初衷。

三、价值证成：在线庭审的理论支撑与实践价值探讨

（一）在线庭审的理论支撑

1. 司法便民原则

“治政之要在于安民”。传统诉讼模式下司法供给已难以满足习惯于在网上生存的公众的司法需求。互联网时代技术的革新使公众对司法具有便捷在线、高效解纷、即时交流的新期待。在线庭审统筹平衡了技术的灵活便利与诉讼的严谨规范，在一定程度上缓解了案件数量激增引发的“诉讼爆炸”与司法资源供给不足造成的人案矛盾，满足公众接近正义的需求[①]，体现了行政法上的“两便原则”，其不仅能以提高诉讼效益作为制度导向，还以向公众提供便捷的司法福利作为价值追求。在线庭审模式的福利属性和司法伦理价值体现在两方面：一方面是任何符合在线庭审要求的当事人均可享受“指尖”立案、“隔空”连线、“云端”调解的高效灵活便捷诉讼服务，具有一定的普惠价值；另一方面是由国家投入搭建在线庭审平台并持续投入运营，在一定程度上降低了当事人的诉讼成本，体现了国家对公众投入的司法福利。

2. 司法亲历性原则

“司法亲历要求法官与人证在法庭上面对面、言词对言词，因此，其一般包括两个方面：一是法官应当亲自参加庭审活动；二是人证应当亲自出庭提供言词证据。”[②] 从字面含义理解，在线庭审模式下，法官依然是亲自“上线”，证人及其他诉讼参与人亦是如此。信息网络技术犹如在法官与人证之间所搭建的一座“桥梁”，表面上看二者分隔两地，但是，其并没有“打破法官在案件审理上的亲历

---

① 左卫民：《中国在线诉讼：实证研究与发展展望》，载《比较法研究》2020 年第 4 期。

② 朱孝清：《司法的亲历性》，载《中外法学》2015 年第 4 期。

性，法官仍亲自参与庭审而非由其他法院或人员代之；陈述方式的口头性也未被动摇，各方主体仍以口头而非书面的方式进行陈述和沟通”[①]“在符合一定技术条件的情况下，法官在远程视频过程中甚至有可能更为清楚和全面地观察人证，从而有助于捕捉情态证据”[②]。特别是在高清视频中，法官对人证面部情态的捕捉，要优于传统线下庭审中有着一定距离的观察。因此，可以说，“屏对屏”实质上也是“面对面”，是互联网时代下“面对面”的新形态，而且还拓展和丰富了司法亲历性原则的基本内涵。[③]

（二）在线庭审的实践价值

1. 节省在途时间，提升司法效率

部分案件当事人身处异地，对案件有调撤意向，而受时空限制，一旦错过有效“时机”则可能调撤失败。如笔者所在法院的一起离婚纠纷，原告在广西南宁、原告代理人在北京、被告在秘鲁、法官在天津，依靠在线庭审突破时空限制完成审判；部分刑事案件耗费大量人力物力财力去完成押解任务，被告人较多时看守所往往对被告人的押出、押回时间严格规定，一旦一天内完不成开庭任务，法警押解工作量会成倍增长，通过远程视频庭审方式则避免了押解过程中隐藏的逃逸及交叉感染风险[④]，缓解了法官及法警工作压力。

2. 维护疫情防控，保障人身安全

在2020年初疫情肆虐、态势严峻的背景下，法官既不能拒绝审案或将案件一律延期、中止审理使审判工作停滞，又不能无视人员聚集等造成疫情蔓延等客观因素。全国法院依托在线庭审系统、远程视频讯问系统等平台多点发力，最大限度地减少当事人聚集，确保疫情期间全国审执工作稳妥有序进行。2020上半年，在线庭审在

① 郝晶晶：《互联网法院的程序法困境及出路》，载《西北政法大学学报》2021年第1期。

② 张鸿绪：《论我国远程作证中情态证据的程序保障：兼评〈人民法院在线诉讼规则〉》，载《政法论丛》2021年第4期。

③ CCTV－12《法治深壹度》栏目“在线诉讼规则：司法审判模式迎来划时代变革”访谈现场实录，载法影斑斓微信公众号，2021年8月14日。

④ 庄绪龙、田然：《疫情期间刑事案件“视频庭审”的正当性》，载《法律适用》2020年第5期。

疫情防控期间大显身手，全国法院共在线开庭25万次、调解59万次。[①] 全国3500余家法院已全部对接中国移动微法院、普遍开通诉讼服务网，已建成的38000余个科技法庭均支持在线庭审，形成了疫情防控期间互联网司法的“网上战场”，当事人可借助计算机或手机客户端全天候、零接触地进行在线庭审，人民法院严格遵守中央“防控隔离”规定，既避免人员流动聚集，又高效审案化解纠纷。[②] 就本次疫情防控中在线庭审在国内的广泛实践而言，我国已具备在线庭审推行所需的技术和社会条件，绝大多数在线庭审的实践主体在其参与能力、意愿及体验等方面能够适用在线庭审。

四、演进之路：对后疫情时代在线庭审模式的前瞻性思考

新冠肺炎疫情为在线庭审提供了空前的强制性实践机遇，在线庭审使部分原本无法启动的案件得以顺利推进，使无法亲自到庭的诉讼参与人获得真正接近正义的机会。但其亦面临着减损当事人程序保障、存在不确定风险之问题，且随着疫情防控形势向好，部分法官表示除案情简单、易于调撤的案件外，其余案件仍将线下实地开庭为主，或仅将宣判等部分环节移至线上。为化解以上困境，笔者对后疫情时代在线庭审的未来进行了前瞻性思考，建议构建在线庭审的常态化运行道路。

（一）积极推行启动在线庭审模式

在线庭审设计的初衷在于提升司法便民指数，疫情期间的司法实践表明将案由、程序等因素僵化地与是否启动在线庭审捆绑的做法并不合理，是否启动在线庭审应首先尊重当事人的程序选择权。民事诉讼当事人在经济实力、诉讼技巧和社会经验等方面存在较大差异，强制适用在线庭审可能违背实质正义，尊重当事人的庭审方式选择权便于维护当事人实现自身最大利益，促成其对法院裁判结果的认同。法官征求当事人意见尤其涉及重大程序性利益时，需充

---

① 周强：《2020年最高人民法院工作报告》，载《人民法院报》2020年5月26日，第2版。

② 高司平：《充分发挥互联网司法优势　为统筹疫情防控和经济社会发展提供司法服务和保障——疫情防控期间全国法院互联网司法创新实践述评》，载《人民法院报》2020年3月12日，第1版。

分告知其在线庭审的权利义务和法律后果。[1] 亦有部分当事人选择在线庭审为其虚假诉讼、恶意串通提供方便，且部分案件涉及国家秘密、商业机密和当事人隐私，适用在线庭审有泄密风险。故法院有必要对是否采取在线庭审进行考察，并具有最终决定权。若当事人选择在线庭审，则视其对自身程序性利益的处分，原则上不得反悔，法官应在办案系统中确认并留痕。对部分被告缺席的案件，在完善电子送达、保障诉讼权利义务及知情权的基础上，可使用在线庭审。若当事人不同意在线庭审，应当说明理由，并由法院判断理由是否正当。对于理由评判标准不应过于严苛，除当事人明显故意拖延诉讼、增加对方当事人诉讼成本、扰乱正常诉讼秩序外，法院应当予以认可。如当事人能证明自身确不具备在线庭审的能力或法官认为本案涉及不宜通过互联网庭审的情形，应调整为线下开庭或延期审理。对于一方当事人仅不同意自身在线庭审，但不反对对方在线庭审的，可采用一方在线、一方实地的方式进行庭审。

（二）谨慎厘定在线庭审的适用清单

对于在线庭审的适用范围，不能一概以案由和诉讼标的等因素区分，而应以是否提升司法便民和诉讼效率为衡量标尺。结合疫情期间的司法经验，应充分考虑案件的性质、特点、证据类型等因素，对于部分证据审查繁杂、注重当事人隐私保护、诉讼仪式感强的案件应当列入负面清单排除适用（如表4）。

表4　负面清单

案件类型	考量因素
案件重大、案情复杂	不便于查清事实
需现场查明、身份核对原件、查验实物	
需证人到现场作证	
证据繁杂	
诉讼参与人多（超过6人）	技术条件有限
双方当事人均不具备参与在线庭审的技术条件和能力	
审理耗时长	

---

[1] 李承运：《正确把握推进电子诉讼的四个维度》，载《人民法院报》2020年4月2日，第8版。

续表

案件类型	考量因素
双方当事人及诉讼代理人明确表示不同意	尊重当事人意愿
一方当事人及诉讼代理人、辩护人表示不同意且有正当理由	
涉及当事人隐私	
法律规定不得公开审理	法律规定

除被列入负面清单的案件外，对适用在线庭审能够有效提高司法便民和司法效率的案件，应加大力度推广适用。一般情况下，民商事、行政案件均可采用在线庭审，部分刑事案件的讯问被告人、宣告、减刑假释等环节以及部分简易速裁、认罪认罚、妨害疫情防控的刑事案件，均可探索采用远程视频开庭。另外，部分案件应被列入推荐清单优先适用（如表5）。对于推荐清单的案件，可由行政机关、律协及法律工作者通过“审前培训”的方式积极引导当事人使用在线庭审。

表5　推荐清单

案件类型	考量因素
案情简单、证据较少、举证质证耗时短的案件（如互联网购物、服务、小额金融借款等合同纠纷）	调撤率高，服判息诉率高
督促程序案件	案情简单
对诉讼经济性要求较高的小额诉讼	节约当事人诉讼成本
当事人在外地的案件	
各方当事人均有代理律师的案件	诉讼能力强，使用在线庭审经验丰富
当事人有传染病的案件	减少交叉传染

（三）构建统一的在线庭审操作规程

目前，仅有部分法院公布了在线诉讼（庭审）规则及平台使用说明，为充分发挥在线庭审的制度价值，亟须建构统一的操作规程。

1. 平台身份核实，明确各方责任

为各方诉讼参与人提供在线庭审平台的专用账号，通过人脸识别、CA登录、实名手机身份验证等技术核验当事人身份，实现

"人、案、号"一致。当事人有妥善保管庭审平台账户密码的义务，明确令他人操作平台、替代参加庭审等扰乱司法秩序情形的法律责任，必要时采取民事惩戒，减少非当事人本人参加庭审的情况发生。如2019年7月8日，广州互联网法院针对妨害在线诉讼行为作出全国首例司法处罚决定，对冒充庭审者处罚款100元。[①]

2. 强制推送规范，严明法庭纪律

针对在线庭审司法仪式缺失的问题，法官应注重司法形象，身着法袍、手持法槌、在挂有国徽的法庭进行庭审，将法庭庄严肃穆的氛围贯穿庭审各环节。庭审开始前，法官应向当事人明确法律纪律、合议庭组成、回避、禁止反言、推定弃权等涉及当事人权利义务的规则；明确当事人在安静、光线适宜、信号良好、相对封闭的场所参加庭审，文明着装；明确证人不能旁听庭审，通过签署庭审承诺，"物理+技术"双重隔离等方式保证证人作证程序合法；限定旁听人数，明确旁听需提前提交身份信息，经核实身份并批准方可旁听；严禁违规偷拍、偷录庭审过程，截取、传播庭审相关视频及图片；对未按时参与庭审或中途擅自退庭的，除确属网络故障中断或者其他不可抗力等原因外，依"拒不到庭"或"中途退庭"处理。对其他违反法庭纪律和司法礼仪的，法官可强行关闭其语音、视频功能，严重者对其采取训诫、罚款等强制措施。

3. 设立线上宣誓制度，增强司法公信力

强制当事人承诺在庭审中不得虚假陈述、虚假诉讼，否则应承担相关法律责任。待当事人完成上述操作后，方可正式进入在线庭审界面。以上操作规程可增加庭审的场域感，重塑在线庭审的司法威仪。庭审结束后，需由各方诉讼参与人在线确认笔录并签字，以确保庭审效力。

（四）完善与革新在线庭审的审判机制

不可否认，在线庭审与民诉法相关原则之间存在一定张力，但并非绝对的背离。随着在线时代的到来，审判机制亦随时代变迁，因此，在线庭审不是对直接言词、辩论等原则的违背，而是革新与发展。具体来说，一方面要保障当事人对庭审的亲历性与参与性。

---

① 参见《儿子冒充父亲参与庭审?！广州互联网法院针对妨害在线诉讼行为作出全国首例司法处罚决定》，载广州互联网法院微信公众号，2019年9月7日。

即在线庭审仅是将“法庭”从现实转换到网上，法官及各方当事人均可感受到各方的神态、语音、动作等，当事人可根据对方的庭审情况及时调整诉讼策略，法官也可据此来辨别当事人提供的诉讼信息真伪并及时排除虚假行为；另一方面要保障庭审辩论性。在线庭审仅是依托科技将辩论行为从实地转化为网上进行，部分电子证据依托区块链等技术存、取证并质证，只是传播载体的革新并未减损庭审的辩论性。另外，通过电子诉讼平台或移动微法院进行在线庭审，会以电子数据的形式将当事人的辩论内容储存在云端，方便法官回放重点审查，使当事人更加谨慎地行使辩论权及表达内心想法。

（五）优化在线庭审的技术应用

既然是顺应互联网+时代所需，技术层面的保障与完善，是解决问题的关键所在。在线庭审模式的顺利推行，一方面取决于抽象制度不断规范，另一方面依赖对抽象制度的贯彻执行。目前，软、硬件资源匮乏对在线庭审的顺利开展形成掣肘，部分庭审平台仅是为当事人提供通往互联网庭审的中介，尚未将多个诉讼环节“一站式”有效连接。因此，优化与整合在线庭审平台的技术应用是推动在线庭审精准落地实施的重要环节。座谈中，有法官提出设想，当前随着人民法院与网络通信运营商、大型科技公司的密切合作，依托5G网络、人脸识别、视频追踪等软、硬件设施，法院可在部分通信营业厅部署“5G法亭”。该法亭通过计算机模拟的三维法庭场景与当事人形象进行数字化合成，实现全场域在线庭审，提高法庭严肃性。除在线庭审功能外，该法亭还具有自助立案、自助查询、电子送达、在线举证质证、庭前会议、在线调解等多项功能，方便当事人“一站式”诉讼。

智慧司法“互联网+”时代的到来，信息技术与司法审判耦合度空前增强，互联网司法新模式蓬勃发展已是必然趋势。在线庭审模式，不仅实现了将法庭审判从“面对面”到“屏对屏”迁移，更是对传统诉讼理论的挑战与突破，是人民法院创新审判方式与配套制度建设的一次有益尝试。司法实践中出现的种种问题，只是推进在线庭审模式进路中的必然考验，当逐步攻克，积极推进在线庭审模式健康发展，推动形成“中国特色、世界领先”互联网新司法模式。

论社会保障视角下法律援助制度的功能定位

——从法律援助与社会救助之制度关系入手

王玉晴*

引言

在过去的20多年里，以国务院制定的《法律援助条例》《社会救助暂行办法》为依据，我国法律援助制度与社会救助制度沿着不同的实践发展路径均取得了令人瞩目的成效。近年来，为进一步推动我国法律援助制度和社会救助制度适应新时代的发展需要，就此进行专门国家立法的呼声愈发强烈。2020年9月7日，《社会救助法（草案征求意见稿）》公布，向社会公开征求意见。2021年8月20日，在历经三次审议后，法律援助法正式出台。从立法目的看，两部法律都是为了维护社会公平正义，都具有推动“法律面前人人平等”的宪法原则从“形式平等”转向“实质平等”的重要意义。

2021年3月30日，国家发改委联合20个部门印发了《国家基本公共服务标准（2021年版）》，进一步完善了以均等可及为根本目标的国家基本公共服务体系。该标准在“弱有所扶”一节，明确列出了“社会救助服务”和“公共法律服务”两项内容；其中，在“公共法律服务”之下只列“法律援助”一项。从狭义上看，国家基本公共服务体系其实就是覆盖面更广、形式更多元的新型社会保障体系，其所保障的内容是最基本的民生需求，也是政府公共服务职能的“底线”。[①] 由此可见，在构建新型社会保障体系视角下，法律援助制度的功能定位已悄然发生改变。基于民生保障的政策要求，

---

* 中国政法大学刑事司法学院刑事诉讼法学专业2020级博士研究生。

① 参见梁波：《加快推进基本公共服务均等化的改革措施》，载《理论探讨》2018年第4期。

法律援助制度不仅是一项以实现平等诉权与人权为根本目标的司法保障制度，更是一项以保民生、促和谐为发展目标的社会保障制度，其与社会救助共同承担起扶贫济弱的时代使命。理论上，法律援助制度和社会救助制度应当是相辅相成、相互促进的关系，但实践中二者一直存在制度樊篱，远未实现真正的联合协作。究其原因，很大程度上源于法律援助制度在社会保障领域中的功能被低估。一方面，理论界和实务界尚未充分发掘并利用法律援助制度的社会保障属性；另一方面，多数社会保障学者长期认为法律援助应当属于社会救助体系，并对法律援助制度的政策导向产生了深刻影响。[①] 但理论和实践均表明，此“从属关系”理论看似具有一定合理性，但实则是对法律援助制度功能的错误定位。

一、法律援助与社会救助：“从属关系”理论的缘起与演进

2003 年《法律援助条例》的出台，标志着我国一体化法律援助制度[②]的正式确立。我国法律援助制度的调整对象并非仅局限于刑事法律援助，而是一体化地规定了刑事、民事、行政法律援助的案件范围，并将其视为一项政府责任，由国家提供免费的法律援助服务。司法实践表明，这种一体化立法体系，尤其是将经济困难的民事行政类案件当事人纳入国家法律援助的范围，有利于社会公平正义的实现，有助于为社会贫弱群体提供更加全面、强劲的法律保障。

值得注意的是，在我国法律援助制度实践中，一个不容忽视的趋势是：因民事行政类法律援助案件往往直接关系到经济困难群体的合法权益，因此，此类法律援助服务逐渐与在我国处于更高政治站位的民生工程建设紧密联系在一起。近年来，一些省市的地方政府已经把支持法律援助发展列入“为民办实事项目”。受此影响，法律援助制度逐渐引起社会保障学界的关注，并由此引发了“法律援

---

① 持此观点的有王昌硕：《劳动和社会保障法学》，中国劳动社会保障出版社 2005 年版，第 266 页；蒋月：《社会保障法》，厦门大学出版社 2003 年版，第 87 页；时正新：《中国社会救助体系研究》，中国社会科学出版社 2002 年版，第 2—3 页；廖益光：《社会救助概论》，北京大学出版社 2009 年版，第 10 页。

② 就立法例而言，各国关于法律援助的理解大体可以分为两类：一是二元模式，即刑事法律援助是国家责任，民事行政类法律援助是社会责任；二是一元模式（综合模式），即将部分民事行政类法律援助也纳入国家责任。我国从法律援助制度初建时就采取一元模式。

助制度与社会救助制度之间关系问题”的探讨。总体而言，多数社会保障学者倾向于认为，法律援助是从属于社会救助制度的一种特殊救助形式。

事实上，主张将法律援助纳入社会保障乃至社会救助的观点最早可追溯至2005年。当时，民政部正在联合其他有关部门着手起草我国第一部社会救助法。该草案将“法律援助”作为一项“专项救助”纳入该法的调整范围。[①] 根据上述草案，法学界和社会保障学界的研究者纷纷撰文回应，支持将法律援助纳入社会救助制度体系。受此影响，各地司法行政部门、民政部门也不甘落后；在该草案公布后的两年内，先后出台相关文件，将当地法律援助事业纳入城乡社会救助体系，以保障城乡困难群众获得必要的法律服务。但是，历经9年，《社会救助法（草案）》虽被屡次提交国务院常务会议审议但均未能获准通过。其中一个重要原因即在于：有关方面想把与扶贫帮困沾点边的现行政策都塞进社会救助法，使得这项法律变得异常臃肿。到2013年年中，《社会救助法（草案）》又改出了新的一稿，但这次又过于单薄，把与最低生活保障制度相配套的医疗教育、住房等“专项救助”都通通删去。最终，此稿也仍未获得通过。[②] 为指导实践，国务院于2014年2月出台了《社会救助暂行办法》（以下简称《办法》）。

《办法》正式出台前，学界有不少知名学者吸取了第一部《社会救助法（草案）》屡遭失败的教训，反对将“法律援助”纳入社会救助法当中，建议只保留医疗、教育、住房等专项救助，尽量避免社会救助项目过于繁杂。显然，《办法》吸收了学者们的合理建议，在专项救助上做到了有所取舍。尽管《办法》出于立法技术的考虑未把法律援助纳入其中，但社会保障学界仍普遍认为社会救助

---

① 2006年、2007年以及2008年草案都规定了法律援助，但2009年草案将法律援助删去。详见朱勋克：《社会救助法的立法架构及法律规则研究》，载《云南大学学报（法学版）》2010年第6期。

② 唐均：《社会救助亟待提高立法层次》，载《中国人力资源社会保障》2014年第7期。

制度体系应当包含法律援助制度[①]，并且这种观点也在潜移默化中影响着有关法律援助、社会救助的政策制定[②]。

在我国法律援助一体化立法体系背景下，这种从属关系定位是否既能发扬法律援助制度自身的人权司法保障属性，又利于形成制度合力构建更加完善的社会保障体系，亟待先从理论层面予以厘清。

二、法律援助与社会救助：制度特征及其异同

要想解答上述问题，首先需要梳理法律援助与社会救助的异同。只有在对二者制度特征进行深入对比的基础上，才能还原制度原貌，明确社会保障视角下法律援助制度的定位。

（一）法律援助与社会救助的相近之处

法律援助与社会救助具有相似的外部运行机制。第一，二者责任主体一致，都强调国家责任，即国家有承担社会救助和法律援助的法定义务。相应地，公民获得社会救助或法律援助是一种权利，而不是国家对公民的施舍与救济。第二，二者运行方式相似，都是国家通过对社会资源的再分配来实现制度运转。社会救助是对国民收入的再分配，国家对因各种原因而无法维持最低生活水平的社会成员给予救助；法律援助是对法律资源的再分配，国家组织政府机构、民间团体、律师运用他们的法律资源、知识、技能等为贫困及

① 在《社会救助办法》出台后仍持此观点的有彭华民：《中国社会救助政策创新的制度分析：范式嵌入、理念转型与福利提供》，载《学术月刊》2015年第1期；国家发展和改革委员会社会发展研究所课题组：《我国社会救助制度的构成、存在问题与改进策略》，载《经济纵横》2016年第6期；关信平：《论我国社会救助制度的结构调整与制度优化》，载《山西大学学报（哲学社会科学版）》2020年第5期。林闽钢：《守住底线突出重点、构建社会救助新格局——〈关于改革完善社会救助制度的意见〉解读》，载《团结报》2020年8月27日，第4版。

② 2014年党的十八届四中全会决定并未把“法律援助”列入“保证公正司法，提高司法公信力”部分，而是放在了“增强全民法治观念，推进法治社会建设”部分；2015年“两办”印发的《关于完善法律援助制度的意见》关于法律援助的解释开宗明义地指出，法律援助是“一项重要的民生工程”；2017年1月国务院印发的《“十三五”推进基本公共服务均等化规划的通知》明确将“降低法律援助门槛、扩大援助范围”规定为社会救助的重点任务之一；2020年“两办”出台的《关于改革完善社会救助制度的意见》更是直接将法律援助作为社会救助的新增内容之一。

弱势公民提供无偿援助。[①] 第三，二者服务对象重合。除刑事法律援助中特殊案件的当事人外，法律援助的主要服务对象是那些长期或者临时陷入贫困的社会脆弱人群，其中的绝大部分与社会救助的对象一致，由此决定二者对这类社会贫弱群体发挥共同的兜底保障作用。申言之，在社会保障视角下，社会救助是从结果意义上直接给予社会贫弱群体以物质帮助或生活扶助；法律援助对经济困难的公民或符合特定条件的弱势群体无偿提供法律服务，既能从程序意义上帮助贫者摆脱司法障碍获得法律救济，又能从结果意义上通过法律诉求的实现间接改善贫困现状。就前述三点共性而言，第三点最为重要，也是法律援助难以与其他社会保障制度相类比，能与社会救助相关联的根源所在。

（二）法律援助与社会救助的相异之处

法律援助与社会救助的不同主要体现在内在制度机理方面，具体包括以下三点。

1. 权利属性不同

社会救助权是社会权，而法律援助权是涵盖社会权属性的复合性权利，其中，专属于犯罪嫌疑人、被告人的刑事法律援助权利在本质上属于诉讼权利——辩护权，除此以外的才属于社会权，具体包括刑事代理、民事、行政及非诉法律援助权利。具言之，前者以司法主动保障为原则，是现代刑事诉讼构造与程序正义理念的必然要求，其最终目的是实现司法公正。而后者以被动接受申请为原则，是为困难群众提供的一种法律救济手段，其最终目的是保障和改善民生。因此，法律援助权与社会救助权只在社会权范畴内有所重合。

2. 施助对象的内在资质要求不同

社会救助和法律援助在外部机制上虽然都有对申请主体的资质审查，但由于内在要求不同，导致后者对经济状况的审查并不像前者那般严格。

社会救助之所以格外重视对救助对象资格的严格把控，主要基于以下两点原因：一是社会救助兜底效果的实现程度直接取决于救助对象的适格性。与其他社会保障措施相比，社会救助的兜底属性

---

① 朱霞：《社会救助视野中的法律援助初探》，西南财经大学 2007 年硕士学位论文，第 10 页。

要求其在适用中必须精准、高效、全面地识别需要救助的贫弱对象，避免再分配失灵而引发公共政策效微。[①] 因此，救助对象的适格程度直接与兜底效果相关，而严格筛选以按需分配正是社会救助兜底属性的必然要求。二是社会救助在适用中出现的很多问题都源于救助对象的瞄准偏差，进而引起错助、漏助现象。以低保为例，一旦前期识别错误或后期监管放松，会导致大量错助人群经年累月地攫取有限的救助资源。这对那些被漏助的群体而言不公，可能使他们逐渐对生活失去希望、对政府失去信心，甚至成为社会中的不稳定因素。因此，瞄准偏差会引发一系列负面效应，其代价可能更甚于整个社会救助的成本。

相较之下，法律援助对援助对象经济状况的审查便显得较为宽松。因为其内在要求不在于精准把握援助对象的适格性，而在于依托司法终局性效力最大限度地化解社会不稳定因素。因此，尽管实践中援助偏差在所难免，但总归不是需要其重点解决的问题。

法律援助对象具有较强包容性，向来不只局限于经济贫困者，还包括权利上、社会地位上及资源占有上的弱者，比如讨薪农民工、失业欠薪的刚毕业大学生、被家暴的妇女，等等。这些人的经济状况可能并不符合各地规定的经济困难标准，但与使其陷入困境和纠纷的另一方相比处于弱势、被动地位。面对他们的求助，法律援助机构不应再固守纸面上的经济困难标准将其拒之门外或科以烦琐的申请程序，而应当本着“应援尽援”原则全部纳入受援范围。实践中已有不少地区对未成年人、70 岁以上老年人、残疾人等特殊群体的法律援助完全放开，不受经济困难条件限制。而且，有数据表明，在每年的法律援助案件中，属低保对象的不足 20%，有些地方甚至只有 3%，即使现在有不少地方将申请法律援助的标准提高到低收入标准或低保标准的 2 倍，早已超出了社会救助的标准，但贫困人群申请法律援助的比例依然有限。[②] 这或许可以说明，符合社会救助条件的群体并非法律援助的主要受惠人群，尤其是在社会救助对象中占绝大比例的低保人员，他们对法律援助的需求并不迫切；更多需要法律援助的，往往是收入高于低保但在生活或生理上又有困难的

① 参见李鹏：《兜底视域下社会救助瞄准机制审视：问题辨析与改革取向》，载《理论导刊》2020 年第 3 期。

② 高贞：《法律援助理论与实践》，法律出版社 2014 年版，第 104 页。

群体。

当然，通过放宽经济困难标准以及对部分群体免予经济状况审查来扩大援助范围，虽然能够极大地维护困难群众合法权益及社会稳定，但不可避免地出现了一部分经济条件较好的人群也享受到了无偿的援助服务，挤占了本就不富裕的法律援助资源。必须意识到，法律援助是衡量一国法治水平的重要标尺，现阶段，其案件量越大、覆盖范围越广，越说明我国法治化程度越高。因放松审查所造成的部分错助虽造成了一定程度的资源浪费，但反过来又能减少漏助的发生，从而最大限度地消解疑虑、不满、纠纷等社会不稳定因素。

3. 制度建设的重点不同

法律援助通过不断扩大援助范围已初步实现应援尽援，当务之急是如何提高援助质量以实现应援优援。服务质量是其生命线，直接关系到群众评价、司法公正及政府公信力。因此，法律援助制度建设在现阶段的工作重点主要是对办案程序和质量结果的优化和促进。[①] 而社会救助的工作重点自始至终都是严格制定和评定救助对象的准入及退出条件。

此外，法律援助既然以保障案件质量为核心，相应地，对援助主体的资质和能力等要求就会更严格，这也是与社会救助截然不同的一个重要方面。法律援助具有高度的专业性、特殊性，需要由精通法律的律师等人员提供高质量服务。律师、公证员、基层法律服务人员等援助主体均是具备一定条件的专业人员，一般都精通或熟悉法律，具备一定的法律服务经验和技能。尤其是刑事法律援助，其主体范围基本仅限于律师，对特殊案件的援助，如死刑、未成年

---

① 为确保和提升法律援助服务质量，法律援助法在第五章明确规定了多种涉及服务质量的监督保障措施，如第 57 条规定司法行政部门应当通过指定法律援助服务标准和组织第三方评估等方式加强对法律援助服务的监督；第 59 条规定法律援助机构应当综合运用庭审旁听、案卷检查、征询司法机关意见和回访受援人等措施督促法律援助人员提升服务质量；第 58 条规定司法行政部门和法律援助机构应当定期向社会公布法律援助质量考核结果以便接受社会监督，等等。

人案件等，还会对律师的执业年限、专长等有更高要求。[1] 而在社会救助中，对救助人员却没有这些专业要求，只要是恪尽职守的公务人员就基本能把它做好。

三、法律援助与社会救助：对“从属关系”的反思

在当前时代背景下，“法律援助从属于社会救助”的定位从表面上看具有一定合理性，但实际上既与法律援助制度的理论基础相冲突，也无益于在实践中构建起分工负责、协作配合的制度衔接机制。

（一）从属关系的合理性

从政策层面上讲，近年来我国高度重视保障和改善民生，必然使得在法律服务领域唯一发挥兜底保障功效的法律援助制度被委以重任。政策层面曾试图将法律援助纳入社会救助，或许可以认为是国家对法律援助制度尤其对民事行政类法律援助赋予更高期许，期望其不仅能在法律服务领域促进实质平等意义的诉权，更能以其特有的程序保障属性在社会民生领域发挥更大的兜底作用，因此，从扶贫济困的角度看，民事行政类法律援助可以说是法律服务领域的“社会救助”，社会救助也自然可以涵盖法律援助这种特殊救助形式。

（二）从属关系的理论缺陷

尽管出于政策上的考量将法律援助纳入社会救助体系有其合理性，但二者内在机理存在明显抵牾。从权利属性看，社会救助权无法兼容刑事法律援助权的辩护权属性，即便民事行政类法律援助和社会救助同属于社会权范畴，但二者对于施助对象的资质要求相差甚远，前者已经实现从经济标准到公平标准的全面跃升，而后者必须坚守经济困难标准的底线。最重要的是，从功能属性看，坚持从属关系定位会弱化刑事法律援助的人权司法保障功能，以及淡化法律援助对所有社会保障措施共有的程序保障功能。

1. 弱化刑事法律援助的人权司法保障功能

在我国一体化的法律援助制度背景下，如果只注重民事行政法

---

① 《法律援助法》第 26 条规定对可能被判处无期徒刑、死刑的人，以及死刑复核案件的被告人，法律援助机构应当指派具有 3 年以上相关执业经历的律师担任辩护人。

律援助的扶弱济贫功能，将整个法律援助制度划归到社会救助体系，则显然忽视了刑事法律援助对人权司法保障的核心功能。

不同于一些法治国家对刑事法律援助给予优先保障①，我国对于刑事法律援助和民事行政法律援助没有优位之分。但从法律援助制度的发展历程来看，刑事法律援助才是我国法律援助制度的雏形，有关民事法律援助、法律咨询以及公共法律服务等内容是后续逐渐增加进去或确认的。在制度初创期，基于对促进刑事司法公正的迫切需求，刑事法律援助被视为人权司法保障的中流砥柱，是和国家优先推进发展的法律援助制度重心。只是随着法律援助的深入发展以及我国对民生保障的政策倾斜，以民事行政类法律援助为主的非刑事部分不断扩充并逐渐在整个法律援助体系中占领高地。

这种政策变动对刑事法律援助产生了深刻影响。在中央和地方的官方文件中，法律援助制度成为一项旨在扶贫济弱的“阳光工程”“民生工程”，而法律援助对于实现司法公正的重要意义，以及在国家司法体系尤其是刑事司法体系中的基础性地位却鲜少被提及。在司法实践中，我国以民生为导向构建的民事行政类法律援助体系通过不断扩大援助范围和简化审批程序，已基本触到了制度天花板，很难再有新的突破。而刑事法律援助的不足在某种意义上已成为我国人权司法保障和法律援助建设的最大短板。有数据显示，从2003年到2017年，刑事法律援助面临持续性萎缩，即便从2014年开始刑事案件占比有所回升，但也远不及制度建立之初连续3年都在40%以上的情况。尤其是2011年，其案件量占比更是跌到只有13.46%，而民事法律援助案件占比则高达86.05%，后者是前者的

---

① 在对待刑事法律援助与民事行政类法律援助的优位性问题上，英、美等一些国家始终将刑事法律援助的地位置于民事行政类法律援助之上。由于前者涉及对公民的自由甚至生命等最重要权利的剥夺，而后者通常涉及的只是财产，因而在援助经费短缺的情况下，一些国家通常尽量控制甚至缩小后者的范围，从而确保前者的落实。譬如，英国从1997年到2004年，刑事法律援助经费增长了37%，但民事法律援助经费却呈下降趋势，民事和家事法律咨询和法律代理减少了24%。在美国，由于获得刑事法律援助是其公民的一项宪法权利，因而民事法律援助的经费比刑事的要少得多，人均仅为2.25美元，仅占其人均法律援助经费11.7美元的19%。

6.4倍。[①]尽管在2018年，得益于刑事辩护全覆盖试点工作的广泛开展，使得当年全国办理的刑事法律援助案件量大幅度提升。但不得不承认，我国刑事法律援助实践一直迂回前进，无论是案件数量还是经费来源，都难与民事行政类法律援助旗鼓相当。因此，未来应当以全面推进依法治国为发展目标，将法律援助制度放在司法改革的大局中予以深入谋划，从人权司法保障的高度推动刑事法律援助的发展。

有鉴于此，笔者认为，尽管刑事法律援助和民事行政类法律援助各有侧重，但在现有一体化的法律援助制度背景下必须做到统筹兼顾，以整体思维思考其制度归属问题。法律援助作为一项独立的人权司法保障制度，主要是刑事法律援助；在民生保障领域发挥重要作用的民事行政类法律援助虽是国家基本公共服务的重要组成部分，是推进民生建设的重要任务，但终究不能掩盖前者对促进刑事司法公正的重要意义，更不能抵消法律援助制度整体对人权予以平等司法保障的核心功能。质言之，民生保障固然重要，但如果按照从属关系的理论定位，将本就面临内部发展失衡的法律援助制度一刀切地纳入社会救助制度范畴，既与法律援助一元化的立法体系相矛盾，又与我国建立法律援助制度的宗旨和初心相背离。

2. 淡化法律援助对所有社会保障措施共有的程序保障功能

在社会保障视角下，法律援助制度作为一个整体，其特有的程序保障功能主要体现在两个层面：一是对外与其他实体保障措施相并列，通过提供无偿法律服务帮助所有符合条件的社会保障对象实现其合法权益。尤其是在实体保障措施皆失效或力所不及时，能通过法律援助这一司法救济手段为社会保障对象筑起最后一道生存防线，防止其穷尽一切社会保障手段后仍被迫陷入生存绝境。二是对内独立于其他实体保障措施，当人民群众遇到因公权力机关或其他人的原因而使其社会保障权无法得到实现等情况时，可以通过法律援助这一程序性保障措施来寻求司法救济，帮助其获得本应享有的实体性社会保障权利。以社会救助为例，经济困难公民在申请社会救助时，若遇到主管部门不作为或乱作为而导致权益落空，就可以通过法律援助主张权益。

---

① 陈永生：《刑事法律援助的中国问题与域外经验》，载《比较法研究》2014年第1期。

因此，无论从上述哪一层面来看，法律援助的制度功能都并非仅局限于社会救助领域内，而将法律援助纳入社会救助制度无疑忽视了法律援助对所有实体保障措施兼而有之的程序保障功能。

（三）从属关系对构建制度衔接机制的影响

从学理上准确界定社会保障视角下法律援助制度的定位，其最终目的无非在于促进实践的完善和发展。而实践表明，将法律援助制度纳入社会救助体系并不是最佳选择，本应及早告别“各自为政”、走向“配合协作”的制度衔接机制，却在这一定位的误导下始终停留在相对滞后的层面。

早在5年前，就有一些地方政府响应政策号召，将法律援助纳入城乡社会救助体系并配套了一些措施，但这些实践中的简单尝试并未真正打破制度樊篱建立起互联互通的衔接机制，仅是社会救助部门给法律援助部门提供的一些单向便利。比如，多地政府出台相关规定，一边为社会救助对象开通免检通道，使其无须出具经济困难证明就能申请法律援助，法律援助机构只需向有关部门核实其经济困难状况便能作出援助决定；另一边为法律援助人员开通绿色通道，使其在提供法律援助服务过程中，若遇到需要到民政等相关部门调查取证、查阅复制材料等情况时能被减免收费。客观来看，这些措施为促进法律援助和社会救助的制度衔接奠定了良好的基础，并且推动了部门间信息共享系统的创建。但时至今日，实践中的脚步仍停留于此。多数地方政府受部门间条块分割、工作模式以及缺乏对法律援助与社会救助各自的制度特性及二者关联性的正确认识，相关制度衔接机制被简化甚至异化为社会救助单方面向法律援助“开后门”，远未实现真正的信息共享和工作协同。

就信息共享而言，法律援助部门和社会救助部门之间尚未完全打破信息壁垒实现信息的充分共享和及时传递。实证调研表明，一方面，除一些经济发展水平较高的城市外，目前绝大多数城市的部门间信息共享系统尚未建立健全。法律援助机构工作人员在核查申请人经济困难状况时，还无法直接通过线上的数据共享平台获取到由公安、民政、人力资源和社会保障、残联等部门收集的申请人背景信息，而只能线下进行。另一方面，当面临申请人既需要社会救助又需要法律援助的情况时，及时便捷的线索转介和关键信息回溯机制也处于缺位的状态。譬如，一些地方的民政部门在受理社会救助申请时，若发现申请人可能需要借助司法途径，便会告知其可先去申请法律援助。但多数申请人属于老弱病残，既不知去何处申请，又不知如何申请，而且他们普遍不会或不善于在线上先行咨询，只愿寻求线下面对面的方式。由于缺乏线索转介机制，对于这种情况，负责接待的工作人员往往不知所措。不仅如此，若这类申请人在后续获得了法律援助进入司法程序，最终援助结果和实现情况将直接决定民政部门是否仍需给予其社会救助，而这一关键信息的回溯在实践中也是不存在的。类似情况同样存在于法律援助机构。

就工作协同而言，法律援助部门和社会救助部门在面对本需共同发力的实际问题时总是各行其是、分头介入，暴露出不可避免的滞后性和被动性，给现实中遭受重大困境的贫弱群体造成了相当严重的权益损害。笔者在某地调研时曾了解到一则事例：当地一位80岁独居老人因其子女不履行赡养义务而陷入生存困境，尽管在村委会的帮助下获得了社会救助，但因法律援助介入不及时，在他到当地司法所寻求法律帮助后的短短几日内便因病在家中孤独离世。对于在现实中遭受重大生活困境的部分贫弱群体，社会救助与法律援助是必需品、急救品，二者缺一不可。

对于这些实践问题，《法律援助法》第41条、第42条和第51条作出了相关规定，但其内容仍限于对简化申请程序这一实践惯例的确认，以及笼统地提倡通过加强法律援助信息化建设促进部门间的信息共享和工作协同。为推进法律援助和社会救助的深度衔接与便捷适用，相关部门需要作出更多细化规定。理论指导实践。既然现有的制度体系在实践中已经不可避免地出现了真空地带和衔接失范，就需要首先从学理上切实厘清法律援助和社会救助之间的关系，合理界定社会保障视角下法律援助的定位，进而建构起一个更加完善的制度衔接机制，以实现对社会贫弱群体的全方位保障。

四、法律援助制度功能的应然定位及衔接机制构建

如前所述，法律援助制度与社会救助制度存在本质区别，从属关系定位不仅具有明显的理论缺陷，而且无益于促进实践中制度衔接机制的构建与完善。厘清社会保障视野下法律援助制度的功能定位兼具理论和实践的双重意义。

（一）新型社会保障体系下法律援助制度功能的应然定位

从属关系定位忽视了法律援助制度自身的理论基础和内在特性，急于为其套上一双不合脚的“鞋子”。正确的功能定位是，法律援助

制度应当作为一项独立的社会保障制度，与社会救助处于同一制度层级。只有如此，才既能保持各自制度特性，尤其是要确保法律援助制度作为一项重要人权司法保障制度的独立属性，又能充分发挥二者在社会民生领域所具有的相同兜底保障功能。

1. 相互独立：保持法律援助和社会救助各自的制度特性

尽管法律援助和社会救助在社会保障领域存在功能交叉和对象重合，但发端于各自内在特性的互不交融部分才是它们赖以存在的制度根基。

一方面，对于法律援助制度而言，首先在法律服务领域，其本质上作为一项人权司法保障制度属于我国司法制度体系的重要组成部分，通过保障公民在司法领域特别是刑事司法领域的合法权益，旨在实现司法公正和全面推进依法治国；其次上升至整个社会生活领域，其以特有的法律救济属性发挥对社会贫弱群体的兜底保障功能，在更高层面上致力于民生改善和促进社会和谐稳定。因此，只有将法律援助制度作为一项独立的社会保障制度，才能使这两种制度属性在不同的目的层级上齐头并进，尤其是永葆其司法制度本色，保障刑事法律援助的长足发展。另一方面，对于社会救助制度而言，不将法律援助制度纳入其中，既是在坚守其对贫困主体进行直接帮扶的制度特性，以维持自身制度逻辑和内核的自容自洽；也是在避免叠床架屋和生搬硬套，以确保其制度体系与救助对象的资格要求相适应。

2. 相互交融：构筑起更完善的中国特色二元社会保障体系

本质上，我国为全社会成员的基本生存需要所建构的社会保障体系是一元化的单轨格局，其所涵盖的四项基本制度都是以落实和保障实体法律权利为目的的实体保障措施，缺乏程序保障这一关键要素。而法律援助的加入恰好能填补这一缺憾，只有程序保障与实体保障相辅相成，才能搭建起更加稳固完善的二元双轨社会保障体系。

具言之，在二元社会保障体系下，由社会保障制度对其下的法律援助制度和社会救助制度在更大的民生保障和国家治理格局下进行统筹安排，由此一来，许多实践中的困难便有望迎刃而解。一方面，以二元保障为基本导向，有助于打破制度壁垒，建立起互联互通、分工配合的制度衔接机制。另一方面，以改善民生为根本方向，从体系化视角对法律援助、社会救助等其他保障措施在资源配置方面进行通盘规划，有助于法律援助制度获得更强劲、更广泛、更可持续的人财物力支撑。

总之，法律援助虽然是社会保障领域的后来者，但其对保障民生的重要性不可小觑，尤其是民事行政类法律援助，无论是作为“保障和改善民生重要举措”的公共法律服务项目，抑或是作为“预防与化解纠纷重要机制”的基层治理手段，二者都应成为社会保障体系的重要内容和主要抓手。因此，只有将法律援助和社会救助等制度放在同一层级，才能凸显其在社会保障体系中的特殊性和重要性。这样不仅有助于直观反映它所蕴含的社会保障价值，唤起社会对法律援助事业的重视，还能弥补“一元社会保障体系”的不足，使法律援助与其他社会保障制度配套衔接形成制度合力。①

（二）法律援助与社会救助的衔接机制

在明确法律援助制度是一项独立的程序性社会保障制度的基础上，当务之急就是由各地政府牵头，由民政部门和司法行政部门负责分别落实，以充分的能动性共同构建起一套分工负责、协作配合的制度衔接机制，以促进法律援助与社会救助之间的信息共享和工作协同。

1. 线索发现机制

社会保障视角下，为扩大覆盖面、提高保障水平，社会救助制度和法律援助制度应当变被动为主动，尽快建立起区级、街道、社区（村）“三级联动”的主动发现机制。以村（社区）网络化管理为依托，建立由街道、村（社区）干部和第三方公司工作人员组成的困难救助和法律援助信息组，由街办指定民政办和司法所各一名工作人员担任组长，负责牵头和组织。充分发挥村（社区）的服务功能，将“主动发现机制”纳入村（社区）职责范围，由村（居）党组织书记负总责，落实一到两名联络员，专人负责，主动了解、收集本区域内困难群众遭遇的急难事项线索，上报街道办事处。各街办经第三方公司工作人员入户核查后，符合各类社会救助条件的按程序上报区民政局，符合法律援助的上报区司法所。同时，区民政局社会救助相关科室和区司法所所辖的法律援助机构要定期对各街办随机抽查，主动下基层核查，防止漏报、错报。

---

① 朱霞：《社会救助视野中的法律援助初探》，西南财经大学 2007 年硕士学位论文，第 12 页。

同时，线索的主动发现不应仅限于线下实地探访，线上的热点事件监测与关注也不容忽视。社会救助和法律援助部门的工作人员应时刻保持敏感度，随时关注微信、微博、论坛等各类网站及本地新闻，一旦发现救助事项或线索，及时上报，并派专人通过电话或者派社区网格员初步核实，符合本部门救助或援助条件的及时按程序办理，涉及非本部门事项的及时进行线索转介。

2. 线索转介机制

法律援助或社会救助的线索转介机制在整个制度衔接机制中处于核心地位，及时有效的线索转介能够真正将法律援助和社会救助相串联，从而最大化地满足受援人或受救助人的切实需求。具体包括受理申请时的线索转介和援助（救助）过程中的线索转介。

（1）线下受理申请时的线索转介

实践中，绝大多数救助或援助线索仍来自线下递交申请。因此，负责在窗口接待的工作人员对申请事项的分辨和转介就起到至关重要的作用。有些地方社会救助部门的工作人员针对上述问题，提议由法律援助部门提前印制宣传单或指示书放置在本部门窗口处，供申请人自行查阅或经工作人员提示查阅。但笔者认为，此建议治标不治本。理想的做法是，各部门接待工作人员主动承担起帮助申请人寻求社会救助或法律援助的责任，经初审后认为存在转介情形的，应主动联系对方部门简单说明情况做备案处理，再根据宣传单或指示书悉心引导申请人寻求对应帮助。

（2）援助或救助过程中的线索转介

援助部门或救助部门除首次受理申请时需线索转介外，还应留意在援助或救助中是否也有需转介情形。这里特别强调对于正在接受刑事法律援助的被追诉人及亲属以及被害人一方的社会救助问题。对被公安、司法机关以撤销案件、不起诉、宣告无罪等方式作出处理的被告人，以及被判处缓刑、非监禁刑及判决后无须监禁的被追诉人，因其在经历刑事诉讼后会立即回归社会，如果其在刑事程序中因各种原因而陷入生存困境或在进入刑事诉讼前便已生活困难，那么重新回归社会后可能会面临更艰难境地。尤其对被判缓刑的被告人，生活贫困会直接影响缓刑考验的质量和效果。因此，在对这类被追诉人提供法律援助时，援助律师应当主动询问其经济状况，若遇到确实存在生活困难的，应主动联系社会救助部门及时进行转介。

据笔者调研，对于服刑人员亲属的社会救助更呈现出模糊零散的责任搁置状态。以“法律孤儿”这一特殊群体为例，他们因父母触犯法律而背负污名，遭受排斥，处于社会救助的边缘地带，几近被遗忘。究其原因，实践中在刑事案件的处理流程和正常的救助流程间缺失信息传达机制，使得民政部门不能及时掌握其辖区内服刑人员的具体情况。[①] 有鉴于此，在犯罪嫌疑人被采取强制措施时，其家庭基本信息就应当被民政部门掌握，对有未成年子女的嫌疑人员家庭予以特别留意。其中，公检法三机关及司法行政部门应担当起主要的线索转介职责，将各阶段收集到的家庭、起诉、审结及服刑情况及时告知民政部门。若属法律援助案件，值班律师和辩护律师也应发挥积极的补充协助作用，告知援助对象享有获得社会救助的权利、了解家庭情况，并及时上报对应公安司法机关或司法行政部门。这不仅是帮助身陷囹圄的被追诉人未雨绸缪，解除后顾之忧，安心接受改造的应有之举，更是彰显司法为民理念、生动诠释司法人文关怀的创新之举。此外，对于被害人及家属的社会救助问题，援助律师也应担负起必要的权利告知和线索转介职责，符合司法救助的可帮助其申请司法救助，不符合但生活困难的也可引导其申请社会救助。

3. 信息共享机制

建立信息共享机制，不能止步于以简化援助申请手续为目的的单向信息平台，而应当建立一个具有多元功能的双向信息共享平台。社会救助部门应当及时将救助人员信息、救助线索、救助情况等录入平台，以便法律援助部门查询与核实；法律援助部门也应将经社会救助部门转介的援助案件结果及时上传该平台，以便社会救助部门审核是否仍需救助。另外，民政部门在困难群众信息占有量上具有优势，建议由其牵头负责信息共享平台建设。其实，只需将原有救助信息管理系统向法律援助部门开放端口，并增加后者的信息传输功能，就能实现救助信息和援助结果的互联互通、资源共享。

4. 社会保障的司法救济机制

司法救济对于社会保障制度的稳定运行所具有的核心功能，即在于借助司法的最终性和确定性对社会保障权纠纷进行更有效、更

---

① 江勇、张鸿巍：《服刑人员未成年子女社会救助流程体系构建》，载《山东警察学院学报》2015 年第 6 期。

权威的解决。因此，从这个意义上说，司法救济是促使社会保障权从可能转化为现实的有效措施。而社会保障权主体的弱势地位往往制约其寻求司法救济的能力，也影响了他们实体权益的实现。所以，法律援助在社会保障权的司法救济中应发挥更积极作用。

在法律援助与社会救助的制度衔接方面，社会救助在保障公民司法救济方面一直裹足不前。尽管在《社会救助法（草案征求意见稿）》中规定了权利救济条款，但在实践中却长期没有相对应的实质保障措施。因此，笔者建议，在社会救助部门及其他有关部门拒绝相对人的申请事项或对相对人作出不利变更决定时，不仅要书面告知其作出具体行政行为的理由，还需尽到提示他们通过申请法律援助寻求救济的义务，告知他们可视自身情况自主选择救济形式。

行政诉讼“一行为一诉”的分阶段功能及其例外情形

马　晶*

“一行为一诉”是发源于我国司法实践的行政诉讼立案受理“原则”①，目的在于确定法院的审理对象和范围，根据最高人民法院的观点，起诉人违反该“原则”将被法院裁定驳回。理论上，我国学界对这一“原则”几乎没有讨论；② 司法实践中，尽管最高人民法院以公报形式确立了该“原则”，但也出现了观点相左的案例。司法实践适用“一行为一诉”是否具有正当性？假设其正当性成立，则其功能为何？这一“原则”的认定标准和适用界限如何建构？为了保障当事人的诉讼权益与法院的审判效益，有必要对上述问题展开分析。

一、“一行为一诉”司法适用中存在的问题

（一）“一行为一诉”赞成说

“一行为一诉”最早在2014年被适用于行政审判实践中③，最

---

* 中国政法大学法学院宪法学与行政法学专业2021级博士研究生。

① 最高人民法院确立的“一行为一诉”原则并非法律渊源意义上的“原则”，其实质是司法实践的惯例或者规则，在没有得到学理充分论证之前，为避免歧义，本文暂称“一行为一诉”。

② 朱可安博士首次关注这一问题，认可“一行为一诉”原则的合法性，并探讨了其适用条件与例外情形，参见章剑生等：《行政法判例百选》，法律出版社2020年版，第235—240页；审理“马某诉宁夏回族自治区固原市人民政府等房屋拆迁补偿纠纷案”一案的主审法官也撰文论述，但主要内容与裁判文书没有差别，参见李纬华、易旺：《“一行为一诉”原则的适用》，载《人民司法》2019年第32期。

③ 参见广东省广州市天河区人民法院行政判决书（2013）穗天法行初字第233号。

高人民法院在2019年以公报形式确定了“一行为一诉”，在“马某诉宁夏回族自治区固原市人民政府等房屋拆迁补偿纠纷案”（以下简称“马某案”）[①]中，法院认为：“有具体的诉讼请求主要是指要有确切具体的被诉行政行为……在一个行政案件中，被诉行政行为一般仅指一个行政机关作出的一个行政行为，或两个及两个以上的行政机关作出的同一个行政行为。尽管公民、法人或其他组织在起诉时可以提出多项具有内在逻辑牵连的诉讼请求，但作为诉讼请求基础的被诉行政行为却须只有一个。此即通常所谓的‘一行为一诉’的行政诉讼立案受理原则。”

可以看到，最高人民法院将“一行为一诉”中的“行为”解释为作为诉讼请求基础的“行政行为”，将“诉”解释为“行政案件”，据此而言，“一行为一诉”指一个行政案件中，仅能审理一个被诉行政行为。最高人民法院将“一行为一诉”定位为立案受理原则，主要适用场域为，当原告提出具有关联的多个诉讼请求时，法院通过“一行为一诉”确定审理的对象和范围。

在“马某案”后，最高人民法院和地方各级人民法院以“一行为一诉”为准据，裁决了大量案件，但是，司法实践也同时发展出“法律关系说”“综合标准说”，与“行政行为说”标准并行。“法律关系说”认为，属于不同法律关系的行政行为不能合并审理。如在“李某某等人诉中华人民共和国生态环境部行政复议及认为生态环境部未在法定期限内履行法定职责案”中，法院认为，“本案中，李某某等人起诉时的诉讼请求包含诸多独立的行政行为，既有信息公开及行政复议行为，又有环评审批等行为，各被诉行为分属不同法律关系，不属于能够合并审理的情形”[②]。“综合标准说”认为，涉及多个行政行为、不同被告、不同法律关系等的起诉不符合起诉条件。如在“某桌球俱乐部诉浙江省龙游县人民政府等其他行政行为案”中，法院认为，原告的诉请“并未指向明确具体的行政行为，且涉及多个行政行为、不同被告及行政补偿、赔偿等不同法律关系”[③]。

---

① 参见最高人民法院行政裁定书（2019）最高法行终1号，载《最高人民法院公报》2019年第12期。

② 参见最高人民法院行政裁定书（2020）最高法行申3611号。

③ 参见最高人民法院行政裁定书（2020）最高法行申12718号。

（二）“一行为一诉”缓和说

“一行为一诉”源于行政审判的实际需要，没有法律依据，适用时极易侵犯起诉人的起诉权益，部分法院也提出了相反的意见，在“向某诉湖南省衡东县自然资源局等行政行为违法及行政赔偿案”[①]中，法院认为，“不宜以起诉多个行政行为违背‘一行为一诉’原则为由不予受理或驳回起诉；可根据案情分别对被诉行政行为是否符合起诉条件逐一进行审查，对于符合立案受理条件的被诉行政行为应当予以受理。以促公正、及时和实质化解行政争议，减少当事人诉累，避免程序空转”。可以看到，最高人民法院也认可，不能仅以不符合“一行为一诉”即对案件不予受理，这体现出了法院对当事人起诉权益的保障。

分析上述案例发现，尽管最高人民法院认为，“一行为一诉”是立案受理原则，但实质功能在于确定案件审理对象与范围，后者涉及案件的实体要素审查。从提出语境来看，最高人民法院在此强调的也是后者，所以法院是通过“行为”来确定案件审理对象，其立场实质上在主张“一案一诉”。“一行为一诉”作为裁判理由存在以下问题：第一，正当性存疑，即司法机关能否以提高审判为由限制原告诉权；第二，功能不明确，即“一行为一诉”在行政诉讼阶段性审查中具有何种功能；第三，司法判断标准不统一，即“一行为一诉”的判断标准如何确定。

二、“一行为一诉”的正当性及其阶段性功能

法院提出“一行为一诉”具有一定的功利目的，即在原告提出多个具有关联诉讼请求的情况下，如何确定案件审理对象和范围，使被告有效应诉，整体目的是提升行政审判效益。但是，能否适用司法规则限制立法机关赋予起诉人的权益？应当明确，从实体而言，司法不应过多干预公民权益，“一行为一诉”适用界限止步于原告的权益保障；从诉讼阶段而言，“一行为一诉”主要适用于立案阶段。

（一）“一行为一诉”的正当性与界限：审判资源有限与保障诉权

一方面，从诉讼制度来看，法律为公民提供无漏洞的权利保护，

---

① 参见最高人民法院行政裁定书（2020）最高法行再251号。

与司法资源的有限性之间存在天然的紧张关系，我国“一行为一诉”正当性既来自行政审判资源的有限性，也与行政诉讼日益复杂有关。

第一，行政诉讼审判资源有限，要求明确审理对象和范围。回溯司法实践确立“一行为一诉”的原因，“马某案”的裁判理由指出，多个诉讼请求会导致法院无法确定案件审理范围、集中审理焦点，也会妨碍被告有效答辩，总体上不能促进行政争议的实质性化解。可以看出，法院的理由主要是基于保护被告有效答辩、推进案件审理程序的需要。法院的审判效益是否在诉讼制度中被保护？答案是肯定的。从制度而言，立法者已然考虑到了审判资源的有限性，比如我国行政诉讼法规定了起诉条件，主要目的在于防止公民不当起诉、滥诉等行为；最高人民法院《关于适用〈中华人民共和国行政诉讼法〉的解释》（法释〔2018〕1号，以下简称《行政诉讼法司法解释》）也规定了一事不再理、重复起诉禁止等。从理论上而言，诉的合法性要件还包括权利保护必要性，这一合法性要件已经过我国学者的论述得到实践认可，指的是原告利用国家诉讼制度救济其权利、解决其纠纷的实效性。[①] 此外，我国行政审判案多人少是客观事实，这一点立法机关也在2014年行政诉讼法修改过程中明确，扩大受案范围不能做到一步到位，而是要循序渐进，逐步扩大。主要的理由包括从我国整体所处的阶段为社会主义初级阶段，以及从我国法治建设的角度，还在法治国家建设的过程中。[②] 第二，复杂诉讼易导致诉讼拖延等，应当避免形成。诉的构成要素均为单一时为单一诉讼，而当其中之一构成要素为复数时，则构成复杂诉讼。[③] 复杂诉讼可能会导致难以确定审理对象、诉讼拖延等情形，一般应当避免。现代行政事务愈加复杂，多阶段行政行为和多阶段行政程序类行为增多，对该类行为寻求诉讼救济时，需要分阶段救济或者分别审查。

---

① 参见王贵松：《论行政诉讼的权利保护必要性》，载《法制与社会发展》2018年第1期。

② 参见信春鹰：《中华人民共和国行政诉讼法释义》，法律出版社2014年版，第8—9页。

③ “当事人、起诉之声明、诉讼标的及其原因事实三者，构成诉之三要素。如各要素均为单一，则为单一之诉。而若其中一个以上有二以上时，则称复杂诉讼。”参见翁岳生：《行政法》（下），中国法制出版社2009年版，第1383页。

另一方面，从实体而言，适用“一行为一诉”不能侵犯当事人的诉权，其正当性是有限的。行政诉权尽管有不同的学说，但其最基本的含义是当事人要求法院依法为其提供诉讼救济的权利。2014年行政诉讼法修改，从扩大原告资格、登记立案制改革等方面明确要求保护行政相对人的诉权，《行政诉讼法》第2条第1款概括性地授予了公民获得行政诉讼救济的权利，为公民行使诉权提供了法定依据。理论上，行政诉权有不同的学说，有学者在分析我国行政诉讼法基础上提出并构建了“诉权层次论”①，分为三个层级——起诉要件、权利保护要件以及能够受法院公正裁判的第三个层面上的诉权。不论何种学说，保障行政诉权都是获得实体审理的前提。

此外，法院应当积极行使释明权，以保障公民的合法权益，我国行政诉讼法规定了法院在不同阶段的释明权。在立案阶段规定了法院对起诉状进行形式审查时的释明。《行政诉讼法》第51条第3款、2018年《行政诉讼法司法解释》第55条第2款规定，起诉状内容或者材料欠缺的，人民法院应当给予指导和释明，并一次性告知当事人需要补正的内容。同时，规定了法院在审查诉讼请求时的释明权。根据2018年《行政诉讼法司法解释》第68条第3款规定，当事人未能正确表达诉讼请求的，人民法院应当要求其明确诉讼请求。法院的释明权是平衡原告诉权保障与明确法院审理对象和范围的重要制度。

（二）“一行为一诉”的功能：以诉讼阶段为区分

2014年《行政诉讼法》第3条第1款规定了登记立案制，但是，第49条并且没有将起诉要件、诉讼要件和实体审理要件区分，这就意味着我国行政诉讼仍然是“起诉高阶化”，法院在立案、诉讼要件审查阶段适用同一标准，可能会不当地驳回起诉。

在立案审查阶段，“一行为一诉”仅发挥程序功能，只对是否有“具体的诉讼请求”作形式审查；而在诉讼要件审查阶段，应当在立案阶段的基础上，借助“事实根据”要素进行实质审查。《行政诉讼法》第49条第1款第3项规定，起诉人提起诉讼应当“有具体的诉讼请求和事实根据”，从语义解释来看，该项包含两个基本的要素：其一是具体的诉讼请求，其二是事实根据。对于第一个要素，

---

① 参见梁君瑜：《行政诉权本质之辨：学术史梳理、观念重构与逻辑证成》，载《政治与法律》2017年第11期。

2018 年《行政诉讼法司法解释》第 68 条作出了解释，第 1 款对诉讼请求进行了列举规定，体现出多种划分标准的组合规定，其中第 1—4 项表明了传统单方行政行为诉讼请求和诉讼类型的关系，突出了对起诉人明确诉讼种类的要求，具体的诉讼请求更侧重于适当的诉讼类型，即以何种方式确定案件，而不是侧重于具体的审理对象，即以何种范围确定案件。[①] 最高人民法院行政审判庭指出该条具有两个方面的意义：一是为了克服起诉人的权利主张不详和法院不重视诉讼请求的倾向；二是为了与判决类型一致，而强调诉讼的类型化。[②]

一方面，从起诉人的立场来看，具体的诉讼请求要求起诉人提出的诉讼请求不能模糊不清。最高人民法院行政审判庭的实务指导意见认为，该条解释对具体的要求有两个方面，一是内容的明确，二是个数的明确。[③] 内容明确指的是，起诉人的诉讼请求不能含混不清，诉讼请求所针对被诉行政行为应该是明确的。如果可能包含一系列的行政行为，作出主体也可能存在不同，则人民法院应当履行释明义务，让当事人明确其所诉行政行为的具体指向，以固定行政诉讼的审查对象。个数明确指的是，"当事人在一个诉讼中可以提出一个诉讼请求，也可以提出多个诉讼请求"，但是，有些诉讼请求不能单独提出，比如请求一并审查民事争议，有些诉讼请求不能同时提出，如同时提出确认无效和确认违法请求。[④] 另一方面，从诉讼类型的角度来看，具体的诉讼请求具有诉讼类型化的功能，导致法院的审理方式和当事人双方的举证责任等不同，比如在履行职责诉讼中，被告无须证明其作出行政行为违法，而是需要原告证明其已经

① 参见江必新、梁凤云：《行政诉讼法理论与实务》，法律出版社 2016 年版，第 1056—1058 页。

② "本条对'具体的诉讼请求'作了列举规定，主要考虑是：第一，目前，由于原告的法律知识、诉讼能力方面的限制，导致其在提起诉讼时不能正确表达诉求，往往笼统提出诉讼请求，导致法院因其不够'具体'而裁定不予受理（不予立案）。"参见最高人民法院行政审判庭编著：《最高人民法院行政诉讼司法解释理解与适用》，人民法院出版社 2018 年版，第 344 页。

③ 参见最高人民法院行政审判庭编著：《最高人民法院行政诉讼司法解释理解与适用》，人民法院出版社 2018 年版，第 346 页。

④ 参见最高人民法院行政审判庭编著：《最高人民法院行政诉讼司法解释理解与适用》，人民法院出版社 2018 年版，第 347 页。

提出过申请。

因此，“具体的诉讼请求”包含形式具体和实质具体，并分别对应立案阶段和诉的要件合法性审查阶段。也就是说，在立案阶段，“一行为一诉”主要发挥程序功能，法院仅依据“一行为一诉”判断起诉人是否有诉讼请求和事实根据，在这一阶段，原告可以提出两个及两个以上的主张，但是原告不能仅简单主张对某一行为“不服”，而未说明要求法院给予何种救济；并且，此处的事实根据仅需要提供基本的证据，比如处罚决定、行政相对人的申请材料。而在诉的合法性审查阶段，法院需要在立案阶段的诉讼请求基础上，判断起诉人提出的单一诉讼请求是否满足相对应诉讼类型的构成要件，起诉人提出的多个诉讼请求是否满足一案审理。

就前文“马某案”而言，虽然该案及其他案例均认同，“一行为一诉”的法定依据是“有具体的诉讼请求”，但是根据案件提出语境来看，其是为了确定法院的审理对象与范围，这显然不属于立案阶段的形式性审查。一方面，如果仅从分析“具体的诉讼请求”这一规范出发，将不能解释出司法实践所需要的确定案件审理对象和范围的功能要求，后者属于诉的合法性审查阶段。另一方面，从行政诉讼法全文来看，规范中的“诉讼请求”并不简单地指向诉讼种类的明确，而是承载着决定原告实体权益的内涵，适用结果或将直接导致原告失权的法律效果，其余条款适用的结果也都会直接导致原告实体权利义务的变动。经过立案形式审查后，如果起诉人针对多个行政行为提起一个诉讼请求，或者针对多个行政行为提出多个诉讼请求时，法院需要在这一基础上借助其他实质审查标准确定。“马某案”的实质目的是确定案件审理对象和范围，应当在诉的合法性审查阶段展开说理。

三、“一行为一诉”的功利性目标：确定案件审理对象和范围

从法院的功利角度出发，其适用“一行为一诉”的目的在于确定案件审理对象和范围，实质上是为了确定案件的诉讼标的，为了达到这一目的，在这一阶段，法院将进行实质审查。

（一）“马某案”的实质判断要素：“事实根据”及其缺陷

“马某案”围绕具体的诉讼请求展开裁判说理，忽略了另一重要因素“事实根据”，这是“一行为一诉”正确司法适用的关键。根据规定，提起行政诉讼需要有具体的诉讼请求和事实根据，而行政

诉讼法及其司法解释没有对“事实根据”进行解释，无从得知“事实根据”的规范含义。但是，在行政诉讼中，可以发现与“事实根据”具有一定联系的概念，它们具有判断行政行为同一性的规范功能。比如，《行政诉讼法》第 27 条规定，必要共同诉讼的判断标准是同一行政行为；第 73 条第 1 款规定，同一事实是由两个或者两个以上的行政主体分别作出的，则可以合并审理；第 71 条规定重作判决的适用要件；《行政诉讼司法解释》第 106 条规定，当起诉具有当事人同一、诉讼标的同一、诉讼请求同一或包含的情况下，构成重复起诉。这也就表明了，事实、事实和理由、主要事实和理由、诉讼标的和诉讼请求是判断行政行为是否同一的根据。

也有学者认为原告在起诉状中仅仅列明“不服”行政行为即可，不需要理由[①]，但本文认为，如上所述，与民事诉讼中事实、理由起到原因说明的功能不同，行政诉讼中“事实根据”可能具有判断行政行为是否为同一性的功能。正如前文所述，司法实践也同时发展出了“法律关系说”“综合标准说”，与“行政行为说”标准并行，因此需要借助理论工具认定“事实根据”。但是，“事实根据”到底是属于何种事实仍存在解释的空间，需要进一步展开讨论。

（二）行政诉讼标的确定法院审理对象和范围

我国学者大多数都认可，确定行政诉讼的审理对象与范围是基于法院审判实践的客观角度，这与文中分析案例中法院基于确定审判对象的目的和功利需求亦保持了一致。[②] 但是，学者们对于如何确定、确定的标准为何则有不同的主张。比如有学者区分了不同的角度，认为审理对象就是行政诉讼的标的，但是二者的旨趣并不相同。诉讼标的是为了区分不同的诉讼，比如是否会存在重复起诉，而审判对象则是为了使法院明确诉讼中工作的重点。[③]

确定法院行政审判对象和范围的是行政诉讼标的。行政诉讼标的，是指法院审理和判决的对象，具体而言，是指根据诉讼种类的

---

① “与民事诉讼相比，《行政诉讼法》没有要求原告在起诉时陈述理由，只要求‘有具体的诉讼请求和事实根据’。因此，原告在行政起诉状中不必详细陈述理由，表示对行政行为不服即可。”参见何海波：《行政诉讼法》，法律出版社 2016 年版，第 524—525 页。

② 马怀德等：《行政诉讼原理》，法律出版社 2009 年版，第 79 页。

③ 林莉红：《行政诉讼法学》，武汉大学出版社 2015 年版，第 40 页。

不同，原告在行政诉讼中提出的权利主张或具体的诉讼请求。[①] 从裁判对象的角度来看，其是确定诉判范围、确定一事不再理的依据。在起诉条件中，行政诉讼标的决定着法院的审理对象和范围。审理的对象与诉讼类型相关，根据行政诉讼法及其司法解释的规定，起诉人提起行政诉讼应当有“具体的诉讼请求”，这就意味着原告至少应当明确要求追求何种法律效果，即撤销、给付抑或变更。审理的范围则是在审理对象之内法院可以就何者进行裁判，比如在多阶段行政行为的情况下，法院需要分阶判断究竟对参与行为和最终决定行为何者进行审理。[②]

行政诉讼标的如何确定，不同的行政诉讼标的学说有不同的主张，这涉及诉讼请求、事实根据、实体权利与诉讼标的之间的关系，因此这也将一并解决《行政诉讼法》第 49 条第 1 款第 3 项所存在的问题。下文将系统地论述行政诉讼标的并作出选择，以便为“一行为一诉”提供理论支撑依据。

（三）行政诉讼标的“二分支说”具有合理性

诉讼标的起源于民事诉讼，行政诉讼脱胎于民事诉讼，行政诉讼标的借鉴了民事诉讼标的发展成果，但是大陆法系的不同国家和地区有不同的通说，我国行政诉讼标的研究不甚发达，尚未形成通说。

德国行政诉讼标的通说为权利主张说，即从实体法角度出发，认为行政诉讼标的是行政行为违法并且侵害了原告的权利主张。[③] 但是，德国也有学者支持“二分支说”，认为行政诉讼标的是由诉的要求和诉的理由所依据的具体的事实关系所构成。[④] 日本以撤销诉讼为中心，诉讼标的采行政行为违法性说为通说，即以行政行为的违法性全体（被诉行政行为的执法依据违法、被诉行政主体违法、被诉行政行为的程序违法等）构成诉讼标的，同时，行政行为违法性整

① 参加马立群：《行政诉讼标的研究——以实体与程序连接为中心》，中国政法大学出版社 2013 年版，第 11—12 页。

② 参见马立群、马晶：《多阶段行政行为的程序构造与分阶救济》，载《江苏行政学院学报》2021 年第 5 期。

③ 参见［德］弗里赫尔穆·胡芬：《行政诉讼法》，法律出版社 2003 年版，第 138—140 页。

④ 参见陈清秀：《行政诉讼法》，元照出版公司 2009 年版，第 367 页。

体是审理对象。[①]

我国行政诉讼标的理论目前有四种学说，这四种学说背后有行政诉讼法的修改背景，部分观点随着行政诉讼法修改自然失去了生命力。具体的学术观点如下：第一，具体行政行为说。这一学说带有原行政诉讼法的色彩，认为诉讼标的就是具体的行政行为。[②] 比如薛刚凌教授在早年认为，诉的标的只能是具体行政行为，但其也承认是基于旧行政诉讼法的背景。[③] 第二，法律关系说。这一学说立基于行政诉讼脱胎于民事诉讼的源头，认为行政诉讼标的是行政法律关系，因此诉讼标的自然借鉴了民事诉讼法上的实体法说。[④] 第三，行政行为的违法性说。这一学说则主张诉讼标的不是具体行政行为，而是原告和被告所争议的行政行为的违法性，也主要是以撤销诉讼为主。[⑤] 第四，权利主张说。这一学说立基于原告权益，认为诉讼标的是原告提出的权利主张。[⑥] 马立群博士认为，"行政诉讼标的应为原告根据实体法规范，向法院提出的行政行为违法并侵害自己合法权益的权利主张"。[⑦]

通过对比发现，前文案例中"一行为一诉"的判断标准出现了

① 参见江利红：《日本行政诉讼法》，知识产权出版社 2008 年版，第 323—329 页。

② "诉讼客体就是诉讼标的，诉讼标的具有一般由原告的请求决定。行政诉讼标的只能是具体的行政行为。"参见应松年主编：《行政诉讼法学》，中国政法大学出版社 2002 年版，第 150—151 页。

③ 参见薛刚凌：《行政诉权研究》，华文出版社 1999 年版，第 197—203 页。

④ "诉讼标的一词，在行政诉讼中虽未作明文规定，但其在诉讼法上的含义是指法律关系，而且是双方当事人发生争议要求法院作出裁判的法律关系。"参见范德浩：《浅论我国司法审查的对象》，载《法学评论》1993 年第 4 期。

⑤ "诉讼标的是指当事人之间争议的，请求人民法院裁判的实体法律关系，在行政诉讼中指原告和被告争议的具体行政行为的合法性或者适当性的问题。"参见林莉红：《行政诉讼法学》，武汉大学出版社 2015 年版，第 40 页。"行政诉讼以撤销诉讼为主流与典型，其诉讼标的为行政行为的合法性。"参见黄启辉：《行政救济构造研究：以司法权与行政权之关系为路径》，武汉大学出版社 2012 年版，第 53 页。

⑥ "行政诉讼的诉讼标的可以界定为：在行政诉讼不同类型中，成为法院审理和裁判对象的原告方所为的权利主张。"参见汪汉斌：《行政判决既判力研究》，法律出版社 2009 年版，第 137 页。

⑦ 参见马立群：《行政诉讼标的研究——以实体与程序连接为中心》，中国政法大学出版社 2013 年版，第 155 页。

“行政行为说”“法律关系说”“综合标准说”等，这基本与上述理论中不同诉讼标的观点保持一致。本文认为，在综合考虑关照制度变迁、注重行政法秩序统一、国家法政策要求实质性化解行政争议的情况下，“二分支说”更符合我国目前司法实践需求。“二分支说”系德国学者罗森贝克于1927年首次提出，认为诉讼标的的内容由诉的声明和原告陈述的事实关系所决定，相同的事实关系和相同的诉的声明，都只会产生一个诉讼上的请求（诉讼标的）。这可从规范文本体系性和社会实践需求性两方面获得合理性论证。

一方面，行政诉讼标的理论的确定应当秉持法教义学分析立场，以现行实定法秩序为出发点，理由包括四点。第一，以具体行政行为作为行政诉讼标的忽视了制度变迁，与行政诉讼法文本不符。2014年《行政诉讼法》第49条第1款第3项沿袭了1989年行政诉讼法的规定，但是修改了原告资格认定条款，背后的修法精神是扩大对行政相对人的司法救济渠道。[①] 如果仍然以具体行政行为为行政诉讼标的，明显与修法精神违背，且会造成行政诉讼法规范的体系性矛盾，而这也必然不能指导实践。第二，行政行为违法性说作为诉讼标的，只考虑到了行政诉讼对行政行为的合法性监督，而忽略对行政相对人主观权利的救济，同样也与行政诉讼法修法精神相违背。第三，行政法律关系说不能获得行政诉讼法规范的支持。尽管《行政诉讼法》第77条规定了行政协议之诉，最高人民法院出台了专门的司法解释，理论上学者也对法律关系进行了辩护，但是从学界研究的整体情况来看，我国的行政行为（原法中的“具体行政行为”）仍然是我国行政法的轴心和核心支点。第四，2014年行政诉讼法修改之后，尽管我国没有明确规定诉讼类型化，但是判决类型已经呈现出类型化特征，不同的判决类型有不同的适用要件，具体行政行为说和行政行为违法性说已经明显与现行法不符。

另一方面，行政诉讼标的确定应当关照法治实践和时代需求，与我国法治建设相融。行政诉讼程序空转的弊端众所周知，2014年行政诉讼法修改扩大了原告资格条款，但是因为没有修改相对应的

---

① 参见王万华《新行政诉讼法中‘行政行为’辨析——兼论我国应加快制定行政程序法》，载《国家检察官学院学报》2015年第4期；全国人大常委会法制工作委员会行政法室编：《行政诉讼法立法背景与观点全集》，法律出版社2015年版，第7页。

审理程序与举证责任等配套制度，修法效果大打折扣，目前呈现出主观起诉、客观审判的困境，这也是行政诉讼审理结果不能回应原告诉讼请求，从而不能实质性化解行政争议的原因之所在。为此，我国出台的一系列政策规范提出实质性化解纠纷，将行政纠纷的预防确定为源头预防、行政纠纷解决提前至基层、行政纠纷解决主体扩大为多元主体等。但是，司法作为国家裁决行为具有权威性，司法判决具有面向未来的规则形成功能，民众对于司法的期待值远高于其他纠纷解决手段，行政诉讼不能妄图以纠纷的源头化解、基层化解逃避自身法治秩序形成义务。对于行政诉讼而言，回应原告的诉讼请求才是实质化解行政争议的核心之所在。

行政诉讼标的的选择应当立基于2014年行政诉讼法的修法精神，扩大对行政相对人的诉讼救济，同时也应当回应原告的诉讼请求，实质化解争议，避免行政诉讼程序空转。有鉴于此，“二分支”说具有合理性。“二分支说”意味着诉讼标的是诉讼请求的内容，诉讼请求是一个更大的、更上位的概念，因此，《行政诉讼法》第49条第1款第3项是确定诉讼标的的规范条文，其中的两个要素共同确定行政诉讼标的，其中“具体的诉讼请求”是诉讼标的的形式判断标准，“事实根据”是实质判断标准，二者没有截然的界限，诉讼请求具有确定诉讼类型的功能，而事实根据则在诉讼类型的基础上进一步确定审判的范围。

（四）审理对象和范围的实质判断标准：要件事实

“二分支说”认为行政诉讼标的由诉的声明和事实关系构成，其中对于事实关系经历了从“生活事实”到“要件事实”的变迁。“生活事实”是一个极为不确定的法律概念，也导致了诉讼标的难以确定，因此罗森贝克为了克服生活事实的漫无边际，认为应当通过工具或者标准进行限制，这样才不至于案件过于宽泛而导致诉讼程序难以进行，为此，其在2007年提出了“要件事实”，即事实关系是生活事实关系需要通过法律保护条件来判断，亦即为法律适用中的要件事实。[①] 张文郁教授认为，因为如今现代行政诉讼逐渐民事诉讼化现象增多，“三分支说”更具有合理性，即实体法规范、起诉人提出诉的声明、起诉人所主张原因事实三项，其中原因事实是指生

---

① 参见［德］罗森贝克、施瓦布、戈特瓦尔德：《德国民事诉讼法》（下），李大雪译，中国法制出版社2007年，第675页。

活事实。[①] 通过对比可以发现，其实这与德国的“二分支说”非常接近，没有实质的差异。

行政诉讼规范中的“事实根据”指的是行政诉讼标的二分支说中的要件事实，要件事实的确定与识别具有客观性。行政诉讼法允许起诉人提起多个诉讼请求，但是当起诉人提出多个诉讼请求，多个诉讼请求之间具有关联性，因而产生难以判断具体的审理对象与范围的困境。因此，要件事实的客观性能够克服诉讼请求的主观性，其最重要的功能便是针对上述情况。法院作为司法适用机关，所解决的是法律争议，其依据实体法的规范构造，将生活事实解释为法律要件事实，进而进行三段式涵摄，最终得以确定法律效果。前文三个案例中法院裁判理由认为，“诉讼请求基础的被诉行政行为”“分属于不同法律关系”“事实基础不同、依照法律规范不同、涉及的行政法律关系不同”，均是主张以规范为基础确定案件的审理对象，实际上均是在诉讼程序中通过对实体法规范的解释，进而确定审理对象。

“二分支说”能够与我国行政诉讼法规范较好契合，尤其是能够回应行政诉讼判决体系化的要求。在“二分支说”下，“具体的诉讼请求”为确定审理对象与范围的立案阶段形式审查标准，“事实根据”为诉的合法性审查实质判断标准。

四、“一行为一诉”的例外情形

“一行为一诉”并非绝对，在诉的要素为复数的情形下，也存在例外情形，例外适用情形主要有两类：一类是诉讼程序复数导致诉的合并；另一类是复数诉讼标的导致诉的合并。诉的合并主要是基于纠纷的一次性解决、避免矛盾判决等。

（一）“一诉”的例外：普通共同诉讼和行政附带民事诉讼

第一，普通共同诉讼构成“诉”的复数。普通共同诉讼中，可以在一个诉讼程序中对两个及以上的行政行为共同审理，属于“一行为一诉”适用的例外情形。诉讼源于古罗马法中的团体诉讼。[②]

---

① 参见吴庚、张文郁：《行政争讼法》，元照出版有限公司2016年版，第234—235页。

② 参见段文波：《德日必要共同诉讼“合一确定”概念的嬗变与启示》，载《现代法学》2016年第2期。

共同诉讼是一种诉讼的形式，属于复杂诉讼的一种，指的是两个及以上的原告或者两个及以上被告在一个诉讼程序中。①共同诉讼涉及特殊的制度安排，从诉讼经济等各个角度考量，共同诉讼涉及诉的要素的合并。我国《行政诉讼法》第27条规定了共同诉讼，根据该条规定，共同诉讼的类型和判断要件如表1所示。

表1　共同诉讼类型及其构成要素

类型	必要共同诉讼	普通共同诉讼
特定判断要件	同一行政行为	同类行政行为
是否为“一行为一诉”	是	否
复数因素	当事人	当事人+行政行为
共同判断要件	当事人一方或者双方为二人以上 +人民法院认为可以合并审理并经当事人同意	

根据分析可以看出，普通共同诉讼要求对两个及以上的行政行为合并审理，属于诉的客观与诉的主观同时合并，这突破了“一行为一诉”的限制。立法机关认为共同诉讼被置于行政诉讼中，是因为可以在一个案件中审理的行为性质或者事实等相同。②就诉讼法律效果而言，一方面，普通共同诉讼中各方当事人必须遵守共同诉讼人独立的原则，也就是说，各个当事人对本次案件中争议的诉讼标的享有独立的处分权限，但也可以选举代表人代为行使诉讼权利。根据我国《行政诉讼法》第28条的规定，代表人的诉讼行为在何种程度上、何种范围内能够对被代表人产生效力，取决于诉讼行为的性质，对涉及胜诉事项的规定，应当经被代表的当事人同意。此外，普通共同诉讼中，裁判的既判力并不及于未参加诉讼程序的当事人。另一方面，普通共同诉讼独立原则亦有其界限，即“共同诉讼人间之主张共同原则与证据共同原则”。③具体而言，普通共同诉讼既然合一诉讼程序审理，为了诉讼经济和禁止矛盾裁判，一般而言满足以下要求：其一，有关其准备程序、调查证据及言词辩论，通常应

① 参见翁岳生：《行政法》（下），中国法制出版社2009年版，第1383页。

② 参见信春鹰主编：《中华人民共和国行政诉讼法释义》，法律出版社2014年版，第77页。

③ 参见翁岳生：《行政法》（下），中国法制出版社2009年版，第1385页。

当由全体当事人在同一期日进行；其二，实体上各个共同诉讼人彼此之间攻击和防御方法或审理焦点大多一致，由此导致的结果是，法院在事实上统一认定事实与证据，全体共同诉讼人的诉讼资料均为审理资料，法院的心证难以割裂。此外，应由共同诉讼人一同分担本次诉讼程序的费用。

第二，行政附带民事诉讼构成“诉”的复数。行政附带民事诉讼是诉讼程序的合并，与普通共同诉讼属于诉讼程序性质一致不同，属于“一诉”的性质相异的诉讼程序合并，不属于“一行为一诉”约束的范围。《行政诉讼法》第 61 条第 1 款规定了行政附带民事诉讼的适用情形，但应当注意的是，附带提起必须是原告一并申请，法院不能强制要求。《行政诉讼法司法解释》第 68 条第 1 款第 8 项和第 2 款要求，在行政附带民事诉讼中应当提出具体的民事诉讼请求。行政附带民事诉讼是一种制度安排，属于特殊诉讼类型，其考量也是基于行政诉讼民营化、公私协作等行政实践的出现，如果将这一类交叉的案件分别审理，则有可能产生事实认定方面的矛盾，不同审判庭可能对同一事实作出不同认定，法官还有可能产生遗漏重要案件事实、涉案利害关系人没有按照法律规定参与案件审理等不良后果；从理论角度而言，则有损于既判力效力；在法律适用方面也会存在产生分歧的可能性。另外，从审判资源的有限性角度而言，在一次诉讼程序中，将存在交叉的案件一同审理也能够节约司法资源，有益于行政审判效益的提高。①

（二）“一行为”例外的排除：必要共同诉讼、多阶段行政行为、规范性文件附带审查之诉、原行政行为与复议决定双审理

第一，必要共同诉讼适用“一行为一诉”。必要共同诉讼的特定构成要素是构成一个行政行为，从实体法的角度来看其不具有可分性，从诉讼法的角度来看，法院对其审理必须合一确定，属于“一行为一诉”的适用对象。必要共同诉讼适用“一行为一诉”需要注意两个方面：一为其中一方当事人的诉讼行为对另一方当事人产生的法律效果；二为对必要共同诉讼被告如何确定。其一，我国《行政诉讼法》第 28 条的代表人制度没有区分普通共同诉讼与必要共同诉讼，但是根据必要共同诉讼的理论，其在实体法上只存在一个行

---

① 参见全国人大常委会法制工作委员会行政法室编：《行政诉讼法立法背景与观点全集》，法律出版社 2015 年版，第 8 页。

政行为，因此其中一方当事人对另一方当事人的行为亦对己方其他主体发生效力。其二，就必要共同诉讼被告如何确定而言，必要共同诉讼仅涉及主观的诉的合并，重点是被告的合并，即当两个及以上的行政主体共同作出被诉行政行为时，确定何者承担责任。可以从形式标准和实质标准综合确定。就形式标准而言，根据《行政诉讼法司法解释》第19条的规定，当事人不服经过批准的行政行为，无法确定被告的，应当以署名机关为被告；根据最高人民法院《关于正确确定县级以上地方人民政府行政诉讼被告资格若干问题的规定》(法释〔2021〕5号）的规定，各级人民政府在不同的情况下，如果无法确定被告的，则以具体实施的职能部门为被告。就实质确定标准而言，法院可以判断参与主体是否具有对被诉事项独立的审查权为依据确定，具体从纵向寻找实定法依据，横向依其所管理本区域内事项的性质进行确定综合。

第二，多阶段行政行为适用“一行为一诉”。多阶段行政行为因为最终只对外作出了一个具有法律效果的行政决定，因而是一个行政行为，属于“一行为一诉”的适用对象。多阶段行政行为指根据法律规定或行政权力运行的实际必要，需要事先经过其他行政机关的同意、批准、确认等参与才能最终作出的行政行为。[①] 其法律构造为：主体要件包括两个及两个以上的行政主体，程序要件包括经过了两个及两个以上的行政程序，法律效果要件是最终对外作出了一个行政行为。根据德国《联邦行政程序法》中关于行政行为概念的规定，在德国，多阶段行政行为是行政行为的一种分类方式，其与单阶段行政行为相对。我国1989年行政诉讼法中的“具体行政行为”范围大致与这一概念接近，但是，随着2014年行政诉讼法将“具体行政行为”修改为“行政行为”之后，我国的行政行为是一个极其泛化的概念，也就失去了与德国“行政行为”相对应的概念。然而，根据其程序构造，多阶段行政行为最典型的特征是只有一个对外产生法律效力的行政决定，因此，不论其作出主体数量如何复杂，只要向行政相对人送达了一个行政决定，则满足“一行为”要素。起诉人如果针对具有多个法律效果的多阶段行政程序提起行政诉讼，则属于违反“一行为一诉”。

---

① 参见马立群、马晶：《多阶段行政行为的程序构造与分阶救济》，载《江苏行政学院学报》2021年第5期。

第三，行政规范性文件附带审查之诉适用“一行为一诉”。行政规范性文件是执法依据，不会对行政相对人权益产生直接的影响，对其审查必须附着于行政行为之上，是特殊的制度性安排，适用“一行为一诉”。我国《行政诉讼法》第 53 条规定，公民可以对行政规范性文件提起附带审查之诉；《行政诉讼法司法解释》第 68 条第 1 款第 7 项规定，“请求一并审查规章以下规范性文件”是“具体的诉讼请求”。我国目前针对行政规范性文件有两种审查路径。其一是行政审查。① 其二是司法审查，对行政规范性文件提起附带行政诉讼是对抽象行政行为的司法监督方式之一。行政规范性文件附带审查之诉与一国的司法传统和制度安排密切相关，涉及行政权与司法权之间的关系，主要的目的并不是诉讼经济，而是为了加强对行政机关立法行为的监督。与行政附带民事诉讼相似，规范性文件审查制度的显著特征是“附带性”。最高人民法院行政审判庭的实务指导意见认为，多个诉讼请求必须存在依附关系，即不同的诉讼请求之间涉及主从关系，处于从属地位的诉讼请求当然不能单独提出，“既是‘一并’提出，自然是建立在其他诉讼请求的基础之上”②。也就意味着，没有被诉行政行为也就没有附带之诉。

第四，行政复议双被告制度适用“一行为一诉”。一并审理原行政决定与行政复议决定，导致一次诉讼程序中存在两个被诉行政行为，但因要件事实并未发生改变，适用“一行为一诉”原则。为了倒逼复议机关认真履行复议职能，2014 年《行政诉讼法》第 79 条规定了双被告制度，这也导致行政复议双被告诉讼中，存在原行政行为与经过复议后的复议决定两个行政行为，则法院在一次诉讼程序中同时审理原行政行为和复议决定两个行为，是否违反“一行为一诉”，需要确定行政复议决定属于行政行为抑或司法行为。在 1991

① 比如《国务院办公厅关于加强行政规范性文件制定和监督管理工作的通知》（国办发〔2018〕37 号）：“行政规范性文件是除国务院的行政法规、决定、命令以及部门规章和地方政府规章外，由行政机关或者经法律、法规授权的具有管理公共事务职能的组织（以下统称行政机关）依照法定权限、程序制定并公开发布，涉及公民、法人和其他组织权利义务，具有普遍约束力，在一定期限内反复适用的公文。”另参见《国务院办公厅关于全面推行行政规范性文件合法性审核机制的指导意见》（国办发〔2018〕115 号）。

② 参见最高人民法院行政审判庭编著：《最高人民法院行政诉讼司法解释理解与适用》，人民法院出版社 2018 年版，第 347 页。

年行政复议法中，行政复议的性质被定性为“内部监督说”，行政复议决定属于行政行为无疑，但是近年来随着行政复议制度改革，行政复议需要被定位为解决行政争议的主渠道，有学者提出，这将引起行政复议的性质从“内部监督说”转向“行政争议解决说”[①]，与此相对应，行政复议决定的性质亦需要重新定位。但是，不论行政复议决定的性质是“行政行为说”还是“司法行政行为说”，其与原来的行政行为均基于同一要件事实，所依据的实体规范并未改变，正如学者指出的，行政复议决定是行政程序标的，即只是作为客观的审理对象而存在，而不是行政诉讼标的，原行政行为与行政复议决定拥有共同的事实根据基础[②]。由此，依据以要件事实作为判断行政诉讼标的实质标准，双被告制度下，原行政行为与行政复议决定并未突破“一行为”，仍然需要适用“一行为一诉”。

① 参见王万华：《行政复议法的修改与完善——以“实质性解决行政争议”为视角》，载《法学研究》2019 年第 5 期。

② 参见王青斌：《反思行政复议机关作共同被告制度》，载《政治与法律》2019 年第 7 期。

●实务研究

刑事审级制度的时下反思与改良路径

李艳玲*

刑事审级制度，主要是关于一国法院的等级设置及其职能分工，以及刑事案件最多经过几级法院的审理后，其裁判即发生法律效力的制度。新中国成立后不久，我国就确立了“四级两审终审制”的刑事审级制度。四级两审终审制一方面指明了我国法院的组织结构，另一方面显示了我国刑事裁判的生效过程。

简单来说，我国从中央到地方，按照行政区划设立了最高人民法院、高级人民法院、中级人民法院以及基层人民法院四个等级的审判机关。四级法院都有初审管辖权，除最高人民法院受理的刑事案件实行一审终审以外，其他刑事案件最多经过两级法院审理后即告终结，所作的裁判为终审裁判。在刑事审级制度之外，有两项特殊制度也影响着裁判的效力。一是死刑复核程序。死刑复核程序是针对死刑裁判所进行的审查核准程序，由法院主动开启，逐级上报复核。死刑复核程序并不是通常意义上的上诉程序，但是，由于死刑裁判在经过最高人民法院核准后，才能发生法律效力。因此，与上诉类似，死刑复核程序的启动也有着阻止裁判生效的效果。二是刑事再审程序。受客观条件以及认识水平的限制，生效裁判不可避免地可能存在错误，刑事再审程序就是我国为纠正确有错误的生效裁判、实现司法公正而设立的特殊程序。刑事再审程序是由法院主动发现或由检察机关抗诉而启动的，法院对再审案件重新审判后，

* 中国政法大学刑事司法学院诉讼法学专业 2019 级博士研究生。

再审裁判将取代原生效裁判发生法律效力。作为一种非常救济程序，刑事再审程序虽也不属于刑事审级制度的范畴，但对我国刑事审级制度的运行有着重要影响。

法院的设置及其运作，刑事案件的一审、二审程序等均是刑事审级制度的重要组成部分，一直以来，学界的研究大多是关于这些内容本身，相比之下，较少有研究从宏观角度出发，对整个刑事审级制度进行深入的分析探讨。近年来，庭审实质化的改革与成效、认罪认罚案件被告人上诉权的保障与限制以及死刑复核程序的改革模式等问题，成为学界研究的热点，这些问题与刑事审级制度密切相关。然而，从目前的研究现状来看，也很少有论者以上述问题的讨论为契机，分析我国刑事审级制度的问题与完善。对具体问题的研究不可缺少，而对宏观制度的关注和探讨亦是十分必要的。由是之故，本文试图梳理我国刑事审级制度的形成与依据，并对时下刑事审级制度的缺陷与问题进行反思，进而结合我国的法治基础与司法改革成果，探索刑事审级制度的改良路径。

一、刑事审级制度的形成与依据

我国现行刑事审级制度的确立经历了一定的演变过程。新中国成立之时，相关法律对审级制度并没有统一规定，因此实践中各地法院的操作并不一致，或允许当事人上诉一次，或允许当事人上诉两次，有的地方还出现了以复核代替上诉的情况。① 1951 年 9 月，中央人民政府公布了《人民法院暂行组织条例》（以下简称《暂行条例》），根据第 2 条、第 5 条第 1 款的规定，我国设立县级人民法院、省级人民法院以及最高人民法院三级审判机关，基本上实行三级两审终审制，但在特殊情况下，以三审或者一审为终审。② 特殊情

① 吴溉之：《人民法院审判工作报告》，载《福建政报》1950 年 4 月 14 日，第 40 页。

② 《暂行组织条例》第 2 条第 1 款规定："中华人民共和国设立下列各级人民法院：一、县级人民法院。二、省级人民法院。三、最高人民法院。各民族自治区域，依其具体情况，设立相对于各该级人民政府的人民法院。专门的人民法院之设立与组织另定之。"第 5 条第 1 款规定："人民法院基本上实行三级两审制，以县级人民法院为基本的第一审法院，省级人民法院为基本的第二审法院；一般的以二审为终审，但在特殊情况下，得以三审或一审为终审。"

况包括：一是重大或疑难案件，法院应当准许被告人提起第三审上诉[①]；二是最高人民法院审理的第一审案件，实行一审终审[②]。由此可知，《暂行条例》中设计的是一种以三级两审终审制为主、三审终审制或一审终审制为例外的混合式的刑事审级制度。《暂行条例》的颁布体现了我国对刑事审级制度的初步探索，通过明确刑事案件的基本审级制度，在一定程度上缓解了实践中执行不一的情况。但同时，《暂行条例》中将重大、疑难案件规定为实行三审终审制的对象，由于“重大、疑难”的标准不易把握，实际运行中容易出现混乱。

1954 年 9 月，随着宪法、人民法院组织法（以下简称法院组织法）以及人民检察院组织法的通过，新中国的法治建设进入了新的历史时期。法院组织法将我国的审判机关重新划分为基层人民法院、中级人民法院、高级人民法院以及最高人民法院四级。更为重要的是，1954 年《法院组织法》第 11 条第 1 款规定：“人民法院审判案件，实行两审终审制。”这是我国首次在法律上确立了四级两审终审制的刑事审级制度，四级两审终审制的确立，结束了混合式刑事审级制度的历史，刑事案件开始适用明确、统一的审级制度。自此以后，法院组织法虽然历经几次修改，但都始终保留了四级两审终审制的规定。1979 年通过的刑事诉讼法也对此作了吸收，在之后的几次修法中未有根本性改动，四级两审终审制沿用至今。

正如有学者指出：“刑事审级制度的形成和演变受制于特定的政治、经济、文化和历史背景，并反映出特定的司法观念和司法正义

---

① 《暂行条例》第 21 条规定：“省级人民法院的第二审刑事、民事判决，均为终审判决，但重大或疑难的案件，应准许诉讼人提起第三审上诉，并应在判决书内记明。”

② 《暂行条例》第 28 条规定：“最高人民法院管辖下列事件：一、不服省级人民法院第一审判决的刑事、民事上诉案件及第二审判决准许上诉的案件。二、全国性重大的侵害国家的、侵害公共财产的及其他特别重大的第一审刑事、民事案件。三、法令规定以最高人民法院为第一审的刑事、民事案件。四、中央人民政府交办的第一审刑事、民事案件。五、提审各级人民法院（包括最高人民法院分院、分庭）未判或已判的刑事、民事案件。六、为领导、监督审判工作而向各级人民法院（包括最高人民法院分院、分庭）抽调审查判决确定的刑事、民事案件（如发见确定判决确有重大错误时，得依再审程序处理）。”

的实现途径。”[①] 我国放弃了混合式刑事审级制度，且没有像大多数国家一样实行三审终审制，而是确立了统一的四级两审终审制。对此，权威人士的解释是：“这是因为我国地区辽阔、交通不便，审级过多，当事人势必要到较远的地方去上诉；审级过多，诉讼越拖延，经年累月，不能定案。这样，当事人既浪费时间和财力，又耽误生产，于国家于人民均属不利。从过去几年的实际情况来看，一般群众特别是劳动人民，上诉三审的案件并不多。实行两审终审制，可以便利群众诉讼，迅速结案，是切合实际的。”[②] 该观点主要是从新中国成立初期的基本国情出发，将便利公民诉讼、提高办案效率作为了确立四级两审终审制的主要依据。除此之外，我国学者还有进一步的解释，比如为有效惩罚犯罪。我国刑事诉讼有着偏重打击和惩罚犯罪的传统。审级过多，案件的办理时间就会延长，案件如果久拖不决，势必会影响打击犯罪的效果。因此，实行两审终审制，有利于及时、有效地惩罚犯罪，维护社会秩序的稳定，为经济建设提供良好的社会环境。又比如为节约司法资源。新中国成立初期，我国的司法资源不足，办案人员和设施、经费都比较缺乏，若审级过多，在一个案件中投入的司法成本也就越高。实行两审终审制，能够减轻办案机关的负担、节省司法资源。[③]

除以上依据外，我国最终确立四级两审终审制还暗含了一种立法思路，即我国的四级两审终审制虽然与三审终审制相比减少了一个审级，但已足以确保案件得到正确处理。究其原因，一方面，我国刑事诉讼法中的相关规定，能够确保四级两审终审制下各类刑事案件的办理质量。刑事诉讼法规定了较为完备的级别管辖制度，重大、疑难案件能够得到级别较高的法院的处理，案件的初审质量可以得到保证。我国刑事第二审程序中实行全面审查原则，能够有效地发现和纠正一审裁判的错误。另一方面，刑事审级制度之外，还有死刑复核程序和刑事再审程序作为我国实行两审终审制的保障。

① 刘根菊、张建：《我国刑事审级制度的重新构建》，载《法学论坛》2005年第5期。

② 中国人民大学审判法教研室编：《中华人民共和国法院组织诉讼程序参考资料》（第五辑），中国人民大学出版社1956年版，第44页。

③ 学者的解释参见陈光中主编：《刑事诉讼法学》（新编），中国政法大学出版社1996年版，第383页。樊崇义主编：《刑事诉讼法学》（修订版），中国政法大学出版社1999年版，第387页。

专门的死刑复核程序能够保证死刑裁判的正确性，而即使刑事案件的生效裁判出现错误，也可以通过再审程序进行补救。

二、刑事审级制度的时下反思

相对于三审终审制，我国的四级两审终审制能带来明显的诉讼便利和效益，在相当长的时期内被视为最符合我国国情与实务需要的审级制度。随着社会经济的发展，四级两审终审制的设立依据发生了明显变化，降低办案成本、便利公民诉讼等理由已经难以为其正当性、合理性提供足够的阐释。时下，随着司法改革的不断深入以及刑事司法制度的日益完善，四级两审终审制的固有缺陷逐渐显露，其运行也陷入了各种困境之中。

（一）各级刑事法院职能配置的同质化及其弊端

从地方到中央，我国设置了四级法院，各级法院的数量和规模自下而上逐级递减，因此，与世界各主要法治国家一样，我国的法院组织体系也呈现出典型的司法金字塔结构。而与其他国家法院职能划分上的锥形、梯形结构不同，我国各级法院的职能配置却呈现同质化，是一种柱形结构。具体表现为，每一级法院都可以成为刑事案件的一审法院，也可能作为终审法院；每一级法院都有权对案件的事实问题和法律问题进行全面审查，并根据最终审查结果作出裁判。[①] 这一结构的形成不仅与我国的级别管辖制度和全面审查原则有关，还受到我国刑事诉讼偏重实体正义的价值追求的深刻影响。

各级法院职能的同质化，意味着最高人民法院的功能定位失当。首先，最高人民法院被不恰当地赋予了刑事案件的初审管辖权。最高法院不承担刑事案件第一审的任务，这是世界各国对最高法院功能定位的一个共同点。而根据我国刑事诉讼法的规定，最高人民法院对全国性重大刑事案件进行第一审，试图通过最高人民法院的权威，来确保在全国范围内有重大影响的案件得到正确处理。然而，由最高人民法院进行一审，必然会导致一审终审，这实际上剥夺了重大案件中被告人的上诉权，不利于实现司法公正，且有轻率之嫌。

---

① 傅郁林：《审级制度的建构原理》，载《中国社会科学》2002 年第 4 期。

从司法实践看，最高人民法院直接受理第一审刑事案件的情况非常少[①]，其初审管辖权空置已久。其次，最高人民法院不适当地承担了事实认定的功能。很多国家的最高法院都只限于对法律事项的审查，而排除对事实问题的审查。原因在于，若由最高法院承担事实认定工作，容易导致最高法院的规模过大、架空下级法院的事实调查职能。在我国，最高人民法院在审理上诉案件和进行死刑复核的过程中，都要对案件的事实问题进行审查，这既不符合现代法院制度中对最高法院的定位，又可能产生上述弊端。更为重要的是，受认识规律、调查难度以及审判经验等因素的影响，最高人民法院的法官在事实认定上未必优于下级法院。相比之下，最高人民法院法官的法律素养更高，若在案件的事实问题上耗费过多的精力，会导致其无法专注于法律问题的审查，不利于最高人民法院解释法律、维护法律统一适用的规则治理功能的实现。

（二）认罪认罚从宽制度对现行上诉制度的冲击

“几审终审”是刑事审级制度的核心内涵所在。我国刑事案件适用统一的两审终审制，这就意味着除最高人民法院受理的初审刑事案件以外，其他刑事案件无论性质、种类、难度如何，也无论一审适用何种审理程序，被告人不服一审裁判的，均有权在法定期限内提出上诉，案件由此进入二审程序。这种单一的上诉制度，有利于实现个案公正、保障司法人权，但在提高诉讼效率、防止上诉权滥用方面却有明显不足。在认罪认罚从宽制度全面推进的背景下，现行的上诉制度受到了一定的冲击。

2018 年修改后的刑事诉讼法正式确立了认罪认罚从宽制度，对犯罪嫌疑人、被告人真诚悔罪、自愿接受处罚的，办案机关可以依法予以从宽处理。如果认罪认罚案件仍然适用当前的上诉制度，有以下问题：第一，不符合量刑建议的效力设定。在非认罪认罚案件中，量刑建议是检察机关履行公诉职能、行使国家求刑权的方式，体现了公诉权对审判权的监督和制约。但在认罪认罚案件中，检察

① 有学者统计，最高人民法院从建立至今，审理的一审刑事案件只有两起：一是 1956 年最高人民检察院提起公诉的 45 名日本侵华战争罪犯犯罪案件，二是 1980—1981 年最高人民检察院提起公诉的林彪、江青反革命集团案。参见左卫民：《死刑控制与最高人民法院的功能定位》，载《法学研究》2014 年第 6 期。

机关与犯罪嫌疑人进行量刑协商、达成合意，并以量刑建议的方式确定下来。由此，认罪认罚案件中的量刑建议不再是检察机关的单方面意见，而是控辩双方诉讼合意的集中体现。“犯罪嫌疑人因认罪并认罚，得到了检察机关从宽处理的量刑建议，并在辩护人或者值班律师在场的情况下签署认罪认罚具结书，此同意和具结无疑对犯罪嫌疑人、被告人有拘束力，除非出现特定情由，不得反悔，否则会动摇认罪认罚从宽的制度基础。”① 易言之，对于建立在控辩协商基础上的量刑建议，被告人提出异议和上诉的权利应当受到一定限制，否则控辩量刑协商就失去了意义。第二，不利于制度价值的充分实现。当下，提高诉讼效率已成为世界各国刑事司法领域的主流导向，这正是认罪认罚从宽制度的一项重要价值。办案机关通过依法简办、快办，推动了繁简分流，提升了办案效率，有效缓解了有限的司法资源与不断上升的刑事案件数量之间的矛盾。然而，这一制度价值，在被告人的上诉过程中却有所丧失。实践中，有的被告人在享受了一审判决中的量刑优惠之后，继续提出上诉，试图利用上诉不加刑原则在二审中获得更为轻缓的刑罚。有的被告人则试图通过上诉来延缓一审判决的生效，以达到留在看守所服刑的目的。这些大量存在的“投机型上诉”“技术性上诉”，不仅使得一审阶段和审前阶段办案机关的付出前功尽弃，还消耗了宝贵的二审资源，认罪认罚从宽制度的效率价值显然无法充分实现。

认罪认罚从宽制度的产生与实施，使得认罪认罚案件与非认罪认罚案件在一审阶段的处理方式上逐渐呈现出二元分化的格局，即对非认罪认罚案件进行精细化的审理，以有效地定分止争，对认罪认罚案件则普遍进行简化的审理，以在不违反公正的前提下，尽可能地提高效率。然而，在现行上诉制度下，二审法院受理案件没有区分对待，无法继续服务于轻重分离、快慢分道的改革目标。② 正因如此，为巩固认罪认罚从宽制度的实施效果、发挥认罪认罚从宽制度的效率价值，有必要针对认罪认罚案件的特殊性，对现行上诉制度进行完善。

---

① 卞建林、陶加培：《认罪认罚从宽制度中的量刑建议》，载《国家检察官学院学报》2020 年第 1 期。

② 牟绿叶：《我国刑事上诉制度多元化的建构路径——以认罪认罚案件为切入点》，载《法学研究》2020 年第 2 期。

（三）刑事二审程序的功能尚未能得到充分发挥

有学者指出："审级制度之目的，在于求取审判结果之正确与适当。藉由审级制度之运作，上级（诉）审得以撤销、纠正下级审法院违法或不当之审判，减少下级审法院擅断、误判的机会，并进而保障被告之诉讼权利。"① 由此可知，刑事二审程序有两项本位功能：一是发现并纠正一审裁判的错误；二是救济和保障被告人的合法权利。与大多数国家实行的三审终审制相比，我国的两审终审制减少了一个审级，这就意味着刑事案件少了一项获得上级法院审查的程序，被告人也少了一次上诉寻求救济的机会。有鉴于此，二审程序是确保案件公正处理的关键。然而实践中，由于各种原因，二审程序纠错与救济的功能受到了阻碍。

首先，二审开庭率低的消极影响。刑事诉讼法明确规定了刑事案件二审开庭审理的情形，但是从当前的司法实践来看，二审开庭率并不理想②，其中，改判案件不开庭审理、复杂重罪案件不开庭审理的现象也较为突出。③ 这就意味着在大量的二审刑事案件中，合议庭都是通过阅卷以及单方面讯问被告人、听取意见的方式作出了裁判。这就极大地妨碍了二审程序的纠错功能，因为在合议庭依赖于案卷材料的情况下，只要案卷材料没有出现明显的错误或者矛盾，二审法院就很难发现一审裁判中的事实认定错误。此外，不开庭审理还限制了被告人的意见表达途径，降低了被告人一方对二审裁判的参与和影响。在这种情况下，被告人难免对二审审理产生"暗箱操作"的疑虑，对二审裁判结果难以信服，从而减损了二审程序服判息诉的效果。

其次，案件请示制度的不利后果。虽然我国相关法律没有明确规定案件请示制度，但这一做法在实践中已经成为法院内部的惯例。

---

① 林钰雄：《刑事诉讼法（下册）》，中国人民大学出版社 2005 年版，第 33—34 页。

② 有学者对 S 省 C 市 2009 年至 2013 年的二审开庭情况进行了调研，相关数据显示，C 市中院几年内的二审开庭率分别为 22.3%、35.6%、16.1%、8.3%、17.4%，S 省高院的二审开庭率为 30.5%、35.4%、32%、29.7%、39.6%。参见白国华：《刑事二审开庭率低的深层因素分析》，载《理论探索》2016 年第 5 期。

③ 郭天武、卢诗谣：《我国刑事二审审理方式的异化于回归》，载《华南师范大学学报（社会科学版）》2020 年第 2 期。

一些下级法院在审理案件的过程中，对实体上或者程序上把握不准的问题，会向上级法院进行请示、汇报，并参考上级法院的答复作出裁判。客观地说，案件请示制度的确能够起到一定的提高办案质效的作用。但是对于二审程序而言，却有非常不利的影响。因为案件请示制度实质上是上级法院对一审案件的提前介入，当这些案件上诉至上级法院时，上级法院很难在二审中发现和纠正自己的错误。案件请示制度的存在使得上下级法院的关系行政化，变相剥夺了被告人的上诉利益，二审程序纠错和救济的应有功能受到了严重的虚置和阻碍。

基于上述原因，“作为两审终审制标志的第二审程序并没有像人们所期望的那样成为一种质量控制装置，进而确保第二审法院纠正尚未生效的一审错误裁判，并为当事人发挥权利救济的功能”[①]。当下，二审程序的权威和公信力受到质疑，越来越多的被告人开始试图在刑事审级制度以外寻求进一步救济。有统计数据显示，与其他国家的再审程序往往备而不用相比，我国刑事再审程序的启动频率显然较高。[②] 刑事再审程序是非常救济程序，属于“补充”“例外”性质。刑事再审程序的频繁启动，从一个侧面体现了二审功能的受阻甚至失效，若不加以足够重视，将会导致普通救济程序与非常救济程序定位的颠倒，进而动摇刑事审级制度的正当性、有效性。

（四）死刑复核程序非诉讼化运行导致成效不彰

与再审程序一样，死刑复核程序也是我国刑事审级制度的保障性程序[③]，因此，死刑复核程序是刑事审级制度研究中不可忽视的话题。自从贝卡里亚在《论犯罪与刑罚》一书中首次提出废除死刑的理念以来，全世界有越来越多的国家宣布废除死刑或者承诺不再使用死刑。基于实际情况，我国仍然保留死刑，并制定了“严格控制和慎重适用死刑”的死刑政策，死刑复核程序就是为贯彻落实这一政策而产生的。近年来，刑事诉讼法对死刑复核程序进行了完善，

---

① 王超：《刑事审级制度的多维视角》，法律出版社 2016 年版，第 389 页。

② 统计数据显示，2010 年至 2016 年，我国的刑事案件再审率分别为 0.51%、0.44%、0.34%、0.30%、0.29%、0.23%以及 0.22%，参见王玉梅：《我国刑事审级制度之完善研究》，中南财经政法大学 2018 年博士学位论文。

③ 蔡敦铭：《两岸比较刑事诉讼法》，五南图书出版公司 1996 年版，第 389—390 页。

规定最高人民法院在复核死刑案件的过程中，应当讯问被告人，在辩护律师提出要求时，应当听取其意见，最高人民检察院也可以向最高人民法院提出意见，力求保障死刑案件的办理质量，实现对死刑的程序控制。

然而，上述规定未能有效淡化死刑复核程序的行政审判色彩，其运行仍然呈现出非诉讼化特征。司法审判的重要特征在于，那些与案件结局有直接利害关系的人应当充分而有效地参与到裁判结论的制作过程当中。[①] 死刑复核程序虽然规定在刑事诉讼法的“审判”一编中，但其设计和运行却并不完全符合审判活动的内在规律。主要体现在，死刑复核程序采用了书面的、非公开的方式进行审核，单方面地讯问被告人、听取意见，其效果远远不及被告人、辩护律师在法庭上的参与，被告人、辩护律师难以有效地对复核结果施加影响或者进行监督。非诉讼化的程序在发现事实真相、维护裁判公正方面有着天然不足，因而，寄希望于这种行政化方式对死刑裁判进行防错纠错是并不合理的，也是并不现实的。正如有学者指出，这种复核方式实际上潜伏着一个很大的危险：一旦案件经过一审和二审，被告人仍然被错误地判处死刑，那么就不要再期望法院能够通过死刑复核程序发现并纠正这种错误。[②]

三、刑事审级制度的改良路径

鉴于我国现行刑事审级制度的固有缺陷，以及实践中的诸多问题，不少学者都呼吁对其进行改革与完善。比如，有学者主张，应当坚持和完善现有的两审终审制，同时对因程序性违法导致被告人公正审判权受损的案件，赋予被告人上诉至最高人民法院的权利。[③] 也有学者主张，应当以三审终审制取代两审终审制，对所有刑事案件增加第三审法律审。[④] 还有学者主张，应当对某些案件实行三审终

① 陈瑞华：《刑事诉讼前沿问题》，中国人民大学出版社 2000 年版，第 467 页。

② 陈瑞华：《对两审终审制的反思——从刑事诉讼角度的分析》，载《法学》1999 年第 2 期。

③ 易延友：《我国刑事审级制度的建构与反思》，载《法学研究》2009 年第 3 期。

④ 顾永忠：《刑事上诉程序研究》，中国人民公安大学出版社 2003 年版，第 117—123 页。

审制，其他案件则继续实行两审终审制。[①] 对于我国刑事审级制度的完善方案，笔者有以下看法。

首先，我国尚不宜进行完全的或者大范围的三审终审制改革。目前，学界普遍主张进行三审终审制改革，增加第三审法律审，以弥补我国审级较少的不足。审级的增加意味着案件多了一个纠错和救济的途径，无论从设计理念还是域外实践来看，三审终审制确实是较为理想的刑事审级制度。但是，现阶段我国还不具备对所有刑事案件或者大部分刑事案件实行三审终审制的现实条件。原因在于：其一，事实问题与法律问题的区分是三审终审制改革的一个前提条件，虽然在人民陪审员制度改革中，法律规定提出了“事实认定”问题与“法律适用”问题的划分，但没有进一步详细说明事实问题与法律问题的内容，两者的区分依然是一个难题。如果贸然增加第三审法律审，法官、被告人及其律师都将难以适应。其二，第三审为法律审，案件的法律问题专业性较强。由于我国刑事案件的律师参与率尚低，且律师辩护的有效性不足，即使增加了第三审程序，被告人也很难有效行使第三审上诉权，第三审程序有虚置的可能。其三，我国确立两审终审制时，节约司法资源是一个重要的考虑因素，虽然随着社会的发展，我国司法人力资源和物质资源有了明显改善，但由于案件数量的增加，整体司法资源仍然紧张。如果增加第三审程序，将会给司法机关带来不小的压力、降低办案效率。因此，进行彻底的抑或广泛的三审终审制改革在可预见的未来是难以实现的。

其次，完善方案中还应当考虑对特定案件实行一审终审制。对于我国刑事审级制度应当如何完善，学者们争论的焦点在于是否应当增加第三审程序。笔者认为，在讨论是否应当增加审级的同时，还应当考虑是否减少审级，即对特定案件实行事实上的一审终审制。对特定案件采取一审终审制，在其他国家和地区的刑事诉讼制度中并不罕见。比如，在美国，除非有例外情形，辩诉交易中作出有罪

---

① 持该观点的学者认为，应当对危害国家安全的犯罪，可能判处 15 年以上有期徒刑、无期徒刑、死刑的案件，一审判无罪但二审判有罪的案件以及二审中的重大程序性违法案件实行三审终审制，其他刑事案件实行两审终审制。参见陈卫东、李训虎：《公正、效率与审级制度改革》，载《政法论坛》2003 年第 5 期。

答辩的被告人不得再就定罪问题提出上诉。又比如，在我国台湾地区，除法定情形外，刑事协商程序中的被告人也不得提出上诉。当下，我国同样体现协商性司法理念的认罪认罚从宽制度正全面推进，以此为契机，也应当对特定案件的一审终审制进行考量。

综上，笔者认为，刑事审级制度的完善是一个复杂的、长期的过程，三审终审制是受到普遍认可、行之有效的审级制度，但我国现阶段还不具备进行三审终审制改革的条件和基础，只能作为长远设想。而近期目标，应当针对实践中的紧迫问题，并结合司法改革的重要成果，对我国的刑事审级制度进行改良，建立以两审终审制为主体，以特定案件的一审终审制、死刑案件的三审终审制为补充的多元化的刑事审级制度。

（一）调配法院职能，促进审判独立

合理调配法院职能、改进柱形结构的职能配置，首先，应当调整级别管辖制度，取消高级人民法院与最高人民法院对刑事案件的初审管辖权。取消后，法律规定原本由最高人民法院、高级人民法院管辖的初审刑事案件，全部交由中级人民法院管辖，基层人民法院和中级人民法院管辖全部第一审刑事案件。这一调整既有利于发挥基层人民法院、中级人民法院在审理一审刑事案件上的优势，又可以使高级人民法院、最高人民法院专注于审理上诉案件，加强法律的统一适用。其次，在重新划分刑事案件初审管辖权的基础上，取消最高人民法院对案件的事实审。最高人民法院在审理案件时，仅进行法律审，这是改善我国法院职能配置同质化的重要举措。

作为一项法治原则，审判独立是司法制度的基石。法院依法独立公正行使审判权，才能更好地实现各级法院的功能、促进刑事审级制度高效运行。为有效促进审判独立，关键在于贯彻落实司法责任制。司法责任制是本轮司法体制改革的“牛鼻子”，其核心在于“让审理者裁判，由裁判者负责”。根据“让审理者裁判”的要求，应当取消案件请示制度，维护正常的上下级法院关系。同时，应当优化法官考核制度，设置符合审判工作特点的考核标准，重点考核法官的审判能力和水平，取消上诉率、上诉发回重审率等考核指标，从而避免法官在审理案件的过程中，因担心影响考核结果而向法院领导或者上级法院请示、汇报。在实现“让审理者裁判”的基础上，应当进一步落实办案质量终身负责制和错案责任倒查问责制，实现“由裁判者负责”，督促法院独立行使审判权。

（二）探索实行特定案件的一审终审制

鉴于现行上诉制度与认罪认罚从宽制度设计之间的冲突，以及实践中大量存在的“投机型上诉”“技术性上诉”等被告人不合理行使上诉权的问题，理论界和实务界普遍主张对认罪认罚案件的上诉制度予以修改。有观点认为，应当对一审适用速裁程序的认罪认罚案件直接实行一审终审制。[①] 笔者认为，首先，若直接取消这类认罪认罚案件被告人的上诉权，不利于保障被告人认罪认罚的自愿性和明智性。考虑到认罪认罚可能带来的办案效益，以及适用率的压力，不排除实践中个别办案人员通过威胁、引诱、欺骗等方法致使被告人违背意愿认罪认罚的情况，在认罪认罚案件律师参与率较低[②]、值班律师制度尚不健全的情况下，如果直接剥夺被告人的上诉权利，那么被告人认罪认罚的自愿性、明智性将缺乏制度保障。[③] 其次，从司法实践来看，一些认罪认罚案件的被告人通过上诉，确实

---

① 该观点参见陈卫东：《认罪认罚从宽制度研究》，载《中国法学》2016年第2期。最高人民法院刑一庭课题组：《关于刑事案件速裁程序试点若干问题的思考》，载《法律适用》2016年第4期。艾静：《刑事案件速裁程序的改革定位和实证探析——兼论与“认罪认罚从宽制度”的理性衔接》，载《中国刑事法杂志》2016年第6期。

② 有实证研究结果显示，在某省2019年22498件一审认罪认罚案件中，委托辩护律师的为4731件，占21.03%，获得指定辩护的为3051件，占13.56%，这就意味着，有将近2/3的认罪认罚案件被告人没有辩护律师为其提供法律帮助。参见张琦：《权利与义务之间：认罪认罚案件中被告人上诉权的必要限制——以286份认罪认罚上诉案件裁判文书为样本》，载《“认罪认罚从宽制度理论与实务研究”征文活动获奖论文集》，山西太原，2020年11月，第401页。

③ 陈瑞华：《认罪认罚从宽制度的若干争议问题》，载《中国法学》2017年第1期。

保障了自己的合法权益、促进了裁判的公正。[①] 因此，保留并保障认罪认罚案件被告人的上诉权具有积极意义和现实必要性。

既然直接剥夺认罪认罚案件被告人上诉权的做法并不可取，笔者认为，可以考虑引入裁量型上诉的方式实行特定认罪认罚案件的一审终审制。具体而言，对于一审适用普通程序、简易程序审理的认罪认罚案件，应当沿用目前的权力型上诉。被告人上诉的，法院将直接启动二审程序，二审裁判为终审裁判。对于一审适用速裁程序审理的认罪认罚案件，则实行裁量型上诉。法律预先规定上诉理由，被告人上诉时，应当根据具体情况，在上诉状中写明理由。第二审法院在收到上诉状后，将对其中载明的上诉理由进行审查，决定是否启动二审程序。若二审法院决定启动二审程序的，二审裁判为终审裁判；若决定不启动二审程序的，则该案的一审裁判为终审裁判。至于允许被告人上诉的正当理由，应当包括以下内容：其一，被告人认罪认罚非自愿、明智的。被告人认罪认罚的自愿性、明智性是适用认罪认罚从宽制度的前提，也是确保认罪认罚案件得到公正处理的基础，因此，如果被告人有证据证明违背意愿认罪认罚的，理应有权提出上诉，通过二审程序得到救济。其二，案件存在重大程序性违法的。刑事诉讼法对认罪认罚从宽制度的适用规定了较为严格的程序，比如，被告人签署认罪认罚具结书时应当有辩护人或者值班律师在场等。若案件的办理严重违反了这些程序，被告人也应当有权上诉。其三，有新事实、新证据表明一审裁判不当的。比如，被告人与被害人达成新的赔偿谅解协议、社区矫正机构出具适格的评估意见等。当出现这些新情况时，应当对案件进行二审审理，来判断是否应当对被告人处以更为轻缓的刑罚，从而维护案件结果的公正。

---

① 例如，有的被告人以一审中检察机关在未与被告人方协商的情况下就自行变更量刑建议，且量刑建议畸重为由提起上诉，二审法院经审理查明后，进行了从轻改判。又例如，有的被告人以出现其与被害人达成赔偿谅解协议、社区矫正机关为其出具《调查评估意见书》等新事实、新证据为由提起上诉，二审法院经审查后也予以了轻判。参见张丽霞：《认罪认罚案件上诉与抗诉的法理辨析》，载《中国人民公安大学学报（社会科学版）》2020 年第 1 期。张琦：《权利与义务之间：认罪认罚案件中被告人上诉权的必要限制——以 286 份认罪认罚上诉案件裁判文书为样本》，载《“认罪认罚从宽制度理论与实务研究”征文活动获奖论文集》，山西太原，2020 年 11 月，第 401 页。

（三）切实优化一般案件的两审终审制

既然不宜直接进行三审终审制改革，那么现阶段完善我国刑事审级制度的重点在于优化两审终审制，确保大量的一般刑事案件（除死刑案件以外的刑事案件）能够得到公正处理。具体而言，笔者有以下建议。

首先，推进庭审实质化。庭审实质化是“以审判为中心”的诉讼制度改革的核心，提高审判质量、防止庭审流于形式，有利于促进两审程序的高效运作。作为整个审判活动的开端，第一审程序的重要意义不言而喻，如果一审审判质量较高，刑事案件在此阶段就能得到妥善解决，而不用诉诸二审程序，这就有效减轻了二审法院的压力。即使一审后，检察机关、被告人提请上级法院对案件进行重新审理，一审裁判也能为二审审理提供良好的基础。因此，推进庭审实质化的重点在于第一审程序。值得注意的是，针对二审庭审虚化的问题，在开庭审理的二审案件中，也应当进一步完善开庭程序、发挥庭审的实质作用，即在两审程序中整体地、纵向地落实庭审实质化。

其次，改善二审审理方式。有不少学者提出，刑事二审案件应当全部开庭审理，然而，这一规定容易降低诉讼效率、增加二审法院负担。因此，更为恰当的做法是科学地、合理地提高二审案件的开庭比例。司法实践中，能否开庭审理很大程度上取决于法官的裁量，被告人意愿对此的影响有限，这是造成二审开庭率偏低的重要原因。笔者认为，控辩双方对一审认定的事实、证据存在重大异议，提出上诉或者抗诉的，二审法院应当通过开庭审理这种最有效的方式来解决纠纷、维护公正。而对于控辩双方对案件的程序问题、法律问题存在争议的，二审法院可以决定不开庭审理，但应当切实保障被告人相关诉讼权利。对于二审法院未讯问被告人、听取辩护律师等的意见的，属于程序违法，由检察机关进行监督纠正。

最后，取消全面审查原则。学界一直有着全面审查原则的存废之争，主张坚持该原则的观点认为，实行全面审查原则，有助于实现二审程序的功能、提高办案质量，且在我国辩护制度和法律援助制度不足，控辩平等、审判中立难以保障的现实条件下，更能保障被告人利益、实现司法公正。然而，全面审查原则在理论上不符合司法的被动性和中立性，违背了诉讼经济原则，混淆了一审、二审程序的功能。且在实践中，由于繁重的业务压力，二审法院对一审裁判的全面审查只是立法理想，实则难以完成。为实现“一审重在解决事实认定和法律适用，二审重在解决事实法律争议、实现二审终审”[①]，应当取消全面审查原则，确立有限审查原则，将二审程序的审理范围限制在上诉、抗诉的请求范围内。在司法改革不断深入的背景下，随着审判独立的加强、一审事实审基础的坚实以及刑事辩护制度的完善，在取消全面审查原则的同时仍然确保案件结果的公正是可期的。

（四）推进构建死刑案件的三审终审制

有学者认为，死刑复核程序的改革模式应当是在现有框架上进行自我完善和优化，加强诉讼化。[②] 笔者认为，倘若对死刑复核程序进行真正的诉讼化改造，使其由现在的审查核准程序向正规审判活动转变，那么死刑复核程序的实质必将改变，成为事实上的一个独立审级。因此，死刑案件的三审终审制，是对死刑复核程序进行诉讼化改造的必然结果。故而，笔者倾向于废除死刑复核程序，代之以死刑案件的三审终审制。

死刑是最为严酷的刑罚，具有不可逆性，死刑案件理应实行最为特殊、严密的审级制度。死刑案件的三审终审制，与通常所说的刑事案件的三审终审制存在一定差别，主要设计是：调整级别管辖之后，各类可能判处死刑的案件均由中级人民法院受理。中级人民法院一审判处死刑的案件实行强制上诉制度，即一审宣判后，不需要等待被告人上诉或者检察机关抗诉，而是由中级人民法院依职权移送至高级人民法院进行二审审理。高级人民法院应当以开庭审理的方式，对案件的事实问题和法律问题进行全面审查，作为有限审查原则的例外。高级人民法院二审判处死刑的，同样依职权移送至最高人民法院进行第三审。此时，最高人民法院不再对案件进行全面审查，而是进行法律审，目的在于维护死刑案件中法律的正确适用以及死刑政策的正确实施。死刑案件的强制上诉制度在各个国家和地区的刑事诉讼法中并不少见，“对死刑案件被告人放弃上诉权的

① 《中共中央关于全面推进依法治国若干重大问题的决定》提出：“完善审级制度，一审重在解决事实认定和法律适用，二审重在解决事实法律争议、实现二审终审。”

② 陈光中、唐露露：《我国死刑复核程序之完善刍议》，载《法学研究》2020 年第 2 期。

禁止，是为了保证死刑裁判受到更高一级法院的审查，以保证裁判的妥帖性，体现了以程序控制死刑的理念”①。通过实行特殊的三审终审制，能够最大限度地确保死刑案件得到公正处理，有效减少死刑案件中的冤假错案，充分落实我国“少杀、慎杀”的死刑政策。

（五）逐步完善我国的刑事再审程序

从刑事审级制度的角度，完善我国刑事再审程序的方针应当是既要发挥救济作用，又要防止功能扩张。一方面，为发挥刑事再审程序纠正冤假错案、弥补刑事审级制度不足的作用，应当完善申诉法律援助制度。申诉虽然不直接引起再审程序的启动，但却是再审程序的重要信息、材料来源。实践中，由于各种原因，申诉人在申诉过程中能够获得律师帮助的较少，其申诉过程非常盲目、艰难。例如，在“张玉环案”中，张玉环的哥哥就曾坦言，由于经济困难、请不起律师，其长达 20 年为张玉环申诉的过程，就是在“碰运气”。② 对于申诉人是否可以申请法律援助，相关法律文件中已经有所提及。③ 下一步，应当在条件成熟时，将申诉正式纳入法律援助的范围，对因经济困难没有委托律师的申诉人，由法律援助律师提供法律帮助。另一方面，为减少再审程序的启动较为频繁、随意的现象，应当优化启动事由。不仅需要对刑事诉讼法中“新的证据”“确有错误”等表述的内涵进行进一步解释和细化，还应当区分有利于和不利于被告人的再审类型，对提起不利于被告人的再审进行启动事由和启动次数上的限制。

① 陈卫东、刘计划：《死刑案件实行三审终审制改造的构想》，载《现代法学》2004 年第 4 期。

② 李永华：《张玉环哥哥亲述：20 年的申诉就是在等运气》，载《中国经济周刊》2020 年 8 月 15 日，第 37 页。

③ 2015 年 6 月，中央政法委发布了《关于建立律师参与化解和代理涉法涉诉信访案件制度的意见（试行）》，提出“条件成熟时，对聘不起律师的，纳入法律援助范围”。2017 年 4 月，最高人民法院、最高人民检察院、司法部发布了《关于逐步实行律师代理申诉制度的意见》，提出申诉人因经济困难没有委托律师的，可以向法律援助机构提出申请。

刑事速裁程序中的律师参与

严泽岷*

2014年下半年，国家相关部门发布《关于在部分地区开展刑事案件速裁程序试点工作的办法》。2016年11月，《关于在部分地区开展刑事案件认罪认罚从宽制度试点工作的办法》明确提出，延伸认罪认罚从宽制度，并将刑事速裁程序融入该制度。2018年，刑事诉讼法作出修改，规定了刑事速裁程序，并与简易程序共同构成快速审判程序配合认罪认罚从宽制度的实施。不可否认的是，刑事速裁程序自试点开始到如今，在实践中取得了很好的效果，也为我国刑事案件实现精简化操作奠定了牢固的基础。但值得注意的是，刑事速裁程序简化程序、缩短时间，更多地服务于效率价值，而对于公平价值的体现稍显不足。在被追诉人权利保障方面仍然存在一些问题，最为突出的就是律师参与问题。本文以《刑事诉讼法》第224条为切入点，以期寻找速裁程序中律师参与的合适路径。

一、法条解读："听取辩护人意见"的规范意涵

根据刑事诉讼法中对于速裁程序的规定可知，一般在受理适用速裁程序的案件时，无须开展法庭调查或者是法庭辩论，但是宣告判决前，应当充分听取被告人和辩护人所提出的意见。由此可见，在速裁程序中，律师的参与方式是被"听取意见"，参与程度的要求是"应当听取"。

这里首先需要明确的是，"听取辩护人意见"是否当属辩护人的权利？从概念上来看，辩护主要指的是被追诉人针对指控提出的反驳意见；整个诉讼进程中，辩方必须为被追诉人提供有利的事实依据或者是相关证据，通过这种方式来证实被追诉人无过错行为，为

* 中国政法大学刑事司法学院诉讼法学专业2019级博士研究生。

其获得对其有利的判决提供保障。[①] 以辩护人角度来讲，其主要的作用是帮助辩方提出对其有利的证据，维护辩方的合法权益。因此，在诉讼活动中表达辩护意见是辩护律师应当承担的责任和需要履行的义务；以传统刑事诉讼角度而言，辩护律师在诉讼过程中不但拥有阅卷权，而且有调查取证的相关权利。如提出意见权，《刑事诉讼法》中规定了办案机关应当对辩护人提出的五种不同的意见进行听取，主要分为两类：第一，辩护律师提出要求的，应当听取辩护律师的意见。这种情况主要适用的环节有三个，一是逮捕环节，二是侦查环节，三是死刑复核程序环节。第二，听取辩护律师的意见。这种情况主要适用于三种情形，一是对未成年人的审查逮捕环节，二是审查起诉程序环节，三是法庭审理程序环节。这两种情形虽然都包含"应当听取意见"，但前提条件是不同的。就前者而言，所谓"听取意见"在实践中并不拥有明显的必要性，换而言之，当辩护律师根据案情情况提出相关要求后，应当对合理意见进行听取；辩护律师未提出要求，则可以不听取。就后者而言，"听取意见"更像是办案机关的义务，即不论辩护律师在法庭中是否对案件提出了相关要求，均应当对合理意见进行听取。当然，后者主要是基于对未成年人的特殊保护。再如辩论权，主要体现在审判环节，辩护律师可以就"证据、案件情况"相互辩护。[②] 辩论权是辩护律师在庭审过程中最为重要的权利之一，通过与控方的辩论、质证，法官对于案件争议的事实、证据才能够得到充分了解与认识，并在此基础上形成裁判结果，这个裁判结果才能得到控辩双方最大程度的认可。综上，从逻辑层面上来看，"听取辩护人意见"属于辩护的范畴，当属辩护律师的权利，且该权利包含有两种含义，一是辩论意见的发表，二是法庭辩论、质证的参与。辩护是一项贯穿刑事诉讼程序的诉讼活动，速裁程序属于刑事诉讼程序中的审判程序之一，速裁程序中辩护律师也当然享有"听取辩护人意见"的权利。

但矛盾的地方在于，从现行法律角度来讲，在刑事辩护范围中，

---

① 参见陈光中主编：《刑事诉讼法》（第六版），北京大学出版社、高等教育出版社 2016 年版，第 142 页。

② 《刑事诉讼法》第 198 条规定了辩论权，《高法解释》第 242 条、第 261 条、第 262 条分别就法庭辩论的顺序、内容以及应遵守的规则作出说明。此外《律师法》第 36 条规定辩护律师辩论或者辩护的权利依法受到保障。

并未将速裁程序审理案件纳入其中。故除了自己委托辩护律师的情况，这类案件在审判阶段没有律师的参与，又何来“听取意见”呢？正确理解这一条的内容，应当首先明确“听取辩护人意见”与“速裁程序必须有辩护人”之间是否存在对应关系。[①]

假设1：“听取辩护人意见”与“速裁程序应当有律师参与”之间不存在对应关系。即有律师的情况下，就听取意见；没有律师的情况下，则无须听取意见。在这一前提下，“律师”是法律规定的听取意见的对象，但结果却指向了“听取”与“不听取”两种结果。换言之，“听取意见”与“不听取意见”均符合法律的要求，那么此时对于律师参与的程度要求将变为“可以听取”而非“应当听取”，显然与当前的法律表述不符。可能会有观点认为，这是一个注意性规定，仅对“有律师”的情形起到提示作用。但根据注意规定的性质，这样理解是存在矛盾的。注意规定的设置是起到提示与强调作用的，是对现有规定的重申。换言之，是否有注意规定的条款并不会影响对相关行为的处理。[②] 但在《刑事诉讼法》第224条中，如果去掉“听取辩护人意见”的表述，律师将失去作为听取意见对象的资格，在实践中将直接导致即使有辩护人也无法在这一环节表达辩护意见，显然不符合注意规定的性质。从立法技术层面上来讲，法律制定的规范条例，必须有明确的解释和定位，且各项条例必须具备可行性与针对性[③]，同时，法律条文中制定的各项内容必须具有严谨性，[④] 但就当前的法律规定来看，显然无法达到这一要求。

此外，对比简易程序，也存在矛盾之处。在简易程序最后听取意见的环节并没有出现“辩护人”的字样。那么是否可以认为，在简易程序中“律师”并非听取意见的对象，因此法条应当理解为“不论简易程序中是否有律师参与，均无须听取其意见”。而这将造成一个实践中的矛盾点。对于没有辩护人的案件可能在适用上不存在争议，但对于有辩护人的案件而言，是否应当听取辩护人的意见？

---

① 为了方便叙述，本文仅讨论速裁程序，简易程序中的辩护人参与问题不予讨论。

② 参见张明楷：《刑法学》（第2版），法律出版社2003年版，第520页。

③ 《立法法》第6条规定：“立法应当从实际出发，适应经济社会发展和全面深化改革的要求，科学合理地规定公民、法人和其他组织的权利与义务、国家机关的权力与责任。法律规范应当明确、具体，具有针对性和可执行性。”

④ 参见张建军：《立法语言的明确性》，载《人大研究》2010年第6期。

其意见又应当如何进行处理，效力如何？换言之，简易程序与速裁程序的差别设置是否合理？可能会有观点认为，根据《刑事诉讼法》第200条的规定，普通程序审理案件的最后环节也仅是“被告人陈述意见”。之所以在这一环节没有强调辩护人的意见表述，是因为适用普通程序审理的案件，在庭审环节的重中之重在于两个环节，一是法庭辩论；二是法律调查。因此辩护人的意见已经在庭审的辩论、质证过程中得到了充分的表达。在简易程序中也是如此，根据《刑事诉讼法》第218条①的规定，法庭辩论环节是可以存在的，并没有被完全省略。辩护人的意见也可以在这个环节中予以表达，故同普通程序一样，无须另行安排听取辩护人意见的环节。但问题在于，对于快速审判程序而言，法庭调查、法庭辩论环节均是被简化、省略的，即在简易程序与速裁程序中，这两个环节均非必须。即便是在简易程序中可能存在法庭辩论，但也是被简化的，与普通程序中的法庭辩论无法等同。因此，相较于普通程序，简易程序与速裁程序的性质更为相似，应当以相同的形式予以规定。

假设2：“听取辩护人意见”与“速裁程序应当有律师参与”之间存在对应关系。即对于在速裁程序的听取意见环节，法条的意思是速裁程序同普通程序一样均需要有律师的参与。从制度设计的角度来看，速裁程序以认罪认罚制度作为设计框架，换言之，这意味着两个既定前提：一是值班律师制度的适用；二是签署认罪认罚具结书程序的适用。就前者而言，根据《法律援助值班律师工作办法》的规定，值班律师在受理认罪认罚的案件时，应当根据被追诉人在案件中的情况，为其提供有利的法律服务。换言之，被追诉人在审前阶段一定接受过律师的法律服务。对于自己委托辩护律师的被追诉人自不必言，如若被追诉人并未聘请辩护律师，则值班律师需要为其提供相应的法律帮助。从这点上可以看出，被追诉人在签署认罪认罚具结书时，有着非常明显的“自愿性”特性。主要体现在两个方面：一方面被追诉人认同指控，并愿意接受相应处罚；另一方

① 《刑事诉讼法》第218条规定，经审判人员许可，被告人及其辩护人可以同公诉人、自诉人及其诉讼代理人互相辩论。

面被追诉人对于案件性质和法律规定及可能性后果均已经明晰。① 因此，也许会有观点认为办理认罪认罚案件的核心在于审前程序，审判程序不仅流程简单且几乎不存在争议，即使有律师，能发挥的作用也十分有限，因此是否有律师的参与并不重要。从能够发挥的作用来看，有无律师似乎差别并不大；从程序性质来看，有无律师存在本质的区别。获得辩护是被追诉人在刑事诉讼程序中的法定诉讼权利②，如果在普通程序中没有辩护人，将是严重的程序违法且会引发司法责任的追究③。之所以强调辩护人的重要地位是基于他享有的广泛的诉讼权利，是被追诉人的应诉重要力量。因此，对于没有辩护人的被追诉人有权利请求引起程序性后果来弥补这部分损失。在假设 2 下，速裁程序没有律师参与，将构成程序违法；但在假设 1 下，速裁程序没有律师并不会成立程序违法，那么没有律师帮助的被追诉人的损失就无从得以弥补。虽然这种损失在速裁程序中体现得不明显，但并不代表没有，更不能直接忽略。综上，假设 2 在逻辑上是完整的，同时反推出假设 1 的逻辑存在一定的漏洞。

综上，在逻辑层面，对于“听取辩护人意见”的规定，应当要求“速裁程序中必须有律师参与”，否则将无法实现“应当听取”的要求。至于律师在速裁程序中以何种方式参与将在下文展开讨论。

---

① 《法律援助值班律师工作办法》第 6 条规定，值班律师在认罪认罚案件中应当向犯罪嫌疑人、被告人释明认罪认罚的性质和法律规定。此外，《刑事诉讼法》第 120 条、第 173 条、第 271 条规定了侦查人员、检察官、法官应当告知被追诉人认罪认罚的有关规定。

② 获得辩护权不仅是《刑事诉讼法》第 11 条中规定的刑事诉讼权利，同时也是《宪法》第 130 条规定的宪法性权利。

③ 《刑事诉讼法》第 238 条规定，第二审人民法院发现第一审人民法院的审理剥夺或者限制了当事人的法定诉讼权利，可能影响公正审判的，应当裁定撤销原判，发回原审人民法院重新审判。《关于开展刑事案件律师辩护全覆盖试点工作的办法》第 11 条规定：“第二审人民法院发现第一审人民法院未履行通知辩护职责，导致被告人在审判期间未获得律师辩护的，应当认定符合刑事诉讼法第二百二十七条第三项规定的情形，裁定撤销原判，发回原审人民法院重新审判。”第 12 条规定：“人民法院未履行通知辩护职责，或者法律援助机构未履行指派律师等职责，导致被告人审判期间未获得律师辩护的，依法追究有关人员责任。”

二、重要意义：速裁程序中应当有律师参与

从刑事诉讼法律规定出发，速裁程序中应当有律师参与；从刑事诉讼的价值取向来看，速裁程序中也应当有律师的参与。公正与效率是两个相对应的重要价值，在刑事诉讼中缺一不可。离开了司法公正，司法效率将适得其反；离开了司法效率，司法公正也将难以实现。因此，应当保持公正与效率的动态平衡。[①]

（一）律师参与有助于提升效率价值

基于基本设计理念，刑事速裁程序庭审流程简化、审判期限缩短，主要的目的是提升刑事诉讼程序总体的效率。在当前的司法实践中，在速裁程序中当庭宣判的比例是较高的。前提是被追诉人对程序适用以及起诉书、量刑建议书不存在异议。从统计数据来看，2017 年速裁程序平均审判时间为 8.54 天，分别仅为简易程序和普通程序审判时间的 50.2% 和 11.03% 。[②] 单从数字上来看，速裁程序的适用对于庭审效率的提高作用很大，但需要注意的是，纯粹追求效率可能导致公正价值的失衡。从法官的角度来看，法官对于案件的裁判很难说是在庭审中形成的，整个庭审的过程对于案件最终的判决结果的影响是较小的。[③] 如果出现有违司法公正的情形，会引发被追诉人的上诉并通过二审程序来予以纠正。对被追诉人而言，其应当享有的合法权益不能得到有效保障，流于形式的庭审难以真正得到被追诉人的认同与信服，被追诉人可能会选择上诉来进一步争取更轻的刑罚。这种上诉显然降低了司法效率。律师在速裁程序中的参与表面上看会增加程序负担进而降低司法效率，但实质上会有效避免前述两种情况的发生。减少不必要上诉节省的司法资源远远能够折抵律师参与所增加的司法负担，因此总体上律师参与是有助于诉讼效率提高的。

① 参见陈光中：《动态平衡诉讼观之我见》，载《中国检察官》2018 年第 7 期。

② 参见王禄生：《论刑事诉讼的象征性立法及其后果——基于 303 万判决书大数据的自然语义挖掘》载《清华法学》2018 年第 6 期。

③ 参见陈瑞华：《“认罪认罚从宽”改革的理论反思——基于刑事速裁程序运行经验的考察》，载《当代法学》2016 年第 4 期。

（二）律师参与有助于强化公正价值

虽然刑事速裁程序强调效率价值，但作为一项刑事诉讼程序，公正价值是高于效率价值的。特别对于速裁程序而言，建立在控辩协商的基础之上，协商的过程缺乏正当程序的严格控制，就容易出现为了效率而忽视公正的情况。[①] 因此，在追求刑事速裁程序带来的高效率的同时，并不能忽视其中的公正价值，律师参与就是保障公正价值的重要体现，具体体现在以下两个方面：

1. 速裁程序中的律师参与是程序公正的重要体现

一方面，认罪认罚从宽制度的程序性侧面要求律师参与。从程序性从宽角度而言，其主要指的是“非羁押性强制措施的适用、非刑罚化处理决定、简易速决程序等程序性处理”[②]。第一，有助于诉讼效率的提升；第二，鼓励被追诉人主动承认错误，并自愿接受相应的处罚。[③] 但在司法实践中，认罪认罚从宽制度的实施效果会作为司法机关的绩效考评指标[④]，不排除“完成指标性”的压迫型认罪认罚，这种情况下会与认罪认罚从宽制度中强调的“自愿性”的基本要求相背离。律师的参与将在一定程度上减少前述情况的发生。另一方面，律师参与是刑事诉讼构造的基本要求。现代刑事诉讼强调被追诉人在刑事诉讼中的主体地位，以及被追诉人在诉讼过程中发挥的积极作用。在人权保障日益受到重视的当今社会，刑事诉讼需要遵循的原则必然为控辩平等对抗。“控方和辩论方两者的平等对抗、法官居中裁判”的等腰三角形模式也成为现代刑事诉讼审判的基本构造。但事实上，处于等腰三角形两边的控辩双方却天然地地位不平等。一方面，控方代表国家行使控诉权，因此具有国家强制

---

① 参见刘方权：《认罪认罚从宽制度的建设路径——基于刑事速裁程序试点经验的研究》，载《中国刑事法杂志》2017 年第 3 期。

② 郭志媛：《认罪认罚从宽制度的理论解析与改革前瞻》，载《法律适用》2017 年第 19 期。

③ 参见唐海东：《认罪认罚从宽制度中程序性从宽研究》，载《河北法学》2020 年第 11 期。

④ 2020 年 5 月，最高人民检察院印发《关于开展检察官业绩考评工作的若干规定》，各地将认罪认罚工作成效作为考评重点指标。如南平市要求各级检察院将认罪认罚成效纳入检察官绩效考评范围。《南平市刑事检察认罪认罚工作成绩单》，载澎湃网，https：//www. thepaper. cn/newsDetail _ forward _ 8743629，2021 年 4 月 5 日。

力与资源的支持与保障。在人力、物力、财力上相较于以个人为主体的辩方具有绝对性的优势。另一方面，在当前刑事诉讼的发展阶段，被追诉人是诉讼主体的同时还是重要的证据来源。① 虽然当前刑事证据的发展在逐步降低主观性证据的比例，但不可否认的是，被追诉人的供述仍然是司法机关侦查案件的重要途径。赋予辩方充分的诉讼权利，在法庭上保障控辩双方能够进行平等且充分的质证、辩论，最终形成的判决结果才能够最大程度地得到控辩双方的认可。② 这也是程序公正的基本要求之一。速裁程序审判流程设计偏重"快"，缺少法庭上的质证与辩论，辩方的空间被进一步压缩，律师的参与是辩方力量的增强，以弥补辩方在辩护空间上的损失。

2. 速裁程序中的律师参与是实体公正的重要体现

一方面，认罪认罚从宽的实体性侧面要求律师参与。从实体从宽角度而言，其主要指的是"审判环节对于被追诉人从轻、减轻、免除处罚"③，换言之，速裁程序是体现实体从宽的主要环节。基于程序设计，速裁程序将法庭调查、法庭辩论环节予以省略，听取建议成为速裁程序中辩方表达意见的主要途径。应当说，提出意见是律师行使辩护权的重要内容之一。辩护人提出意见与司法机关听取意见贯穿刑事诉讼程序的各个阶段，具体到审判环节，也有相应的规定，如庭前会议环节④、庭审环节⑤。因此，律师在这一环节的参与在保障实体公正上显得更加重要。另一方面，律师参与是"以审判为中心"的基本要求。正如庭审必须满足实质化的要求，"证据质证在法庭、案件事实查明在法庭、诉辩意见发表在法庭、裁判理由

---

① 参见夏勤:《刑事诉讼法释疑》(第六版)，中国方正出版社 2005 年版，第 73 页。

② 参见李玉华:《论控辩平等对抗》，载《政法论坛》2004 年第 2 期。

③ 郭志媛:《认罪认罚从宽制度的理论解析与改革前瞻》，载《法律适用》2017 年第 19 期。

④ 《刑事诉讼法》第 187 条规定：在开庭以前，审判人员可以召集公诉人、当事人和辩护人、诉讼代理人，对回避、出庭证人名单、非法证据排除等与审判相关的问题，了解情况，听取意见。

⑤ 《刑事诉讼法》第 195 条规定：公诉人、辩护人应当向法庭出示物证，让当事人辨认，对未到庭的证人的证言笔录、鉴定人的鉴定意见、勘验笔录和其他作为证据的文书，应当当庭宣读。审判人员应当听取公诉人、当事人和辩护人、诉讼代理人的意见。

形成在法庭"[①]。虽然速裁程序属于认罪认罚从宽制度的配套制度内容，但仍然需要坚持以审判为中心的基本原则。从形式上看，认罪认罚从宽强调诉讼双方的合作，重心在于审前程序；以审判为中心强调诉讼双方的对抗，重心在于审判程序。两者看似指向不同的价值理念，甚至有些冲突。但从本质上来看，对于所有的刑事案件而言，公正永远是第一要义。因此，即使是适用认罪认罚从宽程序、追究效率的刑事案件，都必须以实现公正为首要前提。对于认罪认罚案件，在案件事实上，控方和辩方两者出现的争议较少，看似不存在辩方发挥的空间，但需要明确的是，越是在这样的情况下，辩方的意见更加不容忽视。如果失去了律师的参与，被追诉人的自愿性与真实性很有可能被认罪认罚具结书"合法背书"，从而对最终裁判的公正性、合理性与裁判可接受性带来更加严重的负面影响。

三、现实困境：速裁程序中的律师参与程度低

基于前述，不论是从法条的理解，还是功能分析，都应当理解为刑事速裁程序中应有律师参与，但当前的法律环境却难以实现这一要求。

（一）规范层面：法律规范存在缺失

根据关于适用速裁程序进行审理的案件的相关规定，律师在面对不同类型的被追诉人的参与程度是不一样的。对于自行委托辩护人、符合法律援助机构指派辩护人条件的被追诉人，在刑事诉讼全阶段均能享受到辩护律师完整的法律帮助。对于辩护人未委托辩护人或者是不满足法律要求的法律援助机构等，按照《关于开展刑事案件律师辩护全覆盖试点工作的办法》等的要求，法律援助机构派驻的值班律师为其提供法律帮助。就审前阶段而言，值班律师能够提供的法律帮助种类与辩护律师能够提供的法律帮助种类相差不大。但值班律师与辩护律师的权利范围仍然存在区别，以阅读卷角度来讲，相对比辩护律师，值班律师拥有的权利并不完善。以阅卷方式而言，按照刑事诉讼法的规定，在案件审理过程中可以对案卷材料进行查阅或者是摘抄；按照《法律援助值班律师工作办法》第 21 条的规定，值班律师在提供法律帮助时，只能享有"查阅权"，不能摘

① 最高人民法院《关于全面推进以审判为中心的刑事诉讼制度改革的实施意见》。

抄案卷的内容。这样一来，值班律师只能凭借着自身对案件的熟悉程度和记忆力来开展相应的工作。就调查取证权而言，按照刑事诉讼法的相关规定，辩护律师拥有对案件进行调查取证或者是申请调查取证等多项权利；而值班律师却不享有这种权利。部分观点表示，值班律师在法律上只是提供简单的法律援助，无须享有更多的权利。但权利差别会导致服务效果的巨大差别。在审判阶段，《刑事诉讼法》第224条规定，辩护律师可以在宣判之前提出意见；但根据《关于开展法律援助值班律师工作的意见》的规定，法律援助值班律师不提供出庭辩护服务。所以，针对这类案件，在规范层面缺少律师在刑事速裁程序中的具体设计。

（二）实践层面：司法实践难以实现

第一，律师参与程度难以达到改革的要求。在2012年刑事诉讼法的修改中，辩护制度的内容得到了扩充与完善，在司法实践中也取得了一定的成果。修改之初，委托律师辩护率仅16.07%，经过5年的发展提高至2017年的20%。虽然在规范层面范围得以扩大，但司法实践中适用法律援助的比例仅3%。[①] 2017年开展“刑事辩护全覆盖”改革后，从规范层面对律师参与提出了新要求。数据显示，试点一年后律师在刑事案件中的参与发生了质的飞跃，特别是经济发达的地区，律师辩护率达到90%以上。[②] 这一改革在试点中取得了很好的成果，但需要注意的是，试点地区主要针对的都是我国经济、文化发展较为发达的地区[③]。如果放在全国范围内，律师的总人数与刑事案件的总件数之间的比例差将近10倍，显然距离达到“全覆盖”仍有很大的差距。[④] 同时，各地的法律援助工作发展很不均衡。偏远地区如何达到全覆盖将面临人员配置上的巨大挑战。

第二，律师参与效果难以达到改革的初衷。自值班律师制度纳入刑事诉讼法以来，全国各地都建立了值班律师制度，组成值班律

---

① 参见王禄生：《论刑事诉讼的象征性立法及其后果——基于303万判决书大数据的自然语义挖掘》，载《清华法学》2018年第6期。

② 参见顾永忠：《刑事辩护制度改革实证研究》，载《中国刑事法杂志》2019年第5期。

③ “刑事辩护全覆盖”第一批试点地区为北京、上海、浙江、安徽、河南、广东、四川、陕西省。

④ 参见顾永忠：《刑事辩护制度改革实证研究》，载《中国刑事法杂志》2019年第5期。

师团队参与到认罪认罚的相关工作当中。但从实践效果来看，值班律师“形式”作用要大于“实质”作用。具体而言，一方面，如前所述值班律师的人数难以满足现实需求，导致值班律师的工作量很大。在实践中，甚至出现值班律师在单位值班时间内就要签署数十份认罪认罚具结书的情况。[①] 虽然在形式上诉讼效率提高了，但辩护效果却难以得到实质保障。另一方面，值班律师的补贴水平不均。2019 年初《关于完善法律援助补贴标准的指导意见》出台，该文件的出现在一定程度上解决了法律援助目前的经济补贴情况。[②] 对于经济发达的地区，值班律师的补贴相较于委托律师的费用仍有很大差距，难以吸引高质量的律师来做值班律师；对于经济不发达的地区，补贴本就不多，还需承担繁重的工作，值班律师人数难以得到保障。此外，对于值班律师的工作缺少实质性标准，如果只是完成程序性“背书”，那么很难促使值班律师花精力研究案件，自然无法实现制度预期的有效性。即便赋予其会见、阅卷、协商等权利，也难以真正有效行使。[③] 从理论层面来看，律师被推定认为能够为被追诉人提供有效且充分的法律帮助，因此律师的参与往往视为被追诉人权利得到保障的指标。但不可忽略的是，在实践中也确实存在，律师虽然形式上参与了诉讼，但能力上却无法胜任或者实际上并未达到理论上的要求的情况。[④]

四、化解路径：逐步实现律师参与的“全覆盖”

如前所述，就当前法律条文关于速裁程序中“听取辩护人意见”的规定，应当理解为“速裁程序中必须有律师参与”。那么对于没有

---

① 参见褚晓囡：《值班律师与认罪认罚从宽制度适配性探讨——从值班律师功能定位切入》，载《汕头大学学报（人文社会科学版）》2019 年第 10 期。

② 例如广东省湛江市，刑事案件审判阶段案件从原来的每宗补贴从 700 元提高到 2000 元。在上海市，各区值班律师经济补偿从半天 200 元到 700 元不等，平均 300 元。在山东省，有地市值班律师的补偿是半天 100 元，还有地市则是半天 50 元。参见叶青、程衍：《中国刑事法律援助制度 40 年发展与展望》，载《上海法学研究》2020 年第 16 卷。

③ 参见韩旭：《认罪认罚从宽案件中有效法律帮助问题研究》，载《法学杂志》2021 年第 3 期。

④ 熊秋红：《有效辩护、无效辩护的国际标准和本土化思考》，载《中国刑事法杂志》2014 年第 6 期。

委托辩护人的情况，在具体适用上有三种处理方式：一通过法律援助制度为被追诉人提供律师；二是将速裁程序转为普通程序，进而获得法律援助辩护律师的帮助；三是中止（或终止）速裁程序。第一、二种方式从逻辑上来看是不存在问题的，但对于第二种方式而言，是不具有可行性的。数据显示，2019 年 1 月至 2020 年 8 月，认罪认罚从宽制度适用率已经达到 60%，速裁程序适用率也达到了近 30%。[①] 在未来的发展规划中，速裁程序的适用将更加普遍。但数据显示，我国委托辩护率仍然较低，2017 年仅达到 19.41%[②]，这就意味着如果速裁程序中没有委托辩护人的案件全部转为普通程序审理，那么大部分的案件将无法快速处理，速裁程序的实际适用率将很低，不仅不符合刑事案件繁简分流的初衷，同时也造成司法资源的巨大浪费。对于第三种方式而言，是不符合诉讼原理的。参照诉讼中止与诉讼终止的概念，不论是中止或是终止速裁程序，不委托辩护人显然都不符合相关制度的基本情形。综上，只有从第一种方式中探寻可行的路径，即从法律规范层面上明确刑事速裁程序中应当有律师参与。

（一）规范层面：明确刑事速裁程序中应当有律师参与

关于值班律师的角色定位有多种探讨，主要可以梳理为以下几种模式。[③] 一是“特殊的辩护律师”。值班律师开创了传统辩护之外的新型辩护类型，具有补充辩护制度的作用。[④] 二是“实质辩护人”。值班律师仅参与程序性辩护是远远不够的，要实现认罪认罚的有效辩护，实体性辩护是不可缺少的。[⑤] 三是“分阶段类型的准辩护人”。在侦查环节，值班律师主要扮演着“帮助者”的角色；然

① 参见《检察机关适用认罪认罚从宽制度成绩单》，载最高人民检察院网，https://www.spp.gov.cn/spp/zdgz/202010/t20201015_482069.shtml，2021 年 4 月 13 日。

② 参见王禄生：《论刑事诉讼的象征性立法及其后果——基于 303 万判决书大数据的自然语义挖掘》，载《清华法学》2018 年第 6 期。

③ 参见樊崇义：《值班律师制度的本土叙事：回顾、定位与完善》，载《法学杂志》2018 年第 9 期。

④ 参见孟婕、崔永存：《“值班律师制度专题研讨会”综述》，载搜狐网，http://www.sohu.com/a/216776663_662101，2021 年 4 月 7 日。

⑤ 参见闵春雷：《认罪认罚案件中的有效辩护》，载《当代法学》2017 年第 4 期。

而，在审查或者是审判等阶段，则扮演着“准辩护人”的角色。以在不同的诉讼阶段承担不同的角色，实现不同的诉讼功能。[①] 四是“特殊的法律援助律师”。就值班律师在法庭上提供的帮助行为而言，意味着无法完全代替承担辩护人角色的法律援助律师，但其也具有传统法律援助模式所不具有的优势。[②] 虽然对于值班律师有着不同的定位模式，但主要的分歧在于值班律师能否被赋予辩护人的地位。可能会有观点认为，值班律师不享有完整的辩护权利，因此不能赋予其辩护人的地位。但值班律师现阶段不能提供完整的辩护服务并不代表其职责性质不是辩护行为，并不能改变其辩护的本质。虽然辩护权是一个含有下位概念的权利体系，但辩护权体系的权利范围也因权利行使主体的不同而不同。如被追诉人自身有其单独享有的最后陈述权等，辩护律师也较其他辩护人可以享受法律规定的某些单独权利，譬如会见权或者是阅卷权等。因此，具有全部的辩护权利并非辩护人身份的充要条件，法律可以根据其制度目的、价值与特点对其权利范围进行适当的扩充或限制。综上，从应然的角度来讲，值班律师应当具有辩护人地位。

鉴于目前法律规范中对于值班律师的定位是“法律帮助者”，那么值班律师在速裁程序中的参与可以分阶段逐步进行。第一个阶段，将《刑事诉讼法》第224条修改为“听取辩护人或值班律师的意见”。基于速裁程序的流程设计，律师在其中参与的空间仅限于最后的听取意见，因此仅赋予值班律师在这一环节提出意见的权利，既能够回避值班律师的地位问题，也能够让值班律师发挥出在审判阶段的价值。换言之，被追诉人在未聘请委托辩护人的情况下，他也能得到值班律师的帮助。虽然值班律师在审前提供法律服务没有形成一一对应的固定关系，一个被追诉人能够获得不同值班律师所提供的相关法律帮助，由此可见，值班律师能够对认罪认罚具结书有着一定的决定性作用。第二个阶段，在值班律师获得辩护人地位后，将《刑事诉讼法》第224条恢复为“听取辩护人意见”。在这一阶段，值班律师在审判环节中和辩护人有着等同的身份，因此统一称

---

① 参见姚莉：《认罪认罚程序中值班律师的角色与功能》，载《法商研究》2017年第6期。

② 参见吴宏耀：《我国值班律师制度的法律定位及其制度构建》，载《法学杂志》2018年第9期。

谓即可。

（二）制度层面：扩大值班律师的权利范围

如前所述，值班律师与辩护律师的权利范围仍然存在一定的区别。不同的权利范围将直接影响律师提供法律帮助的质量。在今后的发展中，应当对各类刑事诉讼案件进行深度分析，进而调整值班律师现有的权利界限。在审前阶段，从阅卷权角度来讲，可以赋予值班律师案卷材料的摘抄权或者是复制权，这样能够让值班律师对案件有更为清晰的认知与了解。从调查取证权角度来讲，应当赋予值班律师这类权利，通过这种方式来提高案件审理环节的公平性和公正性。在审判阶段，就前述第一个阶段，即值班律师不具有辩护人地位的阶段，应当赋予其同辩护律师一样的提出意见权；就第二个阶段，即值班律师具有辩护人地位的阶段，值班律师将具有完整的辩护权利，包括质证、上诉等权利。

（三）保障层面：进一步完善法律援助制度

基于我国当前律师委托率占比仍然较低，在速裁程序中保障律师的参与主要依靠法律援助资源。如前所述，实现速裁程序中的律师参与在司法实践中主要存在人员与经费两个层面的现实障碍。想要突破这两个层面的障碍，就必须依靠完善的制度来提供保障，即健全法律援助现有的制度条例。2021 年 8 月，法律援助法出台，对于国内法律援助事业实现更好地发展奠定了牢固的根基。以 2003 年出台的《法律援助条例》为基础，该法吸收了近年来的改革成果，是我国关于法律援助的第一部专门法律。① 应当说，该法不仅仅是对我国当前法律援助框架的整合，同时也是未来法律援助工作的基本蓝图。随着法律援助法的实施，前述两个层面的问题均能够得到一定程度上的解决。

数据显示，2020 年我国所有的法律援助机构累计受理的刑事案件总量达到了 10.64 万件。② 而认罪认罚案件中值班律师总体的参与

---

① 参见陈光中、褚晓囡：《刑事辩护法律援助制度再探讨——以〈中华人民共和国法律援助法（草案）〉为背景》，载《中国政法大学学报》2021 年第 4 期。

② 参见《去年全国法援机构办结法律援助案件近 140 万件》，载《民主与法制时报》2021 年 3 月 5 日，第 2 版。

量大约为68万件[①]。由此可见，目前法律援助辩护律师在刑事诉讼程序中的参与所占比例仍然较小。法律援助法主要从三个方面来缓解人员的问题：一是延伸法律援助从业者总体的工作范围，譬如，基层法律服务工作者、法律服务志愿者（含个人、研究人员和法学专业学生）均可以参与到相关法律援助活动中。二是优化法律资源的地域分配，建立健全法律服务资源跨区域流动机制。三是扩宽法律援助的渠道，探索政府采购法律服务的模式。

从经费来看，近10年以来，全国法律援助经费总额从2009年的7亿元达到2018年的26.5亿元。[②] 从增幅来看是很大的，说明法律援助工作进展取得了重要的进步。但从比例来看，法律援助工作所占财政的比例仍然是较低的，仅0.0011%—0.0122%。[③] 就经费问题，法律援助法从三个方面予以解决。一是明确政府财政保障，县级以上的政府在未来的公共服务体系建设或者是社会发展规划中应当积极将法律援助工作融入其中，并为之建立健全相应的动态调整机制。二是细化法律援助补贴，要求补贴标准根据当地具体情况确定，并实行动态调整以及免税政策，同时强调补贴应当及时发放。三是完善激励措施，鼓励和支持社会力量依法通过捐赠等方式为法律援助事业提供支持，并给予税收优惠以及相应表彰、奖励。

法律援助法的出台，在法律规范的层面对前述提到的速裁程序中的律师参与在司法实践层面人员与经费的问题予以了回应，但多为原则性、框架性的规定，具体实施仍然需要配套程序规定以及各地细则进一步细化与明确，实践效果也需要在未来的实施过程中进一步考察与修正。

① 参见《去年全国法援机构办结法律援助案件近140万件》，载《民主与法制时报》2021年3月5日，第2版。

② 数据来源于《中国法律援助年鉴》、法律援助网、《中国人权法治化保障的新进展》白皮书、司法部法律援助发布会等。

③ 参见陈光中、张益南：《推进刑事辩护法律援助全覆盖问题之探讨》，载《法学杂志》2018年第3期。

审判中心视野下侦查预审程序改革*

徐 猛**

一、问题的提出

以审判为中心的刑事诉讼制度改革厘清刑事诉讼中侦查、起诉、审判的逻辑关系，明确以审判为中心，也即侦查、起诉需按照审判的要求为审判服务，而审判引导和制约侦查、起诉的开展。[①] 为推进以审判为中心的刑事诉讼制度改革，党的十九大提出“全面落实司法责任制”[②]，进一步完善刑事诉讼制度改革相关配套制度。因此，在刑事案件侦查终结移送起诉前，公安机关负责首次审核把关刑事案件质量，审核标准与起诉、审判的标准保持一致，要求达到“犯罪事实清楚，证据确实、充分”。[③] 在刑事诉讼的侦查阶段，公安机关通过预审程序完成此项任务。在长期的实践中，我国的刑事侦查由公安机关的刑侦和预审部门分段负责，前期刑侦部门的主要任务是通过收集证据的方式查明案情，后期预审部门的主要任务是审查核实前期侦查收集的证据材料，规范作出侦查终结的决定。这种独立设置预审部门的侦查体制有利于充分发挥预审的功能，进而保障刑事案件质量，在某种意义上具有合理性和科学性。然而，经过

---

* 本文系中国人民公安大学 2021 年度基本科研业务费智库研究项目（编号：2021JKF302）阶段性成果。

** 中国政法大学刑事司法学院诉讼法学专业 2018 级博士研究生，中国人民公安大学国家安全学院学办主任、讲师。

① 张吉喜：《论以审判为中心的诉讼制度》，载《法律科学》2015 年第 3 期。

② 司法责任制的核心内涵在于“谁办案谁负责，让审理者裁判，由裁判者负责”。

③ 兰跃军：《司法责任制背景下的侦查预审程序之改革》，载《安徽大学学报（哲学社会科学版）》2019 年第 6 期。

1997年公安部推行的刑侦体制改革，实行“侦审一体化”，全国大部分地区公安机关的预审部门被撤销，导致预审程序名存实亡、预审功能全面崩溃，最终引发保障刑事案件质量不高、监督引导侦查不力、衔接起诉程序不畅等问题。[①] 对此，全国各地公安机关进行了侦查预审程序改革的有益探索，目前各地关于预审模式的设置虽然呈现出多元化的现状，但是越来越多的地方公安机关选择重新恢复独立的预审力量或者预审机构。[②] 我国刑事诉讼法虽然多次修改，但对预审程序的规定始终过于原则，各地公安机关在实践中难以准确把握侦查预审的内涵、功能，缺乏完善的预审程序，出现多元化的预审运行样态，总体上运行效果不佳。而要破解此难题，全面深化以审判为中心的刑事诉讼制度改革，推动侦查预审程序的改革完善，有必要立足中国司法实际，科学界定侦查预审的内涵，重新建构侦查预审的功能，改革完善侦查预审的程序，充分发挥侦查预审的审核把关作用，避免刑事案件在侦查阶段出错，进而防范冤假错案的发生。有鉴于此，本文就审判中心视野下侦查预审程序改革展开深入研究。

二、审判中心视野下侦查预审内涵的科学界定

回顾我国刑事诉讼法的发展历程，不难发现1979年刑事诉讼法首次且仅一次出现“预审”一词，往后刑事诉讼法历经三次修订也仅出现“预审”一词两次且未发生变化，其中第3条第1款均规定了刑事诉讼中公、检、法三机关的职责分工，将侦查、拘留、执行逮捕和预审并列为公安机关的法定职权。为了指导预审实践，夯实预审的诉讼地位，规范预审程序，1996年刑事诉讼法增设第90条（2012年《刑事诉讼法》第114条、2018年《刑事诉讼法》第116条），对侦查预审程序作出专门的规定，置于第二章“侦查”之下，属于侦查工作的重要组成部分，也属于刑事诉讼程序中的重要环节。[③] 按照上述规定，为了契合审判中心视野下的司法实践，应当科

---

① 彭玉伟：《中国公安预审制度改革：论争、反思与构想》，载《公安学研究》2020年第5期。

② 冯瑛琦：《“以审判为中心”视域下我国预审制度改革的实践与思考》，载《福建警察学院学报》2019年第5期。

③ 曹文安：《预审制度研究》，中国检察出版社2006年版，第328页。

学界定侦查预审内涵，概括为以下五个方面：

其一，侦查预审权通常属于公安机关的法定职权，应当由公安机关负责。① 准确把握预审权通常属于公安机关的法定职权，需要从以下三个方面理解：一是1979年刑事诉讼法规定，公安机关负责侦查、拘留、预审，是行使预审权的唯一授权主体，而后随着刑事诉讼法两次修改，补充规定国家安全机关、军队保卫部门、监狱和检察机关在其管辖范围内享有预审权，而本文研究公安机关负责的刑事案件，因此谓之“通常”。二是《刑事诉讼法》第3条以列举的形式规定预审和侦查同为公安机关办理刑事案件的主要工作，而此时的侦查为“狭义上的侦查”，其内涵为侦查的实施。② 三是公安机关独自负责侦查预审。③ 近年来，一些学者对侦查预审改革尝试全面借鉴域外预审制度，全面放弃公安机关负责预审制度，主张由检察官或者法官负责预审④，这显然是不符合我国司法实际的。

其二，侦查预审具有法定的启动条件。从2018年《刑事诉讼法》第116条可知，侦查预审的启动条件可以从实体和程序两个角度分析。侦查预审的程序条件是“经过侦查”，也即凡是进行预审的案件，都需要经过前期侦查。从公安部《预审工作规则》第4条、第5条、第10条可知，侦查预审是在审查批准逮捕犯罪嫌疑人后开始实施的，而侦查部门提请审查批准逮捕犯罪嫌疑人的申请需要先经过预审部门的审核，然后移送人民检察院审查批准逮捕，最终由预审部门负责执行逮捕。随后，预审部门对侦查收集、调取的证据材料进行审核，这也是预审部门的核心工作。而审核证据材料是贯穿刑事诉讼全程的各种“审”的基本职能，只是在时间的先后顺序

---

① 王怀旭：《预审学》，中国人民公安大学出版社2006年版，第1页。

② ［日］田口守一：《刑事诉讼法学》，张凌、于秀峰译，中国政法大学出版社2010年版，第29页。

③ 除非法律有特殊规定，其他任何机关、团体、个人均无权行使。

④ 李夏瑜：《论我国现行预审机制的弊端及立法调整——兼论“侦审合一”的合法性与消极作用》，载《犯罪研究》2002年第3期；欧卫安：《检察预审论——批准逮捕制度的程序化与检察机关角色的转变》，载《法治论坛》2014年第3期；洪浩《从“侦查权”到“审查权”——我国刑事预审制度改革的一种进路》，载《法律科学（社会科学版）》2018年第1期；潘金贵：《刑事预审程序研究》，法律出版社2008年版，第272—275页；阮丹生：《关于建立我国刑事预审制度的设想》，载《法学评论》2003年第4期。

上存在区别。因此，侦查预审中的“审”与刑事诉讼各阶段的“审”具有相同的职能，属于审判中心视野下刑事诉讼制度中“审”的外在表现之一。这就说明，侦查预审表现为预审部门对侦查部门侦查的刑事案件的预先审查，实质上是公安机关拥有的一种审核权，是为了保障后续起诉顺利开展的重要工作，具备“预备性司法权”的性质。[①]

侦查预审的实体条件，也即是证据条件，表现为“有证据证明有犯罪事实”。结合2018年《刑事诉讼法》第81条，不难发现侦查预审的证据条件与逮捕的证据条件一致。因而侦查预审的实体条件适用《关于刑事诉讼法实施中若干问题的规定》第26条对“有证据证明有犯罪事实”的解释。也就是说，侦查预审面对的刑事案件不仅要求有证据证明犯罪嫌疑人确实实施了刑法意义上的犯罪行为，还要求有证据证明此种犯罪行为确实是犯罪嫌疑人实施的。侦查部门查明的犯罪事实是否清楚，收集、调取的证据材料是否确实、充分，有待预审部门通过预审来审核。

值得注意的是，在实践中，侦查部门侦查完结的案件并非均要经过预审程序。侦查完结后，如果侦查部门认为犯罪嫌疑人的行为显著轻微或者没有证据证明犯罪行为的发生，属于依法不应当追究犯罪嫌疑人刑事责任的情形，那么侦查部门可以直接撤销案件而不需要将案件流转到预审部门审核。这种侦查部门内部撤销案件的行为除了受公安机关内部的把关外，缺乏有效的监督制约，极易导致侦查权膨胀。在司法实践中表现为侦查部门受各种因素影响将许多犯罪嫌疑人“他案处理”，最终转化为“不处理”，这不符合刑事诉讼法惩罚犯罪的理念，也可能使侦查人员承担渎职的风险。为破解此难题，建议侦查部门侦查完结的所有刑事案件均流转到预审部门实施审查，经过预审二次审核把关，发现不应当追究犯罪嫌疑人刑事责任的案件，由预审部门统一作出撤销案件或其他决定，报主管部门审批。虽然在某种意义上，所有刑事案件侦查完结后均经过预审会降低诉讼效率，但是全面实现了公安机关内部预审权对侦查权的程序性制约，有助于避免放纵犯罪的发生。与之相对应的是，2018年《刑事诉讼法》第116条后面增添一句：“侦查部门发现不

① 兰跃军：《司法责任制背景下的侦查预审程序之改革》，载《安徽大学学报（哲学社会科学版）》2019年第6期。

应当追究犯罪嫌疑人刑事责任的，应当将案件移交预审部门审查，做出撤销案件或其他决定。”那么，《刑事诉讼法》第116条将真正成为刑事案件侦查的一般规定。[①]

其三，侦查预审和侦查虽然同属于侦查阶段，但是两个彼此独立的程序。换言之，预审和侦查同属于侦查阶段。按照预审的启动条件可知，预审和侦查具有紧密的联系，两项工作共同致力于提升刑事案件质量，推进刑事诉讼进程，捍卫司法公正。对于预审和侦查为两个彼此独立的程序，可以从以下四个方面理解：一是2018年《刑事诉讼法》第3条将侦查与预审以顿号隔开，说明两者之间为并列关系，也即是相互独立关系[②]；二是根据《公安机关办理刑事案件程序规定》，刑事侦查程序被划分为六个阶段，侦查与预审也是以用顿号隔开，进一步说明侦查与预审彼此相互独立[③]；三是由于预审的核心任务在于审核侦查获取的证据材料，实现预审权对侦查权的监督，公安机关有必要将预审和侦查两种不同性质的侦查权独立设置，彼此分离行使职权；四是公安机关在探索“侦审一体化”过程中，不应当为了提升侦查办案的效率而忽略预审职能的独立性，实践中同一侦查部门不仅行使着侦查职权，还行使着预审职权。

其四，侦查预审不具备深挖余罪的任务。首先，深挖余罪的本质在于通过侦查取证扩大侦查战果范畴，具有典型的侦查职能，而预审和侦查已经明确为相互独立的程序，因此侦查预审应严守侦查与预审的边界，不应当从事深挖余罪的任务。其次，《预审工作规则》第3条明确预审的职能也没有此意。再次，有学者对预审运行现状进行考察发现，在预审实践中，预审部门以审核证据材料为核心任务，以批准侦查部门报请逮捕的申请、向检察部门移送起诉为主要工作，其具有的绝大多数侦查职能已经回归侦查，即便在公安机关内部预审部门仍然名义上承担深挖余罪的职责，但在以审判为中心的刑事诉讼制度改革背景下，由于深挖余罪背离了预审的初衷

① 兰跃军：《司法责任制背景下的侦查预审程序之改革》，载《安徽大学学报（哲学社会科学版）》2019年第6期。

② 步洋洋：《我国侦查程序中的预审制度研究》，载《三峡大学学报（人文社会科学版）》2015年第3期。

③ 薛宏伟：《对我国预审制度工作现状与改进对策的思考——侦查程序中不容回避的理论和现实问题》，载《中国刑警学院学报》2015年第4期。

而逐步成为一种摆设[①]。最后，司法实践中预审部门的物质条件难以胜任深挖余罪的职能，倘若预审部门有能力履行这一职能，预审部门中立的审核者地位不可避免地受到影响。总之，预审部门应当将预审中深挖余罪等侦查性质的职能回归侦查。[②]

其五，侦查预审具有法定的终结条件。在程序上，预审部门通过审核侦查部门收集、调取证明犯罪嫌疑人有罪或者无罪、罪重或者最轻的证据材料的方式对刑事案件进行加工，实现刑事案件由有瑕疵的产品向合格的产品转变，直至达到符合移送起诉的成品。由此可见，侦查预审的终结也意味着整个刑事案件侦查[③]的终结。在实体上，2018 年《刑事诉讼法》第 162 条明确规定侦查终结的证据条件[④]，也即是侦查预审的证据条件。此外，经过预审，公安机关要形成诉讼卷宗，包括“案件侦查卷”和“案件证据卷”，如果案件符合审查起诉的条件，诉讼卷宗将流转到检察部门，最终流向审判部门。可见，诉讼卷宗是起诉、审判的重要依据，其质量的高低直接影响最后的审判结果[⑤]，所以应当强化预审职能。

三、审判中心视野下侦查预审功能的理论建构

从“侦审一体化”改革实践以来，公安机关的侦查职能与预审职能交叉融合，彼此之间的边界愈加模糊，致使侦查预审功能全面沦陷，导致刑事案件质量难以保障。由于侦查人员普遍重视破案结果忽视办案程序，公安机关的侦查行为缺乏有效的监督引导，易于出现侦查权滥用，致使侦查程序的合法性和案件事实的真实性难以保证。基于此，在以审判为中心背景下，放眼刑事诉讼整个阶段，预审服务于后续的起诉和审判，如果预审核查证据认定事实和撰写诉讼案卷达不到起诉和审判的要求，便会引发检警衔接不畅，直接

① 李欣：《侦审体质改革以来我国侦查预审制度调整与运行状况的考察》，载《北京警察学院学报》2009 年第 6 期。

② 步洋洋：《我国侦查程序中的预审制度研究》，载《三峡大学学报（人文社会科学版）》2015 年第 3 期。

③ 此处的侦查为“广义上的侦查”，通常包括侦查的开启、侦查的实施和侦查的终结等整个侦查活动。

④ 犯罪事实清楚，证据确实、充分。

⑤ 侯海东：《基于审判中心主义的我国预审制度的改革和完善》，载《北京警察学院学报》2017 年第 4 期。

影响整个刑事诉讼进程。因此，侦查预审功能的理论建构是侦查预审程序改革道路上亟须解决的难题。

重新审视法条，不难发现对侦查预审功能的规定主要集中于2018年《刑事诉讼法》第116条及《公安机关办理刑事案件程序规定》第192条[①]。然而，两条法条的文本意思在于说明预审的核心任务“审核证据材料”，并未在审判中心视野下对侦查预审功能进行全面深入的阐述，简约的表述反而制约了侦查预审功能体系的科学建构。为此，侦查预审功能研究，一方面应当坚持法解释学的原理，探寻法条背后深层次的预审功能，另一方面应当坚持法教义学[②]的立场，按照刑事诉讼运行规律开展体系化研究。有学者认为预审功能包括核实案情和证据材料、深查余罪、监督侦查活动三个方面。[③] 笔者认为，“核实案情和证据材料”是预审的核心任务不具备功能性，“深查余罪”忽视了预审与侦查之间的边界，不应当列为预审的功能。有学者认为，预审具有收集证据、深挖犯罪、监督侦查活动、分流案件、人权保障、交涉、公诉准备七个方面的功能。[④] 笔者认为，“收集证据、深挖犯罪”均属于侦查职能不应当列为预审功能，而“分流案件、交涉”属于预审的手段，人权保障是刑事诉讼的总要求，作为预审的功能显然不合适。有学者认为，预审具备三大功能：承续侦查、监督保障和诉讼准备。[⑤] 笔者认为，承续侦查仍然是侦查范畴，没有将侦查与预审职能相分离。上述这些依然是对2018年《刑事诉讼法》第116条及《公安机关办理刑事案件程序规定》第192条等的表层解释，难以深入全面提炼预审功能。在以审判为中心背景下，结合深化司法体制综合配套改革，应当坚持系统论的观点，对2018年《刑事诉讼法》第116条及《公安机关办理刑事案

---

① 公安机关经过侦查，对有证据证明有犯罪事实的案件，应当进行预审，对收集、调取的证据材料的真实性、合法性、关联性及证明力予以审查、核实。

② 白斌：《论法教义学：源流、特征及其功能》，载《环球法律评论》2010年第3期。

③ 李夏渝：《论我国现行预审机制的弊端及立法调整——兼论“侦审合一”的合法性与消极作用》，载《犯罪研究》2002年第3期。

④ 王福龙：《推进预审工作的思考》，载《四川警察学院学报》2009年第4期。

⑤ 马方、王仲羊：《“以审判为中心”视域下侦查预审的模式重构》，载《西南政法大学学报》2017年第5期。

件程序规定》第192条进行深层次剖析，科学合理建构侦查预审功能。总结为以下三个方面：

（一）保障侦查质量

以审判为中心的诉讼制度改革的目的在于提升刑事诉讼的效率和效益，而在侦查阶段表现为侦查效率和侦查质量。由于受侦查工作时限和侦查权的属性影响，在面对侦查效率和侦查质量的价值追求上，侦查部门更重视追求侦查效率，而对侦查质量的重视不够，导致二者之间失衡。由于面临案件侦查环境以及侦查人员个人素养差异等方面的客观条件，加之“侦查中心主义”观念的影响，侦查人员收集、调取的证据材料是否符合定案的标准，有待于预审部门进行细致审核，具体开展以下工作：一是根据《公安机关办理刑事案件程序规定》第192条规定，侦查预审审查、核实涉及证据的真实性、合法性和关联性，保障证据的证据能力和证明力，为后续审查起诉和审判打下坚实基础；二是严格统一刑事证据标准，侦查部门负责主动采取侦查措施收集、调取证据材料很难保持中立，更不可能从事审核证据的诉讼认识活动，而预审部门在公安机关内部保持相对独立正好可以满足“审判者”中立的定位。此外，由于侦查权具有天然的扩张属性，出现因侦查程序违法而侵犯犯罪嫌疑人权益的事情屡见不鲜。因此，应当采取措施制约和引导侦查权的行使，从而达到对刑事案件办理的质量把关。为了实现侦查效率和侦查质量的平衡，刑事立法者将预审设置在侦查阶段，从刑事案件办理源头上保障侦查质量。[①] 需要说明的是，虽然严格执行预审会在一定程度上降低侦查效率，但是提升了侦查阶段办案质量，为后续起诉和审判做好坚实的准备，避免起诉、审判时案件质量出现问题而退回补充侦查，在整个刑事诉讼活动运行中反而提升了诉讼效益。

（二）监督引导侦查

监督引导侦查功能包含监督侦查和引导侦查两个方面。目前，无论是理论研究者还是刑事办案者，对于预审监督侦查的功能已经达成一致意见。首先，预审部门主要通过讯问犯罪嫌疑人或者书面审核的方式开展审核证据工作，核查证据材料的证明力和证据能力，

① 彭玉伟：《中国公安预审制度改革：论争、反思与构想》，载《公安学研究》2020年第5期。

对于发现的非法证据或者不能排除以非法方法获取的证据，应当依法予以排除；对于发现的瑕疵证据，可以要求侦查人员作出合理解释或者采取补正措施，如果不能作出合理解释而又不能补正的，可以依法排除相关证据。其次，借鉴预审部门审查侦查部门提请审查批准逮捕申请的有益经验，预审部门应当对侦查部门采取的其他涉及人身、安全等基本权利的强制性措施进行审核把关，实现在公安机关内部预审权对侦查权的监督，有效避免发生侦查部门自行决定、实施强制性侦查措施的现象，从而更好地保障犯罪嫌疑人的权利。再次，预审监督属于公安机关内部的监督形式，不同于检察机关从外部实施的监督侦查形式，其最大的问题在于与侦查部门同属于公安机关而缺乏中立性和独立性，通过侦查部门与预审部门分离设置、侦查部门和预审部门设置不同分管领导、明确侦查与预审的权力边界可以在一定程度上实现预审监督侦查的中立性和独立性。最后，预审监督具有其他外部监督不具有的优势条件，尤其是当下刑事犯罪逐渐智能化、专业化、集团化，可以借助侦查技术、近距离监督侦查等条件开展监督，从而有利于实现监督的实质性。

由于以审判为中心诉讼制度改革要求预审权和侦查权相对分离，预审部门审核侦查部门收集、调取的证据材料中难免会发现一些案件线索，应当通过提出补充侦查提纲的方式退回侦查部门补充侦查，从而强化侦查部门再次侦查的针对性和有效性，不仅可以提升补充侦查的效率，而且可以提升补充侦查的质量，最终发挥引导侦查的功能。除此之外，由于预审部门具有审讯相关的专业知识，侦查部门面临重大、疑难、复杂的案件，可以邀请预审人员提前介入侦查，可以更直接地引导侦查部门开展工作。

(三) 衔接起诉程序

所谓衔接起诉程序功能是指预审部门通过讯问或者书面的形式审核证据材料，进一步查明案件事实，形成诉讼卷宗，完成侦查程序与起诉程序的衔接转换。一方面，由于核实证据的衔接问题与后续的诉讼活动对接紧密，预审部门应当重视核实证据的衔接问题，严格按照刑事诉讼的统一证据标准审核证据的证明力和证据能力，确保预审审核证据的标准能够等同于检察院公诉、法院审判的标准，均达到“犯罪事实清楚，证据确实、充分”，直接服务审查起诉，并为后续顺利审判奠定坚实的基础；另一方面，预审部门最终需要按照法律规定如实制作诉讼卷宗，包括“案件侦查卷”和“案件证据卷”。如果案件符合审查起诉的条件，诉讼卷宗将流转到检察部门；如果检察部门审核通过提起公诉，诉讼卷宗将沿着诉讼流程向下流转，最终流向审判部门。值得注意的是，诉讼卷宗不仅是检察院提起公诉的依据，而且是法院作出有罪判决的依据。[①] 如果未确立以审判为中心的理念，预审审核证据的任务不仅难以落实，而且很容易演变为漂白瑕疵证据的工具，最终引发侦查与起诉的衔接不畅，甚至会出现检警关系紧张的情况，不利于刑事诉讼的推进。

四、审判中心视野下侦查预审程序的完善路径

回顾 2018 年刑事诉讼法有关侦查预审的法条，无论是第 3 条还是第 116 条对侦查预审程序均没有系统化规定。在审判中心视野下，面对“侦审一体化”改革背景下侦查预审制度运行存在的障碍，坚持公检法三机关分工配合、相互制约的原则，全面贯彻落实司法责任制，科学建构侦查预审的功能，稳步完善独立的侦查预审程序已然成为共识。按照侦查预审的三大功能，稳步完善侦查预审程序可以从以下三条路径切入。

（一）科学选配预审人员，完善主办预审员制度

结合预审权的属性可知，只有公安机关的人民警察是侦查预审的主体，而检察官和法官均不具备法定授权。由于预审权具备“预备性司法权”属性，在某种意义上，侦查预审中的“审”与审查批准逮捕、审查起诉、审判中的“审”并没有区别。为了实现刑事诉讼统一证据标准，保证侦查预审结束与后续起诉、审判的证据标准相同，应当保证案件证据材料的审核者的法律素养趋同。也就是说，侦查预审人员的准入资格要与检察官、法官保持一致，应当通过司法考试或者法律职业资格考试，参加统一的法律职业岗前培训。随着公安执法规范化建设的推进，人民警察获取执法资格需要参加统一的执法资格考试，分为初级、中级、高级三个等级，在执法能力上依次递增。作为对接起诉的公安执法人员，预审人员的执法水平理应达到中级以上执法水平。[②] 此外，预审人员承担监督引导侦查的

---

① 侯海东：《基于审判中心主义的我国预审制度的改革和完善》，载《北京警察学院学报》2017 年第 4 期。

② 彭玉伟：《中国公安预审制度改革：论争、反思与构想》，载《公安学研究》2020 年第 5 期。

职能，这就要求预审人员不只是具备较高的法律专业素养，更应当具备较为丰富的刑事侦查办案经验，这样才能保证侦查预审的结果能够经得起法律的检验。结合刑事侦查办案实际，预审人员要求具备5年以上的刑事办案经验。显然，考虑到公安队伍的实际情况，严格按照上述标准选配预审人员难以实现，现阶段可以不硬性要求必须通过法律职业资格考试，可以从刑事办案经验丰富且法律素养较高的警察中选拔，同时有计划地培养被选拔的警察，争取在5年到8年后条件成熟时再严格要求。

党的十八届四中全会通过的《中共中央关于全面推进依法治国若干重大问题的决定》中明确提出了“主办侦查员”制度，具体是指刑事案件办理过程中发挥主导作用、承担主要作用的刑事侦查人员。[①]《刑事诉讼法》第3条明确侦查与预审是并列的关系，也就是说，侦查预审并不是侦查的附属，要对刑事侦查进行保障、监督、引导。因此，参考主办侦查员制度，可以设立主办预审员制度。[②] 按照工作分工，前期侦查工作由主办侦查员负责，后期证据审核工作由主办预审员负责，两者在各自职权范围内行使权力，彼此配合，共同推动刑事诉讼。明确主办预审员诉讼地位后，应当对其法定职权进行科学授予：可以对强制性措施的申请进行审核、批复；可以要求主办侦查人员配合预审工作；可以要求公安机关刑事技术等部门为预审服务；可以最终决定案件是否撤案或者移送审查起诉。[③] 与此同时，不管是不是设置专门的侦查预审部门，都应当赋予主办预审员审核证据、保障侦查、衔接起诉的实质权力和必要资源，将侦查预审的全部功能释放，有效提升侦查质量和诉讼效率。

（二）保障犯罪嫌疑人获取律师帮助权，完善听取律师意见制度

2018年《刑事诉讼法》第38条规定辩护律师有“了解有关案

---

① 汪海燕、范再峰：《主办侦查员制度研究》，载《中共中央党校学报》2016年第8期。

② 冯瑛琦：《“以审判为中心”视域下我国预审制度改革的实践与思考》，载《福建警察学院学报》2019年第5期。

③ 陈玮、顾斐璞：《主办案审员制度之思考——以苏州刑侦工作实际为视角》，载许昆主编：《公安刑事执法改革打击犯罪新机制发展报告》，中国人民公安大学出版社2016年版，第64页。

件情况”的权利。参考立法者解释，“了解有关案件情况”具体是指辩护律师向侦查部门了解案件的性质、轻重程度、侦办情况以及证据等。[①] 2018 年《刑事诉讼法》第 161 条规定了听取律师意见制度，赋予辩护律师提出意见权，其初衷是在侦查阶段有效保障犯罪嫌疑人的辩护权有效行使。从第 161 条的立法目的来看，辩护律师在案件侦查终结前可以随时提出意见，而且没有次数的限制。如果辩护律师没有提出意见，而侦查机关认为有必要听取辩护律师对某个问题的意见也是可以的。第 38 条赋予律师有权向侦查机关了解案件相关情况，这是辩护律师提出意见的前提，但并没有要求侦查机关必须告知。在实践中，刑事侦查人员往往以影响侦查顺利开展而拒绝告知。与此同时，刑事诉讼法没有赋予律师在侦查阶段调查取证的权利，因而很难在侦查和预审阶段提出有价值的意见，致使第 161 条的初衷难以实现。为了充分保障犯罪嫌疑人的辩护权，建议赋予辩护律师在案件侦查结束后、侦查预审前充分了解案件有关情况的权利，方便辩护律师全面掌握案件情况，要求侦查机关有义务配合辩护律师充分了解案件有关情况。随后，辩护律师可以向预审人员提出意见，也可以建议预审人员采取听证的方式实施侦查预审。预审程序开始前，预审人员应当及时告知辩护律师，口头或者书面听取辩护律师的意见，预审人员对辩护意见进行审核，如果发现意见与证据材料不符，沟通辩护律师予以调整。在由预审人员、侦查人员和辩护律师组成的“控辩式三角结构”推进下，实现预审程序的适度司法化，有利于全面审查证据材料，充分保障犯罪嫌疑人、被害人双方的权益。

值得注意的是，我国刑事诉讼法没有规定侦查阶段辩护律师讯问时在场权。由于侦查不公开，从对犯罪嫌疑人第一次讯问到侦查终结之间的讯问不允许律师在场，是出于担心不利于侦查机关查明案情倒可以理解。然而在侦查预审阶段，侦查收集、调取材料已经结束，实践中认为已经破案，这时讯问犯罪嫌疑人审核证据材料没有理由拒绝辩护律师在场。反之，如果允许辩护律师在场，不仅有利于审核证据材料，而且有利于尽早发现程序性违法等问题，避免

① 只要不影响侦查办案有序进行，侦查机关应当尽可能告知辩护律师。

补充侦查等程序回流，进而提升刑事诉讼效益。对此，相关实证研究[①]可以支撑。为了与当下律师辩护全覆盖制度相匹配，可以建议先在侦查预审阶段试点讯问时律师在场制度，等待试点成功后再逐步推广到整个侦查阶段。

（三）转变证据审核模式，强化诉讼准备的客观性

当前，刑事证据面临三类难题：一是没来得及收集关键证据；二是没有依法收集关键证据；三是庭审证据没有达到法定标准。对此，侦查预审证据审核模式的固化具有不可推卸的责任。

第一，实现审核证据由证明力优先向证据能力优先转变。[②] 按照证据法原理，证据应当先具备证据能力，而后才有证明力的问题。[③] 在司法实践中，不乏证明力优先证据能力的现象。由于侦查权收集证据的任务要求，侦查机关收集、调取证据过程中更多关注证明力而忽视证据能力。对此，预审部门审核证据材料时有必要优先审查证据能力。由于最佳证据规则、意见证据规则、传闻证据规则在实践中难以对侦查行为产生实质影响，因而非法证据排除规则成为调整证据能力的主要规则。侦查预审应当依托非法证据排除规则实现审核证据能力优先于证明力，做到兼顾保障人权和追求真实两大价值。[④] 为此，侦查预审部门应当注重对过程性证据[⑤]的审核。如果发现存在刑讯逼供等严重侵犯犯罪嫌疑人人身权利的违法取证问题，应当依法予以排除；如果发现侦查行为存在技术性违法，应当通过合理解释或者补正的方式及时纠正，充分修复瑕疵证据，避免后续争议。这会倒逼侦查机关收集证据时不仅收集证明案件事实的证据，而且重视收集侦查行为合法性的证据。这样会实现证据合法性和真实性兼顾，从案件办理的起点避免冤假错案。此外，实现审核证据由证明力优先向证据能力优先转变，有助于促进非法证据排除规则

---

① 樊崇义、兰跃军、潘少华：《刑事证据制度发展与适用》，人民法院出版社 2012 年版，第 36—42 页。

② 龙宗智、杨建广：《刑事诉讼法》，高等教育出版社 2007 年版，第 129 页。

③ 李学灯：《证据法比较研究》，五南图书出版公司 1992 年版，第 494 页。

④ 张建伟：《排除非法证据的价值预期与制度分析》，载《中国刑事法杂志》2017 年第 4 期。

⑤ 讯问笔录、情况说明、录音录像资料及看守所出具的提押证、入所身体检查表。参见陈瑞华：《论刑事诉讼中的过程证据》，载《法商研究》2015 年第 1 期。

在审前程序适用，对减少程序回流、推进诉讼进程具有重大意义。

第二，实现审核证据由言词证据向实物证据转变。在司法实践中，侦查人员通常在获取外围的间接证据后，多依赖讯问犯罪嫌疑人获取犯罪嫌疑人口供，再由口供去寻找印证口供的其他证据。[①] 受侦查破案的惯性思维影响，侦查预审的证据审核模式主要表现为言词证据审核。侦查人员过度依赖口供，预审人员忙于印证口供，很容易导致刑讯逼供的发生。[②] 在预审程序完善中，应当实现审核证据由言词证据向实物证据转变，做到既避免"口供中心主义"，又防止矫枉过正而将预审和讯问共同看待。需要说明的是，面对客观证据难以发现、收集的特性，有必要加大现场勘查、秘密侦查中收集证据的力度，为后续侦查预审证据审核的转型提供动力。

① 谢小剑：《我国刑事诉讼相互印证的证明模式》，载《现代法学》2004年第6期。

② 闫召华：《口供中心主义评析》，载《证据科学》2013年第4期。

试述检察法律文书释法说理制度

李清伟*

一、问题的提出

检察法律文书是检察权的运行载体，是检察环节诉讼程序的有机组成部分，释法说理是其灵魂。对此，不能孤立地理解与对待，要把检察法律文书的说理制度放置于诉讼法律制度中去考量，法律文书说理制度的健全发展跟诉讼制度的发展及司法的文明化不可分离。改革开放40多年来，法检两院探索和完善法律文书制度的脚步一直没有停止，由于法院在司法诉讼中的终裁地位，一些深受英美法观念影响的法学家认为，“法院代表司法”甚至“法院就是司法”，于是判决书的说理很受学界的关注，似乎说理只有跟法院相关，其他的司法主体没有人去关注，形成了除法院之外的其他适法主体的“集体无意识”的局面。[①] 经过相当长的一段时间，在2006年前后，浙江省检察院进行民行抗诉书说理改革及宁波市检察机关的综合性法律监督试点之后，法律监督的说理才进入人们的视野，引起法学界的关注与讨论。[②] 其中一些相关研究对法律监督说理的价值功能、时代意义等提出了启发性的见解。之后的研究多集中在应用理论层面，包括检察法律文书说理必要性、问题不足、改进措施等。

党的十八届三中、四中全会明确提出加强法律文书的说理性工作，法律文书说理工作的制度建设被提上新的高度，走上了快速完

---

* 中国政法大学诉讼法学专业2015级博士研究生，宁夏回族自治区人民检察院副检察长。

① 张利兆：《法律监督说理及其实践要素分析》，载《法律方法与法律思维》2007年第4辑。

② 张利兆：《法律监督说理及其实践要素分析》，载《法律方法与法律思维》2007年第4辑。

善的轨道，最高人民检察院 2011 年 8 月和 2015 年 7 月先后印发了《关于加强检察法律文书说理的工作意见（试行）》及《关于实行检察官以案释法的规定（试行）》，2017 年又对以上两个文件进行了修改，制定了《关于加强检察法律文书说理的工作意见》（以下简称《工作意见》）和《关于实行检察官以案释法的规定》，以加强和规范检察法律文书的释法说理工作。2018 年 12 月，最高人民检察院印发的《2018—2022 年检察改革工作规划》，就把全面实施检察官以案释法及法律文书说理制度列入其中。2021 年 4 月，最高人民检察院发布《“十四五”时期检察工作发展规划》，在促进国家治理效能中就提出了“要完善检察官以案释法和法律文书说理制度”。2021 年 6 月，《中共中央关于加强新时代检察机关法律监督的意见》，提出“加强法律文书说理和以案释法”。加强检察法律文书的说理工作已经提到了前所未有的高度，是检察机关今后亟待完成的一项重要任务。

二、检察法律文书释法说理之内涵价值

（一）内涵与特征

检察法律文书说理是人民检察院在制作检察法律文书时，或者应有关人员请求，对文书所载的处理决定依据的事实、证据、法律、政策等进行分析阐述、解释说明的活动。检察法律文书释法说理的主体是办理案件的检察官，其他检察辅助人员可以协助检察官说理。检察法律文书释法说理的范围依据说理的对象可以分为两类：一类是涉及当事人权利的阶段性或终局性的决定文书，如不起诉或不支持监督申请决定书等；另一类是主要针对相关办案机关的文书，如不批准逮捕决定书、抗诉书、纠正违法通知书、检察建议等。① 相应地，检察法律文书释法说理的对象也包括两类：一类是可能涉及的案件当事人，如犯罪嫌疑人、被害人、申诉人或被申诉人等；另一类是公权力部门，如公安、法院或者行政执法机关等。② 说理的内容包括事实分析、证据分析、法律适用分析三个方面，其中法律适用

---

① 谷鑫鑫：《释法说理在检察执法工作中的运用》，载《中国检察官》2010 年第 6 期。

② 赵刚：《浅论检察法律文书释法说理改革》，载《法治论坛》2012 年第 3 期。

部分可分为实体法适用分析及程序法适用分析。

检察法律文书与法院的裁判文书的说理有共同的特征：一是两者都具有鲜明的法律性，无论是检察文书还是裁判文书都是对所做法律结论的解释说明，都是围绕案件事实、证据、法律适用等进行说理论证，并且对案件当事人或其他诉讼参与人具有法律约束力；二是都具有专业性，两者的释法说理都以司法办案专业性为基础，要符合程序规范的要求和客观公正的立场，在释法说理中贯穿专业的精神和法律思维方式；三是两者目的的一致性，都是通过以“看得见的方式”让当事人对法律决定“心服口服”，从而增强司法的透明度，促进社会和谐，提升司法公信力和司法权威，让人民群众感受司法的公平正义。检察法律文书与裁判文书说理的不同点在于：一是说理文书的多样性。检察法律文书说理涉及“四大检察”，主要包括刑事起诉书、民事抗诉书、不支持监督申请决定书、检察建议书等叙述类法律文书和一些填充式法律文书（可以增加附页或者制作说明书进行说理）。二是说理环节的多元化。根据《工作意见》规定，说理重点范围包括受理侦查案件、侦查监督、公诉、刑事执行等七个方面，涵盖检察办案的各个环节。三是说理时机的全程性。检察法律文书的说理作为履行法律监督职能的内在要求，贯穿司法办案的全过程。四是说理方式的灵活性。《工作意见》规定，不宜书面说理或遇到紧急情况时，可以口头说理。

（二）相关概念的辨析

检察法律文书的释法说理属于法律适用范畴，是一种司法行为，与法律方法具有更为直接的内在联动。法律方法是法律职业者认识、判断、处理和解决问题的专门方法，包括法律推理、法律发现、法律解释、法律论证。[①]

1. 释法说理与法律解释

法律文书的释法说理包括对法律、政策进行解释说明，与法律方法中的“法律解释”有一定的联系。法理学中关于“法律解释”有不同的理解。一种观点认为法律解释是具有法定的法律解释权的国家机关对法律的解释，我国法理学教科书一般持此观点，包括立法解释、行政解释、司法解释；另一种观点认为法律解释仅指司法

① 张文显主编：《法理学》，北京大学出版社2007年版，第272—274页。

活动中法官对个别涉及案件的法律条文、概念及相关法律事实的解释。[①] 笔者认为，检察法律文书的法律解释不同于法理教科书中的"法律解释"，但可以参照后一种观点，即法官的解释。我国法律并没有赋予法官的法律解释权，但在实然层面法官司法办案无时不在对法律进行解释。[②] 检察官与法官一样，作为法律职业者，在司法办案中，也不可避免地要对法律作出解释。检察官针对个案的法律适用的释明，对个案有法律上的约束力。检察官通过分析阐述、解释说明，可以将抽象的法学概念进行"稀释"，使具有一般社会经验的人能够理解、接受，消除法律的"神秘主义"色彩。

2. 释法说理与法律推理

一般来说，法律推理存在于法律的整个实施过程，检察法律文书的审查结论的正确与否离不开法律推理，其合理的推论和逻辑演绎能够保证案件结论处断的正当性。法律推理分为形式推理和实质推理，是法官、检察官、律师将一般法律规定适用于具体的个案、论证判决是否正当的一种工具。在经典的"三段论"推理中，作为大前提法律规范是抽象的，小前提的案件事实往往疑难复杂，而法律文书的释法说理实际上是使法律规范更加具体化，使案件事实更加符合逻辑、更加明晰，能够被普通民众所理解。

3. 释法说理与法律论证

司法方法意义上的法律论证是指通过一定的理由来为某种法律主张、陈述和判断的正确性和正当性进行辩护的论证方法。[③] 法律论证的目标是寻求法律结论的合理性与正当性，法律文书的说理可以通过论证来增强说服力。关于说理与论证的关系在学界也有争议。有的认为说理和论证不可分割，论证就是说理；有的认为说理与论证不能混为一谈，认为说理与论证既相异又相系。笔者同意后者。论证是法律文书的基础，说理就是"锦上添花"，让论证更加接地气、有说服力；没有论证就没有说理，但两者有着共同的目的，都是为了为案件事实和法律适用寻找理由。同样，检察法律文书的说理要建立在法律论证的基础之上，脱离了法律论证，说理会显得苍

---

① 张文显主编：《法理学》，北京大学出版社 2007 年版，第 280 页。

② 付成斌、吴永科：《试析裁判说理的困境与出路》，载《行政与法》2019 年第 8 期。

③ 赵肖筠、史凤林主编：《法理学》，法律出版社 2012 年版，第 279 页。

白无力，缺少底气。

（三）价值意义

关于检察法律文书的释法说理的价值意义，学界讨论较多，如熊秋红提出了彰显司法理性、强化对检察权行使的监督、促进社会和谐、提升司法公信力等五重价值。检察文书的释法说理制度作为一项法律制度，应该体现法律本身的价值。

1. 体现效率价值

司法效率讲求资源消耗的最小化，司法收益与效果的最大化。在刑事诉讼活动中，有些案件“两退三延”，久拖不决，诉讼周期过长等现象影响着“案－件比”及诉讼的效率。检察法律文书的释法说理是降低“案－件比”和规范司法的有效手段，有利于监督对象的理解与接受，形成良好的互动关系。诸如不逮捕决定书、不起诉书、抗诉书等释法说理充分，对证据、案件事实的分析论证严谨，可以避免司法程序倒流或增加申请复议复核、抗诉再审等诉讼程序。再如行政公益诉讼案件，目的是依法督促行政机关依法正确履职，检察机关制发的诉前检察建议书论证严密、说理充分、建议合理，会得到对方的理解和支持，否则激化矛盾，造成阻力，监督工作难以开展。释法说理遵循繁简分流原则，对于重大、疑难、复杂案件或者敏感案件应当着重强化说理，对于事实清楚、争议不大等简单案件可以简化说理。

2. 体现权利保障价值

人权是人类文明和是法律现代化的重要标志，无论我国宪法还是刑事诉讼法都明确规定了“尊重和保障人权”，加之近年来我国公民法律意识的提高，作为案件当事人对诉讼程序参与权与知情权得到保障与尊重需求越来越高，检察法律文书释法说理能够保证案件当事人对司法办案过程的实质性参与。检察法律文书法理、事理、情理的交融使法律监督具有温度与人性化，有利于案件当事人的理解、接受和认同，特别是关系到当事人切身利益的相关检察决定，可以避免当事人不理解而引起涉检上访、缠访等问题，造成不良的社会影响。2019 年修订的《人民检察院刑事诉讼规则》，为了保障案件当事人的权利，其中有五处要求做好释法说理工作。

3. 体现程序正义价值

“法律程序”，顾名思义是由法律规定的过程和次序，即由法律规定按照一定的顺序、方式和步骤作出法律决定的过程。[①] 检察法律文书的释法说理正是以书面或口头的方式让人民群众以“看得见的方式”感受公平和正义的过程。一方面，检察法律文书的释法说理本身是一个过程，是展示检察决定中事实认定、证据采信、法律适用等方面如何得出的一个过程，在此过程中让案件当事人或其他诉讼参与人感受、感触案件的公平正义，从而实现实体的正义；另一方面，检察法律文书决定处在诉讼程序的关键环节，决定着下一个诉讼程序的启动或终结，与诉讼程序的运行过程不可分割。

三、检察法律文书释法说理之困境归因

尽管《工作意见》实施以来，检察法律文书的释法说理取得很大的进步，但无论是学理研究还是实证研究都表明，我国当下检察法律文书仍存在不愿说理、不敢说理、不善说理的困境。研究者多归结于检察官释法说理能力、重实体轻程序的观念影响、常态化机制、说理范围和程序、文书格式、信息化因素等。[②] 笔者认为释法说理的困境还存在以下原因。

（一）法律方法的运用不到位

法律方法在前文就有论述，是关于法律职业者认识、判断、处理和解决问题的专门方法。释法说理的优劣与法律方法正确运用不可分离，实践中检察官在释法说理方面的困境，不仅仅是释法说理的方式方法的短板导致的，很大程度上是法律方法运用不当造成的。实践中，主要存在以下问题：一是法律推理流于形式，僵化运用“三段论”推理。有些检察法律文书在演绎推理中的大前提中，不引用完整的法律条文内容，不陈述选择法律条文的理由。在小前提中，阐述认定事实理由不详细，或理由含混不清、模棱两可，不论述采信证据的理由。涵摄中套用格式，抽象概括式推导。例如，笔者所在辖区某县检察院制作的被告人井某某涉嫌故意伤害罪的不起诉决定书（平检公诉刑不诉〔2019〕21 号）[③]，在不起诉理由书中写道：

---

① 陈晓文：《程序正义的哲学基础》，载《比较研究法》2003 年第 1 期。

② 邓毅林：《检察法律文书释法说理的完善路径》，载《人民检察》2018 年第 6 期；陈兰、杜淑芳：《检察法律文书说理现状分析》，载《中国检察官》2017 年第 1 期。

③ 详见 12309 中国检察网，www. 12309. gov. cn。

"对井某某作出不起诉决定，主要理由如下：一是井某某的行为属于防卫行为……井某某掰张某某的手指，是欲摆脱张某某的纠缠，避免张某某对他造成伤害，其主观上具有防卫行为。二是如若井某某具有对张某某伤害的故意，完全可以通过踢打摆脱张某某，而非只是简单的掰扯……其主观上也是一种过失行为。按照刑法规定，过失致人轻伤的，也不构成犯罪。综上，井某某不具有伤害张某某的故意，其行为不构成犯罪。"该文书从两个方面阐述不起诉的理由，但是三段论的推理模糊，其涵摄看不出推导的过程。没有对正当防卫构成要件进行论证，包括防卫意图、防卫起因、防卫对象、防卫结果等。二是缺乏必要的法律解释。对法条或抽象的法学概念不加解释，容易给当事人造成理解的障碍，不利于释法说理。如上述文书中对法律中的"防卫行为"及大前提中的法律规定没有作出解释和援引，"按照刑法规定"的表述，过于简单。三是法律论证不足。对于事实或检察决定缺少论证，甚至不论证，导致检察决定缺少说服力，容易引发案件当事人上访、缠访等舆情。例如，某县检察院制作的被告人王某某起诉书（平检刑诉〔2021〕99号）[①]，首先陈述了被告人基本情况及案件来源，紧接着跨越式地得出"经依法审查查明事实"，然后简单地写道"认定上述事实的证据如下：书证、证人证言、被告人供述和辩解等"，后面又套路化作简单总结："上述证据收集程序合法，内容客观真实，足以认定指控事实。"从该起诉书的表述中根本看不出事实是怎样得来、证据又是如何证明事实的，缺少论证的过程，给人造成主观臆断的感觉。

（二）释法说理的论据材料单一

检察法律文书的释法说理离不开论据的支撑，论据越是充分，说服力越大。实践中，在检察法律文书的说理中很少有检察官参照裁判文书的说理运用经验习惯、情理、公理、民规民约、职业伦理等，大多数的法律适用说理的论据或法律渊源都是法律法规和司法解释条文。检察官在制作法律文书时，依照自己的风格习惯形成了格式化的说理方式，在阐明事实方面，普遍存在叙述套路化、说理简单的问题。如某区检察院作出的大多数危险驾驶罪不起诉决定书，其不起诉理由呈模板化陈述："某某归案后能够如实供述，自愿认罪认罚，符合《中华人民共和国刑法》第六十七条第三款、《中华人

① 详见12309中国检察网，www.12309.gov.cn。

民共和国刑事诉讼法》第十五条之规定，其系初犯、偶犯，犯罪情节轻微，根据《中华人民共和国刑法》第三十七条的规定，不需要判处刑罚。故决定对其作相对不起诉。”这样的陈述过于简单，没有说明犯罪事实。如果是醉驾类，没有具体说明案发时血液中乙醇含量是多少，也没有说是否造成其他损失。再如某县检察院因醉驾案件频发向当地驾校制发检察建议，建议驾校在平时教学考试中加强危险驾驶罪的宣传教育，提高驾驶人员的防范意识。但该检察建议在说理中只是提到当地危险驾驶罪呈逐年递增态势，并没对此发展态势做深层次的剖析，分析其犯罪频发背后的原因，也没有结合实际运用情理、公理、民规民约、职业伦理等对危险驾驶罪的危害性进行多方面释法说理。

（三）综合配套制度保障欠缺

《工作意见》已经对检察法律文书的说理的原则、方式、重点、主体、基本要求等作出了较为明确的规定，但这一制度的落实还需要与其他相关制度进行联动、通过协调和配合才能更好地发挥作用。但如果其他相关制度不完善、不健全，始终影响着检察法律文书释法说理的成效。一是检察官办结案件质量评价机制不完善。尽管《人民检察院案件质量评查工作规定（试行）》把说理充分作为优质案件的一项条件，但对说理的权重、标准、效益价值等没有详细规定。在基层的司法实践中，案件质量的评价多采取内部评价方法与机制，多由本院案管部门检察官牵头、其他业务部门检察官参与的模式开展案件评查工作。评查指标体系待完善、评查比例还较低、评查结果的效力还不强等问题[①]，制约着案件质量评查的质量和效果。二是考核奖励机制不健全。各地检察院一般都把检察法律文书的释法说理纳入检察官的绩效考核内容，并将考核结果计入了检察官业绩考核档案，但由于没有形成科学的考核评价规范，造成考核时结果差别不大，分不出真正的优劣，从而不能真正体现检察人员的德、能、勤、绩表现，绩效考核的制度价值不能充分地发挥。三是检察法律文书说理的格式不统一。在实践中，没有规定哪些文书必须说理、哪些文书需要附页补充说理，各行其是，不规范、不统一，影响着释法说理的质效。

① 刘阿龙：《检察机关案件质量评查工作机制的完善》，载《检察调研与指导》2019 年第 4 辑。

（四）检察法律文书公开机制不完善

随着依法治国进程的加快，检察机关利用检务公开等系列活动，让更多的普通民众参与检察活动，知晓度与公信力相比以前有了较大的提升。与法院审判公开相比，由于检察环节处于诉讼程序中的前置环节，其法律文书属于诉讼程序节点性文书，在公开方面受到更多的限制和约束。在近年来，随着大数据时代的到来，一些冤假错案相继曝光，诸如“张氏叔侄案”“聂树斌案”“佘祥林案”等让司法机关的执法公信力备受社会关注和质疑。在这种情况下，检察法律文书的公开对保障当事人的知情权和社会公众对检察机关处理决定的理解及认同非常重要。法律文书说理制度和公开实则为一个硬币的两面，互为表里，互为因果。[①] 检察法律文书的公开不仅让检察官司法办案活动接受人民的监督在阳光下运行，而且有助于倒逼检察官更新司法理念，加强责任意识，提高检察官释法说理的水平，督促其不得不对法律文书释法说理采取谨慎态度。

目前，法律文书公开主要依托人民检察院信息公开网和12309平台，尽管检察机关对法律文书网上公开进行了探索，但目前检察机关存在法律文书公开不够全面、公开不够及时、公开的法律文书质量不够高等问题。[②] 笔者认为，与法院的裁判文书公开相比较，检察机关案件信息公开网运行时间短，在实践中存在社会公众对检察法律文书的公开制度熟知率低、查询率低等问题，法律文书没有起到应有的作用，即保障人民群众对检察工作的知情权、参与权和监督权。另外，一些检察官主观上还是存在不想公开、不敢公开的情形，法律文书的公开由于缺少强制的约束力，他们担心法律文书可能存在的瑕疵会引发社会大众不必要的争议和诟病，受到涉检舆情的困扰。

四、检察法律文书释法说理之实践路径

国家治理体系和治理能力现代化给检察官办案工作提出了更高的标准和要求，检察官办案不只是单纯为了打击犯罪，更要为完善

---

① 黄野松：《法律文书说理的路径选择》，载《人民司法·应用》，2014年第11期。

② 余寓文、石燕：《大数据时代的检察法律文书公开》，载《中国检察官》2017年第3期。

治理体系、提升治理能力作出贡献。检察法律文书释法说理作为检察官办案的一部分，其法理、事理、情理的交融使法律监督具有温度与人性化，有利于监督对象的理解与接受，增强了监督的实效。检察官要充分认识到检察法律文书释法说理工作的价值意义及在社会治理中的作用，秉持客观公正的立场，正确灵活运用法律方法，把释法说理作为办案的一个必要环节与流程，让公平正义可感、可知、可触。

（一）在法治化轨道上，把检察法律文书的释法说理作为推进社会治理能力现代化的有效途径

首先，要秉持客观公正的立场。检察官法提出检察官在执法办案中要秉持客观公正的立场，要求检察官办案不枉不纵、不偏不倚、做好公共利益的代表和公平正义的守护者。作为司法办案载体的检察法律文书，其释法说理更要体现检察官客观公正的立场。一是全面、客观地对事实证据进行说理。不仅针对被告人有罪或罪重的事实证据，还要对被告人无罪或罪轻事实证据进行论证说理。二是说理要懂得“兼听则明”。要在充分听取犯罪嫌疑人、辩护人及其他诉讼参与人意见的基础上再去释法说理，不能偏听偏信，先入为主，带有个人主观感情，甚至作出有罪推定。三是要正确对待释法说理与社会舆论的关系。检察官释法说理可以接受社会舆论的监督，但绝不能被舆论所绑架而丧失客观公正的立场。在检察官面临社会舆论的压力时，唯有对案件的客观公正地办理，才能有效化解社会舆情风险，才能经受住历史和人民的考验。

其次，要突出社会治理的功能。作为检察官，惩罚犯罪是最基本的职责，但从深层次看，执法办案是实现社会治理的有效途径。检察机关可以延伸办案职能，做到标本兼治。在刑事检察中，检察法律文书中可以叙述所办案件带给人民的警示和思考，从一桩杀人案件，深入分析案件背后的社会管理、思想道德等问题，让决策者思考如何从社会学角度去查漏补缺、加强社会管控，预防类似案件再次发生。在民事检察中，除了帮当事人挽回损失外，要把涉案的风险防范点归纳总结出来，让当事人增强法律意识，提高运用法律武器维护自身合法权益的能力。在行政公益诉讼案件中，诉前检察建议书要对行政机关的不作为或乱作为与社会公益的损失的因果关系进行说理论证，要找准监管漏洞，从规范行政执法行为、助力法治政府建设方面提出合理化建议。

最后，要发挥培育公众、引导教育的作用。检察法律文书是宣传法律、培养公民法律意识的教科书，对于培育公众的法治精神、引导教育方面有着重要的意义。检察官要落实“谁执法谁普法”的普法责任制，根据案件性质、特点、社会关注焦点，围绕依法认定的案件事实、证据、诉讼过程、案件处理所依据的法律条文和司法解释以及案件具有的教育警示意义进行释法说理，扩大向社会大众进行法治宣传的覆盖面和影响力。近年来，发生了一些引发全民关注、争点密集的案件，例如于欢案、昆山反杀案、张扣扣杀人案等，这些案件都引发了网友的热议，检察机关作为控诉方加强释法说理，使其成为全民共享“法治教育课”。

（二）正确运用法律方法，提高释法说理的规范性

法律方法的正确运用不仅能够能使检察官作出的检察决定正确合理，经受住历史和人民群众的考验，还能够增强决定文书的说服力、促进息诉罢访、提升检察机关的公信力。在案件办理中，不仅要把抽象的法律条文适用在具体的案件中，而且诉讼各方可能对法律适用的观点不同，在这种情况下，法律解释无疑是一个必不可少的重要环节。实践中，检察官可以综合运用多种解释的方法，对抽象、有争议法律条文、法律概念进行释明，从而在检察官抽象思维与民众经验思维之间架起沟通的桥梁，使法律的公平正义得以传导。法律推理为释法说理搭建逻辑的框架，使检察决定和说理符合思维的规律，推理出的结果确信无疑。司法三段论属于一般到个别的演绎推理，检察官在运用时必须确保大前提、小前提是真实的，准确适用法律和查明事实缺一不可，否则，推导出的结果也是错误的。另外，要注意大小前提之间进行涵摄的严密性、逻辑性，要对事实和法律反复推敲、衡量判断，不能造成主观臆断的感觉。法律论证的运用可以使得检察官从不同的角度证明事实认定和证据采信及法律适用的正当性，提升说理的效果和社会公众的同频共振。在价值的判断中，释法说理要符合社会的主流经验认知、价值观念及社会常理，要充分运用社会经验和法律知识对所做决定事项进行判断、验证，并阐述其理由。

（三）运用多元化辅助论据，加强释法说理的效果

检察官在释法说理中，除过法律法规、司法解释之外，还可以运用其他辅助性的论据来论证。一是运用最高人民检察院发布的指

导性案例。指导性案例有着多方面的功能，不仅有助于解决同类案件法律适用标准不统一的问题，还可以用于上级检察院对下指导工作、开展法律文书说理和以案释法、法治宣传等。[①] 检察官在作出相关处理决定时，可在法律文书中直接或间接援引进行论证说理，指导性案例虽然没有强制约束力，但可以增强检察官所作决定的说服力，增进当事人和人民检察院对检察官执法办案的理解及认同，进一步提高司法公信力。二是运用最高人民检察院发布或联合发布的非司法解释类检察业务规范性文件。这些文件针对某一类案件或事项如何统一适用法律提出了指导性的意见，实践中具有较强的针对性和可操作性，虽然没有司法解释的效力，但作为释法说理的依据时容易被说理对象所接受。三是运用情理、公理、民规民约、经验法则、职业伦理等。这些辅助的论据在释法说理中运用得当，容易被普通老百姓接受，但要符合法律的精神和我国社会主义核心价值观。例如张扣扣故意杀人案件中，许多自媒体网友给连杀三人的张扣扣贴上“为母报仇”的“英雄标签”，对此检察机关在公诉意见书中从情理和人伦道德方面进行了说理，对“同态复仇”落后刑罚观念进行有力驳斥，有效地引导和化解不当的社会民情。再如我国民间交易中有种被称为“砍头息”[②] 的交易习惯，有悖于法治的精神和社会主义核心价值观，对借款人严重不利。检察官释法说理要弘扬正能量，综合运用以上论据，释法说理会更加接地气，以理服人、以情动人的效果会更加明显。实际上，说理的论据范围很广泛的，只要与法律法规、司法解释不相冲突，都可以拿来援引说理，提高检察处断决定的正当性和可接受性。

（四）构建完善综合配套制度，促进检察法律文书释法说理常态化发展

没有完善、可操作性规范制度的配合制约，检察文书释法的规范性就很难得到加强。在加强释法说理的综合配套制度中，首先，要完善检察法律文书释法说理评价体系建设。要以最高人民检察院关于说理的评价体系为指引，对于不同法律文书应该有不同的标准，

① 张杰：《指导性案例应用的方法考察与实践突破》，载《检察调研与指导》2019 年第 5 辑。

② 高利贷或地下钱庄，给借款者放贷时先从本金里面扣除一部分钱，这部分钱称为“砍头息”。

要区分刑事、民事、行政、公益诉讼检察不同的特点，对重大敏感案件与简单或速裁程序案件的释法说理要符合繁简分流的要求。说理评价体系，应当兼顾内部评价与外部评价。对于内部评价要有所扩展，不能局限于本院，要发挥检察机关一体化的制度优势，上级院要加强对下指导，采取重点评查、专项评查等多种方式对检察官的释法说理进行评价。不同级别、不同地区的检察官可以进行互评。同时，要借助外脑，引入第三方完善外部评价机制。在释法说理的评查工作中可邀请人大代表、政协委员、人民监督员等对法律文书的说理进行评价监督。① 重大疑难案件的说理难度大、要求高，检察官可以通过检察官联席会、专家咨询委员会等方式保障释法说理的质量。其次，完善检察法律文书释法说理的考核奖惩机制。考核与评价相辅相成，考核要以科学合理的评价作为基础，把评价的结果体现在检察官绩效考核、上级院对下考核等制度中，这样释法说理才具有制度的约束力和硬性要求，才能发挥优秀检察法律文书的辐射带动作用，引领规范说理的理念。在提倡激励的同时，还要把《工作意见》中的惩罚的措施落实到位，对于违反规定不履行检察文书说理责任，或者有重大过错造成不良影响的，应依纪依规追究检察人员的工作责任。最后，从法律文书的制作要求和格式样本方面去规范说理。要借助于信息化手段，明确哪种文书针对谁说理，在文书的哪一部分说理，进一步为检察官具体操作提供指引，也为释法说理工作的评价机制建设打好基础。如在落实认罪认罚从宽制度中，对于法律文书的说理可以规定在告知文书中，对认罪认罚制度的相关规定可以进行较为明确的解释说明，让犯罪嫌疑人、被告人准确地理解“认罪”“认罚”“从宽”的概念内涵，消除对该制度的疑惑而带来态度上的迟疑或反复，进一步保证签署具结书的自愿性和真实性。

（五）加强检察法律文书公开化建设，倒逼释法说理提高质量

检务公开以及与此紧密相关的法律文书公开是现代司法理念的重要组成部分，是新一轮司法改革的重要内容。② 最高人民检察院印

---

① 刘天明、杜淑娟：《释法说理工作中的主要问题与对策》，载《检察调研与指导》2018 年第 5 辑。

② 胡捷、曾国伟、王倩：《网络时代法律文书公开机制探索——以广东省深圳市南山区人民检察院实践为视角》，载《人民检察》2017 年第 6 期。

发的《“十四五”时期检察工作发展规划》明确，要修订案件信息公开工作规定，持续优化案件程序性信息查询方式，拓展可查询案件类型，扩大法律文书公开范围。“互联网 +”时代为检察法律文书的公开提供了新的平台，使之作为检察机关司法办案载体置于人民群众的视野之中接受监督和评判，并倒逼检察官在法律文书说理中高度重视、采取审慎态度。对此，检察机关要把检察法律文书的公开与释法说理同步进行、相互促进，主观上要从国家治理的高度提高思想认识，转变司法理念，变被动为主动，全面、依法、及时、规范地公开法律文书；客观上要依据最高人民检察院关于案件信息公开工作的规定，建立健全法律文书网上公开的激励、监督、问责等配套机制，完善 12309 案件公开平台、检察信息公开网站、两微一端等平台建设，为法律文书公开提供制度支持，使其成为检察机关推动检务公开、提升司法公信力的重要途径。

庭审实质化视角下刑事判决说理问题刍议
——基于普通程序与简易程序的对比分析

杨佳瑜*

随着庭审实质化的纵深推进，作为一项配套措施，刑事判决说理制度未能与庭审实质化的改革步调协同一致。我国刑事判决说理不充分一直是司法实践中的一个痼疾，一些法官“不敢说”“不能说”“不会说”也成为司法权威与社会公众之间的“壁垒”。应当明确，刑事判决说理是司法裁判的动态逻辑演绎，是努力让人民群众在每一个司法案件中感受到公平正义的内在需求。因此，刑事判决说理应当以提高法官释法说理能力为原则，通过总体上提升法官认知力水平来增强法官释法说理的能力；以增强判决说理的技术规范为手段，通过结合司法三段论的形式逻辑、法律修辞与融贯说理等具体说理方法，提升判决理由的可接受性；同时，在当前认罪认罚从宽制度推行的背景下，还应以案件繁简程度为说理的区分标准，“难案精说，简案简说”“因案制宜”，助力司法资源的科学配置。

一、刑事判决说理的发展

（一）运行样态：刑事判决说理单一、同质

本次研究通过中国裁判文书网分别以“刑事案件－判决书－认罪认罚－2020年”与“刑事案件－判决书－不认罪认罚－2020年”为关键词进行检索，得出涉及被告人“认罪认罚”的刑事判决书583275份，涉及被告人“不认罪认罚”的刑事判决书177份。基于此，本文随机选取“认罪认罚”中的600份作为研究“认罪认罚案件”判决说理问题的研究样本，将全部177份“不认罪认罚案件”判决书作为研究样本，如表1。

---

* 中国政法大学刑事司法学院诉讼法专业2021级博士研究生。

表 1 检索样本（检索日期 2021 年 9 月 18 日）

地域	认罪认罚样本数量	不认罪认罚案件样本数量	一审	二审	再审
29	600	177	739	36	2

通过对上述 777 份刑事判决书样本进行研究归纳，得出较为典型规范的判决说理准则，并以此作为类比样本中判决说理的参照，如表 2。

表 2 判决说理归纳情况总结

判决说理主要项目类型	认罪认罚案件		不认罪认罚案件	
	数 量	占比	数 量	占比
全面反映诉讼各方诉讼主张	189	31%	67	38%
对争议事实进行说理	64	10%	53	30%
对据以定案的证据进行说理	182	30%	56	32%
对量刑进行说理	474	79%	145	82%
对程序性事项进行说理	168	28%	65	37%
对是否采纳辩护意见进行说理	246	41%	79	45%
判决说理兼顾情、法、理	295	49%	94	53%

对上述样表数据进行分析，可以得出初步结论：自认罪认罚从宽制度改革纵深推行以来，认罪认罚案件在刑事案件总量中占据较大比重。

通过对以上 777 份样本案例进行归纳总结后，可以看出目前我国刑事判决说理存在以下问题：

一是从总体上来看，认罪认罚案件与不认罪认罚案件普遍存在说理不充分的问题[①]，判决书中的“本院认为部分”均是机械遵循“犯罪构成要件 + 本案已达到证明标准 + 有认罪认罚情节应当从轻处

① 北京市第三中级人民法院刑事判决书（2020）京 03 刑初 169 号，江苏省徐州市中级人民法院刑事判决书（2020）苏 03 刑初 86 号，广东省汕头市中级人民法院刑事判决书（2020）粤 05 刑初 102 号，河南省开封市中级人民法院刑事判决书（2020）豫 02 刑初 27 号。

罚（如果是认罪认罚案件）+法律适用”的固定格式，并未对证据的认证过程、举证质证的重点内容以及法官作出裁判的心证进行说理。

二是虽然相对于认罪认罚案件，不认罪认罚案件的判决说理较为充分，但充分说理程度相差不大，即使是认罪认罚案件，针对被追诉人认罪认罚的事实，法院依然将能够证明相关事实的一系列证据详细罗列，并分别阐释每个证据的证明对象，继而在最后标明“被追诉人×××对该起事实供认属实，且与其他证据相互印证”。在被追诉人认罪认罚的前提下依旧如此说理，实是司法资源的不必要耗费。

长期以来，法官释法说理不充分的问题广为理论界与实务界所诟病，究其深层原因，有以下几种：第一，“不想说”。在“案多人少”的现实压力下，法官没有时间也没有精力去对每一个案件进行释法说理。[①] 即使顶层设计者不断强调判决说理的重要性[②]，但粗疏且写意的法律文本并不能给予法官判决说理实质性的指导作用。第二，“不敢说”。在司法责任制的压力下，法官不愿意、不敢说理，主要是基于责任承担和职业压力的担忧。[③] 具体而言，我国实行裁判文书公开上网制度，一旦法官将作出判决的全过程都详尽完备地记录在判决书中，其不可避免地会担心判决过程出现纰漏，在舆论监督如此发达的现今社会，基于“多一事不如少一事”的观念，法官大都在判决书中“不说”“少说”或者“避重就轻的说”“无关紧要的说”等。第三，“不会说”。作为逻辑推理、反复论证的外化过

① 庄绪龙：《裁判文书“说理难”的现实语境与制度理性》，载《法律适用》2015 年第 11 期，第 52 页。

② 例如，党的十八届三中全会报告提出了“增强法律文书说理性，推动公开法院生效裁判文书”要求，最高人民法院颁布的“四五改革纲要”也专门在“健全审判权力运行机制”部分对于裁判文书说理做了进一步细化安排，提出了一系列改革举措，规定了“根据不同审级和案件类型，实现裁判文书的繁简分流。加强对当事人争议较大、法律关系复杂、社会关注度较高的一审案件，以及所有的二审案件、再审案件、审判委员会讨论决定案件裁判文书的说理性。对事实清楚、权利义务关系明确、当事人争议不大的一审民商事案件和事实清楚、证据确实充分、被告人认罪的一审轻微刑事案件，使用简化的裁判文书。”

③ 罗灿：《推进裁判文书说理改革要避免的五大误区》，载《人民法院报》2015 年 2 月 6 日，第 6 版。

程，判决说理对法官的能力提出了更高要求，在判决说理的过程中，法官必然要合理运用各种法律方法来释明法理、说明情理和讲究文理，通过各种规则与技巧来合理论证判决作出的整个动态过程，以此来增强判决的可接受性，作为检验庭审质量的有效指标。然而，目前我国法官认知力整体处于一个较低水平①，在庭审实质化推进的改革压力下，法官的认知能力不能与改革的步伐协同推进，面对突如其来的释法说理要求不能很好地适应。

综合上述原因，要想扭转目前法官判决说理“不想说”“不敢说”“不会说”的现状，进行刑事判决的分类化体系建构是一种有效方案。目前来看，我国在第三轮司法改革中，最为显著的举措是通过确立认罪认罚从宽制度来实现案件繁简分流，通过建立包括普通程序、简易程序、速裁程序在内的体系化的审理程序来实现刑事案件的轻重分道。同样，对判决说理进行繁简分流，可以减轻法官判决说理的负担，缓解案多人少的压力下“不想说理”的问题。另外，通过制定刚性判决说理类型化规则，也可以有效解决法官“不想说理”的问题，同时，通过明确不同类型的案件适用不用程度的判决说理，可以为法官说理提供有效指引，从而解决法官“不会说理”的问题。

（二）规范层面：刑事判决说理未成体系

1. 1979 年以前：判决说理从无到初现萌芽

从历史发展的纵向动态来看，1979 年以前的判决说理情况可以用六个字来概括：“无规范、重道德”。首先，我国在 1979 年以前并无专门性法律法规或规范性文件对判决说理进行规范。我国传统司法制度刑民不分，并无公开裁判理由的硬性要求，也不存在现代意义上的刑事判决说理制度。并且，由于古代森严的等级制度，导致司法官员与涉案公民在地位上是极其不平等的，司法官员并不负有向当事人阐明判决理由的义务和责任，是否说理以及如何说理完全取决于司法官员自身的喜好和态度。其次，从为数不多的流传至今的判词情况来看，由于古代并无系统的成文法典，同时受儒家传统思想的影响，古代判词多是从伦理道德层面对案件进行解释，鲜少涉及从法规范方面对判决理由进行阐释。由此可见，在古代，并不存在规范意义上的判决说理。直至清末鸦片战争后，西方国家的思

① 元轶：《裁判者认知力问题研究》，载《理论探索》2021 年第 3 期。

想理念和制度规范开始传入我国，判决说理也随着清末修律运动的开展，逐渐在我国生出萌芽。新中国成立之初，百废待兴，我国开始逐步建设社会主义法律体制，判决说理问题亦逐步得到重视①，然而，这一良好发展趋势在进入“文革”时期被迫停止。

2. 1979 年至 21 世纪初：判决说理逐渐受到重视

“文革”过后，我国社会主义法治建设得以重塑。具体到刑事诉讼领域，随着 1979 年刑事诉讼法的颁布，我国刑事判决说理问题逐渐受到立法者的关注。此后，我国通过 1992 年《法院诉讼文书样式（试行）》的出台②、1999 年《人民法院五年改革纲要》的颁行③，对裁判文书说理进行了更加翔实的规定，注重裁判文书的实质化，强调裁判文书应当认真记录庭审过程中控辩双方的举证、质证情况。这意味着我国刑事判决说理问题逐渐受到重视，标志着我国裁判文书改革正式进入正轨。此后，刑事判决书中的说理内容开始从之前的以法院为中心逐渐向以庭审为中心进行过渡。④

3. 21 世纪初至今：庭审实质化对判决说理提出新要求

党的十八届三中全会的召开昭示着我国第三轮刑事司法改革正式启动，第三轮司法改革协同推进“以审判为中心的诉讼制度改革”“庭审实质化改革”“司法责任制改革”“认罪认罚从宽制度改革”等一系列改革举措。其中，为进一步规范判决说理问题，我国相继于 2015 年出台《人民法院四五改革纲要》、2018 年发布《关于加强

---

① 例如 1956 年最高人民法院出台的《各级人民法院刑事案件审判程序总结》中规定：“判决理由部分应当说明认定事实的证据和适用政策、法律、法令的根据或者应受刑罚或者免于刑事处分的理由。”参见肖晖：《中国判决理由的传统与现代转型》，法律出版社 2008 年第 1 版。

② 1992 年，《法院诉讼文书样式（试行）》发布，对裁判文书的说理作了详细规定，例如在判决理由部分从以往的只强调法院一方理由变成了强调三方理由的阐释，其中包括对控辩双方所提意见的理由，法院以案件事实为基础，结合证据论证分析，进而判断被告人的犯罪性质以及是否存在量刑情节的理由。参见彭海青：《论刑事判决的说理》，载《湘潭大学学报（哲学社会科学版）》2007 年第 5 期。

③ 《人民法院五年改革纲要》提出：“加快裁判文书的改革步伐，提高裁判文书质量。改革的重点是加强对质证中有争议证据的分析、认证，增强判决的说理性。”

④ 李滇：《建国 60 周年刑事判决说理制度的回溯与展望》，载《行政与法》2009 年第 10 期。

和规范裁判文书释法说理的指导意见》，这直接体现了我国越来越重视裁判文书的说理，也为判决说理的制度化发展提供了一个新契机。质言之，当前，推进判决说理的制度化改革是十分必要的。一方面，加强判决说理是推进庭审实质化的应有之义，说理贯穿刑事诉讼全过程，是确保刑事案件定罪质量的重要一环，是检验庭审质量的有效标准。另一方面，判决说理是现代理性裁判的根本特征之一，是重刻庭审过程的最直观手段，更是对法官自由裁量权的必要限制。迄今为止，我国还没有形成一个体系化的判决说理制度，现行有关的对判决说理的规定都散见在相关规范性文件或部分法律中。自2016年认罪认罚开始在部分地区进行试点，2018年认罪认罚从宽制度正式入法后，根据犯罪嫌疑人、被告人是否认罪，我国刑事诉讼中的审判程序可分为两种：一是不认罪的普通程序；二是认罪认罚程序。可以借助当下庭审实质化与认罪认罚从宽制度改革的契机，根据案件难易程度，建立体系化的、繁简有别的判决说理制度。

二、加强刑事判决说理的正向功用

类型化，意指通过探寻具体事物之间以类似方式存在的本质所在，进而借助归纳的方式把握具有类似本质特征的具体事物的规范价值与整体印象。① 作为一项系统工程，类型化理论的研究方法具有如下基本要义：第一，对制度本体的理论要素与实践素材加以进一步分析与甄别，把握其与相关制度的联系与区别，在实在的内容支撑下探知类型的本质，从而克服制度本体认识论上的“空洞”化，推进制度设计的系统化；第二，对制度背后所涉及的价值预设与目标功能进行宏观层面的归纳与总结，在理论红线的指引下实现制度内部的协调与外部统一，促进制度设计的科学化；第三，以制度本体所涉规范价值为核心，例示所含括的不同情形，进而进行类型化的结构框定与规则设计，推进制度的精细化。对刑事判决说理进行类型化划分有其必要性。

（一）制度层面：庭审实质化的评价载体

作为控辩双方激烈对抗的主场域，法庭上的表现是体现庭审过程和质量的重要载体。开庭，意味着在庭审过程中，审判人员引领

---

① 步洋洋：《论我国刑事缺席审判制度的类型化》，载《政法论坛》2020年第4期。

与主持着庭审过程，对案件结局具有决定作用。所谓刑事庭审的实质化与以往的“侦查中心主义”相对，是指要通过激烈的控辩对抗来发现案件事实，充分发挥庭审对于发现事实、作出裁判的作用[①]。作为党的十八届四中全会以来制定的推进“以审判为中心”为重点的诉讼制度改革系列措施之一，庭审实质化不仅是坚持严格公正司法的现实需要，也是加强人权司法保障的必要条件，更是改变“以侦查为中心”的诉讼模式的应有之义。以审判为中心最核心的要求就是在整个审判程序中，庭审程序是其他阶段的中心，且应当按照正当程序的标准来要求庭审阶段，防止庭审流于形式，实现庭审实质化。据此，刑事判决说理是落实“事实证据调查是否在法庭”“定罪量刑辩护是否在法庭”“裁判结果是否形成在法庭”的一大指标。在实现刑事庭审实质化的过程中，刑事普通程序因其完整性、重要性成为实现庭审实质化的目标所在。相应的，对适用普通程序审理的案件进行详尽、完备的说理是对适用普通程序审理的案件实现庭审实质化的有效评价载体。可以说，通过对普通案件判决理由的正当性与合理性进行论证和阐释，将作出判决的整个过程进行回顾，一方面可以提高判决结果的接受度，提高司法公信力；另一方面，判决说理通过一种书面的对话和说服的方式，充分阐述了整个庭审活动的过程，是检验案件审判质量、审判程序达到相应标准的有效标尺。作为庭审过程的载体，判决书承载的不仅仅是法官作出裁判的心证过程，更承载着阳光司法的价值。

（二）司法层面：科学配置司法资源的必然选择

根据2021年《最高人民检察院工作报告》，自认罪认罚从宽制度改革实施以来，犯罪结构明显变化，重罪占比持续下降，轻罪案件不断增多。面对案件数量持续增长的巨大压力，只针对少数案件的裁判文书进行详细说理是不少国家和地区的通用做法。刑事裁判

① 汪海燕：《论刑事庭审实质化》，载《中国社会科学》2015年第2期。

文书繁简分流也在许多国家和地区的立法中有所体现。[①] 在我国，根据是否认罪认罚以及案件的难易程度，设置繁简不同的诉讼程序是缓解法官现实压力、合理配置司法资源的有效举措，同样，作为庭审实质化的改革要求之一，对刑事判决说理进行类型化区分亦是科学配置司法资源的应有之义。刑事判决说理应当根据案件的难易程度以及适用的审判程序，以庭审审查内容为标准，对刑事判决说理作出类型化的划分。例如，不认罪认罚的案件，通常是一些重大、疑难、复杂案件，或者是控辩双方对事实或证据存在争议的案件，对这类案件，需要经历精密、完备的法庭调查阶段及法庭辩论阶段来查清事实真相，相应的，该类案件的刑事判决说理亦应当严格且细致，将作出判决的整个裁判过程论证清楚，对重点事实与重点证据加以详细解释。而对于一些认罪认罚案件，通常控辩双方对于事实认定或者法律适用没有争议，或者争议较小，对该类案件，刑事判决说理的要求即可适当放宽，并且，应当根据庭审内容，对认罪认罚的自愿性的审查认定作出解释，而对于事实认定、法律适用等方面，可不必着墨过多。对刑事判决说理进行类型化区分，对不认罪、控辩双方争议较大的复杂案件进行详尽说理，对认罪认罚的简单案件进行简化说理，可以有效保障对疑难案件的说理质量，促使司法资源的投入更加科学化、合理化。

三、刑事判决说理制度的完善路径

刑事判决说理意在对过去发生的客观事实进行较为准确的还原，从而使最终的裁判结论能够被普遍接受，回应诉求，从而发挥定分止争、维护司法公信力的作用。作为深化司法改革的重要举措，实现有效的说理论证，应当以提高法官释法说理能力为指导原则，通

---

① 例如，《英国刑事诉讼法》第 174 条规定：“量刑法官有说明判刑理由并解释判刑效果的义务；同时要求法官必须在公开的法庭上，用普通语言说明决定所判刑罚的理由。”英国裁判文书采用法定“强制说理”制度，量刑法官必须说明其对被告人决定所判刑罚的理由。英国刑事裁判文书背后的决定因素包括法官崇高的地位、严格的法官遴选制度、法官独立；《日本刑事诉讼法》第 44 条规定：“裁判，应当附具理由。不得上诉的裁定或者命令，不需要附具理由。但依照第 428 条第 2 款的规定可以提起异议的裁定，不在此限。”《韩国刑事诉讼法》第 39 条规定：“裁判应明示理由。但是，不允许上诉的决定或命令除外。”

过运用各类说理方法，促进司法判决法理、情理、事理、文理的统一。

（一）以提高法官释法说理能力为原则

应当加强法官职业培训，提升法官释法说理的技能。首先，对于初任法官而言，应当要求其在正式上岗前都应该接受严格的岗前培训，因为这类法官主体虽然已经通过法律职业资格考试，对我国的法律运行体系已经有了较深入的理解，但是缺少审判经验。对初任法官，应当侧重于传授其实务经验，开设诸如审判技巧、法律文书的撰写等相关课程，邀请具有审判经验的法官与理论界的专家进行讲授，以增强法官说理的能力。其次，法官职业思维的培养应当是提高其释法说理能力的重要组成部分。法官的法律解释和法律推理的能力对裁判的作出具有决定作用。审判是法官将法律适用于个案的过程，这就要求法官必须具备正确运用法律的能力，众所周知，司法实践复杂多变，法律条文不可能穷尽所有情况，法官就需要运用法律解释与法律推理来弥补立法空隙。

（二）以完善判决说理的技术规范为手段

说理方法在司法裁决中是不可或缺的，它对司法判决有着重要的意义，适当的说理方法不仅可以帮助选择、发现可供案件适用裁判规范，还可以帮助法官选择“最佳故事版本”，准确认定案件事实，减少冤假错案的发生。一般而言，常用的说理方法包括司法三段论的形式逻辑、法律修辞、融贯说理等。

“逻辑学最初是一种论辩之术，后来演变为推理和论证的方法，从而成为了科学的方法。”① 对于法官来说，作出判决的过程一般以司法三段论的形式逻辑为基础原型。在对案件进行定罪量刑时，法官首先须判断犯罪行为是否符合犯罪构成要件，并适用法律规则；其次要对初步结论与法律依据是否相符进行实质判断，当案件事实与法律依据之间并不相符时，需要再次进行三段论推理，运用法律解释，以保证推理过程在形式上的统一性；最后是得出法律理由，对法律依据的适用可能存在深度内涵或外延的解释时，需要进行说理。司法三段论的形式逻辑的适用，目标在于寻求裁判实质合理性

---

① ［法］雅克·盖斯旦，吉勒·古博：《法国民法总论》，陈鹏，张丽娟，石佳友等译，法律出版社 2004 年版，第 44 页。

和形式有效性的统一，以得出最终裁判结果。法官作出判决的过程中应严格遵守司法三段论的逻辑形式。

所谓“修辞”，从狭义上来说，是对语言表达在保证准确性的前提下，对文本进行更加丰富和生动的描述，以增强内容的说服力；从广义上来讲，是一种在进行逻辑推理时运用的方法，以提高论证受众的可接受程度。[①] 通常来说，司法裁判的，直接受众包括法官、当事人以及社会公众。不同受众对于裁判理由和结论也有自己的预先价值判断，而法律修辞的运用可以消解普通听众与法院关于案件不同意见的对立壁垒，维护司法正义和社会法律秩序。法官在文书中进行论证说理时，对于抽象的、专业的法律词汇，应当运用积极修辞加以解释，站在普通人的立场理解事实的发生和法律的适用，生动形象的说理更能够达到更好的社会效果。第一，叙述详尽化。第二，叙述故事化，适用于对案情进行说理时。

“融贯（coherence）是一种关于司法裁判过程中法律论证合理性的标准，也是判定具备可接受性的论证结论是否得出，即法律论证终止的标准。”[②] 麦考密克将法律论证层面的融贯分为叙述性融贯和规范性融贯。叙述性融贯以间接证据为出发点，通过证据之间的相互联系和有效印证发现案件事实，以实现对客观事实最大程度的还原，侧重事实认定层面；规范性融贯则强调法律的规范性命题[③]，使得作为前提的经验性主张能够与经验证得到的结论相互印证[④]，侧重价值评价层面。司法裁判的过程是一个发现事实“真相”的过程，同时也是一个解答疑惑，排除合理怀疑的过程。从融贯性角度来看，对于一个法律命题的评价标准，不应该是“真”或“假”，而应该是“有效”或者“无效”[⑤]，融贯性作为评价论证是否有效的一个标

---

① ［美］波斯纳：《超越法律》，苏力译，中国政法大学出版社 2001 年版，第 574 页。

② 徐梦醒：《语用视野下的描述性融贯——由间接证据的分析切入》，载《法律方法》2013 年第 2 期。

③ 参见蔡琳：《融贯论的可能性与限度——作为追求法官论证合理性的适当态度和方法》，载《法律科学》2008 年第 3 期。

④ 徐梦醒：《法律论证的规范性融贯研究》，载《法学论坛》2014 年第 6 期。

⑤ 参见侯学勇：《什么是有效的法律规范？——法学中的融贯论》，载《法律方法》2009 年第 6 期。

准，关键在于其能否被特定受众所接受，如果法官的论证能够对其所处的职业共同体形成有效说服，则该论证就是一个有效论证。从这个意义上讲，叙事融贯性标准更多是一个形式标准而非实质性标准。

（三）适度加强刑事判决说理类型化区分

1. 建构标准：案件繁简决定说理程度

提升说理质量与效率的一个重要做法就是"对症下药"。将需要详细说理的说明白，需要简易说理的讲清楚，简案简说，实现裁判文书说理的繁简分流。刑事判决说理的形成场域主要发生在审判阶段，因此，根据审判程序的繁简各异，应当对刑事判决说理作出不同的要求。以犯罪嫌疑人、被告人是否认罪认罚为标准，可以将我国刑事审判程序划分为两类。一是犯罪嫌疑人、被告人不认罪认罚所适用的普通程序。二是认罪认罚普通程序简化审理、简易程序、速裁程序。刑事诉讼法从简易程序与速裁程序的审限、法庭调查与法庭辩论流程以及裁判文书的作出等多个方面进行了简化规定，对犯罪嫌疑人、被告人认罪认罚所适用的普通程序也作出了"可适当简化法庭调查与法庭辩论"的要求。

从法庭审理内容上来看，不认罪认罚案件的庭审侧重审理有争议的案件事实以及据以定案的全案证据，而认罪认罚案件侧重于审理认罪认罚的自愿性。因此从根源上来说，案件的繁简程度决定诉讼程序的繁简程度，审判阶段适用不同的诉讼程序决定着法庭审理内容的不同侧重，因此，对判决说理的繁简程度进行划分，可以案件的繁简程度作为标准。质言之，"犯罪嫌疑人、被告人是否认罪认罚"是刑事判决说理进行类型化划分的决定因素。普通程序审理的案件一般控辩双方就案件事实争议较多，或者涉及严重犯罪，可能被判较高刑罚，或者可能产生较大社会影响，对这部分案件的判决说理，应当进行"充要式说理"。认罪认罚案件，由于控辩双方对很多问题的认识是一致的，因而不需要对证据审查、案件事实认定和法律适用作出详细阐释，不需要就裁判理由进行细致论证[①]，可以适当降低对于判决说理的要求，进行"简要式说理"即可。

---

① 王新清：《刑事裁判文书繁简分流问题研究》，载《法学家》2017 年第 5 期。

2. 普通案件：充要式说理

对于适用普通程序的不认罪认罚案件来说，法官要实现这类型案件的实质化庭审，以湖南省耒阳市人民法院刑事判决书（2020）湘0481刑初174号为例，[①] 该判决书有可借鉴之处：其一，以融贯叙事的方式对被追诉人贩卖毒品的事实进行叙述；其二，对控辩双方有争议的证据进行重点说理；其三，对案件中涉及从轻、减轻、从重处罚的情节进行详细论证。因此，对于普通案件的裁判文书必须是形式完备、说理充分的，应当符合通识性体例和结构，满足最规范的文书格式要求，只有如此，才能使得普通审判程序发挥以理服人的作用。

从说理内容上来看，充要式说理应当包括三点：证据审查、事实认定与法律适用。首先，从证据审查说理来看，法官的主要任务就是将证据规则合理恰当地运用到审判活动中，并在“本院查明”部分予以清晰阐释。法官应当从证据“三性”出发说明采信理由，特别是对于双方当事人提供的冲突证据，裁判文书更应该说明理由。并且，刑事诉讼的证明标准为“案件事实清楚，证据确实充分”，因此案件是否达到证明标准应当是判决说理的重要组成部分，法官应当严格按照立法要求对案件达到证明标准进行论证。其次，对相关事实作出认定时应当说明依据和理由，避免空洞模糊的表述。本文在对相关法律文书进行检索时发现，无论是简单案件还是重大、复杂疑难案件，在裁判文书中经常会出现“上述事实，由检察机关提交，并经法庭质证、认证的下列证据予以证明”“以上事实有被告人供述、证人证言、鉴定意见等案卷为凭，本院予以采信”等表述，这样的表述根本不符合说理要求，只是简单地对公诉机关移送的起诉书进行机械移植，没有分析庭审中的证据采信过程，也没有加入法官据以作出判决的理由和根据。可以说，我们所提倡的刑事判决说理要求法官对定罪量刑的争议事实应当围绕控辩双方的争议点展开，辅以法庭调查和法庭辩论的情况。最后，就法律适用方面来说，刑事判决说理是促进当事人服判息诉的重要手段。对已查明的案件事实的法律适用存有争议的，通过法官在裁判文书中对案件中所涉及的法理进行阐释，并通过法官专业的释法过程，能够使得判决更具说服力，从而提高司法公信力。

---

① 参见湖南省耒阳市人民法院（2020）湘0481刑初174号刑事判决书。

从说理程度上来看，《指导意见》第 2 条要求判决说理必须兼顾事理、法理、情理及文理，从四大方面出发提出了引导裁判主体明确说理的方向。事理是刑事判决中不可或缺的一部分，是对据以定罪量刑的事实情节的详细阐释，是说明为何认定事实情节 A 而否认事实情节 B 的依据。事理讲求客观、中立，法官在讲述事理时，应当不偏不倚地进行，防止夸大、虚构和想象事实。事理要全面阐述一个案件发生的全貌，让不特定社会公众通过裁判文书的查阅即能了解案件主要事实的过程，只有案件事实认定准确，才能保证司法三段论中大前提适用的准确性与正确性。就法理而言，通过上文对大量刑事判决文书的查阅分析，可以发现，多数判决文书都没有涉及法理的阐述，几乎都是机械地套用法律条文。一份合格的裁判文书中所要求的法理部分至少包括两个层面：一是正确认识、理解与适用刑法；二是恰当解释适用的缘由。这就要求法官在定罪量刑时必须严格遵守罪刑法定原则，对每一项事实情节的认定都要以具体的刑法条文作为依据，即使是无罪判决也应如此，严格按照法律要求说明为何该案件没有达到法定证明标准，质言之，应当对不同类型的案件，选择适用特定的法律规范进行说理。此外，刑事判决说理中，情理不可或缺。法官在诉讼过程中既要保持中立、消极的态度，代表国家进行理性判断时还要合理地运用经验法则对案件进行有温度的判断和论述。

大陆法系国家针对刑事判决书的说理也十分重视，并且在其刑事诉讼法中也明确规定，刑事判决书中应当写明判决理由，说理的要求。英美法系国家对刑事判决书中的说理要求并未在立法中得到明确的体现，但是由于其遵循先例的原则，法官们已经将对刑事判决书进行详细说理的要求作为一项司法传统予以遵循。我国刑事诉讼法针对刑事判决书中的说理部分并未给出明确规定。要提高刑事判决书中的说理程度，必须尽快将完善相关立法规定提上日程。通过立法规定，对事实认定、证据采信和法律适用等部分的说理内容作出明确规定，判决理由要具有较强的说服力，从情理法各个方面进行分析说明，提高判决结果在当事人以及社会大众心中的认可度和可接受度。

3. 认罪认罚案件：简要式说理

根据现行刑事诉讼法的规定，犯罪嫌疑人、被告人认罪认罚后分别可能适用普通程序简化审、简易程序与速裁程序。对于适用这三类程序审理的案件，判决说理应当进行不同程度的简化，形成不同程度的简化判决说理模式，这三类程序的简化，可统称为“简要式说理”。

普通程序简化审的适用范围较广，其只是对普通程序的审理程序进行一定限度的简化，并不是独立设置的一种新程序。普通程序简化审理的刑事判决说理应当在普通案件判决说理的基础上，针对部分要素的说理进行适当的简化。由于案件的繁简程度并不与审级或审判程序有必然联系，因此，应当注意，这里的认罪认罚普通程序简化审理应当包含所有符合条件的案件，不受审级或者审判程序的限制。与普通程序相比，简化审理程序进行相应简化说理更具有实质性，对作出最后裁判的法官的依赖程度也更高，例如需要法官对庭审重点进行有针对性的把握。对此类案件的判决说理可以在事实论证与裁判说理等部分，简化、省略相关内容，把重点放在争议的特定要素上，例如量刑建议的合理性、认罪认罚的自愿性、被追诉人是否撤回认罪认罚上，对于案件事实和理由部分的说理，应当适当简化。以余全平交通肇事案为例①，该判决书针对余全平量刑问题这一焦点进行了深度阐释，其中包括余全平是否符合认罪认罚的条件，控诉方提起抗诉、辩护方提起上诉是否打破了“被告不利益变更禁止”原则以及更深层次的罚当其罪与认罪认罚应获程序利益的限度问题。②

简易程序作为第二梯度的审理程序，刑事诉讼法规定可以适当简化法庭调查与法庭辩论程序，同时对审限也作出了相应缩短的调整。对于这类案件的判决说理应当注意三点：首先，应当审查案件是否符合适用简易程序的条件；其次，应当就被告人认罪认罚过程的真实性、合法性进行充分说理；最后，简易程序判决说理并不代表完全不用释法说理，而应当以简单、精炼的文字，将法官对案件定性与量刑的意见概括阐明，忌长篇大论式阐述理由。

对于适用速裁程序审理的认罪认罚案件，进行格式化说理即可。以福州铁路运输法院（2020）闽 8601 刑初 23 号判决书为例③，由于

---

① 参见北京市第一中级人民法院刑事判决书（2019）京 01 刑终 628 号。

② 龙宗智：《余金平交通肇事案法理重述》，载《中国法律评论》2020 年第 3 期。

③ 参见福州铁路运输法院（2020）闽 8601 刑初 23 号判决书。

该案件事实清楚，证据确实、充分，被追诉人认罪认罚且控辩双方并无争议的事实，因此，该判决书主要分三部分进行格式化的阐述：一是案件事实；二是累犯的加重情节与认罪认罚的从轻情节；三是法律适用。一言以蔽之，对于通过速裁程序审理的案件，符合被追诉人认罪认罚的前提条件，因此在“罪”与“罚”均无异议的前提下，对于定罪量刑的内容仅需要简单列明，无须再耗费过多司法资源进行论证。

●证据专论

有专门知识的人意见的科学性审查

——以刑事一审普通程序为视角

任　勇[*]

引言

有专门知识的人意见的科学性审查，本质上就是要解决法官作为"外行"如何对陌生领域的专业意见形成内心确信的问题。2012年修改的刑事诉讼法建立了有专门知识的人出庭制度，明确有专门知识的人可以出庭就鉴定意见提出意见。这项制度的建立，旨在打破鉴定意见对科学证据的垄断地位，帮助法官对鉴定意见及专门性问题进行认证，促进庭审实质化。我国刑事诉讼法中有专门知识人的人，既不同于英美法系的专家证人，也不同于意大利的技术顾问、俄罗斯的专家或日本的诉讼辅佐人等，甚至与我国民事诉讼法中有专门知识的人也有差异，但又具有一些相似的特征。刑事诉讼法修改之后，最高司法机关相继出台相关司法解释及规范性文件，均对有专门知识的人出庭制度作了小幅度细化。2018 年刑事诉讼法再度修改，但未涉及该项制度。2021 年最高人民法院《关于适用〈中华人民共和国刑事诉讼法〉的解释》（以下简称《刑诉法司法解释》修改涉及有专门知识的人制度，适用效果还有待实践检验。为考察该项制度运行情况，笔者查阅了中国裁判文书网所能检索到的全部

---

* 中国政法大学刑事司法学院诉讼法学专业 2017 级博士研究生。

280份与有专门知识的人出庭相关的刑事一审判决书[①]，并对部分刑事法官进行了访谈。从总体情况看，有专门知识的人出庭制度在一定程度上发挥了预期作用，符合司法体制改革的发展方向，应给予积极评价，但仍有不少亟待完善之处。从制度本身看，主要问题在于立法过于原则，基础理论与实践操作层面均存在不同程度争议，导致制度虽建立多年但仍停留在初创阶段，难以适应司法实践的多样性、复杂性；从诉讼需求看，在社会分工日益专业化、精细化及信息化时代背景下，刑事案件中涉及的专门性问题日益增多，近年来诸多社会极为关注的大案要案审判中，均出现有专门知识的人的身影，但由于理念和制度障碍尚未打通，适用率仍然极低；从发展方向看，立法机关和最高司法机关尚未对其运行情况进行全国范围的跟踪研判，甚至以省份为研究对象的也很少，轮廓图不清、大数据不足，下一阶段改革思路尚未形成。因此，有必要对有专门知识的人出庭制度进行反思。笔者认为，有专门知识的人出庭主要在于帮助法官辨别鉴定意见真伪，从而使法庭之上的科学声音由一种变为两种、由单向变为双向，进而可能影响科学证据命运乃至整个案件走向，那么对其意见的科学性审查应是整个制度的决定性环节。本文拟结合司法实践，以刑事一审普通程序为视角，对该问题进行探讨。

一、先决问题

讨论有专门知识的人（以下简称专门知识人）意见的科学性审查，必须首先解决一些基础性、前提性问题。这是因为，立法过于原则，从专门知识人的称谓、基本职责、身份定位、意见属性等一直处于观点纷呈的状态，这对于刑事诉讼中一项具体制度来讲是罕见的。这些问题的不同答案，将把科学性审查研究引向不同的结论。譬如，是将专门知识人意见作为一种独立证明形式来看待，还是归入证人证言、当事人陈述或辩护意见，决定着其科学性审查标准的不同。而且，这几类情形在判决书中都是存在的。笔者认为，以现

---

① 检索中国裁判文书网日期截至2020年1月10日，分别以有专门知识的人、专家辅助人、专家证人为关键词进行3次检索，检索条件限定为刑事案件、判决书、一审程序，共检索出样本455份。然后以有专门知识的人出庭或对鉴定意见出具书面意见两类条件进行筛选，最终确定280份样本符合本文讨论的主题。

行立法为基础的研究相较过于超前的理论探讨更有实践意义，因此解决上述问题的基本遵循是回归刑事诉讼法，在尊重立法原意的基础上提出具有可行性的改革设想。

（一）专门知识人的语境差别

出庭就鉴定意见提出意见的人究竟应当称为什么，实践显然没有与立法达成一致。在280份判决书中，以“有专门知识的人”为关键词检索出的为110份，以“专家辅助人”检索出的为54份，以“专家证人”检索出的为112份，有4份判决书对同一位专门知识人使用了两种称谓。称谓不是简单的叫法问题，随之而来的是该主体的诉讼地位、权利义务等一系列实质性问题。在以“专家证人”为关键词检索出的112份判决书中，相当部分的判决书将专门知识人的意见作为证人证言，表述为“专家证人某某证实……”虽然刑事诉讼法使用的是“有专门知识的人”，但一些法官和理论研究者支持“专家辅助人”称谓的呼声较高，而判决书反映的是法院采用“专家证人”称谓的更多。在刑事诉讼法及其司法解释中，“有专门知识的人”是一个笼统的概念，在不同的语境下指向不同群体，至少包括：（1）侦查阶段进行勘验、检查的人；（2）鉴定人；（3）庭前就专门性问题出具书面意见的人；（4）庭审中协助公诉机关对专门性问题证据材料进行出示、播放、演示等操作的人；（5）出庭就鉴定意见或案件中的专门性问题提出意见的人。因此，有必要对承担不同职能的专门知识人作进一步区分，否则在实践中极易发生混淆。2018年2月，最高人民检察院颁布《关于指派、聘请有专门知识的人参与办案的若干问题的规定（试行）》（以下简称《专门知识人参与办案规定》），系最高司法机关首次就专门知识人制度作出的单行规范性文件，填补了一项制度空白。其对“有专门知识的人”的定义是“运用专门知识参与人民检察院的办案活动，协助解决专门性问题或者提出意见的人，但不包括以鉴定人身份参与办案的人”，较为准确地界定了我国专门知识人的内涵和外延。虽然其限定在“参与人民检察院的办案活动”，但实质上在整个刑事诉讼中亦适用。笔者认为，第一，判决书应避免使用专家证人的概念。专家证人是英美法系创设的制度，与对抗制、陪审团制度等相契合，不能简单地移植概念，我国裁判文书直接使用专家证人概念缺乏法律依据。第二，对于鉴定人应明确其称谓的唯一性。虽然鉴定人“出身”于专门知识人，但一旦成为鉴定人，便取得了诉讼参与人的身份，不应再与其他专门知识人混为一谈。第三，将不参与质证或询问的专门知识人称为“专家辅助人”。包括参与勘验检查、出具书面意见、在法庭上协助演示证据等专门知识人，因其以专业知识帮助解决案件中的专门性问题，而又“不开口说话”，带有鲜明的辅助性特征，在称谓中出现“辅助”二字更能彰显其功能。第四，将出庭参与质证或接受询问的专门知识人称为“出庭质证专家”。因其需对鉴定意见及专门性问题发表意见、接受询问、参与质证，用此概念更能反映出其在诉讼中扮演的独特角色。实际上，笔者所期望在判决书中检索出的主体即为此类专门知识人；本文所研究的科学性审查对象，也即此类专门知识人的意见。但是，基于尊重现行立法规定的考虑，在后文中仍使用专门知识人称谓。

（二）专门知识人的诉讼地位

刑事诉讼法确定的诉讼参与人包括当事人、法定代理人、诉讼代理人、辩护人、证人、鉴定人和翻译人员，同时规定为查明案情，需要解决案件中某些专门性问题的时候，应当指派、聘请有专门知识的人进行鉴定。因此，在七种诉讼参与人之中，负责提出科学证据的角色是鉴定人。笔者认为，专门知识人的职能是帮助法官审查鉴定意见、理解案件中的专门性甚至极度复杂的科学性问题，可以看作“科学语言的解说者”，其地位上具有从属性。解决刑事诉讼中的科学证据问题，原则上应当依靠鉴定人。“我国民事诉讼制度在已经遵循大陆法国家的做法确立了鉴定制度的同时，再设立专家证人制度，欠缺必要性与合理性，也不符合法律规则创设的内在逻辑。”① 对于刑事诉讼来讲也是同样道理，如果再将专门知识人列为诉讼参与人，必然与鉴定人的功能发生重合。但是，赋予专门知识人独立诉讼地位的观点亦有其现实基础。笔者以“有专门知识的人”为关键词检索出裁判文书 266 份，而有实际意义的仅为 110 份，无效样本被检索出来，是因为援引了 2012 年《刑诉法司法解释》第 87 条（2021 年修改的《刑诉法司法解释》中为第 100 条并作重要修改），即被告人、辩护人在无相应鉴定机构情况下，对由专门知识人作出检验报告提出异议，而法庭根据第 87 条对其主张不予支持。对此问题，笔者认为，一方面应当通过改革司法鉴定制度来解决。“在

① 杜万华主编：《最高人民法院民事诉讼司法解释实务指南》，中国法制出版社 2015 年版，第 211—212 页。

司法鉴定制度内部，应该考虑各环节之间的相互协调，从鉴定人的资格、选任、鉴定权的启动到鉴定人的权利、义务及鉴定意见的采纳等，应具有其内在的合理性，以确保虚假的、有瑕疵的鉴定意见能被及时有效地发现和剔除，使鉴定意见在刑事审判中能真正起到‘科学证据’的作用。”[①] 同时进一步健全鉴定机构和鉴定人管理机制，扩大鉴定范围，减少案件中专门性问题无法进行司法鉴定的问题。另一方面，专门性问题涉及范围极广，鉴定所能覆盖的毕竟只是少部分。实践中一直有对专门知识人制度进行改革的呼声，包括修改第87条，赋予专门知识人检验报告证据资格。2021年《刑诉法司法解释》第100条回应了此种关切，将表述修改为“因无鉴定机构，或者根据法律、司法解释的规定，指派、聘请有专门知识的人就案件的专门性问题出具的报告，可以作为证据使用”。这是专门知识人制度的一大进步，既消除了法官在认证中的顾虑和不便，也肯定和固定了实践中的做法。无论从哪一方面讲，都无必要再度引入解决科学问题的新诉讼参与人角色，否则只能使科学证据审查陷入迷乱境地。至于专门知识人究竟应当赋予何种诉讼地位，在目前立法下既难以归入七类诉讼参与人之中，又无必要为其新设一类，只能暂时处于空白地带，随相关改革的深入再做调整。

（三）专门知识人的意见属性

专门知识人意见的属性的关键问题是能否作为证据使用。从专门知识人意见的类型看，刑事诉讼法仅规定对鉴定意见提出意见一种类型。而民事诉讼法则规定专门知识人可“就鉴定人作出的鉴定意见或者专业问题提出意见”，且民事诉讼法司法解释将专门知识人就专业问题提出意见视为当事人的陈述。最高人民法院《关于第一审刑事案件普通程序法庭调查规程（试行）》（以下简称《法庭调查规程》）第26条规定，有专门知识人可在鉴定人作证后向鉴定人发问，并对案件中的专门性问题提出意见。此处的专门性问题，是仅限于鉴定意见之内，还是可以扩展至全案范围，规定并未明确。但结合司法实践也可理解为，最高人民法院似效仿民事诉讼，扩大了刑事诉讼中专门知识人提出意见的类型，但尚未也不可能将其视为当事人的陈述，在司法实践中应防止刑事诉讼与民事诉讼专门知识

---

① 季美君：《专家证据的价值与我国司法鉴定制度的修改》，载《法学研究》2013年第2期。

人制度相混淆。立法并未明确专门知识人意见的性质，有观点主张可作为证据使用，专门知识人法律地位可以是质证人，也可以是作证人，或者兼为两种主体。[①] 笔者认为，专门知识人出庭发表的意见，既可能涉及对专门性、技术性问题的鉴定，也可能是对经验、规范、惯例等的介绍，还可能涉及对事实、责任的认定，不宜笼统规定可以作为证据使用，应赋予法官对其进行审查判断的权力。即专门知识人的意见仅作为是否采纳鉴定意见的根据，一般不得作为证据使用；但在控辩双方没有聘请鉴定人、案件中没有鉴定意见的情形下，法庭可以结合专门知识人的意见认定有关事实。[②]

（四）专门知识人的立场倾向

专门知识人系由公诉人、当事人和辩护人、诉讼代理人向法庭申请、经法庭同意才得以出庭，那么其发表意见应当保持客观中立还是偏向本方，仍然具有较大争议。《法庭调查规定》第 26 条规定，控辩双方可以申请法庭通知有专门知识的人出庭，协助本方就鉴定意见进行质证。所谓协助本方进行质证，似允许专门知识人意见可以具有偏向性。而《专门知识人参与办案规定》第 18 条规定，有专门知识的人参与办案，应当遵守法律规定，遵循技术标准和规范，恪守职业道德，坚持客观公正原则。可见，“两高”对此所持态度不尽相同。在 280 份判决书中，明确记载专门知识人由控方申请出庭的 33 件，由辩方申请出庭的 61 件，其余未明确记载由哪方申请出庭，但从提出支持鉴定意见的倾向性来看，绝大部分可判断为由控方申请出庭。一般来讲，对鉴定意见的对错提出意见的，往往带有倾向性；就其所涉专门性问题提出意见的，往往比较客观中立。由此可见，偏向性在专门知识人出庭中是客观存在的。“专家对某一科学立场的鼓吹通常不是反对其任命的理由。”[③] 在辩方申请专门知识人出庭的 61 份判决书中，明确记载推翻或部分推翻鉴定意见、启动重新鉴定或法官采纳其意见的仅有 15 件，占 24.6%，反映出法官在

---

① 参见龙宗智：《刑事庭审人证调查规则的完善》，载《当代法学》2018 年第 1 期。

② 参见刘静坤：《证据审查规则与分析方法》，法律出版社 2018 年版，第 175 页。

③ Guidelines on the role of court - appointed expertsin judicial proceedingsof Council of Europe’s Member States, 36.

审查时把握了较严标准。笔者认为，专门知识人提出意见，原则上应保持客观中立性，这是法庭实现科学性审查的基础。如果对偏向性不加以限制，则会让法官的审查判断难上加难。同时鉴于专门知识人出庭协助本方质证的职责定位、经费保障来源等问题，也应作适当区分，即对于司法机关聘请、指派的专门知识人，因其受国家公权力委托，应当强调客观性、中立性；对于被告人、辩护人聘请的，应允许其在尊重科学原理的基础上，提出带有偏向性的意见，但对于发表严重违背科学精神、歪曲事实意见的，应通过有效问责机制来予以惩戒。对于如何界定“偏向性”，笔者将在后文中论述。

二、专门知识人的出庭审查程序

对专门知识人意见的科学性审查是环环相扣的过程，有效的出庭审查是重要前置程序。如果不适格的专门知识人出庭，那么科学性审查从起点上便错了。综合立法和“两高”有关规范性文件规定，当前对专门知识人出庭审查的基本程序是：公诉人、当事人和辩护人、诉讼代理人可向法庭提出申请并说明理由，法庭经审查认为理由成立或有必要的，应当作出同意的决定，并通知专门知识人出庭。但是，对于在什么阶段可以提出申请、出庭理由的要件、法庭审查的要件、是否存在权利救济等，或缺乏规定，或散见于各个条文之中，尚未形成统一的标准。如果法庭对专门知识人出庭的审查把关失之于宽或失之于严，都将为后续的科学性审查制造麻烦，进而使该制度流于形式。因此，应当从源头上加以规范。

（一）专门知识人出庭的启动程序

一是启动主体。立法规定有权申请专门知识人出庭的主体仅限于公诉人、当事人和辩护人、诉讼代理人四类，法庭能否依职权通知专门知识人出庭是实践中面临的突出问题。《法庭调查规程》规定，必要时法庭可以依职权通知有专门知识的人出庭，但因缺乏配套机制，法院对此持十分谨慎的态度。2021 年《刑诉法司法解释》第 251 条规定“为查明案件事实、调查核实证据”，法院可依职权通知专门知识人出庭，其效果有待未来检验。280 份裁判文书中明确记载法庭依职权通知专门知识人出庭的仅有 4 件，实际数字可能略多于此。如“杭州保姆纵火案”中，法庭依职权通知灭火救援专家出庭，回答各方就有关消防专门性问题的提问。消防专家指出，火场被困人员如果不能在 6 至 8 分钟内撤离，烟雾一氧化碳浓度即足以致人死亡。法庭认为，在案证据虽然证明被告人莫某某放火后有报警行为，但是其报警时距其放火已长达约 15 分钟，故其报警并无实际价值，结合其他证据驳回莫某某及其辩护人所提其在起火后报警、积极施救的辩解与辩护意见。可见，专家意见对于是否认定莫某某存在从轻情节方面发挥了重要作用。有法官在接受访谈时认为，刑事诉讼领域专门知识人参与诉讼的启动条件应与民事诉讼有所区别。民事法遵循意思自治，当事人可根据实际需求和经济能力决定是否聘请专门知识人，并自行承担相应后果。但刑事法涉及定罪量刑，关乎生杀予夺，在遇有对定案具有重大影响的专门性问题无法解决时，如当事人不愿或无经济能力聘请专门知识人，则法庭应当依职权指定专门知识人出庭。笔者对此表示赞同。实行专家证人制度国家的司法改革表明，克服专家证人偏向性负面影响的最为有效的措施之一，就是更多倚重法院指定专家。如美国《联邦证据规则》规定法官可以独立指定专家证人，《英国民事诉讼规则》也明确了专家证人对法院而非当事人的优先职责。[①]《欧盟成员国在司法程序中法院指派专家准则》规定，法院指派的专家在审查事项上必须保持独立，不得与任何一方当事人存在利益冲突。这表明法庭聘请专门知识人的积极意义不应被忽视。建议在我国立法中明确，法庭在认为确有必要的情况下，可依职权通知专门知识人出庭，同时建立出庭经费等配套保障机制，以更好促进惩罚犯罪与保障人权相统一。

二是启动阶段。刑事诉讼法在第二编第二章“第一审程序”的“调取新证据”中对申请专门知识人出庭作出规定，即第 197 条第 2 款。其承接的是第 1 款“法庭审理过程中，当事人和辩护人、诉讼代理人有权申请通知新的证人到庭，调取新的物证，申请重新鉴定或者勘验”。也即在开庭以后，当事人和辩护人、诉讼代理人对鉴定意见有异议而申请重新鉴定的，方可申请专门知识人出庭。《人民检察院刑事诉讼规则》（以下简称《刑事诉讼规则》）第 420 条第 1 款第 4 项也相应规定，在法庭审判过程中，需要“申请人民法院通知证人、鉴定人出庭作证或者有专门知识的人出庭提出意见的”，公诉人可以建议法庭延期审理。可见在立法原意上，专门知识人出庭最早也只能在法庭调查阶段启动。但此规定显然不符合实际，其最大

① 参见郭华：《对抗抑或证据：专家辅助人功能的重新审视——兼论最高法院审理“奇虎 360 诉腾讯”案》，载《证据科学》2016 年第 2 期。

弊端在于易造成庭审的过分迟延。为此,《人民法院办理刑事案件庭前会议规程(试行)》(以下简称《庭前会议规程》)第10条第1款第9项规定,审判人员在庭前会议中可以就是否申请证人、鉴定人、侦查人员、有专门知识的人出庭等程序性事项向控辩双方了解情况,听取意见;《刑事诉讼规则》第404条第4款规定,庭前会议中,必要时,公诉人可以申请法庭通知有专门知识的人出庭,就鉴定人作出的鉴定意见提出意见。由此可知,经过司法解释和规范性文件的拓展,在庭前会议和庭审过程中,均可以提出专门知识人出庭的申请。而问题在于,对于不组织庭前会议的案件,应如何确保及时启动?笔者认为,对于此类案件应遵循尽早原则,在宣布开庭环节即告知各方有权申请专门知识人出庭,使各方能够充分考虑并作出决定,尽量避免庭审过程的中断。

三是救济方式。在法庭不同意专门知识人出庭的情况下,申请主体是否有救济的权利?在检索出的样本中,共有9份判决书明确记载了法庭驳回专门知识人出庭申请的决定。其中,5份系因法庭认为鉴定意见可采信,2份系因法庭直接认定了其他证据,1份系因法庭认为辩护人所提问题并非专门性问题,1份未说明驳回的理由。其中,有当事人对法院驳回决定不服。如在成都某某有限公司、张某某、汤某某等污染环境罪案[(2018)川0113刑初368号]中,被告单位成都某某公司的辩护人提出,公诉机关提供的检测报告数据不准确,法庭没有对辩方专门知识人出庭和重新鉴定的申请予以支持,属于程序有瑕疵;法庭则认为该检测程序合法、检测结果客观,无重新检测必要。那么,对于申请人不服法庭决定的,能否请求复核?笔者认为,刑事诉讼法并未设置相关救济程序,法庭的决定具有终局性,不能认定为程序瑕疵。但有两点需要完善之处:第一,对不予准许专门知识人出庭的理由,应作出说明并记录在案,避免简单地一驳了之。第二,从本质来看,这一问题的产生在于各方对专门知识人出庭标准认识不同。对法庭掌握何种尺度,至少应有原则性规定。如最高人民法院《关于审理环境民事公益诉讼案件适用法律若干问题的解释》第15条规定,当事人申请通知有专门知识的人出庭,就鉴定人作出的鉴定意见或者就因果关系、生态环境修复方式、生态环境修复费用以及生态环境受到损害至恢复原状期间服务功能的损失等专门性问题提出意见的,人民法院可以准许。此条规定的价值在于为法庭框定了边界,极具借鉴意义。将来在刑事诉讼领域，对于这类标准明确的案件，如果申请人不服法庭驳回决定的，应当有权向本院请求复核。

（二）专门知识人出庭的审查标准

对专门知识人的出庭审查应聚焦两个重点，即出庭理由是否充分、专业资格是否过硬。从“两高”有关司法解释和规定看，目前对专门知识人审查的主要载体是申请方提交的名单。如《庭前会议规程》第17条第2款规定，在庭前会议中，控辩双方对出庭的有专门知识的人的名单有异议，人民法院经审查认为异议不成立的，应当依法驳回异议；认为异议成立的，应当依法作出处理。异议主要就是针对出庭理由和资格。《刑事诉讼规则》第358条规定，起诉书应当附有需要出庭的有专门知识的人的名单，名单应当列明姓名、性别、年龄、职业、住址、联系方式。但访谈中法官普遍感到，仅通过对名单的审查，并不能确保专门知识人的适格，在标准上究竟是从宽还是从严，不易把握，在解决专门问题与防止诉讼拖延之间的矛盾上左右为难。笔者认为，法庭对专门知识人出庭理由和出庭资格的审查，在把握的标准上应当宽严各有侧重。

一是出庭理由审查。《庭前会议规程》第17条规定，控辩双方申请证人、鉴定人、侦查人员、有专门知识的人出庭，应当说明理由。人民法院经审查认为理由成立的，应当通知有关人员出庭。笔者认为，出庭理由审查的关键在于是否具有必要性，审查标准宜从宽，即对于理由较为充分，不出庭说明或参与质证则可能无法解决鉴定意见和案件中专门性问题的，一般应作出同意决定。这不仅有利于及时解决庭审中可能出现的科学性、专门性问题，有利于保障当事人、辩护人、诉讼代理人的诉讼权利，而且还有利于推动专门知识人出庭制度的适用。

二是出庭资格审查。如前文所述，无论是学界还是实务界，都习惯于将专门知识人视为专家，称之为“专家辅助人”或“专家证人”。根据《现代汉语词典》，专家系指“对某一门学问有专门研究的人；擅长某项技术的人”。而立法机关弃“专家”一词不用，以“有专门知识的人”代之，盖因表达有专门知识人的门槛要低于专家，对专门知识人的资格不必提出过高要求。但从实践来看，对专门知识人的准入资格的掌握不是高了而是低了，导致有的案件中意见质量较低，质证效果不佳。如在李某某故意伤害、骗取贷款案［（2016）吉0602刑初159号］中，为查明被告人李某某在案发时所说内容，公安机关委托某特殊教育学院懂唇语的2名教师和5名聋人学生观看案发监控视频，对现场李某某的口型进行甄别、确认口型内容，并出具了检查报告。法庭认为，虽2名教师具有教师资格证，5名聋人学生具有学生证、残疾人证，但不能就此认定他们是具有专门知识的人，对检查报告不予采信。虽然刑事诉讼法并未对专门知识人的资格设置特殊限制，但法庭对其资格进行较为严格的审查具有十分重要的现实意义。笔者认为，与出庭理由审查掌握从宽标准不同，对专门知识人资格的审查应掌握从严标准，具体而言应把握三个原则：第一，专业背景的权威性。专门知识人即便尚未达到专家的资质，也应以其学识、技术、经验等，在本领域具有足以令人信服的权威性，避免“垃圾科学”进入法庭。第二，专业领域的相关性。专门知识人出庭涉及的专门性问题，应属于其所从事的领域，而不应跨专业领域。第三，职业操守的纯洁性。专门知识人应具有良好的职业操守和职业道德，如未受过刑事处罚，未受过开除公职处分，未有在其他案件中作虚假陈述、发表不实意见的记录，等等。

（三）专门知识人在诉讼中的权利义务

专门知识人虽然不属于诉讼参与人，但既然出庭参加诉讼，就应当具有相应的诉讼权利和义务。“专门知识人可就鉴定意见提出意见”这看似简单的一句条文，实则蕴含十分丰富的权利义务内容。比如，在280份样本中，有7份明确记载控方以专门知识人未参与尸检、伤情检验，不能用CT影像诊断代替临床诊断等理由，对专门知识人的意见提出异议，法庭均予以采纳。当事人、辩护人、诉讼代理人一般只有在知晓鉴定意见内容之后，才能决定是否聘请有专门知识人并申请重新鉴定，而此时鉴定过程已经结束，事实上专门知识人已不可能介入鉴定。这表明，让专门知识人对鉴定意见提出含金量高的意见，在实际操作层面是比较难的，这就需要明确其诉讼权利和义务，保障其能够深度参与到诉讼中来。

一是诉讼权利。为保证专门知识人依法履行职责，应明确其具有以下诉讼权利：（1）阅卷的权利。阅卷权是专门知识人最基本的权利之一，否则其不可能提出有针对性的意见。人民法院收到控辩双方移送或者提交的证据材料后，应当通知对方查阅、摘抄、复制，此时亦应包括专门知识人。（2）会见的权利。与被告人直接进行沟通，有助于专门知识人了解案件信息，提高意见的科学性。虽然单独会见目前于法无据，但可以在律师会见时允许专门知识人随同。(3) 提前介入鉴定的权利。未实际参与检验是目前控方对辩方专门知识人意见进行反驳的最具杀伤力的理由之一。控方聘请的专门知识人介入检验、鉴定几乎不存在问题，而对于辩方申请的专门知识人来讲则几乎成为“不可能完成的任务”，显然存在权利失衡问题。在条件允许的情况下，法庭亦应准许辩方专门知识人介入鉴定，控方与鉴定机构亦应提供配合。如意大利的技术顾问可以参加审前程序，有权参与见证鉴定人的鉴定过程，使得其意见具有更高的权威性和可信度。(4) 部分获准旁听庭审的权利。证人、鉴定人、专门知识人不得旁听庭审的规定，在互联网庭审直播的背景下均已受到挑战，当然这不在本文的讨论范围。实践证明，允许单纯陈述意见型专门知识人旁听庭审，不会对其提供专业意见造成负面影响。甚至对于其他类型的专门知识人，允许其旁听至法庭调查阶段，也是利大于弊。[①] (5) 获得经费保障和受到特殊保护的权利。配套保障不足是制约专门知识人出庭的突出问题。关于出庭经费保障，从判决书样本中记载的情况看，各方支付的经费从 500 元到 30000 元不等，存在巨大差距。这种差距是否会反映到专门知识人工作质量上，需高度关注。应在谁聘请谁支付原则的基础上，对经济特别困难的当事人，从司法救助等专项资金予以足够的保障。关于人身安全保障，判决书样本中尚未出现相应案例，但有必要参照关于证人、鉴定人特殊保护的规定，对明确提出需求且确有必要的专门知识人提供相应保护措施。

二是诉讼义务。针对前文所提问题，专门知识人应履行以下诉讼义务：(1) 恪守科学精神的义务。虽然前文提出应允许当事人、辩护人、诉讼代理人聘请的专门知识人提出带有偏向性的意见，但这与恪守科学精神并不矛盾。偏向性意见亦应建立在尊重科学、尊重事实的基础上，如为偏袒本方恶意歪曲、编造篡改科学结论，则应承担不利后果。(2) 如实回答的义务。在出庭接受询问中，应如实回答各方提问，发表偏向性意见可允许其作有选择性地回答，但不得作虚假陈述、不得编造谎言。(3) 及时退还案卷材料的义务。对借阅的案卷材料，应妥善保管并及时退还，防止损毁或遗失。

---

① 参见徐建新：《涉家暴刑事案件“有专门知识的人”出庭之实践问题研究》，载《中国政法大学学报》2016 年第 2 期。

（4）保密义务。对参与诉讼过程中知悉的国家秘密、商业秘密、个人隐私以及审判秘密等，应严格保守、不得公开。（5）回避的义务。刑事诉讼法并未规定专门知识人是否适用回避，但规定专门知识人出庭适用鉴定人的规定。笔者认为，对此处的"出庭"应做广义理解，不仅包括出现在法庭上，还应包括与出庭相关的周边制度。因鉴定人适用回避，所以不能理解为专门知识人一律不需要回避。比较务实的做法是，原则上专门知识人不需要回避，但存在可能影响客观公正提出专业意见的重大情形时，可由法庭决定是否回避。

三、专门知识人如何提出意见

专门知识人的主要职能是就鉴定意见或案件中的专门性问题提出意见，但立法对专门知识提出意见的内容、方式等未作规定。随之而来的问题是，提出意见的边界如何掌握？是仅限于口头提出还是也可以出具书面意见？是只能在对鉴定意见进行质证时提出，还是庭前会议、法庭调查阶段均可提出？这些问题如果不加以明确，易导致提出的意见靶向性不强，难以起到针锋相对的作用，反而易造成搅乱诉讼格局、拖延诉讼效率等负面效果，与立法初衷背道而驰。

（一）如何就鉴定意见提出意见

专门知识人就鉴定意见提出意见具有附属性，应当限定在鉴定意见的审查范围之中，原则上与鉴定意见的认证相匹配。2021 年《刑诉法司法解释》第 97 条规定了对鉴定意见应当着重审查的 10 项内容，第 98 条规定了不得作为定案根据的 9 种情形，实际上从正反两方面明确了鉴定意见的审查范围。笔者认为，属于专门知识人可以提出意见的范畴应包括：（1）检材的来源、取得、保管、送检是否符合法律和有关规定，检材是否充足、可靠，是否存在送检材料、样本来源不明，或者因污染不具备鉴定条件等情形；（2）鉴定程序是否符合法律和有关规定；（3）鉴定的过程和方法是否符合相关专业的规范要求；（4）鉴定意见是否明确。当然，专门知识人在参与诉讼过程中，对于发现的鉴定机构不具备法定资质，或者鉴定事项超出其业务范围、技术条件，鉴定人不具备法定资质或相关专业技术、职称，以及鉴定意见缺少形式要件等问题，也可以一并提出。但对于鉴定人是否存在应当回避的情形，鉴定意见与案件待证事实有无关联，鉴定意见与勘验、检查笔录及相关照片等其他证据是否矛盾等问题，则属于法官可以独立审查的事项，不在专门知识人可以提出意见之列。值得重视的是，专门知识人可否在质疑鉴定意见的同时，提出自己带有结论性质的意见，从而在实质上形成一个新的鉴定意见？笔者认为，专门知识人就鉴定意见提出质疑，其目的应是说服法庭启动重新鉴定，实际上可以起到“弹劾证人”的作用[①]，而不能提出带有鉴定意见性质的意见，即便提出也不应被采纳。

（二）如何就案件中的专门性问题提出意见

刑事案件中的专门性问题种类繁多，涉及领域复杂。280 份判决书共涉及 51 个罪名，其中故意伤害罪最多，共 103 份；其次是故意杀人、过失致人死亡罪，共 20 份，即法医类的专门性问题约占 43.9%。其他涉及行业惯例、政策解读、价格评估、家庭暴力、环境修复等领域，以及生活垃圾危害及应急处置方式、我国有无犬类鉴别机构、宠物蛇是否属于濒危野生动物、缺碘地区供应食盐执行的食用盐碘含量标准、动植物品种的认定、罂粟的生长特征、电击捕鱼对水生动物及水域的危害、体育课老师与学生身体接触构成猥亵的界限、政府采购中竞争性磋商采购方式等，涉及范围十分广泛，不具有框定其类型的可行性。但笔者认为应明确两个原则：第一，专门知识人就案件中的专门性问题提出意见，应完全基于其自身的专业认知。在这方面应当与美国专家证人制度有所区别。美国《联邦证据规则》第 703 条规定专家意见所依据的事实或数据，可以是该专家意识到或者亲身观察到的案件中的事实或者数据。同时又确立了“合理依赖标准”，即如果特定领域的专家就某事项形成意见时将合理依赖那类事实或者数据，则该事实或者数据不需要具有可采性来使该意见被采纳。由于专家证人是美国刑事诉讼中唯一的“科学的代言人”，“合理依赖标准”有利于扩大专家证言的可采性，减少对专家第一手知识的要求，第一手知识的罅隙甚至阙如不再是专家作证的障碍。[②]而我国刑事诉讼中专门知识人本身就是以其知识、技术、经验等受聘出庭，其自身的专门知识背景与能力是申请主体

① 参见陈瑞华：《刑事证据法》（第三版），北京大学出版社 2018 年版，第 307 页。

② 参见王进喜：《美国〈联邦证据规则〉（2011 年重塑版）条解》，中国法制出版社 2012 年版，第 223—224 页。

作出委托决定的关键。如果再依赖于其他专家的意见发表意见，倒不如直接聘请专业更为“对口”的专家。但从判决书样本中看，有的专门知识人提出意见的论据系单纯引用文献，有的竟然代为转述其他专家的意见，表明对如何以其自身知识提出意见存在模糊认识。第二，专门知识人就案件中的专门性问题提出意见，不应介入定罪量刑。与就鉴定意见提出意见的鲜明靶向性相比，就案件中的专门性问题提出意见的指向性并不是特别明确，有时会出现专门知识人对罪与非罪、此罪与彼罪、刑罚种类及量刑幅度等发表观点的情况，这已经明显超出了专门知识人的职责界限。统计中还发现，个别判决书将专门知识人列为辩护人，将其意见纳入辩护意见，这也极易形成不正确的导向。笔者认为，应明确专门知识人提出意见仅限于对专门性问题的陈述，不得发表涉及事实认定、定罪量刑意见，更不能等同于辩护人或证人。

（三）提出意见的程序

根据立法规定，专门知识人提出意见应该仅指出庭提出意见，2012 年《刑诉法司法解释》第 87 条规定的检验报告，严格来讲不能归于专门知识人提出的意见。统计发现，样本中有 31 份判决书记载了专门知识人未到庭而仅向法庭提交了专业性意见，既不属于检验报告，也不属于出庭提出的意见。对此类情况的处理，判决书记载得并不明确，大部分以专门知识人未出庭而不予采纳，也有一些参考了意见内容，还有的仅记载有此意见但未予以回应。由此产生的问题是，专门知识人的意见是否可以书面方式提出，以及在哪些阶段可以提出？针对此类问题，2021 年《刑诉法司法解释》第 100 条将 2012 年第 87 条中可以“指派、聘请有专门知识的人进行检验”，修改为“指派、聘请有专门知识的人就案件的专门性问题出具的报告”，从而扩大了专门知识人在庭前出具专业意见的范围，不再限于检验报告。笔者认为，专门知识人提出意见的时机可以在以下三个阶段：一是庭前会议阶段。2021 年《刑诉法司法解释》第 228 条规定了庭前会议可以询问控辩双方对证据材料有无异议，其中也应包括对鉴定意见的异议。《庭前会议规程》第 10 条也明确，庭前会议中，主持人可以就有关事项向控辩双方了解情况、听取意见，其中一项即为是否申请重新鉴定或者勘验。既然如此，专门知识人针对鉴定意见的意见自然应当提出，且以书面形式为宜。但是，出庭是专门知识人制度的灵魂，如果专门知识人拒不出庭，则在庭前会议中提出的意见应不予采信。另外，仅就案件中的专门性问题进行陈述的意见，因不存在争议性或无法预判是否会引发争议，故无必要在庭前会议中提出。二是法庭调查阶段。在此阶段，专门知识人既可以宣读庭前会议中出具的意见，也可以在陈述、接受询问、参与质证中发表新的意见，最终以法庭笔录的形式记录在案。三是休庭至作出判决之前。实践中，专门知识人对疑难复杂的专门性问题未必均能当庭解决。在这种情况下，不能有始无终，否则专门知识人前期工作就变得毫无意义。如存在补充完善的必要性和可行性，法庭应允许其在庭后进一步查明，并以书面方式提交补充意见。

四、专门知识人协助质证规则

"科学证据质证程序是法庭甄别科学证据与瑕疵证据的重要途径，也是保证法官采信科学证据程序正当的重要基石。"① 专门知识人出庭协助本方就鉴定意见进行质证，属于科学证据质证的重要组成部分。但遗憾的是，目前专门知识人并无独立的质证规则，而是参照鉴定人或证人执行，实践中并不能完全适用专门知识人，而且就鉴定意见提出意见和就案件中的专门性问题提出意见的两类专门知识人，出庭质证程序显然也不尽相同。因此，应当认识到专门知识人协助质证的相对独立性，在立法中设置独立规则。

（一）出庭时

在访谈中，有法官提出专门知识人出庭时机难以掌握的问题。按照《刑事诉讼法》第 192 条至第 197 条的规定，鉴定人与专门知识人出庭的逻辑脉络是：首先，鉴定人未必都出庭，只有控辩双方对鉴定意见有异议，人民法院认为鉴定人有必要出庭的，鉴定人才出庭作证。其次，对于未到庭鉴定人的鉴定意见，应当庭宣读。再次，合议庭对证据有疑问的，可以宣布休庭，对证据进行调查核实或鉴定。最后，第 197 条规定了控辩双方可以申请法庭通知专门知识人出庭，就鉴定人作出的鉴定意见提出意见。质言之，专门知识人出庭原本是属于调取新的证据中针对鉴定意见的一项机制，其出庭时机本应在鉴定意见第一次接受质证并且受到质疑之后。但如前文所述，相关司法文件已经打破这一局限，即在庭前会议阶段即可

① 陈邦达：《科学证据质证程序研究——基于中美两国的比较》，载《现代法学》2017 年第 4 期。

提出专门知识人名单，专门知识人出庭的职能也由就鉴定意见提出意见扩展为可就案件中的专门性问题提出意见，因此实践中其出庭时机已经不局限在鉴定意见第一次质证之后。

综上，关于专门知识人出庭程序，有三个问题应予明确：第一，何时出庭。专门知识人出庭时机可以贯穿整个法庭调查阶段。无论是物证、书证、证人证言等各类证据，其中凡涉及专门性问题的，则专门知识人均可在该证据举证时出庭。第二，是否分别出庭。根据 2012 年《刑诉法司法解释》及相关规定，向证人、鉴定人、专门知识人发问应当分别进行，作出同一份鉴定意见的多名鉴定人或者多名专门知识人可以同时出庭。《法庭调查规程》建立了有专门知识人与鉴定人同时出庭机制。2021 年《刑诉法司法解释》第 264 条仅规定了向证人、调查人员、侦查人员发问应当分别进行，而不再包括鉴定人、有专门知识人，这一重要修改符合实践要求。鉴定人接受询问时有专门知识人在场，能够使专门知识人产生直观认识，有利于对鉴定意见的质证。但按以往规定，专门知识人可在鉴定人不出庭的情况下独自出庭就鉴定意见提出质疑，无法与鉴定人形成对抗，从而使专门知识人出庭效果大打折扣。在统计样本中，鉴定人与专门知识人均出庭的仅有 104 件，占 36.6%。至于在庭审过程中是同时出庭还是分别出庭，仅凭判决书无法再精确区分，但可以肯定的是，同时出庭的实际数字更低。笔者认为，为贯彻 2021 年《刑诉法司法解释》有关修改精神，对于有专门知识人出庭的案件，法庭应当纳入“鉴定人有必要出庭”的情形予以考虑，通知鉴定人出庭，即确立“法庭上有专门知识人必有鉴定人”原则，以实现充分对抗。第三，何时退庭。《刑诉法司法解释》规定，证人、鉴定人、有专门知识的人不得旁听对本案的审理，作证或发表意见后，审判长应告知其退庭。且 2021 年《刑诉法司法解释》第 234 条增加了书记员在开庭审理前应核实旁听人员中是否有证人、鉴定人、有专门知识的人，进一步强化了对专门知识人不得旁听本案庭审的规定。笔者认为，证人、鉴定人不得旁听庭审，系为防止案件审理对其证言产生影响。但专门知识人不属于诉讼参与人，其意见亦不属于证据，接受发问询问后即退庭，目前来看不具有负面影响，似无必要一律禁止旁听，建议由法庭根据庭审实际需要来决定。甚至在法庭辩论阶段是否可以引入专门知识人参与，亦属于可讨论范围之内。

（二）协助质证

从判决书样本来看，有的案件专门知识人协助质证存在过于简单化现象。有法官在访谈中认为，在一些案件审理中，前期做了很多关于专门知识人出庭的准备工作，结果专门知识人在庭上三言两语就讲完了，没有高质量的质证，最后成了走过场。笔者认为，专门知识人协助质证是整个制度的核心，质证效果决定了科学性审查的效果，必须精心设计、建立规则，避免流于形式。至少应从以下三方面完善：一是陈述意见。专门知识人出庭后，应就其对鉴定意见的意见或案件中的专门性问题进行陈述，向法庭全面提出并阐释自己的专业观点，申明对鉴定意见的支持或质疑理由。二是回答提问。根据立法及“两高”有关规定精神，控辩双方经审判长许可可以对专门知识人发问，主要参照对证人的发问顺序及发问原则进行。向专门知识人发问应采取一问一答的形式。具体来讲，应当先由提请通知的一方进行；发问完毕后，经审判长准许，对方也可以发问。审判人员认为必要时，可以询问专门知识人。发问完毕后，控辩双方可以发表本方对鉴定意见或专门性问题的质证意见。控辩双方如有新的问题，经审判长准许，可以再行向专门知识人发问。法庭依职权通知专门知识人出庭的，审判人员应当主导对专门知识人的询问。需要关注的情形是，向证人、鉴定人、专门知识人发问应当分别进行，但涉及多名证人、鉴定人、专门知识人时，遵循的原则不完全相同：对于有多名证人出庭作证的案件，向证人发问应当分别进行；对于作出同一份鉴定意见的多名鉴定人或者多名专门知识人同时出庭的，不受分别发问规则的限制。即证人无论在何种情况下都应当分别发问，而专门知识人则未必。三是进行对质。《法庭调查规程》第26条规定，专门知识人与鉴定人同时出庭的，在鉴定人作证后向鉴定人发问，并对案件中的专门性问题提出意见。即明确了专门知识人可以向鉴定人发问，行使对质权，同时应允许控辩双方进行辩论。需要突破的是，由于对专门知识人的发问须遵循向证人发问的原则，包括不得以诱导方式发问，实际上亦禁止了交叉询问。笔者建议，在对专门知识人发问中应率先探索交叉询问。对于美国科学证据审查标准产生重要影响的“道伯特案”中法官曾指出：“有效的交叉询问、相反证据的出示和对证明责任的谨慎指示，是攻击可采但不可靠的证据的传统手段。”① 从正向来看，对专门知识人进行交叉询问有利于进一步探明科学真实；从反向来看，由于专门知识人毕竟有别于证人，对定案产生负面影响的可能性极小，而对于未来推动完善证人出庭作证制度具有积极意义。

五、专门知识人意见的认证规则

统计表明，绝大部分专门知识人意见是与鉴定意见相伴生的，但同时又具有多样性、复杂性。在280份判决书样本中，明确记载有鉴定意见的229份，针对鉴定意见提出意见的226份。从表面看，凡是存在鉴定意见的案件，专门知识人出庭几乎都是针对鉴定意见提出意见，其中明确记载有104份支持鉴定意见，77份质疑鉴定意见。但从实质看，在支持鉴定意见的104份判决书中，有相当部分专门知识人并非就鉴定意见的对错表明立场，而是就自己的观点、方法、检验结果的可能性等进行陈述，或者就鉴定意见中的某项专门性问题作拓展，与鉴定意见不存在交叉性。例如，在家暴案件中，鉴定意见一般涉及的是死因、伤情等问题，而专门知识人系出庭就家暴特征、影响及受暴人反抗规律等作出说明；在盗伐林木案中，鉴定意见涉及的问题是盗伐林木的蓄积，而专门知识人出庭就植被恢复方案提出意见；在危害食品安全案中，鉴定意见是从某食品中提取出了不符合标准的化学物质，而专门知识人出庭就该化学物质所含毒素及对人体的危害作出说明。对这类情况，实质上很难区分是就鉴定意见提出意见，还是就案件中的专门性问题提出意见。因其不明确质疑鉴定意见，或应表述为“可以被认为是支持鉴定意见”的意见。法官对此类意见无法在鉴定意见认证中附带审查，需要单独认证。因此，虽然专门知识人意见不属于法定证据种类，严格来讲对其审查和采信的规则不能称为认证规则，但对专门知识人意见的审查与对鉴定意见的审查往往相互交织，对于科学证据的认证规则，在审查判断专门知识人意见过程中同样适用，同时也存在有别于科学证据认证的因素和标准。

（一）专门知识人意见科学性的评估原则

对科学证据的证明力，各界普遍以是否具备科学性、可靠性或

---

① ［美］理查德·伦伯特编：《证据故事》，魏晓娜译，中国人民大学出版社2012年版，第146页。

可采性等来表述，三者本质上是统一的。本文为行文简练，仅以科学性来代替。法官对科学证据进行自由心证的过程，也即对其科学性进行评估的过程。法官作为“外行”，没有能力解决复杂的专业性问题，其所能做到仅是评估专门性意见的科学性强度是否足以令人采信。从英美法系国家来看，他们的专家证人制度大致上是我国鉴定人与专门知识人的制度的合体，因此专家证人意见涉及的领域十分广泛，对专家意见的审查标准也因意见类型的不同而有所差异。如英国将专家证据区分为事实证据与意见证据，“解释一台不熟悉的机器是如何工作的”证言被归为事实证据，类似前文提到的专门知识人的陈述性意见，对这类意见的审查比较简单；作出科学性判断的证据属于意见证据，因其高度的专业性、复杂性，科学性评估原则的确定主要聚焦于意见证据。

从美国对专家证人意见的审查标准来看，经历了从“弗莱标准”到“道伯特标准”的探索、争论与变迁。1923 年在 Frye v. United States 案中确立的“弗莱标准”，到 20 世纪 70 年代早期成为美国法院压倒性的多数意见，认为法官确认专家证言必须满足“专家证人推导结论所依据的规则、方法必须在其所属的特定领域内获得普遍认可”，也即普遍接受原则。但是“弗莱标准”在实践中始终存在争议，反对者认为其要求过高，限制了那些具有领先性的研究成果运用到鉴定中来。在 1993 年 Daubert v. Merrell Dow Pharmaceuticals, Inc. 案中，美国最高法院推翻了“弗莱标准”，认为对专家意见的科学性认定应当考虑以下因素：（1）可验证性；（2）同行评议和发表；（3）出错率；（4）标准的维持；（5）普遍接受，即“道伯特标准”。从唯一标准走向综合判断，是证据科学的重要进步，也为当今科学证据审查提供了十分有价值的借鉴。

从英国（英格兰和威尔士）对专家证人意见的审查标准来看，2011 年甚至更早时期，英国议会下议院科学与技术委员会即呼吁对专家意见审查制度进行改革，其理由是专家意见证据在刑事诉讼中审查不足、太容易被接受。他们认为，对于以自由放任方式提出的专家意见证据，盘问似乎不足以防止其不可靠。在刑事诉讼的早期阶段，应当对刑事专家意见证据进行一种新的、更严格的可靠性检验，只有在可能经得起司法审查的情况下才能提交给法庭。在评估原则上，专家证人的意见证据足够可靠的标准是：（1）证据是以合理的原则、技术和假设为基础的；（2）这些原则、技术和假设已适当地适用于本案的事实；（3）证据的依据或者说在逻辑上符合适用于案件事实的原则、技术和假设。相反，专家意见证据不足以被接受的主要标准是：（1）该意见所依据的假设未经充分审查（包括实验或其他测试），或经不起审查；（2）该意见是基于一个不合理的假设；（3）该意见是基于有缺陷的数据；（4）该意见所依据的审查、技术、方法或程序不适当地进行或应用，或不适合在特定情况下使用；（5）该意见所依据的推论或结论是不恰当的。英国下议院法律委员会的咨询报告强调，英国借鉴美国《联邦证据规则》第702条，并进一步鼓励和支持旨在提高刑事诉讼中专家意见证据可靠性的所有合理措施。[①] 与美国专家证人意见审查标准相较而言，英国虽然亦重视同行评议、普遍接受等原则，但审查标视角更窄，更侧重于检视意见本身产生所依靠的原则、数据、技术、程序和假设等，并积极倡导在庭前即对意见证据进行专门的科学性审查。

如前文所述，我国刑事诉讼专门知识人制度与英美法系的专家证人制度及其他大陆法系国家的类似制度均不相同。美国与英国等专家证人意见审查制度极具借鉴意义，同时由于专家证人角色覆盖我国鉴定人与专门知识人，那么在探讨我国刑事诉讼专门知识人意见审查评估原则时，应充分考虑不同制度之间的交叉性。如果说鉴定意见主要涉及科学性、技术性问题，那么专门知识涉及范围要更加广泛，至少还包括专业领域内的常识、政策、经验、惯例等。对法官而言，“根据立足于‘科学’知识和‘技术’或者‘其他专门’知识之间的区别的看门人义务来适用证据规则，将被证明是非常困难的事情，即使不是不可能。在上述知识之间并不存在非此即彼的清晰界限”[②]。笔者认为，对专门知识人意见科学性的审查，应在借鉴英美法系对科学证据审查标准的基础上，遵循以下原则：

一是领域权威原则。立法对专门知识人并不要求按照鉴定人的资质条件进行管理，也没有设置学历、职称等门槛，但并不意味着对其身份资历毫无标准。相反，由于其需对具有高度职业认可度的

---

① 参见 The Law Commission（LAW COM No 325），*Expert Evidence in Criminal Proceedings in England and Wales*，UK for The Stationery Office Press，pp. 1，18－19，60－61.

② ［美］Edward J. Imwinkelried：《从过去30年美国使用专家证言的法律经历中应吸取的教训》，王进喜、甄秦峰译，载《证据科学》2007年第1—2期。

鉴定人作出的鉴定意见提出意见，或者就专业领域的问题发表定性结论，原则上是该行业领域的权威人士，否则很难撼动鉴定意见，更难以说服法庭。因此，判断专门知识人是否系领域内权威，是法官评估其意见科学性的重要因素。领域内权威性越强，其意见的科学性、可靠性就越强。从判决书样本看，目前最为规范的权威性审查系家暴案件中的专门知识人，如在反家暴问题专家陈某出庭的多份判决书均提到，陈某作为有家暴方面专门知识的人，具有多年的学术研究成果及接访上百名家庭暴力受暴妇女的经验，其在法庭上对家庭暴力方面的专业知识作出了客观、充分的解释，在认定本案的起因以及被告人的犯罪动机时可予以参考。由此可见，评估是否权威的参考因素应包括但不限于教育背景、培训背景、职业资格、职称、技术水平、工作经验、生活阅历等，专业履历的丰富、权威有助于提升意见的可采性。

二是亲历优先原则。亲历性是司法的重要原理。一般来讲，司法亲历性重在对法官的要求，但对于其他司法人员和参与诉讼的人也具有重要意义。专门知识人如果能够亲身参与到鉴定中，则其提出的意见无疑具有更强的科学性。这一原则要求法官在评估时应把握：参与司法鉴定、检查勘验、诊断治疗等的专门知识人的意见科学性强于未参与的；进行过阅卷、询问鉴定人、会见被告人的专门知识人意见，强于仅通过观察医学影像、引述文献、进行推断等作出的结论。但也应当注意，不能将未参与鉴定、阅卷的专门知识人意见一概排除在外，而应当结合其意见内容综合判断。在部分判决书样本中，控方以“专门知识人未参与鉴定而如何能得出结论”为由进行反驳，并得到法庭采纳，在逻辑上是行不通的。显而易见，在当前制度设计下，控方的专门知识人大量参与侦查、起诉阶段的勘验、检查、鉴定等环节，在亲历性上毫无障碍；但辩方的专门知识人大多在鉴定结束之后甚至庭审过程中参与到诉讼中来，已不具备亲历的可能性。如果上述“理由”也能称为理由，那么专门知识人意见大概率都是无法采纳的。这也提示我们，应当注重保障专门知识人特别是辩方的亲历性，适当扩大其鉴定参与权。如《意大利刑事诉讼法》第 230 条规定，“技术顾问可以参加鉴定，向鉴定人提议进行具体的调查，发表评论和保留性意见；如果技术顾问是在鉴定工作完成之后任命的，他可以对鉴定报告加以研究，并要求法官允许他询问接受鉴定的人和考察被鉴定的物品和地点”。[①] 这应成为我国专门知识人出庭制度改革的重要方向。

三是普遍接受原则。虽然“道伯特标准”取代“弗莱标准”成为美国法院审查专家证言的通行规则，但是并非否定“弗莱标准”确立的普遍接受原则，只是不再作为唯一标准。事实上，无论是“弗莱标准”还是“道伯特标准”，仅是针对专家证人的证言，且不仅包括科学证言，也包括非科学证言。与科学证言相比，对非科学意见的证明标准进行规范是更加困难的事情。这与我国刑事诉讼中专门知识人意见的特征十分相似，都需要法官依靠法律专业修养和经验法则、逻辑规则进行审查。从判决书样本分析来看，专门知识人意见内容可大致分为四类，即科学类、技术类、经验类、行业常识类。其中，经验类、行业常识类意见并非高深莫测，诸如物品价格评估、动植物品种界定、行业内通行做法等，由于法官平常不涉足相关领域而缺乏了解，只需专门知识人说明即可作出判断。对此类意见，只要符合普通人的认知即可认定，也即具有普遍接受性。相对而言，科学与技术类意见专业程度较高，且两类意见难以完全泾渭分明，法官审查判断的困难主要来自科技领域，这也是法庭对抗最为激烈的领域。从判决书样本来看，科技类专门性问题主要以法医学为主，争议焦点主要集中在被告人加害行为是否是导致被害人伤残或死亡的唯一直接原因、伤残等级以及鉴定方法是否正确、鉴定标准是否为业界共识等。对该类意见的审查，除极少数涉及新技术的外，也应同样适用普遍接受标准。但略有不同的是，此处的普遍接受是超出普通人认知的行业内普遍接受，如专门知识人提出的科学原理与现有教科书或已被学界认可的学术观点是否相符合，适用的标准与已经颁布的技术标准是否一致等，只要能够作出合理论证，法官就可予以认定。[②]

四是存疑有效原则。专门知识人的意见在达到何种标准的情况下可以被法庭采信，是一个类似证据的证明标准问题。专门知识人的意见不属于证据，显然不需要达到证据那样高的证明标准，但是

① 参见程衍：《“有专门知识的人”制度的域外介绍——以大陆法系国家和地区刑事诉讼程序为视角》，载《中国政法大学学报》2016 年第 2 期。

② 参见赵杰：《司法鉴定意见科学可靠性审查》，载《证据科学》2018 年第 3 期。

同样应当具备关联性、合法性、客观性。关联性与合法性毋庸置疑，客观性是否必要？因前文已经论及，应允许辩方专门知识人发表具有偏向性的意见，是否意味着可以抛弃客观性？笔者认为，如何理解偏向性是关键所在，需要正确把握尺度。所谓偏向性的意见，应指可以坚持于己有利或于对方不利的科学立场，可以放大鉴定意见中的错误，但不能制造科学谎言。换言之，专门知识人可以用新的科学方法否定鉴定所使用的方法，或对鉴定意见错误的严重性、危害性说得更加危言耸听，以实现使法官质疑鉴定结论的效果，但仍应当秉持科学精神，不能通过捏造、歪曲科学事实等手段欺骗法庭以达到目的。存疑有效原则正是基于此种认识而产生。如果专门知识人与鉴定人质证的目的是推翻鉴定意见，即以专门知识人意见作为反证①，则不需要达到确实、充分，只要使鉴定意见陷入真伪不明的状态，使法官产生合理怀疑、动摇对鉴定意见的信心，继而启动重新鉴定，即达到了证明的效果。对此，《法庭调查规程》第 49 条亦有类似规定，即专门知识人当庭对鉴定意见提出质疑，鉴定人能够作出合理解释，并与相关证据印证的，可以采信鉴定意见；不能作出合理解释，无法确认鉴定意见可靠性的，有关鉴定意见不能作为定案的根据。由此可知，对此类情形，法庭无须进一步确认专门知识人意见科学性的强弱，只要鉴定人对质疑无法作出合理解释，那么专门知识人的意见就是有效的。

（二）专门知识人意见的论证方式

裁判文书是司法维护公平正义的载体。特别是在“中国裁判文书网”成为全球最大的司法公开平台的背景下，裁判文书已不仅仅是个案终局的反映，更是彰显法治文明的重要标志。因此，近年来以提升说理性为核心的裁判文书改革，也一直是司法改革的重要内容。笔者在查阅判决书样本过程中，感到很多判决书对专门知识人出庭的记载及对其意见的论证，有诸多不完善之处。比如，在首部部分，多是记载为“证人某某、鉴定人某某、专门知识人某某等出庭参与诉讼”，而不注明是控方还是辩方申请；有的在首部中表述为专门知识人，而在后文中则表述为专家证人或专家辅助人。在事实部分，有的裁判文书对专门知识人所持立场记载不详，有的仅记载

---

① 参见窦淑霞：《法官对专家辅助人意见的采信与心证形成的路径分析》，载《法学杂志》2018 年第 2 期。

了陈述内容，但仅从内容难以判断对鉴定意见的态度；有的甚至没有记载专门知识人意见的内容，还有的竟然归为证人、辩护人的意见，有的表述为“专门知识人某某证实”；少数判决书对专门知识人意见进行了详细记录，但在鉴定人与专门知识人共同出庭的案件中，对双方针锋相对的质证过程均鲜有体现。在理由部分，大部分判决书表述为“以上事实，有相关证据、证人证言、鉴定意见、专门知识人意见等证实，足以认定”，或者是“本院认为鉴定意见合法，对专门知识人意见不予采信”等，完全无法反映法官心证形成的过程，也无法以此观察专门知识人出庭制度的运行状况。笔者建议，法官对专门知识人意见采信的论证过程及有关信息，应充分体现在判决书中。

一是全面记载专门知识人的出庭信息。首先，在判决书首部，应记明专门知识人系由控方、辩方申请出庭或是法庭依职权通知出庭。其次，应阐明专门知识人的专业背景，是否向法庭提交了相关履历，以及能够表明其具有权威性的其他身份信息。最后，在事实部分，应首先阐明专门知识人的立场，是支持或推翻鉴定意见，还是只就案件中专门性问题提出意见，同时应记录其意见的主要内容，如“专门知识人某某受辩方委托，就鉴定意见提出以下质疑意见”。

二是全面记载专门知识人与鉴定人的质证过程。出庭与鉴定人质证是专门知识人制度的精髓，而遗憾的是在鉴定人出庭的104份判决书样本中，详细记载质证过程的寥寥无几。判决书是司法公开的主要形式，社会公众不可能阅卷、查看庭审笔录，如果判决书不对质证过程进行记载，那么专门知识人在法庭上发挥的重要作用将无法被外界知晓。值得欣慰的是，有不乏精彩的判决书对质证过程进行了充分反映。如王某乙故意伤害案一审判决书［（2015）铅刑初字第179号］中，在辩护人意见之后，详细记载了专门知识人对鉴定意见的意见，从鉴定意见内容相互矛盾、测量工具未经量值溯源计量鉴定、未按照规范要求的标准方法进行测量等方面，对鉴定意见进行质疑。随后，记载了鉴定人就专门知识人提出的意见一一进行反驳。在金某某故意伤害案一审［（2016）京0105刑初2242号］中，控辩双方均申请专门知识人出庭，鉴定人亦出庭作证，判决书对各方面质证过程进行了详细记载，脉络十分清晰。这些典型裁判文书应当成为完善专门知识人出庭制度的改革样本。综合上述典型判决来看，对质证的记载至少应包括以下因素：鉴定意见的基本内容；对鉴定人、专门知识人询问与反询问的主要过程，包括辩护人对鉴定意见的意见，专门知识人对鉴定意见的意见，鉴定人对辩护人、专门知识人意见的反驳等；法庭对科学证据争点的归纳。

三是全面论证采信专门知识人意见与否的理由。事实上，对专门知识人意见的分析判断，往往附着在对鉴定意见的论证中。判决书的说理性主要体现在裁判理由部分，应当避免不加分析即对专门知识人意见直接采信或排除。特别是有的判决书以“专门知识人意见与鉴定意见不符、专门知识人没有参与鉴定”等不合逻辑的理由一律排除，未免使人产生司法任性的不适感。对专门知识人意见的论证中，至少应包含以下方面：第一，专门知识人是否具备足够的权威性，提出意见所涉及的领域是否与本案专门性问题相关。如在胡某受贿案［（2016）鄂0703刑初78号］中，对于被告人胡某所收受的一块名表的真伪认定问题，法庭认为，作出检验报告的彭某某自17岁起从事钟表行业，在钟表行业里工作了40余年，并取得了高级技师资格证书，故对其作出的检验报告予以采信。第二，专门知识人对鉴定意见或专门性问题提出的支持性意见，是否具有科学性、可靠性，是否有效解决了案件中的专门性问题并足以采信。第三，专门知识人对鉴定意见提出的质疑，是否得到了鉴定人的有效解释。如刘某某故意伤害案一审判决书［（2018）晋0109刑初11号］中写明，“庭审中，鉴定人出庭接受了专家辅助人的询问，并作出合理解释，本案鉴定程序合法，不存在重新鉴定的事由，故该鉴定结论可以作为定案依据”。相反，对于无法得到有效解释需要启动重新鉴定的，或者有多份鉴定意见而最终决定采信其中一份的，也应在理由部分予以阐释。

六、结语

综上所述，从立法精神上讲，我国刑事诉讼法对专门知识人的基本定位是准确的，但是从立法技术上看，有太多问题未能通过条文体现出来，有不少需要细化的内容悬而未决。对专门知识人意见的科学性审查问题的研究，应建立在尊重立法原意、遵循现行刑事诉讼法基础之上，建立在当前司法实践现状的基础之上，防止因概念不清、定位不清、权责不清等问题引发实践中更多无所适从的现象，制约对专门知识人意见的科学性审查效果。同时，针对专门知识人出庭的司法实践已经在某些方面领先立法的实际，理论研究应进一步与实践探索相呼应，促进专门知识人出庭更为有效发挥作用，推动我国刑事诉讼科学证据制度的完善。

论刑事诉讼中的事故调查报告及其审查判断

周俊彦*

2021 年修改的最高人民法院《关于适用〈中华人民共和国刑事诉讼法〉的解释》（以下简称《刑诉解释》）第 101 条（以下简称“101 条”）规定：“有关部门对事故进行调查形成的报告，在刑事诉讼中可以作为证据使用；报告中涉及专门性问题的意见，经法庭查证属实，且调查程序符合法律、有关规定的，可以作为定案的根据。”根据司法解释起草小组的解读（以下简称“解读”），该条款的规范对象为“事故调查报告的使用”，规范目的是明确事故调查报告类证据在刑事诉讼中的证据资格问题——“由于上述材料无法归入现行的证据种类，实践中对其能否作为刑事证据使用，存在不同认识”。[①] 但事实上，即便在“101 条”出台之前，法院也不会仅仅因为事故调查报告不属于法定证据种类就绝对否定此类证据在刑事诉讼中的证据资格。[②] 而新《刑诉解释》将事故调查报告规定为一个新的证据种类，其作为一项司法解释在规范效力上也仍然有所欠缺。因此，如果将“101 条”仅仅理解为对事故调查报告刑事诉讼准入资格的赋权性规定，则“101 条”将不具有任何现实意义。更何况，作为一种非法定种类证据，事故调查报告在实践中真正面临的问题其实是：第一，此类证据在刑事诉讼中的内涵及外延不明；第二，专门针对此类证据的审查判断规则长期缺位，法官对事故调

* 中国政法大学刑事司法学院诉讼法专业 2019 级硕士研究生。

① 《刑事诉讼法解释》起草小组：《〈关于适用〈中华人民共和国刑事诉讼法〉的解释〉理解与适用》，载《人民司法·应用》2021 年第 7 期。

② 辩方可能以此为由质疑控方所举证据的证据资格，但法院通常不会采纳此种辩护意见，而是会对事故调查报告的证据资格进行更为实质性的认定，参见（2019）新 0109 刑初 108 号判决书、（2018）闽 0303 刑初 389 号判决书、（2019）新 4322 刑初 33 号判决书等。

查报告的认证标准严重不统一。但遗憾的是，“101 条”的施行并未能够解决前述问题，故要使“101 条”在实践中真正发挥其应有作用，还必须依赖更进一步的学理解释以及合理的规范续造。

一、事故调查报告可以在刑事诉讼中“作为证据使用”

如前所述，在规范效力上，“101 条”并不能赋予事故调查报告以刑事证据资格；但事实上，事故调查报告的证据资格也无须“101 条”的额外授权。我国《刑事诉讼法》（以下简称《刑诉法》）第 50 条第 2 款规定了八种法定证据，过去一种观点认为这是对我国刑事诉讼中法定证据形式的种类限制，即除八种法定证据之外的其他材料均不可在刑事诉讼中作为证据使用。[①] 依此理论，事故调查报告在刑事诉讼中的证据资格也自然存疑。此外，《刑诉法》第 54 条第 2 款规定：“行政机关在行政执法和查办案件过程中收集的物证、书证、视听资料、电子数据等证据材料，在刑事诉讼中可以作为证据使用。”对该款的狭义和最狭义理解认为，只有物证、书证等客观性较强的证据种类才可由行政执法证据转化为刑事证据。[②] 因此，事故调查报告作为物证、书证、视听资料和电子数据以外的其他行政证据，也不能在刑事诉讼中作为证据使用。正是基于以上两点理由，即便在“101 条”出台以后，依然有权威观点认为，“101 条”对事故调查报告证据资格的确认虽“有现实意义，但与立法不协调，且解释自身有矛盾”，不过该观点同时又认为对事故调查报告的采信要“考虑实践需要应区别情况处理”[③]。可见，理论上对事故调查报告这类非法定证据的使用也始终处于一种矛盾心理。但笔者认为，对刑事诉讼中事故调查报告的证据资格争议其实是一个缺乏实际价值的“假问题”：一方面，从法律解释的角度讲，无论是从《刑诉法》第 50 条第 2 款还是第 54 条第 2 款中都不能必然得出事故调查报告非证据的结论；另一方面，在审判中心主义的视角下，单纯以证据种

---

① 参见陈光中主编：《证据法学》，法律出版社 2016 年版，第 158—159 页。

② 参见杜磊：《行政证据与刑事证据衔接规范研究——基于刑事诉讼法第 52 条第 2 款的分析》，载《证据科学》2012 年第 6 期。

③ 龙宗智：《立法原意何处寻：评 2021 年最人民法院适用刑事诉讼法司法解释》，载《中国法学》2021 年第 4 期。类似观点还可参见吴洪淇：《刑事证据制度的体系化塑造及其隐忧——最高院“新刑诉解释证据规定”的宏观分析》，载《当代法学》2021 年第 5 期。

类或证据收集主体为由就排除某些具有实质证明价值的证据本身也不具有合理性。[①]

具体而言，《刑诉法》第50条第2款的条文表述为“证据包括”而非“证据只有”，从文义解释的角度讲，该条款既可以被解释为“证据只包括”，也可以被解释为“证据包括但不限于”。问题仅在于哪种解释更为合理，更符合实践需要。答案毫无疑问是后者。因为实践中刑事司法机关使用的证据种类早就不止《刑诉法》第50条第2款规定的八种形式[②]，当然，实践中存在并不能论证法理上正当，但其实前述第一种解释本身也没有足够的理论支撑。因其本质上只是对苏联刑事诉讼理论的简单承袭。苏联学者认为：“从每一种证据来源中取得事实材料，都要遵守法律规定的发现它的形式，这有助于收集到确实的证据，并有助于在案卷中对它加以保存。”[③] 这种观点背后无疑是案卷笔录中心主义作为依托。而在审判中心主义看来，证据的准入资格和证据的确实性、可靠性是两个层面问题，如果对某一证据的可靠性存在疑问，那么正确的做法恰恰是通过庭审程序对其进行质证，而不是武断地预先排除。以现行的刑事诉讼法体系来看，我国刑诉法之所以要对证据种类进行划分，“并不是为了从形式上对进入庭审的证据进行限制或者为了排除某些证据进入诉讼，而是为了诉讼主体更好地把握和运用证据，也是为了以证据种类为基础构建不同的证据运用规则，规范证据的收集、审查和判断过程”[④]。因此，《刑诉解释》才按照证据种类的不同设计了不同的证据审查判断规则。此外，从体系解释的角度讲，《刑诉法》第50条第1款规定“可以用于证明案件事实的材料，都是证据”，且该款未附加任何限制条件。如果将该条第2款理解为对法定证据种类的限定，岂不是与第1款的条文含义相冲突？而从历史解释的角

① 参见孙远：《行政执法证据准入问题新论——从卷宗笔录式审判到审判中心主义》，载《中国刑事法杂志》2018年第1期；孙远：《论法定证据种类概念之无价值》，载《当代法学》2014年第2期。

② 参见杜鸣晓：《试论未列入法定形式之刑事证据的存在必要》，载《时代法学》2016年第4期。

③ [苏] 蒂里切夫：《苏维埃刑事诉讼》，张仲麟等译，法律出版社1984年版，第157页。

④ 罗海敏：《关于证据种类之思考》，载《国家检察官学院学报》2005年第4期。

度讲，在2012年刑诉法二次修改时，立法者在原有七种法定证据的基础上增添了几种新的证据类型，并且用更具开放性的“证据包括”替代了“证据有下列七种”这一封闭性较强的表述。[①] 这足以从侧面说明立法者已经意识到了证据种类本就不是一个完全封闭的体系，对证据种类的规定应当保持一个更为开放的态度。至于对《刑诉法》第54条第2款的理解也与前述同理：在审判中心主义的视角下，不能仅以证据收集主体并非刑事司法机关为由就对证据的使用资格加以否认——难道行政机关收集的证据天然就不合法、不准确或不可靠？这一论断显然不能成立。至于行政证据的取证过程是否符合刑事程序规范，则应当在个案中交由法官去具体判断。而且，《刑诉法》第54条第2款本就采取了“等证据材料”这一可以表示列举未尽的表述方式，也给予了实践中对该条款更大的解释空间。

综上，事故调查报告作为一种“可以用于证明案件事实的材料”，其在刑事诉讼中本就“可以作为证据使用”，甚至无须“101条”的明确赋权。当然，“可以作为证据使用”不代表“可以作为定案的根据”，而只意味着事故调查报告不会仅因其证据种类未得到法律的明文规定就天然不具有证据资格。

二、刑事诉讼中事故调查报告的性质特征

事故调查报告无法被归入现有的八种法定证据，这也意味着事故调查报告应当具有不同于其他各类证据的性质特征。这些性质特征既是事故调查报告独特审查判断规则的构建基础，也划定了此类证据所应包含的外延范围。“解读”总结了“事故调查报告”的三点特征：（1）以行政机关或者事故调查组名义出具，且很多时候是集体讨论的结果；（2）内容多涉及单位就其职权范围，依照一定的程序对某一事实进行审查、认定；（3）技术性强，具有不可替代性。[②] 上述三点虽大致勾勒出了事故调查报告作为一类独立证据的基本轮廓，但这种简单总结缺乏解释学上的直接依据，也难以将事故调查报告与其他证据准确地区别开。

---

① 参见万毅：《证据概念及其分类制度批判——法解释学角度的反思》，载《兰州学刊》2015年第6期。

② 参见《刑事诉讼法解释》起草小组：《〈关于适用《中华人民共和国刑事诉讼法》的解释〉理解与适用》，载《人民司法·应用》2021年第7期。

（一）集体负责制

根据“101 条”，刑事诉讼中的事故调查报告由“有关部门”进行调查而形成。此处的“部门”意味着事故调查报告不同于鉴定意见[①]，系由部门集体作出、集体负责，而非由个人独立鉴定、独立负责[②]。且有时事故调查工作还可能由多部门联合开展。以安全生产领域的事故调查报告为例，根据安全生产法及国务院《生产安全事故报告和调查处理条例》（以下简称《生产安全条例》）的有关规定[③]，在生产安全事故发生后，应当按照事故级别不同由县级以上人民政府或事故发生单位直接组织成立或委托、授权成立的事故调查组进行事故调查。如福建省泉州市某酒店“3·7”坍塌事故的事故调查组就是由应急管理部牵头，并由公安部、自然资源部、住房和城乡建设部、国家卫生健康委、中华全国总工会和福建省人民政府等有关部门派员参加；同时，事故调查组还聘请了工程勘察设计、工程建设管理、建设工程质量安全管理、公共安全等方面的专家共同参与。[④] 这一组织模式同样适用于事故级别较低的事故调查工作。当然，在较低级别的事故调查中，调查人员的组成可以相应简化。例如，普通的火灾事故调查和道路交通事故调查只要调查人员不少于两人即可，只有在必要时才需聘请专家或者专业人员协助调查。[⑤] 由于事故调查系由集体负责、集体作出，因此各事故调查人员应当形成一致意见，如国家安全监管总局《特别重大生产安全事故调查处

---

① 参见刘静坤：《最新刑事诉讼法司法解释条文对照与适用要点》，法律出版社 2021 年版，第 83 页。

② 《全国人民代表大会常务委员会关于司法鉴定管理问题的决定》第 10 条规定：“司法鉴定实行鉴定人负责制度。鉴定人应当独立进行鉴定，对鉴定意见负责并在鉴定书上签名或者盖章。多人参加的鉴定，对鉴定意见有不同意见的，应当注明。”

③ 参见《生产安全条例》第 19 条至第 32 条。

④ 参见《福建省泉州市欣佳酒店“3·7”坍塌事故调查报告》，载应急管理部网站，https://www.mem.gov.cn/gk/sgcc/tbzdsgdcbg/，2021 年 10 月 28 日访问。

⑤ 公安部《火灾事故调查规定》第 14 条规定：“除依照本规定适用简易调查程序的外，公安机关消防机构对火灾进行调查时，火灾事故调查人员不得少于两人。必要时，可以聘请专家或者专业人员协助调查。”公安部《道路交通事故处理程序规定》第 27 条规定：“除简易程序外，公安机关交通管理部门对道路交通事故进行调查时，交通警察不得少于二人。”

理工作程序》（以下简称《特大事故调查处理程序》）第 7 条规定，对特大生产安全事故的调查，应在调查结束后召开事故调查组全体会议，讨论通过事故调查报告并经事故调查组成员签字确认。这与司法鉴定的工作程序截然相反。即便是在多人参加的司法鉴定中，鉴定人也可以对最终的鉴定意见持不同意见，只是需要在鉴定书中注明。应当说，事故调查工作采用集体负责制有多重原因：一是某些大型事故的发生原因往往较为复杂，既有技术方面的原因，也有人事方面的原因，若要对事故进行全面调查，就必须要求不同领域的专家共同合作，而不能仅仅交由一人完成；二是事故调查工作本质上还是一种行政调查行为，需要遵循程序正当原则，多人共同完成调查可以互相监督，保证调查工作的合法性和客观性。[①] 正因如此，事故调查报告的准确性和可靠性立基于“有关部门”事故调查工作整体的客观性和权威性之上，任何一个事故调查人员的工作存在瑕疵都可能对事故调查报告整体的可采性造成影响，除非某一调查人员所负责的部分与报告的其他部分之间并无关联。

（二）需依法定职权作出

依照“101 条”的表述，刑事诉讼中的事故调查报告不仅须由部门集体作出，还须由“有关”部门作出。其中“有关”并非专门的法律术语，不过从行政法与刑诉法衔接的角度讲，此处的“有关”显然应被理解为“具有管辖权”。因为事故调查报告作为一种由行政证据转化而来的刑事证据，其来源于行政执法过程中的事故调查活动。事故调查又属于一种特殊的行政调查，理应遵循依法调查原则，其核心即“由法定的行政主体行使相应的行政调查权”[②]。与事故调查相关的法律、法规或规章均对相应事故调查工作的管辖权问题作出了明确规定。如《道路交通事故处理程序规定》第 9 条规定，道路交通事故由事故发生地的县级公安机关交通管理部门管辖；未设立县级公安机关交通管理部门的，由设区的市公安机关交通管理部门管辖。该条对道路交通事故调查的事务管辖（公安机关交通管理部门）、级别管辖（县级或设区的市）和地域管辖（事故发生地）均作出了明确规定。不过也有一些文件存在一定的规范漏洞，如

---

① 参见公安部交通管理局编：《〈道路交通事故处理程序规定〉释义与实务指南》，中国人民公安大学出版社 2019 年版，第 72 页。

② 黄雪贤：《行政调查及其程序原则》，载《政治与法律》2015 年第 6 期。

《火灾事故调查规定》第5条第1款规定，“火灾事故调查由县级以上人民政府公安机关主管，并由本级公安机关消防机构实施；尚未设立公安机关消防机构的，由县级人民政府公安机关实施”，就未对火灾事故调查的地域管辖作出明确。当然，结合第7条第1款进行体系解释后可得，火灾事故调查的管辖地应为起火地。

综上，由于事故调查工作的管辖权问题由行政法律、法规或规章直接确定，而不像司法鉴定一样不受地域、级别的限制[①]，因此在每一起事故中必然有一个或多个确定的有管辖权部门可以对其展开调查，而不能由刑事诉讼的办案机关根据实际情况选择委托。由此导致的后果就是：刑事诉讼中仅可能存在一份终局性的事故调查结论，刑事诉讼当事人或公安、检察机关对调查报告有异议时，不能要求其他行政部门对事故进行重新调查。当然，在刑事诉讼的过程中，对事故现场公安司法机关也可自行勘验及委托鉴定。且在某些类型的案件中，由于相关规范性文件确立了有关部门内部的复核机制，因此事故调查结论也有被重新认定的可能。如《道路交通事故处理程序规定》第71条到第80条就详细规定了当事人对道路交通事故认定有异议时可以提起复核的具体程序。但在绝大多数的刑事案件中，事故调查仅有一次，如果事故调查结束后现场被恢复原状，那么司法机关就仅能通过庭审质证来判断报告内容的准确性和可靠性。

（三）以书面报告为载体

根据中共中央办公厅、国务院办公厅《党政机关公文处理工作条例》第8条第10项之规定，报告是一种法定的公文种类，适用于向上级机关汇报工作、反映情况，回复上级机关的询问。在刑事司法实践中，事故调查报告也基本都以书面形式呈现。因此，审判机关在认证时往往会望文生义，将事故调查报告视为一种书证。[②] 但以书面报告为载体不等于就是法定证据种类中的“书证”。例如，刑事诉讼中的讯问笔录、询问笔录、勘验、检查笔录等笔录证据也都以

① 参见《全国人民代表大会常务委员会关于司法鉴定管理问题的决定》第8条第1款。

② 实践中绝大多数法院都将事故调查报告列为书证，参见（2020）鲁08刑终463号二审裁定书等。但也有法院认为调查报告属于鉴定意见，参见（2019）鲁1329刑初292号判决书等。还有法院将事故调查报告认定为书证和鉴定意见以外的“其他证据”，参见（2019）甘刑终104号判决书等。

书面记录为载体，但它们均被认定为与书证不同的证据种类。有学者总结事故调查报告与书证之间的两点区别：一是两者形成时间不同，即书证的形成时间通常是在案发之前，证明案发前客观的法律关系或事实状态，而事故调查报告则是在案发后，行政机关对业已发生的事故开展调查得出的分析报告；二是收集方式不同，书证虽然也可能由刑事司法机关以外的其他主体制作而成，但必须由公安机关和检察机关依照刑事诉讼法的有关规定进行收集，才能进入司法程序，而如前所述，事故调查报告可认为是体现政府行为的公文，不限于公安机关和检察机关依职权收集，也可以由行政机关移送获得。[①] 应当说，此种区分存在一定道理，但仍未揭示前述二者间的本质差别，即书证应属于证据分类中的实物证据，而事故调查报告应属于一种特殊的言词证据。因为从事故调查报告的制作过程来看，调查组成员需要对事故进行调查走访、实地勘验、询问人员并查阅有关文件、资料，然后在其感知、记忆、分析的基础上撰写报告。事故调查报告内容的真实性受到调查组成员自身道德素质、外界影响以及感知能力、判断能力、记忆能力和表达能力的影响，符合言词证据的基本特征。[②] 虽然事故调查报告的正文中有时也会出现事故现场的图片、照片等非言词性证据，但这些图片、照片与勘验、检查、辨认等笔录所附的照片、录音录像性质相似，应当视为对调查报告文字记录部分的补充说明，与调查报告的内容融为一体。这种情况下图片、照片的实物证据属性并不影响调查报告整体上的言词性。[③] 所以，对调查报告的审查应当符合言词证据的基本特征，即以交叉询问的方式推进，而不应适用实物证据（如书证）的鉴真规则。

（四）包含专门性问题的意见

刑事司法领域可能涉及的事故包括生产安全事故、火灾事故、食品安全事故以及各类交通事故等。对这些种类事故的调查报告中基本都会包含事故调查人员对于某些专门性问题的意见。而在刑事

---

① 参见元明、薛慧：《事故调查报告在刑事案件办理中的运用》，载《人民检察》2021 年第 12 期。

② 参见陈光中主编：《刑事诉讼法》，北京大学出版社、高等教育出版社 2016 年版，第 222 页。

③ 宋维彬：《刑事笔录证据研究》，中国法制出版社 2020 年版，第 142—144 页。

司法中，对专门性意见的审查通常可遵循两条路径：一是由法官直接对意见的专业性和合理性进行实质认定；二是法官通过对意见出具人相关资质的审查来间接审查意见本身的可靠性问题。[①] 但在实践中，由于法官往往欠缺必要的专业知识，因此其对专门性意见的审查主要会采取第二种方法。在事故调查活动中，出具专门性意见的人员大致可分为两类：一类是具有相应知识的事故调查组成员；另一类是事故调查组另行聘请的其他专家。例如在对生产安全事故的调查中，来自各安监部门的行政调查人员通常具备一定的专业知识，能够对事故中的有关问题发表专门性意见；除此之外，事故调查组也可以聘请其他有关专家参与调查。此处的问题在于，相关行政规范中通常并无对事故调查人员或专家的明确资质要求。虽然《生产安全条例》第27条规定，事故调查中需要进行技术鉴定的，事故调查组应当委托具有国家规定资质的单位进行技术鉴定。但该条同时规定，必要时，事故调查组可以直接组织专家进行技术鉴定。这意味着在某些情况下事故调查中的技术鉴定人员其实并无资质要求。而且，事故调查中涉及专门性问题的事项并不只限于狭义的“技术鉴定”，调查组对现场的勘查、检验也极有可能涉及对专业知识和专业设备的运用。[②] 这意味着，除鉴定人员外，现场勘验人员的专业性也会对事故调查报告结论的专业性造成重要影响。但《生产安全条例》中对勘验人员专业资质的要求却完全付之阙如。在此情况下，法官难以判断哪些调查人员具有相应资质，哪些又并不合格。此外，在某些规模较小、程度较轻的事故中，事故调查活动可能并无其他专家的共同参与，例如火灾事故调查和道路交通事故调查中就可能只有公安机关的调查人员根据自己的专业知识进行独立判断。然而，除《道路交通事故处理程序规定》[③] 外，绝大多数的行政规范都未对行政调查人员的资质问题提出任何要求。因此，司法机关在对火灾事故调查报告等缺乏明确规范依据的报告类型进行认证时，只能更多地从事故调查报告的内容合理性方面进行实质认定。

---

① 艾伦教授将两种模式分别称为“教育”模式与“遵从”模式，参见［美］罗纳德·J. 艾伦：《艾伦教授论证据法》（上），张保生等译，中国人民大学出版社 2014 年版，第 347—364 页。

② 参见孙斌等：《事故调查理论与方法应用》，中国人民公安大学出版社 2013 年版，第 106—111 页。

③ 参见《道路交通事故处理程序规定》第 5 条。

（五）需经法定程序作出

按照“101 条”的规定，事故调查报告只有在“调查程序符合法律、有关规定”的情况下才可以作为定案的根据。这与前述的法定职权要求一样，都是行政法中依法调查原则在行刑衔接领域的延伸。而由于事故调查工作需要对事故的起因、经过和结果等事项进行全面调查，因此其所涉及的调查程序也通常较为复杂并存在多个步骤。根据有关规章的操作性规定，调查人员需以勘查事故现场；进行技术鉴定；查阅、复制、封存与事故有关的各类文件、资料；并询问有关人员的方式开展事故调查工作。[①] 不难看出，前述事故调查程序与刑事诉讼中的讯问犯罪嫌疑人、询问证人、勘验、检查、搜查、查封、扣押物证、书证以及鉴定等常规侦查程序在总体内容上高度重合。[②] 当然，事故调查工作本质上仍属于行政调查行为而非刑事侦查行为，因此行政法律规范对事故调查的规范严格性必然要弱于刑诉法对侦查活动的要求，尤其是在言词证据的取得方式上。[③] 例如《刑诉法》第 124 条规定“询问证人应当个别进行”，而安全生产法、《生产安全条例》等行政法律、法规均未对调查人员询问证人的方式加以规定。一些专门领域的细化规章如《火灾事故调查规定》《电力安全事故调查程序规定》等也仅仅规定询问时调查人员不得少于 2 人。由此就导致了一个在行刑衔接领域老生常谈的问题：所谓的“调查程序符合法律、有关规定”究竟是指行政领域的法律和有关规定，还是刑事诉讼领域的法律和有关规定？[④] 此外，不同领域行政法律规范对调查工作的规定也可能有所不同。例如长深高速

① 《生产安全条例》未对事故调查的具体程序作出规定，但《内河交通事故调查处理规定》《火灾事故调查规定》《道路交通事故处理程序规定》《电力安全事故调查程序规定》等部门规章对调查程序的规定基本大同小异，即包含现场勘查、证据收集、询问有关人员和技术鉴定这几个步骤。

② 参见《刑诉法》第二章第二节到第七节。

③ 参见张泽涛：《论刑事诉讼非法证据排除规则的虚置——行政证据与刑事证据衔接的程序风险透视》，载《政法论坛》2019 年第 5 期。

④ 参见徐燕平：《行政执法证据在刑事诉讼中的转换与运用》，载《法学》2010 年第 4 期；郝爱军、殷宪龙：《行政机关收集证据在刑事诉讼中运用的疑难问题解析》，载《中国刑事法杂志》2013 年第 9 期；冯俊伟：《行政执法证据进入刑事诉讼的类型分析——基于比较法的视角》，载《比较法研究》2014 年第 2 期。

江苏无锡“9·28”特别重大道路交通事故中肇事企业系“未申请道路运输经营许可，所属车辆非法从事道路客运经营活动”[①]。因此该事故既属于生产安全事故又属于道路交通事故。而根据《道路交通事故处理程序规定》第33条，交通事故的现场图、现场勘查笔录应当由参加勘查的交通警察、当事人和见证人签名；但《生产安全条例》和大多数生产安全领域的细化规章均不要求当事人、见证人在勘查笔录上签名。此时又会产生行政规范的选择适用问题——若事故调查组根据《生产安全条例》的规定进行了现场勘查，那么刑事法官可否依据《道路交通事故处理程序规定》第33条拒绝将事故调查报告作为定案根据？

（六）仅部分内容可用作证据

“101条”的后半段规定，“报告中涉及专门性问题的意见……可以作为定案的根据”。“解读”将其理解为“事故调查报告中常常会涉及其他事项，有关事项与事实认定无关或者不属于专门性问题的，不具有证据性质，不能作为定案的根据”[②]。以生产安全领域的事故调查报告为例，《生产安全条例》第30条规定此类事故调查报告应当包含六项内容，而这六项内容又可被拆分为9个独立的内容要素，包括：（1）事故发生单位概况；（2）事故发生经过；（3）事故救援情况；（4）事故造成的人员伤亡和直接经济损失；（5）事故发生的原因；（6）事故性质；（7）事故责任的认定；（8）对事故责任者的处理建议；（9）事故防范和整改措施。其他类型的事故调查报告与之相比也大同小异，至多在某些非必要要素上存在增减，如《火灾事故调查规定》第33条并不要求火灾调查人员对事故的性质和责任进行认定。由于事故调查报告包含多种要素，因此有观点认为，在事故犯罪案件的处理中，事故调查报告具有以下多重法律意义：现场勘验笔录、鉴定意见以及移交刑事案件建议。[③] 其中“移

① 《长深高速江苏无锡“9·28”特别重大道路交通事故调查报告》，载应急管理部网站，https：//www. mem. gov. cn/gk/sgcc/tbzdsgdcbg/，2021年10月28日访问。

② 《刑事诉讼法解释》起草小组：《〈关于适用《中华人民共和国刑事诉讼法》的解释〉理解与适用》，载《人民司法·应用》2021年第7期。

③ 参见蔡智玉：《调查报告在审理中的定位及运用》，载《人民法院报》2011年8月24日，第6版。

交刑事案件建议”显然并非证据，对刑事诉讼中的待证事实也无证明作用，因此应认定其不具有证据性质。例如在事故调查报告中，调查人员可能会对事故相关责任人的主、次要或直、间接责任进行划分，法官不能以此种行政责任的划分为依据直接认定刑事诉讼中被告人的刑事责任。[①] 就此而言，“解读”具有一定的正确性。但可能引起争议的是：在事故调查报告中还存在一些与事实认定有关但不属于专门性问题的事项，如对事故场所以及涉事人员基本情况的调查等。“解读”却认为这类事项也不具有证据性质。其理论基础可能在于：根据对《刑诉法》第 54 条第 2 款所作的狭义解释，除少数几种客观性较强的法定证据外，行政执法证据原则上不得进入刑事诉讼。[②] 然而如前所述，“涉及专门性问题的意见”本身也是一种具有较强主观性的“言词证据”，如果依照对《刑诉法》第 54 条第 2 款的狭义解释，那么整份事故调查报告都将不具备刑事证据资格。更重要的是，单纯以证据收集主体为由排除证据本就不具有合理性，在审判中心主义的视角下，对《刑诉法》第 54 条第 2 款应作广义理解。[③] 因此，从体系解释的角度讲，“解读”仅有部分成立。即事故调查报告中与事实认定无关的事项不具有证据性质，不能作为定案根据。而“101 条”后半段的内容则应被视为一种提示性规定，其意在指出事故调查报告中的专门性意见并不具有推定真实的效力，还需经法庭查证属实才可作为定案根据。[④] 因此，“101 条”并未对事故调查报告中非专门性事项的刑事证据资格作出限定。

---

① 参见陈瑞华：《行政不法事实与犯罪事实的层次性理论——兼论行政不法行为向犯罪转化的事实认定问题》，载《中外法学》2019 年第 1 期。

② 参见杜磊：《行政证据与刑事证据衔接规范研究——基于刑事诉讼法第 52 条第 2 款的分析》，载《证据科学》2012 年第 6 期。

③ 参见孙远：《行政执法证据准入问题新论——从卷宗笔录式审判到审判中心主义》，载《中国刑事法杂志》2018 年第 1 期。

④ 在民事诉讼中，事故调查报告往往被认为具有推定真实的效力，如 2006 年最高人民法院民事审判第四庭、中国海事局《关于规范海上交通事故调查与海事案件审理工作的指导意见》规定：“海上交通事故当事人在海事局事故调查中签字确认的调查材料，除非有相反的证据和理由，海事法院可以作为证据采信。”再如 2020 年最高人民法院《关于审理道路交通事故损害赔偿案件适用法律若干问题的解释》第 24 条规定：“公安机关交通管理部门制作的交通事故认定书，人民法院应依法审查并确认其相应的证明力，但有相反证据推翻的除外。”

三、刑事诉讼中事故调查报告的外延范围

“101 条”在其条文中并未直接使用“事故调查报告”的专门性称谓，而是代之以“有关部门对事故进行调查形成的报告”这一更为笼统的表达。二者的区别在于，“事故调查报告”是行政执法领域一种法定的公文形式，如火灾事故调查报告、道路交通事故调查报告等。而“有关部门对事故进行调查形成的报告”与之相比显然并非具有明确内涵、外延的法律概念。但“101 条”仍然选择了后者那种更为复杂、拗口的表述方式，这实际上改变了 2019 年“两高两部”在《安全生产行政执法与刑事司法衔接工作办法》（以下简称《衔接办法》）第 25 条中的规定。[①] 其目的可能在于尽量扩大“101 条”的规范范围，即“101 条”并不只适用于行政法上狭义的“事故调查报告”，还涵盖了许多虽不具备“事故调查报告”的名称与形式，内容却与之等质的行政文书。因为在刑事诉讼中，行政文书的不同形式未必会对其所承载的证据事实造成影响，不同形式的行政文书也可能被归为相同的证据种类，所以问题的关键在于如何合理界定“101 条”中广义事故调查报告的实质特征，而非局限于不同行政文书间在形式上的一致性。就此而言，前文已经通过解释学的方法归纳出了刑事诉讼中事故调查报告所应具有的六项特征，使其能够与鉴定意见、书证等其他法定证据区别开来。凡是具有法定管辖权的部门依照法定的行政程序对各类事故进行调查后所出具的结论性公文，都应被视为刑事诉讼中广义的事故调查报告。

首先，交通事故认定书、火灾事故认定书等事故认定书应被视为刑事诉讼中的事故调查报告。因为事故认定书本质上就是简化版的事故调查报告，其作用在于将有关部门对事故进行调查后所得的结论告知行政相对人。虽然事故调查报告的提交对象是上级机关，但事故认定书与狭义事故调查报告这二者所能证明的待证事实显然不会因前述差异而存在区别。如根据《道路交通安全法》第 73 条，交通事故认定书应当载明交通事故的基本事实、成因和当事人的责

---

① 《衔接办法》第 25 条第 1 款规定：“在查处违法行为或者事故调查的过程中依法收集制作的物证、书证、视听资料、电子数据、检验报告、鉴定意见、勘验笔录、检查笔录等证据材料以及经依法批复的事故调查报告，在刑事诉讼中可以作为证据使用。”

任。这与《道路交通事故处理工作规范》第89条中对道路交通事故调查报告内容的规定并无太大不同，只是对内容详细程度的要求有所差异。而事实上，在"101条"出台之前，公诉机关也经常会提交交通事故认定书、火灾事故认定书等证据用以证明交通肇事、放火等刑事案件中的关键事实。但法官往往无法对此类证据进行准确归类，更难以对此类证据进行有效审查。[①] 在"101条"出台之后，刑事法官就应当将各种事故认定书都归为事故调查报告并根据此类证据的自身特点去对其进行审查判断。

其次，对刑事诉讼中的"事件调查报告"和"事故调查报告"也应当等而视之。法律上出具"事件调查报告"的主要依据是《突发事件应对法》第62条："履行统一领导职责的人民政府应当及时查明突发事件的发生经过和原因，总结突发事件应急处置工作的经验教训，制定改进措施，并向上一级人民政府提出报告。"不难看出，这一原则性规定同样适用于狭义的事故调查报告。此外，一些专门领域的部门规章如《民用航空器事件调查规定》《突发环境事件调查处理办法》等则对"事件调查报告"所应记载的事项作出了更为具体的规定。在现代汉语中，"事件"是"事故"的上位概念，事故特指造成一定损失的恶性事件。[②] 所以，如果是没有造成或仅造成轻微人员及财产损失的"事件"，则通常不会涉及追究有关人员刑事责任的问题。"事件调查报告"也自然不会在刑事诉讼中作为证据出现。但在法律领域，"事件"也经常被与"事故"概念混用。在一些造成了人员伤亡或财产损失的突发性事件中，有关部门也可能根据突发事件应对法的规定出具相应的"事件调查报告"。[③] 此时，"事件调查报告"所能证明的事实就与狭义的"事故调查报告"完全一致。

最后，在某些行刑衔接案件中，有关行政机关会根据国务院《行政执法机关移送涉嫌犯罪案件的规定》第6条，向公安机关随案移送"涉嫌犯罪案件情况的调查报告"，这类调查报告也可能具有与

---

① 参见余凌云：《道路交通事故责任认定研究》，载《中国法学》2016年第6期。

② 中国社会科学院语言研究所词典编辑室编：《现代汉语词典》，商务印书馆2016年版，第1194页。

③ 参见（2020）苏0322刑初194号判决书；（2020）苏0322刑初194号判决书等。

狭义事故调查报告相同的性质特征。如在一些环境类犯罪中，案发当地的环境主管部门可能会在公安机关介入之前先行调查案件造成的具体损失，并根据损害后果的大小决定是否将案件移交公安机关。[1] 此时，环境主管部门也应当在报告中对事故的起因、经过及最终损失进行初步认定。因此，此种“涉嫌犯罪案件情况的调查报告”也可在后续的刑事司法过程中起到一定的证明作用。

当然，行政执法领域的各种文书门类众多，难以穷尽，本文无法将各种文书一一列举并逐个分析其能否被归入“101 条”的规范范围之内。但在司法实践中，法官完全可以根据本文所总结的特征，对不同证据材料的具体种类进行实质认定。如果某一证据被认定为具有与狭义事故调查报告相同的证据性质，那么也应当对其适用与狭义事故调查报告相同的审查判断方法。

四、对刑事诉讼中事故调查报告的审查判断

我国当前的刑事证据制度采取的是“以证据种类为架构的证据规范体系”，证据审查规则的构建以不同的证据种类为基础。[2] 而前文已证成了事故调查报告是一种虽未被刑诉法明确承认，但具有自身独立特征的证据种类。因此，虽然《刑诉解释》在体例安排上把“101 条”放在了第四章第五节“鉴定意见的审查与认定”之下，但不能据此就简单认为事故调查报告应当“参照适用”鉴定意见对应的证据规则，而应结合其具体性质探究其在规范上以及在个案中的审查判断方法。

（一）刑事诉讼中事故调查报告的排除事由

我国刑诉法并未详细规定各类证据的审查判断方法，此类规则主要集中于《刑诉解释》等司法解释之中。而《刑诉解释》中对各类证据审查判断活动的规定主要以“不得作为定案根据”为其法律后果，此类“不得作为定案根据”条款又可大致分为狭义的非法证据排除规则、证据的客观性保障规则、证明力评价规则以及严格证

---

① 参见（2020）鲁 0683 刑初 434 号判决书；（2020）粤 0606 刑初 2294 号判决书等。

② 参见吴洪淇：《刑事证据制度变革的基本逻辑——以 1996—2017 年我国刑事证据规范为考察对象》，载《中外法学》2018 年第 1 期。

明规则等不同类型。① 以此为根据，事故调查报告作为一类特殊证据，在某些情况下也应当被依法排除。

1. 出具事故调查报告的有关部门不具有管辖权

根据“101条”以及行政法上的“越权无效”② 原则，出具事故调查报告的有关部门应当具有法定的管辖权，否则事故调查行为将归于无效，事故调查报告也将因此不能在刑事诉讼中作为定案的根据。如果是由单个部门开展的事故调查工作，则只要该部门不符合事务管辖、级别管辖或地域管辖中的任何一项，都将导致事故调查报告失去证据资格；而如果是由多部门联合组成的事故调查组，则一方面负责组织的部门自身要具有法律法规的明确授权，同时派员参加的其他部门也应具有相应职权。具体而言，我国的事故调查工作通常遵循“属地为主、分级调查”的基本原则。③ 以生产安全事故为例，《生产安全条例》第3条按事故造成的人员伤亡或者直接经济损失不同将生产安全事故分为了特别重大事故、重大事故、较大事故和一般事故这四个等级；第19条则分别规定了不同级别事故对应的不同组织机关或部门，如特别重大事故只能由国务院或者国务院授权有关部门组织事故调查组进行调查。这主要是基于对事故调查结果权威性的考虑。因此，一旦事故调查工作的组织跨越行政级别，则该调查本身即归于无效。这一点对于其他类型的事故调查来说也是同理。例如在“鄢某某、洪某危险物品肇事案”④ 中，被告人等造成的火灾已致一人死亡，该事故依法应由设区的市或者相当于同级的人民政府公安机关消防机构负责组织调查，但该案中实际的火灾调查机构却是市公安消防支队某区大队。因此该案法院只能认定火灾事故调查违反《火灾事故调查规定》关于管辖的规定，相应调查报告不能作为证据使用。除级别管辖外，事故调查组或其他有关部门组织的事故调查也不能违反行政法对于事务管辖的规定——道路交通事故自然不能由消防部门负责调查，否则事故调查的专业

① 参见纵博：《“不得作为定案根据”条款的学理解析》，载《法律科学（西北政法大学学报）》2014年第4期。

② 参见姜明安主编：《行政法与行政诉讼法》，北京大学出版社、高等教育出版社2019年版，第73—75页。

③ 参见薛澜等：《“7·23重大事故”的警示——中国安全事故调查机制的完善与改进》，载《国家行政学院学报》2012年第2期。

④ 参见（2020）黔0303刑初86号判决书。

性和可靠性必然大打折扣。不过，当事务管辖存在重叠、交叉时，无论最终是由哪个或哪些部门参与调查，只要负责组织或调查的部门有相应的规范作为依据，就都应当认定为调查主体合法。例如在“于甲与某庆重大责任事故案”① 中，辩护人就质证称“安监局不属海上交通事故的法定调查认定机构”，安监局牵头组成的事故调查组出具的调查报告不能用以证明海上交通事故的有关事实。但法院认为本案被告人从事的海上冲浪观光等旅游活动应属生产经营行为，可受《生产安全条例》规制。因此，安监局作为事故调查的主体资格合法。笔者赞同该案法院的观点。还有一个可能被质疑的问题是：违反地域管辖的规定是否也会导致事故调查报告不具有证据资格？违反地域管辖似乎不会削弱事故调查报告内容的可信度。但笔者认为，司法机关的事实认定不仅要具有准确性，还要具有正当性，如果据以定案的证据在合法性方面存在根本缺陷，也应当被排除。

2. 出具专门性意见的调查人员或专家不具有相应资质

就如鉴定机构和鉴定人应当具有法定资质一样，事故调查中的调查人员和有关专家也应当具有相应资质，否则事故调查报告的专业性和准确性都将存疑。在火灾事故调查及以道路交通事故调查等规模较小的事故调查中，负责处理事故的行政部门工作人员以及外聘的专家是专门性意见的出具人。而在由调查组负责调查的大规模事故中，情况更加复杂。以《特大事故调查处理程序》第 6 条的规定为例，在对特别重大生产安全事故的调查中，“事故调查组可设技术组、应急评估组、管理组、责任追究组和综合组”，其中“技术组负责查明事故发生的直接原因和技术方面的间接原因（技术组内可设专家组）；应急评估组负责对事故发生单位和事发地人民政府的事故应急处置工作进行评估（可与技术组或管理组合并工作）”。因此，对组成人员有资质要求的组别应当主要是技术组和其下设的专家组。如果前述调查人员及专家不具有相应资质，则应类比《刑诉解释》第 98 条的规定，认为整份事故调查报告都不具有证据资格。但与司法鉴定不同是，事故调查中的具体资质往往并未被法律、法规甚至规章明确规定。除前述《道路交通事故处理工作规范》第 5 条对初级、中级、高级等不同资格交通警察不同调查权限的规定，以及《生产安全条例》第 27 条对技术鉴定单位应具有国家资质的规

① 参见（2014）通中刑终字第 0033 号裁定书。

定外，绝大多数的行政规范均未对相应领域的调查资质问题作出明确规定。此时就需要法院以“能力适格”为中心，对事故调查成员和有关专家是否具备合理资质的问题进行实质认定[①]，即围绕鉴定人的专业背景、教育程度、工作经验、过去有无鉴定失误经历等多个维度进行综合审查。当然，即便事故调查人员具备相应资质也不代表司法机关必须认定报告中的有关结论，法官仍需结合庭审阶段的举证、质证情况，对报告的内容作出更进一步的心证评价。

3. 事故调查严重违反法定程序

根据依法调查原则，事故调查工作应当依照法定程序。但问题在于：此处的法定程序应指行政程序还是刑事程序？学界有观点认为对行政证据仅需审查其是否依据了其所属行政部门的相关规章制度或程序规范即可，不必要求行政执法人员取证时先期落实刑事诉讼的要求[②]；但也有观点认为应当以刑事诉讼法的要求作为判断行政证据合法性的标准，而不能以行政法规作为标准[③]；还有观点认为，对刑事诉讼中行政证据合法性的审查应当采取双重检验的方法，首先要审查该行政执法证据的取得是否符合行政法的规定，再考虑其进入刑事诉讼的权利保障[④]。笔者总体上同意第三种观点，事故调查报告的合法性应同时受到行政规范和刑事规范的约束，理由在于：一方面，事故调查报告首先是一种依法作出的行政公文，其次才是用以证明犯罪事实的刑事证据，其刑事合法性应建立在事故调查本身合法、有效的基础之上，若允许在行政法上应属无效或可撤销的行政文书在刑事诉讼中继续作为证据使用，必将影响法律的权威和统一；另一方面，若完全抛弃刑诉法对行政证据进行规制的权利，则又会导致大批违反刑诉法的行政证据进入刑事司法程序，最终导

① 参见黄维智：《鉴定证据制度研究》，中国检察出版社 2006 年版，第 74 页。

② 参见徐燕平：《行政执法证据在刑事诉讼中的转换与运用》，载《法学》2010 年第 4 期。

③ 参见郝爱军、殷宪龙：《行政机关收集证据在刑事诉讼中运用的疑难问题解析》，载《中国刑事法杂志》2013 年第 9 期。

④ 参见冯俊伟：《行政执法证据进入刑事诉讼的类型分析——基于比较法的视角》，载《比较法研究》2014 年第 2 期。

致刑事诉讼的权利保障制度被完全架空[①]，因此对事故调查报告证据能力的审查既要考虑行政规范也要考虑刑事规范。但是，违反行政规范与违反刑事规范都不必然意味着事故调查报告一定会被排除：因为在行政法中，行政行为程序轻微违法不会导致行政行为被撤销；而在刑诉法中，也只有取证行为对当事人的基本权利造成严重侵害时才会产生狭义的“非法证据排除”问题，至于取证违反刑事技术规范造成的证据瑕疵问题则应当参照前述的行政规范进行处理，否则就会对事故调查报告的要求失之严苛。

具体而言，对事故调查违反行政程序严重性的判断应以是否会削弱事故调查结果的客观、公正性为标准。这主要包括以下几个方面：一是有关调查人员应当回避的程序规定，如《公安机关办理行政案件程序规定》第 17 条规定公安机关负责人、办案人民警察具有法定情形之一时应当自行申请回避；二是有关调查过程程序的具体规定，例如根据《电力安全事故调查程序规定》第 18 条，事故调查组进行现场勘查、检查或者询问知情人员，调查人员不得少于 2 人；三是关于事故调查结论形成程序的规定，如《特大事故调查处理程序》第 7 条规定提交事故调查报告前要召开事故调查组全体会议，讨论事故调查报告并经事故调查组成员签字确认，《道路交通事故处理工作规范》第 3 条规定，在事故调查中对造成人员死亡的和其他疑难、复杂案件应当集体研究决定。凡是在前述任一环节出现了程序违法，都将导致整份事故调查报告失去证据资格。当然，也存在某些虽然程序违法，但并不导致证据失能的情形，如相关行政法律规范通常会规定事故调查的法定期限。《生产安全条例》第 29 条就规定事故调查组原则上应当自事故发生之日起 60 日内提交事故调查报告。但此种规定的目的主要在于督促事故调查组尽快查清事实以满足社会各界对事故真相的期待。调查工作超越法定期限本身并不会影响事故调查报告的合法性问题。因此，虽然实践中存在被告方以事故调查超过法定期限为由要求法官排除证据的情形，但这种主张是不能成立的。[②] 至于违反刑事程序规范时的证据排除标准则应当根据刑诉法和《刑诉解释》的有关规定确定，例如以刑讯逼供等非

---

① 参见万毅：《证据“转化”规则批判》，载《政治与法律》2011 年第 1 期。

② 参见（2020）鲁 13 刑终 436 号裁定书。

法方法收集的证据必然需要依法排除，如果仅是存在一些程序上的轻微瑕疵，如询问证人没有根据刑诉法的规定分别进行的，则不必然产生证据排除效果。法官对询问结果存疑时可以要求证人出庭接受询问。

4. 事故调查报告缺少有关人员签字

对于事故调查人员是否应当在调查报告上签名或盖章的问题，不同领域的行政规范存在不同规定。一般来说，事故调查人员应当根据有关法规、规章在调查报告上签名，如《生产安全条例》第 30 条规定事故调查组成员应当在事故调查报告上签名；《道路交通事故处理程序规定》第 64 条第 2 款规定，道路交通事故认定书应当由交通警察签名或者盖章，加盖公安机关交通管理部门道路交通事故处理专用章。但也有少部分规章，如《道路交通事故处理工作规范》就未要求事故调查人员在道路交通事故调查报告上签名，《火灾事故调查规定》中也无此要求。笔者认为，相关规范性文件之所以要求事故调查人员在其出具的事故调查报告上签名或盖章，主要是能够在事后确认有关的责任人员并根据调查人员的真实身份进行后续审核。因此原则上，若事故调查报告缺少有关人员签名，则司法机关难以对其真实、可靠性进行有效审查，为规避相应风险，应将整份调查报告排除。但 2019 年《衔接办法》第 25 却规定，事故调查报告在刑事诉讼中作为使用时没有签名的，应当予以补正或者作出合理解释。《衔接办法》起草小组给出的理由是："研究认为，现阶段事故调查报告缺少成员签名的原因较为复杂，有的是因为法律意识不强、事故调查程序不够规范，有的则是因为事故调查组成员害怕承担责任而故意不予签名。对于缺少成员签名的事故调查报告，不宜直接予以排除……如果既无成员签名，又无法补正或者作出合理解释的，原则上不应作为刑事诉讼证据使用。"① 此种观点显然是基于有效打击生产安全犯罪的目的，其背后缺乏足够的规范和法理依据，对事故调查报告缺少签名情形的处理过于轻缓。笔者认为，更为适宜的做法应当是对法规、规章未要求签名或盖章的瑕疵事故调查报告允许其调查人员进行补正，补正的方式为出庭作证向法院说

① 参见李加玺：《建立衔接协作工作机制 依法严惩安全生产犯罪——〈安全生产行政执法与刑事司法衔接工作办法〉相关问题解读》，载《人民法院报》2019 年 5 月 7 日，第 3 版。

明自己确实参与了调查并能够为调查的结论负责。至于相关规范性文件已明确要求调查人员签名的几类事故调查报告，则应当不再给予其补正的机会，而应当直接予以排除。

此外，此处还存在的一个疑问是：事故调查组或有关部门组织以及外聘的专家未在调查报告上签名是否影响事故调查报告的证据资格？例如在“7·23”甬温线特别重大铁路交通事故的调查中，专家组以外的其他调查组成员均在调查报告上签名，但专家组成员却都未签名或盖章。[①] 笔者认为，对这一问题的判断应当根据最基本的“权责一致”原则，即谁出具的意见谁应当签字负责：在某些事故调查中，有关专家可能仅负责对具体问题进行鉴定，最终的事故调查结论只由行政部门的调查人员集体讨论通过，那么此时专家就无须在最终的调查报告上签名，而只需在鉴定书上签名；但倘若专家了参与事故调查的最终讨论，则其就必须在事故调查报告上签名，否则事故调查报告的证据资格将受影响。

5. 事故调查报告并非终局性结论

行政法上狭义事故调查报告的功能在于向上级部门汇报事故调查的有关结论；而除狭义事故调查报告以外的各种事故认定书等则大多存在相应的复核程序，并可能在复核程序中被上级机关要求重新调查、认定。这也意味着刑事诉讼中的各种事故调查报告在未经上级机关同意前都在理论上有被推翻的可能。因此，司法机关在认定案件事实时仅应当以形成终局性结论的事故调查报告作为定案根据。否则，可能造成司法机关在案件事实认定上的前后反复，浪费司法资源并影响法律威严。对此，《衔接办法》第25条已有规定：经依法批复的事故调查报告，在刑事诉讼中可以作为证据使用。也即未经依法批复的事故调查报告在刑事诉讼中不得作为证据使用。此外，在有关法规、规章规定了相应复核程序的情况下，则应当在事故调查报告经上级机关依法复核或复核期限经过后才能作为证据使用。但是，事故调查报告形成终局性结论并不以经过行政诉讼的

① 参见李涛、王飞：《安全事故处理调查组的法律问题分析：以“7·23”甬温线特别重大铁路交通事故为例》，载《南京工业大学学报（社会科学版）》2013年第1期。

起诉期限为前提[①]，因为法官应在刑事诉讼的过程当中对事故调查的合法性等问题进行一并审查。

（二）刑事诉讼中事故调查报告的庭审调查

“审判中心主义”及“庭审实质化”改革要求“审判案件应当以庭审为中心。事实证据调查在法庭，定罪量刑辩护在法庭，裁判结果形成于法庭”。[②] 因此，司法机关对事故调查报告的审查判断也必须经过严格的庭审质证程序。而这又需要裁判者实现直接言词原则的要求，即裁判者应当亲自听取控辩双方、证人及其他诉讼参与人的当庭口头陈述和法庭辩论，在此基础上形成对案件的认识，并据此对案件作出相应的裁判。[③]

1. 有关人员应当出庭作证

如前所述，事故调查报告本质上是一种特殊的言词证据，应当以交叉询问的方式对其进行庭审质证。而根据我国《刑诉法》第192条，控辩双方对证人证言、人民警察的目击证言或鉴定意见等言词证据有异议，且人民法院认为确有必要时，证人、鉴定人等言词证据的提供者应当出庭作证。但事故调查人员出庭作证面临的特殊困境在于：事故调查工作采用集体负责制，事故调查报告通常是集体讨论的结果，因此法院一方面不可能通知所有专家全都出庭作证，另一方面又难以具体识别哪些意见是哪些专家所出具，进而无法决定通知谁出庭或不通知谁出庭。对此，有学者提出，在实践操作中可以考虑由专家自行推选代表出庭介绍集体讨论的情况并发表意见。[④] 但此种观点欠缺合理性，因为专家自行推选的代表可能对法庭中具体争议问题所涉的领域并不熟悉，导致其出庭作证的实际效果难以保障。更为适宜的做法还是将个案中的选择权交与法官和控辩双方。法官可以结合有关专家的专业背景、在事故调查中实际负责的工作内容等因素综合考虑最终的出庭名单。具体而言，以前述福

---

① 最高人民法院在2018年的一起案例中确认了经依法批复事故调查报告的可诉性，参见（2018）最高法行再127号裁定书。

② 最高人民法院《关于建立健全防范刑事冤假错案工作机制的意见》第11条。

③ 参见汪海燕：《论刑事庭审实质化》，载《中国社会科学》2015年第2期。

④ 参见万毅：《刑事诉讼证据制度若干问题研究——以最高法关于适用刑事诉讼法的解释为切入》，载《人民检察》2021年第19期。

建省泉州市某酒店“3·7”坍塌事故为例，该事故同时涉及工程勘察设计、工程建设管理、建设工程质量安全管理、公共安全等多个细致的专业领域。如果控辩双方在庭审中争议的问题主要是酒店在其原始涉及中是否存在缺陷，就应当申请工程勘察设计方面的专家出庭；而若争议主要集中于酒店后续的维护、修缮等管理方面问题，则应申请工程建设管理等方面的专家出庭。此外，事故调查人员在事故调查活动中还实际扮演着多重角色：当事故调查人员对现场进行勘验并记录时，他是在借助自己的专业知识于调查报告中转述自己耳闻目睹的事故现场情况，地位类似于德国刑事诉讼法中的“专家证人”①；当事故调查的专家组成员直接依据《生产安全条例》第27条等行政规范进行相应的技术鉴定时，其地位等同于司法鉴定中的鉴定人；而当调查组成员通过询问其他证人、查阅有关资料等方式记录、总结有关单位、责任人的违法行为时，他应被视为一个“传闻证人”②。同理，当控辩双方对报告中的现场情况记录有疑问时，可以申请负责勘查事故现场的工作人员出庭作证；而当争议事项是报告中某项具体的鉴定意见时，则应申请负责该项鉴定的成员出庭接受询问。至于要求事故调查组成员出庭的程序可设计为：庭审中，若控辩双方对事故调查报告中某些具体内容产生争议，则可根据事故调查报告后附的签名情况向法官申请相关人员出庭作证，而法官则可以在认为必要时同意控辩申请；如果法官认为控辩双方所提出的出庭名单并不合适，也可以在向控辩双方释明理由后依职权决定出庭人选。

2. 应允许辩方申请有专门知识的人出庭质证

根据《刑诉法》197条第2款，公诉人、当事人和辩护人、诉讼代理人可以申请法庭通知有专门知识的人出庭，就鉴定人作出的鉴定意见提出意见。该规定的规范目的在于，根据“控辩平等武装原则”③ 平等地保护各方都享有的质证权利。因为鉴定意见中涉及专门性事项的问题往往有较高的专业门槛，控辩双方都不具备必要

---

① 参见［德］克劳思·罗科信：《刑事诉讼法》，吴丽琪译，法律出版社2003年版，第262页。

② 我国并无传闻证据排除规则，只要调查人员能够出庭接受询问，就不构成对“以审判为中心”和直接言词原则的违反，反而能够通过庭审质证程序更进一步促进事实真相的挖掘。

③ 参见冀祥德：《控辩平等论》，法律出版社2018年版，第41—46页。

的知识对此类证据进行有效质询。所以法律应当允许双方申请有专门知识的人出庭作为质证的有效辅助。而事故调查报告的内容通常与鉴定意见一样，也具有较高的专业性。因此，事故调查报告虽与鉴定意见并非同种证据，但根据类推解释的基本原理，在法庭对事故调查报告的专业性、可靠性进行审查时，也应当允许双方依据《刑诉法》197 条第 2 款申请有专门知识的人出庭并提出意见。又由于实践中事故调查报告通常是作为控方有罪证据被提交给法庭，故而此时申请有专门知识人出庭质证的权利应当主要被分配给辩方。

3. 有条件时可以申请重新鉴定或勘验

由于在事故发生后，有关部门往往要及时恢复事故现场并尽快恢复正常的生产生活秩序，因此在涉事故刑事案件的刑事诉讼过程中可能已不具备对其中某些关键事项进行重新鉴定或勘验的可能。但这种鉴定或勘验不能只是一种事实上不能而非法理上不能。根据《刑诉法》第 197 条，法庭审理过程中，当事人和辩护人、诉讼代理人有权申请通知新的证人到庭，调取新的物证，申请重新鉴定或者勘验。这同样适用于涉事故刑事案件。在此类案件的审理过程中，如果具备相应条件，则人民法院仍应允许辩方申请对其存在质疑的某些专门性事项进行重新鉴定或者勘验。也有学者认为，事故调查报告与重新鉴定或勘验的程序是冲突的，只有在不具备重新鉴定、勘验、检查的条件时，事故调查报告才可以凭借“个案处理”的形式被准入法庭并作为定案根据。[①] 其言下之意是，在人民法院对有关事项进行重新鉴定、勘验后，原有的事故调查报告即不能再作为刑事证据使用。但这种观点实质上仍是预设了重新鉴定、勘验结果的较高证明力，本质上仍是“新法定证据主义”[②] 思想的产物，不符合审判中心主义的基本原则。对于事故调查报告及重新鉴定、勘验结果的正确处理方式应是法律对二者结论的证明力不作预先设定，而是交由法官自身去在庭审中进行综合判断。

① 龙宗智：《立法原意何处寻：评 2021 年最人民法院适用刑事诉讼法司法解释》，载《中国法学》2021 年第 4 期。

② 陈瑞华：《以限制证据证明力为核心的新法定证据主义》，载《法学研究》2012 年第 6 期。

书证提出命令制度的检视与廓清

——以新证据规定为视角

周维琦*

一、书证提出命令制度的立法沿革与制度解析

（一）我国程序法中书证提出命令制度的立法沿革

书证提出命令制度的内容，最早在2001年最高人民法院《关于民事诉讼证据的若干规定》（以下简称原证据规定）第75条①初见端倪。该条款虽未明确对持有书证的当事人课以提交义务，但从法官认证的法律后果角度，确认书证持有当事人拒不提供书证将承担不利法律后果，实质上是书证提出命令制度的法律后果内容。由于原证据规定仅涉及以证据推定方式引导法官如何认定事实，而由于法官的业务能力差异以及对证据推定适用的理解差异，导致司法实践中法官要么不敢适用该条款作出事实认定，要么对该条款的适用情形掌握较为随意。而且，由于原证据规定并未从当事人举证层面赋予当事人有申请书证持有人提交书证的权利，加之“谁主张谁举证”这一基本原则的普适，也使得司法实践中当事人对该条款的适用较为被动，因证据偏在产生的当事人举证困难问题不能得到有效解决。

为解决当事人举证困难问题，完善我国程序立法中的证据制度内容，2015年实施的最高人民法院《关于适用〈中华人民共和国民事诉讼法〉的解释》（以下简称《民诉法解释》）从立法意义上真正

---

* 中国政法大学民商经济法学院诉讼法学专业2017级博士研究生，北京市朝阳区人民法院执行局局长，三级高级法官。

① 第75条规定：“有证据证明一方当事人持有证据无正当理由拒不提供，如果对方当事人主张该证据的内容不利于证据持有人，可以推定该主张成立。”

确立了文书提出命令制度。该解释第 112 条[①]对“书证提出命令”制度适用的证据类型、申请提出时间、书证持有人拒不提交的法律后果作出相应规定，一定程度上为“证据偏在”情形下当事人取证困难问题的解决提供了原则性指引。虽然《民诉法解释》原则性地确立了书证提出命令制度，但未对当事人申请“书证提出命令”应满足的实质要件、法院受理当事人申请的程序、审查标准、不服审查结果的救济方式等进行细化规定，导致该制度在后续的司法实践中出现适用率低、操作程序或适用标准不统一、受理程序随意化、书证提交义务绝对化等问题。

为了解决前述问题，切实提高书证提出命令制度的法律实用性及适用统一性，2019 年修正后的最高人民法院《关于民事诉讼证据的若干规定》（以下简称新证据规定）第 45 条至第 48 条从当事人申请、法院审查及受理程序、适用范围、法律效果等方面对该制度予以完善，为当事人与法官提供了相应诉讼行为指引，为书证提出命令制度的司法适用提供了可供依照的操作规则。

（二）新证据规定中书证提出命令制度的规范构造解析

新证据规定构建的书证提出命令，首先需要对是否符合实质要件进行审查，然后对特定书证范围作出判断，最后对违反书证提交命令的法律后果作出认定，因此可将书证提出命令制度的构造解析为层层递进的“三层次结构”。

1. 第一个层次：明确书证提出命令申请的受理条件

实质要件上，新证据规定第 45 条和第 46 条第 2 款，从正反两方面充实了《民诉法解释》第 112 条规定中“申请理由成立”的含义或者说“书证提出命令”成立的实质要件，即同时满足下述条件，申请人有关书证提出的申请方可成立：一是申请人申请对方提交的书证名称或内容需明确具体，即书证能够特定化，具有直接指向性；二是申请提交的书证与案件争议问题具有关联性，此种关联性或体现为书证对于证明待证事实具有必要性，或对于裁判结果会产生实

---

① 第 112 条指出：“书证在对方当事人控制之下的，承担举证证明责任的当事人可以在举证期限届满前书面申请人民法院责令对方当事人提交。申请理由成立的，人民法院应当责令对方当事人提交，因提交书证所产生的费用，由申请人负担。对方当事人无正当理由拒不提交的，人民法院可以认定申请人所主张的书证内容为真实。”

质影响；三是申请人有证据证明该书证由对方当事人控制或属于新证据规定第 47 条第 1 款规定的情形。较之既有规定，前述规定明确了申请书证提出命令的实质性条件，为裁判者审查提供了相应标准。

2. 第二个层次：特定书证提出范围

为克服《民诉法解释》因未限定“书证提出命令”制度适用范畴，避免书证命令制度适用出现普遍性、随意性的问题，新证据规定第 47 条通过“列举 + 兜底”方式设定了对当事人可申请对方提交的书证范围，以体现书证提出命令制度对证明责任一般分配规则的“补位”或“兜底”的功能，并尽可能限制裁判者在适用此制度过程中的自由裁量权。

3. 第三个层次：设置当事人拒绝提交书证的法律后果

新证据规定第 48 条[①]在当事人违反书证提出命令的法律后果方面，不仅延续了原证据规定第 75 条的证据推定原则，针对控制书证的当事人无正当理由拒不提交书证之情形，设置了“认定对方当事人所主张的书证内容为真实”之法律后果，而且针对持有书证的当事人故意毁灭书证或实施其他致使书证不能使用行为的，进一步设置了“认定对方当事人主张以该书证证明的事实为真实”之法律后果。

上述两种情形下，适用的行为性质与法院认定真实的对象是不同的。前一种情形是就控制书证的当事人消极不提交行为而言，认定真实指向的是书证内容，但书证内容真实并不当然等同于当事人主张事实成立；后一种情形则是针对控制书证的当事人不仅不提交书证，而且为妨碍对方使用该书证而积极实施破坏行为而言，认定真实直接指向的是事实，即无论书证内容为何，当事人据以主张的事实均成立。

控制书证的当事人积极实施破坏行为，不仅违反法院的书证提出命令，而且恶意阻碍法院查明案件事实，其行为性质较为恶劣，已构成妨碍民事诉讼的行为，故不仅可施以强制措施处罚，而且对

① 新证据规定第 48 条指出：“控制书证的当事人无正当理由拒不提交书证的，人民法院可以认定对方当事人所主张的书证内容为真实。控制书证的当事人存在《最高人民法院关于适用〈中华人民共和国民事诉讼法〉的解释》第一百一十三条规定情形的，人民法院可以认定对方当事人主张以该书证证明的事实为真实。”

于争议问题要作出不利于该方当事人的认定，以此表示法律对该行为的坚决否定态度。

二、司法实践视角引导下的问题分析

新证据规定为书证提出命令制度的适用提供了较为系统的操作规则，虽有框架性内容，但仍留有很多空间，导致该制度在实践应用中存在一定困境。主要表现为：

（一）时间规定的僵化：申请时间未考虑特殊利益保护

根据《民诉法解释》第112条的规定，当事人申请对方提出书证应在举证期限届满前向法院提出书面申请。但在司法实践中，有当事人在举证期限届满后甚至是一审判决后才获知书证由对方持有，如此时向法院申请对方出示，法院应否受理？一审中当事人的书面提出申请未获法院准许，当事人是否可以继续向二审法院申请书证提出命令？

有观点认为，“书证提出命令”的出现是民事诉讼立法者对于以证据偏在、危险领域及武器不平等为特征的现代型诉讼的出现所作的回应，该制度是为实现个案的实质公平，并非针对类型化或一般性的案件，故在适用时应严格遵循法律规定进行限缩性解释，而不应就法条文义做扩大解释，否则将背离该制度设置初衷。因此，若当事人未能在举证期限届满前提交申请，则应严格按照法律规定对当事人的申请不予受理。

另有观点则认为，书证命令提出制度设置的目的是为解决证据偏在情形下当事人取证困难问题，因偏在的证据往往具有隐蔽性，故如果申请人能够合理说明逾期提出申请的理由系因客观原因所致，例如在举证期限届满后方知晓对方当事人控制该证据，则审判实践中可按照《民事诉讼法》第67条及《民诉法解释》第102条对举证期限过后逾期提交证据的做法区分情况审查该申请，而不应僵化地因申请人未在举证期限届满前提交书证命令提出申请而径行驳回当事人的申请[①]。

针对实践中出现的上述问题及不同处理态度，新证据规定没有作出明确，当事人申请时间过于绝对化的问题仍未解决。

---

① 参见徐亚东：《民事诉讼中文书提出义务的司法适用研究》，载《对外经贸》2019年第4期。

（二）义务主体的限定："当事人"范围界定过窄

书证提出命令目的在于保障诉讼当事人顺利收集偏在型证据，但实践中经常出现案件的关键证据为案外人所掌控的情形。根据《民事诉讼法》第70条"人民法院有权向有关单位和个人调查取证，有关单位和个人不得拒绝"的规定，法院调查证据的对象包括案外人，如果与案件相关的证据保存于案外人处，则法院可以向该案外人调查取证。而根据新证据规定中"当事人"适用的语境和拒绝提交书证的法律责任范围可知，有关书证提出命令制度的适用对象仅限于案件当事人，并不包含案外人。由此，如果与案件相关的书证由案外人持有，同时该书证也不属于《民诉法解释》第94条规定的可以申请法院调查取证范围，将出现因举证人既无法依据书证提出命令制度申请法院要求案外人提供书证，也无法申请法院调查该证据，以致出现案件关键事实可能无法查明，进而影响案件争议事实的认定。

（三）认定标准的模糊：特定化缺乏具体判断标准

书证提出命令申请成立的条件之一是申请人需明确申请对方提交的书证名称或内容，即要求申请人至少需将书证名称或内容特定化，一方面可便于法官判断书证与案件的关联性与要求提供的必要性，另一方面也避免申请人滥用该项制度而加重书证持有人的负担。若未对申请提出的书证特定化设置判断标准，很可能导致举证义务人在具备相应举证能力的情况下逃避或怠于履行本应按照证明责任分配规则承担的举证责任，将原应由其承担的证明责任借用申请书证提出命令方式转嫁至对方当事人，架空证明责任一般分配原则，放大书证提出命令制度的程序功能。但特定化需达到何种程度，何种情境仅需明确书证名称，何种情境需知晓书证内容，抑或知晓的范围系需全部还是部分，新证据规定并未就此提供具体标准。

（四）保障程序的缺位：未赋予当事人对处理结果的异议权利

新证据规定第46条规定了法院对当事人申请的审查程序和处理方式，丰富了书证提出命令制度的程序内容，使之成为民事诉讼中一项近似独立的程序。但对于法院就审查结果作出的裁定和通知，新证据规定并未赋予书证持有人和申请人异议的救济权利，一定程度上体现出书证提出命令制度较为强烈的职权主义色彩，使得该制度的适用效果在某种程度上取决于法官个人的判断，难以避免法官以举证责任基本规则的适用代替书证提出命令制度适用的情况发生，某种程度上限制了书证提出命令制度程序功能的发挥。

三、书证提出命令制度在证据规则中体系定位的再审视

笔者认为，针对前述问题，有必要通过厘清书证提出命令制度在证据规则体系中的法律定位及性质，以廓清理论与实践中适用书证提出命令制度所产生的问题。

（一）性质论：从举证利益到实质平等

民事诉讼中事实认定、法律适用均须以证据为基础。《民事诉讼法》规定的 8 种证据中，因书证能以其记载的内容和表达的思想证明要件事实的真伪或者据以审查判断其他证据材料的真实性和可采性，故书证在所有证据种类中有着“证据之王”的重要地位①。在现有立法框架内，当事人收集书证的方式主要是自行收集证据（包括委托律师收集证据）和申请法院调查取证两种。因社会公众普遍缺乏协助取证的意识，当事人自行要求书证持有人协助取证难度较大。而就法院调查取证而言，虽然法律及司法解释明确了法院调查取证范围，但因相关证据与案件的关联性之审查具有主观性，对当事人调查取证申请是否受理仍然属于法官自由裁量范围。鉴于书证本身的重要性，为弥补部分案件因当事人因诉讼能力或书证收集能力不均衡造成的证据偏在现象，规制诉讼中当事人针对文书存有的“消极地隐匿、不提出证据”等妨碍行为，贯彻当事人之间的武器平等原则，我国特构建书证提出命令制度。依日本学者的观点，书证提出命令制度产生的法律依据系诉讼法立法上规定的证据调查协力义务，即要求书证持有人在法院进行证据调查时予以必要的帮助。②笔者认为，此亦为诚信诉讼和追求实质公平正义的民事诉讼价值的目标所在。

从书证提出命令制度诞生与发展的现实背景可以看出，在我国就一般性案件构建了以当事人自行取证（包括律师帮助取证）为主的自愿型取证程序和法院职权取证、证据保全等强制型取证程序的证据收集体系；同时法定的举证责任分配规则框架下，书证提出命

---

① 参见李浩：《证据法学》，高等教育出版社 2014 年版，第 129 页以下。

② 参见［日］新堂幸司：《新民事诉讼法》，林剑锋译，法律出版社 2005 年版，第 432 页以下。

令制度设置的目的不是规范一般性案件当事人取证的情形，而是为了平衡运用前述证据收集方式无法获得证据情形下，调整证据偏在所致的举证能力不平等，旨在通过扩大当事人获取证据的途径来实现个案的实质公平。由此，书证提出命令制度不是仅为举证人的利益而设，其系取证体系中发挥“补位”或“兜底”功能的取证方法，根本目的是查明案件事实、确保裁判公正。

（二）功能论：从自负其责到反诸对方

如前所述，书证提出命令制度相较于现有证据规则体系中的常规取证方式及证明责任而言，其解决的是现代诉讼中个别或特殊案件的证据偏在问题，与当事人可选择进行证明、敦促当事人自负其责地提出证据的基本证明责任不同。书证提出命令制度要求的是不负举证责任的文书控制人依法协助举证人提供其持有的用于证明举证人主张，或者说可能对自己产生不利影响的证据。此层面下，侧重强调文书持有人在法律上负有的文书提出义务，有的学者将此义务界定为公法上的义务[①]。如果违反该义务，义务人将承受来自法律或法院的制裁。为避免举证人完全放弃自行收集证据，而将证据收集的负担和成本完全转嫁给对方当事人，在制度适用过程中，亦应认清书证提出命令是申请人运用现有取证方法及证明责任框架或依据其他法律、法规的规定等穷尽一切手段无法获得该文书，而无此文书则使得案件事实无法查明或真伪不明，即文书对案件的审理极具必要性，且不至于给控制人造成过大负担情况下的一种兜底的取证方式，此种取证方式不应以无限牺牲文书持有人的自由处分权为代价，其适用时除必须严格满足法定构成要件外，还应以充分保障文书持有人在法律上的隐私等合法权益为限度[②]。

四、我国书证提出命令制度的困境纾解

在厘清书证提出命令制度系在现有证据收集体系和证明责任框架下，通过扩大当事人收集证据的途径来解决诉讼证据偏在问题，以实现个案实质公平的“兜底”或者说“别无他法”的查明事实真伪的取证方法定位下，前文所述的新证据规定在具体适用中可能出

---

① 参见［日］梅本吉彦：《民事诉讼法》，信山社 2002 版，第 781 页。

② 参见毕玉谦：《民事诉讼证明妨碍研究》，北京大学出版社 2010 年版，第 57 页。

现的问题，或可得到相应解决。

(一) 灵活解释：合理认定书证提出申请的时间

基于构建书证提出命令制度的目的和法律定位，针对书证申请提出时间能否进行扩大性解释存有的争议，结合民事诉讼法关于逾期举证的相关处理规定，此争议在一定程度上可得以统一。

参照《民诉法解释》第 101 条、第 102 条关于当事人在举证期限届满后逾期提供证据所采取的在合理说明理由，甚至在因故意或重大过失逾期提供证据情形下，若证据与案件基本事实有关，人民法院仍应采纳的规定，笔者认为，法律允许对一般性案件举证期限届满后提供的证据予以有条件的采纳，那么，对于突破常规取证方式或证明责任，为实现个案或特殊类型案件实质公平、查明事实真相而构建的书证提出命令制度，更有理由参照前述关于逾期举证的处理方式。即提出书证命令申请原则上应在"举证期限届满前"；如果确因书证隐蔽性等不可归责于申请人的客观原因导致申请人在举证期限届满后才发现的，或者基于举证期限届满后对方当事人提出的新观点需要提供反驳证据，当事人提出书证命令申请，法院应当受理申请并审查是否符合条件及应否发出书证提出命令；若申请人无正当理由于举证期限届满后申请书证命令的，应视为申请人自行放弃了该项证据利益，法院应当不予受理；若申请人因重大过失逾期申请的，原则上也不应受理，但若该文书对于案件基本事实的证明较为重要，则法院可予受理，但应当对申请人予以处罚。

若当事人在一审中申请书证提出命令，一审法院未予准许，当事人在二审中继续申请法院作出书证提交命令，亦不应认定为当事人逾期提出申请。二审法院应当结合书证提出申请的实质要件审查是否有必要要求书证控制人提交。经审查认为符合申请要件的，应当在二审中作出责令控制人提交书证的裁定。

(二) 主体扩容：适当扩大书证提出义务人范围

如前文所述，鉴于新证据规定未将案外人纳入书证提出义务主体范围，导致在证明案件重要事实的书证由案外人持有情形下，只能依据《民事诉讼法》第 70 条的规定，责令单位或个人履行协助义务。若单位拒绝或妨害法院调查取证的，根据《民事诉讼法》第 117 条规定中"责令其履行协助义务"的表述，法院不能强制性要求案外人提供所持文书，而仅能根据该条规定对单位予以处罚。而对于个人并不属于《民事诉讼法》第117条规制的主体范围，故实践中对个人拒绝协助的情形，法院则无法提出强制性要求或给与制裁措施。

有的学者认为根据文书提出义务制度的设置目的，应将书证提出的义务主体扩展至案外第三人，并主张此处的第三人为除对方当事人以外的自然人、法人、机关或社会团体等。只是此时若第三人不提交书证，建议对第三人和当事人的制裁方式作出区别处理。①

为兼顾解决“证据偏在”情形下当事人取证困难及案外人协力义务法益，笔者认为，原则上可综合考虑案外人与案件当事人的关系、申请提交的书证与案外人之关联性、案外人提供书证之难度（如是否涉及商业秘密、个人隐私，书证的出示是否会对案外人自身产生不利影响）等因素，有条件地扩大书证提交义务主体范围，避免出现因书证为案外人控制导致案件事实不清的情况，以及当事人控制案外人阻碍书证提交导致申请人诉讼利益受损的情况。具体而言：如果案外人与当事人一方之间存在身份上的关联，或者案外人基于法律规定或合同约定或事实行为而持有、代管书证，在符合书证提出申请要件的情况下，法院应以决定的方式要求案外人提交相应书证。如果案外人拒绝提交书证，法院应当责令其说明理由。理由成立，案外人可免除书证提交责任，法院根据争议事项及当事人的举证能力确定是否由申请方当事人继续承担举证责任。需要讨论的是如果案外人的理由不成立，或案外人拒绝说明理由时，应如何处理？由于案外人并非当事人，不能承担举证责任的不利后果，因此，新证据规定的拒绝提交书证的法律后果显然不能直接适用于案外人。解决这个问题，笔者认为可从案外人和当事人两方面考虑：针对案外人来说，法院对其作出的提交书证的决定是具有法律效力的司法行为，其无正当理由不予履行，属于妨害民事诉讼的行为，对法人或其他组织可适用《民事诉讼法》第117条之规定对其采取相应强制措施，对自然人也应根据行为严重程度施以强制措施，由于现行民事诉讼法及司法解释对此并未涉及，建议立法部门在完善书证提出命令制度内容时对此一并予以补充；同时，针对当事人来说，为促进与案外人有关联的一方当事人督促案外人提交书证，案

① 参见吴如巧、郭成、谢锦添：《论中国文书提出命令制度适用范围的扩展——以第三人文书提出义务为视角》，载《重庆大学学报》2017年第1期。

外人无正当理由拒绝提交书证的，应同时视为该方当事人拒绝提供书证，可参照适用现有新证据规定的法律后果，从争议事实或当事人主张上作出对该方当事人不利的认定。

（三）标准廓清：明确书证特定化的判断标准

新证据规定第 45 条仅以申请人明确“所申请提交的书证名称或者内容”这一概括性的描述来界定书证特定化标准。如对该条文表述进行严格解读，即申请人需提供清晰具体的书证内容，在个案中可能会强申请人之所难，必然限缩书证提出命令制度适用范畴，使该制度功能发挥受限；但若宽松理解为只需申请人说明书证名称即可，则在个案中又可能导致因书证范围扩大使书证控制人无所适从的局面。而且由于缺少特定化的具体判断标准，必然需依赖于法官行使自由裁量权来确定书证是否特定化，一定程度上可能导致制度适用出现随意性，同样会影响制度价值的有效实现。

实践中，申请人是否应当知悉书证内容，基本取决于申请人是否参与书证的形成。根据申请人是否参与书证形成，书证可分为申请人亲历型和申请人知悉型。前者如申请人签字的签到记录、请假单，申请人应当而且有能力知悉书证内容；后者如医生制作的手术记录、住院病历等，申请人并不理所应当知道书证具体内容。

笔者认为，为避免当事人滥用书证提出命令，防止举证责任规则所确立的事前危险分配意义遭到颠覆，原则上应以知悉书证名称与内容作为书证特定化的审查标准，并需申请人提供证据证明或合理说明相关书证由持有人所持有或控制，且应说明书证相关内容与其主张之间的关联性。但对于申请指向的书证类型不同，要求的标准严格程度应有不同。即对于申请人亲历型书证，由于申请人有能力知道书证的具体内容，故应当要求申请人说明书证名称、明确具体的书证内容；对于申请人知悉型书证，由于申请人未参与书证制作，而仅是知悉该书证存在，对书证内容未必准确掌握，甚至可能连书证的准确名称都不能确认的情况下，如环境污染侵权纠纷中加害人的生产工艺流程、生产记录、化学产品配方、原材料购买记录，产品质量侵权纠纷中的产品生产记录、产品生产工艺、产品生产记录等，若此时要求申请人明确提供书证的名称或具体内容很可能难以实现。此种情形下，笔者认为若申请人对书证的说明或描述能够使书证持有人明确或锁定所要提出的书证，且有证据证明或合理说明书证由持有人所持有或控制时，申请人即完成了有关书证“明确”

或特定标准的举证。

（四）制度补遗：增加当事人的救济程序

书证命令制度不仅涉及双方当事人的程序权利义务，而且可能影响实体法律问题的认定。因此，双方当事人基于各自利益，必然会有各自坚持的立场。从新证据规定第 46 条第 1 款和 3 款[①]设置的法院审查程序来看，当事人申请书证提出命令是否成立，虽然是举证环节中的具体程序性事项，但仍然是作为一个争议点并适用较为独立的审查程序（诉辩、举证、辩论），且法院需以裁定（申请成立）或通知（申请不成立）方式正式体现审查结论。为减少制度适用的职权主义色彩，增加对法院审查处理行为正当性的约束，对于涉及当事人程序及实体权益的独立审查事项，笔者认为，应当针对不同处理结论为当事人提供相应救济程序。具体为：对于申请成立及责令书证控制人提交书证的裁定，由于民事诉讼法对可提出上诉的裁定范围已有明确的限定，不得随意扩大，故可参照《民事诉讼法》第 111 条有关对裁定复议程序的规定，允许书证控制人在不服裁定情形下可申请复议一次。对于申请不成立的“通知”，鉴于书证提出命令系对当事人举证能力的重要补充，若经过审查认为申请人的申请不成立，亦应当给予申请人提出异议的权利。关于申请人提出异议的方式，因现有法律及司法解释没有关于对法院作出的“通知”可提出异议的规定，为确保申请人与书证控制人具有对等的救济方式，可参照《民事诉讼法》第 50 条关于回避决定异议的方式进行救济，即若申请人不服有关书证提出命令被驳回的申请，申请人可申请复议一次。

---

① 第 46 条第 1 款规定，人民法院对当事人提交书证的申请进行审查时，应当听取对方当事人的意见，必要时可以要求双方当事人提供证据、进行辩论。第 3 款规定，当事人申请理由成立的，人民法院应当作出裁定，责令对方当事人提交书证；理由不成立的，通知申请人。

民事判决理由预决事实效力规则再议
——以主客观要素为解释论展开

王　菲[*]

一、判决理由预决事实效力的问题检视

对于预决事实效力的性质，2019 年修正后的最高人民法院《关于民事诉讼证据的若干规定》（以下简称《证据规定》实施前后，学界及实务界对第 10 条第 1 款第 6 项从不同角度作出了阐释。考察这些相异的理论阐释可见，为了阐释生效裁判认定之事实对后诉的效力影响，论者分别采用了以下几种不同的观点。第一种观点立足于既判力理论，批判《证据规定》第 10 条之规定。第二种观点从苏联民事诉讼法的“预决效”入手，主张预决事实效力制度虽然未在法律法规中明文规定，但在我国独特的诉讼制度土壤中，属于具有中国特色的裁判效力制度；该效力区别于既判力，参考较强证明力证据的证明效力，可以并入前诉裁判对后诉的影响问题来研究。[①] 在此基础上，理论界亦进一步探求对可能的争点效力的分析。[②] 有观点以事实为对象对争点问题的西方样本进行分析与借鉴，并立足于预决事实效力作为证明效力的本质，主张以真实性为基础解读和构建我国的争点效力规则，对于前诉“正确”之事实认定结果予以适用的效力。[③]

---

* 中国政法大学民商经济法学院诉讼法学专业 2021 级博士研究生。

① 参见王亚新、陈晓彤：《前诉裁判对后诉的影响——〈民诉法解释〉第 93 条和第 247 条解析》，载《华东政法大学学报》2015 年第 6 期。

② 参见张卫平：《民事证据法》，法律出版社 2019 年版，第 441—444 页。

③ 参见纪格非：《“争点”法律效力的西方样本与中国路径》，载《中国法学》2013 年第 3 期。

第三种观点则体现为司法认知[①]。第四种观点立足于英美法系的间接禁反言规则及衍生的"争点效"理论。其代表性观点认为，在各理论都有自洽性或稳定性之不足的现实情况下，应当将主旨甚远、漏洞诸多的既判力观点予以摒弃，而在事实证明效和争点效力之间进行取舍与抉择；依据我国的司法实践，两相抉择后争点效理论可以作为最优理论基础选择。[②] 对此，我国立法在立场上并未一以贯之，与其他类型效力未形成严格区辨。

（一）预决事实效力法律规范之抵牾

表 1　涉及预决事实效力的立法演变及立场

涉及问题	立法演变	立场
预决事实效力性质定位	1992 年最高人民法院《关于适用〈中华人民共和国民事诉讼法〉若干问题的意见》75 条第 4 项	强制拘束效力
	2002 年《民事证据规定》第 9 条	免证效力，非强制拘束力
	2015 年最高人民法院《关于适用〈中华人民共和国民事诉讼法〉若干问题的解释》（以下简称《民诉法解释》）第 93 条	
	2020 年《证据规定》第 10 条	将"事实"改为"基本事实"
刑事判决预决事实对民事诉讼的法律效力	2020 年最高人民法院《关于审理民间借贷案件适用法律若干问题的规定》第 13 条第 1 款	刑事判决预决事实对民事诉讼不产生法律效力
	2020 年最高人民法院《关于审理侵犯商业秘密民事案件适用法律若干问题的规定》第 23 条	刑事判决预决事实对民事诉讼产生法律效力

① 参见邵明：《诉讼中的免证事实》，载《中国人民大学学报》2003 年第 4 期。

② 参见王学棉：《民事诉讼预决事实效力理论基础之选择》，载《国家检察官学院学报》2020 年第 1 期。

续表

涉及问题	立法演变	立场
预决事实效力是否限于前后诉相同两造	2012 年《民事诉讼法》第 54 条第 4 款	人数不确定代表人诉讼，未登记权利人提起的后诉，适用前诉裁判
	2015 年《民诉法解释》第 80 条	
	2020 年最高人民法院《关于证券纠纷代表人诉讼若干问题的规定》第 29 条	若前后案基本事实一致、法律适用相同，经过具体诉讼请求审查后法院可适用已生效裁判
原被告对预决事实的主张权能是否一致	2015 年最高人民法院《关于审理民事公益诉讼案件适用法律若干问题的解释》（以下简称《环境公益诉讼解释》）第 30 条	不利于被告的预决事实向被告单向作用
	2016 年最高人民法院《关于审理消费民事公益诉讼案件适用法律若干问题的解释》（以下简称《消费民事公益诉讼解释》）第 16 条	与新《民事证据规定》立场无异，可视为一种关于事实认定立场的强化性规定

1. 预决事实效力的主观范围有待细化

（1）预决事实效力是否限于前后诉两造相同的情形。预决事实效力是否仅限于前后诉两造相同的情境，立法上并未明确规定，学者的观点也多有分歧。认为预决事实效力应仅限于前后诉两造相同情形的代表学者有傅郁林、曹志勋等。如傅郁林认为，应当专门针对《证据规定》第 10 条第 1 款第 6 项出台司法解释，将生效裁判免证事实范围限于当事人双方，排除对案外人的效力。曹志勋认为，生效裁判事实预决效力是公文书实质证明力推定规则的特殊情形，在解释论上可以将其适用范围限于相同两造再次对抗的后案诉讼。与此相对，认为预决事实效力作用范围还可包括案外人的有王亚新、郭翔等[①]。前诉生效裁判认定事实对案外人的扩张情形较为典型的是人数不确定代表人诉讼。我国《民事诉讼法》第 54 条第 4 款规定了人数不确定的代表人诉讼。与此对应，《民诉法解释》第 80 条规定，未参加登记的权利人起诉，法院认定其请求成立的，裁定适用代表人诉讼作出的裁判。侵权造成经济损失的个别赔偿，前后诉只能在粗放的共通事实认定层面有所援引适用，前诉判决不能直接适用于未参加权利登记人提起的后诉。只有在判项可以统一确定并方便执行的前提下，才能直接适用于后诉当事人，如停止侵害、赔礼道歉、产品召回等。2020 年最高人民法院《关于证券纠纷代表人诉讼若干问题的规定》（法释〔2020〕5 号）第 29 条规定，未参加登记的证券投资人但符合权利登记的，在提起后诉时若前后案基本事实一致、法律适用相同，经过具体诉讼请求审查后法院可适用已生效裁判，且该裁判应明确被告赔偿的数额。[②]

（2）原被告对预决事实的主张权能是否一致。《环境民事公益诉讼解释》第 30 条对环境公益诉讼预决事实效力主观范围作了间接的回应，即案外人可以援引前诉生效裁判的认定事实，对本案的事实认定形成约束效力。第 1 款在结构上类似于《证据规定》第 10 条的免证事实规定，但是削除了被告在后诉中对预决事实免证推翻的权利。仅原告可以对该类事实进行反证推翻，故该款实质上类似于前诉既判力对后诉的单向扩张，彰显了《环境民事公益诉讼解释》对私益诉讼原告权益的倾斜保护。第 2 款针对判决理由中的具体事实要素在前后诉之间的关系，比如免责事由、因果关系、责任份额

---

① 参见《民事诉讼法研究的实体之维——第四届民诉法学研究的实体之维学术研讨会会议总结》，载微信公众号“民事程序纵横”，2020 年 12 月 7 日访问；曹志勋：《论公文书实质证明力推定规则的限缩》，载《国家检察官学院》2020 年第 2 期；王亚新、陈晓彤：《前诉裁判对后诉的影响——〈民诉法解释〉第 93 条和第 247 条解析》，载《华东政法大学学报》2015 年第 6 期；郭翔：《美国判决效力理论及其制度化借鉴——基于争点效力理论的分析》，载《民事程序法研究》2015 年第 2 期。

② 最高人民法院《关于证券纠纷代表人诉讼若干问题的规定》第 29 条规定：“符合权利人范围但未参加登记的投资者提起诉讼，且主张的事实和理由与代表人诉讼生效判决、裁定所认定的案件基本事实和法律适用相同的，人民法院审查具体诉讼请求后，裁定适用已经生效的判决、裁定。适用已经生效裁判的裁定中应当明确被告赔偿的金额，裁定一经作出立即生效。”

等的事实认定。此类事实对被告（可能是前诉原告）起一般意义上的预决事实效力，并赋予被告反证推翻的权利；但对后诉原告（前诉案外人）不发生任何效力，被告若对此事实进行主张需要重新举证。根据第1款，前诉原告可以进攻性主张预决事实而被告无法防御，被告防御性主张预决事实原告可以推翻。根据第2款，原告可进攻性主张预决事实、被告可反证防御，被告无法主张适用预决事实。至于《消费民事公益诉讼解释》第16条的逻辑结构则与《证据规定》第10条基本无异，可视为一种审理消费民事公益诉讼时关于事实认定立场的强化性规定。

由上可见，颁布在后的《环境民事公益诉讼解释》与修正前的《证据规定》具有较大差异。《证据规定》对于预决事实效力的定位被特别类型案件司法解释否定，然而随后《民诉法解释》93条呼应了《证据规定》的原本立场。至于《消费民事公益诉讼解释》关于预决事实效力之规定，虽基本遵循《证据规定》第10条的逻辑结构，但仍在原被告地位及举证责任上有所差异。《证据规定》的修改除了将"事实"改为"基础事实"之外，未涉及预决事实效力立场的变更。无论是公益诉讼与私益诉讼的案件性质导致这种法律规范、解释间的抵牾，还是基于预决事实效力理论基础在学理上尚未达成共识，以上彼此冲突的立场对前诉判决效力对后诉影响以及司法裁判的统一性造成困扰。

2. 刑事判决确认事实对民事诉讼效力的规范扞格

关于刑事诉讼生效裁判认定事实对后诉民事诉讼的效力，在法律规定上的立场亦有摇摆。如2020年最高人民法院《关于审理民间借贷案件适用法律若干问题的规定》（法释〔2020〕6号）第12条第1款规定，已经生效的裁判认定借款人或者出借人的借贷行为构成犯罪，民间借贷合同并不当然无效，应依据合同法本身对民间借贷合同生效要件的规定进行效力认定[①]，即前诉生效刑事裁判认定事实并不当然地对后诉事实认定存在法律效力。但是2020年最高人民

[①] 最高人民法院《关于审理民间借贷案件适用法律若干问题的规定》第12条第1款规定："借款人或者出借人的借贷行为涉嫌犯罪，或者已经生效的裁判认定构成犯罪，当事人提起民事诉讼的，民间借贷合同并不当然无效。人民法院应当依据民法典第一百四十四条、第一百四十六、第一百五十三条、第一百五十四条以及本规定第十三条之规定，认定民间借贷合同的效力。"

法院《关于审理侵犯商业秘密民事案件适用法律若干问题的规定》（法释〔2020〕7号）第23条规定，关于侵犯商业秘密民事诉讼中的损害赔偿数额，若当事人主张数额与前诉侵犯商业秘密刑事判决的认定损失数额、违法所得数额保持一致，人民法院应支持该主张①，即认可前诉生效刑事裁判认定事实对后诉民事审判程序事实认定的法律效力。

（二）预决事实效力司法适用之失范

1．“预决事实”之援用及说理困境

既判力包括积极既判力②与消极既判力，其中犹以积极既判力与预决事实效力的边界模糊不清。因此实务中法官在“既判力”“预决事实效力”的适用上模棱两可，经常出现既判力或《民诉法解释》第247条与《民诉法解释》第93条或者《证据规定》第10条并用、混淆的情形。在笔者采集的裁判文书中，法官适用以上条款或概念的具体表述如表2。

表2 “预决事实效力”与“既判力”适用不规范问题

案号	适用“既判力”及“预决事实效力”问题
（2020）鲁01民终8249号	将《证据规定》第10条第1款第6项理解为既判力
（2020）湘02民终201号	
（2020）辽14民终818号	
（2020）鲁01民终6988号	
（2017）粤06民终4970号	《证据规定》第10条第1款第6项归入既判力理论

① 最高人民法院《关于审理侵犯商业秘密民事案件适用法律若干问题的规定》第23条规定：“当事人主张依据生效刑事裁判认定的实际损失或者违法所得确定涉及同一侵犯商业秘密行为的民事案件赔偿数额的，人民法院应予支持。”

② 关于“既判力的积极效力”还是“积极既判力”的说法，参见蔡虹：《民事诉讼法学》，北京大学出版社2016年版，第92页；张卫平：《民事诉讼法》，法律出版社2019年版，第144页；王亚新、陈杭平、刘君博：《中国民事诉讼法重点讲义》，高等教育出版社2021年版，第254页。其本质没有区别，本文对两种说法不区分使用。

续表

案号	适用“既判力”及“预决事实效力”问题	
(2018)京 0105 民初 15610 号	“既判力事实和预决事实”	术语混淆
(2017)鲁 1491 民初 1126 号	“预决事实产生既判力是终局性的”	
(2020)豫 0803 民初 552 号	“既判力”与“预决效力”	
(2018)豫 0811 民初 3451 号	“积极既判力”与“预决效力”	概念并用
(2018)苏 02 民终 345 号	“既判力预决效力”	
(2017)粤 06 民终 9996 号	同时用既判力与预决事实效力进行说理	
(2017)粤 06 民终 10743 号	预决效力、既判力、拘束性效力等概念层次不清	
(2015)闵民一(民)初字第 6141 号	谬误:认为判决理由有既判力和事实预决效力	

从选取的裁判文书中可见预决事实效力”与“既判力”两组术语适用不规范问题主要表现在:(1)将前诉裁判文书确认事实解释为等同既判力;(2)将前诉裁判文书确认事实解释为既判力理论项下的强制拘束力的一种;(3)术语混淆/概念并用;(4)在裁判效力体系上预决效力、既判力、拘束性效力等层次不清;(5)认为判决理由兼具既判力和预决事实效力。

实践中法官援用预决事实说理不充分,甚至可能因此在适用预决事实效力的正确性上大打折扣。部分法官认为因争议在前诉中已经过充分审理,当事人的程序权利已获得充分保障,因此基于诚实信用原则当事人不能提出相矛盾主张。如“贵州某建筑工程有限公司、马某春建设工程施工合同纠纷”案①中,法院对前诉事实及于本案的效力如此阐释:“该事实系生效判决所认定的基本事实,是在遵循程序保障原理、穷尽可能地攻击防御方法,经双方当事人充分举证质证和行使辩论权后法院根据正当程序所查明的事实。该事实将对本案的事实产生预决效力,对双方当事人具有法律拘束力,双方当事人在本案中不能提出与该事实判断相矛盾的主张及举证。”存在同样问题的是在行政案件的预决事实效力之认定。部分法官赋予预决事实效力以强制性拘束力,后诉不可反证推翻。如 2019 年重庆

① 参见贵州省高级人民法院(2019)黔民申 4617 号判决书。

行政诉讼典型案例之“吕某某诉重庆市荣昌区人力资源和社会保障局劳动与社会保障行政监督纠纷案”中，法官认为也要赋予裁判理由中对案件争议焦点和主要法律事实的判断以一定程度的强制拘束力。

此外，关于适用“预决事实效力”在说理方面的不足还体现在，法官对《证据规定》第10条的“基本事实”没有统一认识。“基本事实”在举证、质证、证据交换以及法律关系判断上的含义与功能有待厘清。关于“基本事实”的含义，有法官认为“基本事实”与前后案系争标的紧密相关。[①] 大部分法官依据《民诉法解释》第335条，将“基本事实”解释为“用以确定当事人主体资格、案件性质、民事权利义务等对原判决、裁定的结果有实质性影响的事实”。[②] 关于“基本事实”在裁判文书中的基础位置结构，部分法院认为基本事实不包含判决理由中认定的事实，并据此解释了判决理由的效力及其可上诉性。[③] 关于“基本事实”的功能，部分判决将基本事实定位为“系争事实”或者某焦点的“待证事实”，以及与诉讼标的判断可能无关联的任意事实。[④]

2. “预决事实”认定基础、反证标准不统一

第一，关于“预决事实”认定规则。在裁判文书中本院查明、本院认为和判决主文三部分何为预决事实的认定基础，哪一部分的认定事实可以被后诉当事人援引，法律中并未明确规定，司法实践中法官的认识与判断也有分歧。这涉及裁判文书的科学化构造以及说理问题。第二，虽然立法明文规定预决事实的反证标准为“推翻”，但是司法实践中法官对“推翻”的适用与理解存在差异。比如，“推翻”为使法官对预决事实的对立事实达到确切心证还是初步的模糊心证，是达到盖然性证明标准，还是将待证事实回归真伪不

---

① 参见青海省高级人民法院（2019）青民终236号判决书。

② 参见江苏省宿迁市中级人民法院（2020）苏13民终1390号判决书；北京市第二中级人民法院（2020）京02民终4309号判决书。

③ 该文书认为基本事实仅指《民诉法解释》第335条所述事实，裁判理由不具可上诉性：“而从某公司上诉看，是对一审法院论述的合同效力、行为性质、行为效力等理由及程序提出异议，该部分内容不属于一审判决主文，华尚公司不能以此为由提出上诉。”参见四川省成都市中级人民法院（2020）川01民终5132号判决书。

④ 参见江西省宜春市中级人民法院（2020）赣09民终769号判决书。

明的状态即可？实践中有的法院甚至将“相反证据推翻”限缩为承载预决事实的前诉生效裁判已经被撤销，即认为预决事实效力有无，取决于整个判决的效力的存在基础。这显然是将广义的判决效力与狭义的判决认定事实之证据效力混为一谈。

3.“预决事实”适用定位不清晰

(1)“预决事实”作为二审驳回上诉的依据。司法实践中，法官适用“预决事实”的定位往往并不清晰，部分裁判文书将一审判决具有“预决事实效力”，作为二审认定事实的依据、驳回上诉的依据。如“某纸业集团股份有限公司、余某劳动合同纠纷”一案中，二审法院武汉市中级人民法院证适用《证据规定》第10条，将一审认定事实作为二审免证事实，认定为双方不成立劳动关系，作为驳回上诉人上诉的理由。① 根据民事诉讼程序基本理论，上诉审的审理对象是上诉人的上诉请求是否成立或妥当与否。由于上诉请求是针对原一审裁判不服，因此，上诉审理的内容实质是围绕一审裁判的妥当与否。② 裁判文书将一审判决认定事实作为免证事实，严重违反了二审程序设置的基本原理和程序保障原则。

(2)将调解书所拟事实视为“预决事实”。预决事实的客观性是否存在于除判决书裁判理由之外的部分？部分法官将事实相关的调解书也作为具有预决效力的司法文书。例如，“本案中，杨某伦对某公司的债权经生效的民事调解书确认。本案的调解书已经生效，并未经法定程序撤销，上诉人也没有提供足以推翻该调解书的相反证据，因此，原审法院直接对调解事实予以认定并无不当，本院予以维持”。③ 调解书中所认定的基本事实，属于双方权利让渡与就法律关系与权利义务彼此商榷的结果。对于事实认定，未经过审判程序的保障。因此调解书适用《证据规定》第10条预决事实效力条款，违背程序保障原则和司法公正原则。

① 参见湖北省武汉市中级人民法院（2020）鄂01民终5012号判决书。类似的案例参见：江苏省无锡市中级人民法院（2020）苏02民终2489号判决书、辽宁省辽阳市中级人民法院（2020）辽10民终1259号判决书。

② 参见张卫平：《民事诉讼法》，法律出版社2019年版，第381页。

③ 参见广东省广州市中级人民法院（2020）粤01破申209号、河南省漯河市中级人民法院（2020）豫11民终620号判决书。类似案例参见：山东省青岛市中级人民法院（2020）鲁02民终4269号、四川省双流县人民法院（2018）川0116民初12401号、海南省高级人民法院（2016）琼民终71号判决书。

（3）“预决事实”与“同案同判”并用。《证据规定》中“已为人民法院发生法律效力的裁判所确认的基本事实”，为前后诉裁判效力影响体系中的一部分，与“同案同判”的司法裁判原则非同级概念。但司法实践中有法院将二者混为一谈适用。如“高某与刘某1、何某提供劳务者受害责任纠纷”一案，对于该劳务者受害责任纠纷，法院最终用“同案同判”原则在后诉中对前诉生效裁判确认的事实予以认定。[①]“同案同判”更多体现为一种价值论层面上的司法裁判原则，此种价值判断受到法律自身建构的标准与法教义学的约束。[②] 显然“同案同判”中的“同案”其实在理解适用上定义为“类案”更为合适，法官在事实认定或法律适用时发挥迁移的功能，检索类案对本案进行类比推理（包括先例推理）进而采纳该类案中法律适用。

二、判决理由预决事实效力之类型化适用情境

（一）类型化分析基础

通过对前后诉审理及裁判的解构，可以初步认为分析预决事实效力时，应当重视司法裁判过程中的两个基本要素——主体要素与事实要素。事实要素以“事实”为核心，根据传统民事诉讼法对于事实的分类，前后诉的事实认定与效力拘束可能及于要件事实、间接事实和辅助事实。主体要素则包括前后诉主体完全一致、前后诉一方主体一致和前后诉主体完全不一致。由此交叉并覆盖的效力类别可以如图2所示。本章下文将以主体要素为主要依据，并结合事实要素对民事诉讼预决事实效力进行情境化归类分析。

---

① 江苏省南通市中级人民法院（2020）苏06民终869号判决书。“本院认为，已为人民法院发生法律效力的裁判所确认的基本事实，当事人无须举证证明。本院生效判决认定高某为刘某1雇主，并确定由高某承担70%的赔偿责任。基于‘同案同判’原则，高某在本案中亦应承担70%的赔偿责任。”

② 参见雷磊：《如何理解“同案同判”？——误解及其澄清》，载《政法论丛》2020年第5期。

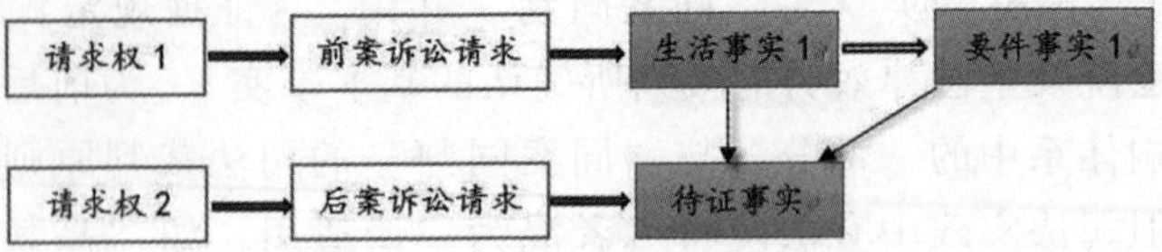

图 1　我国裁判语境下的前后诉事实关联性

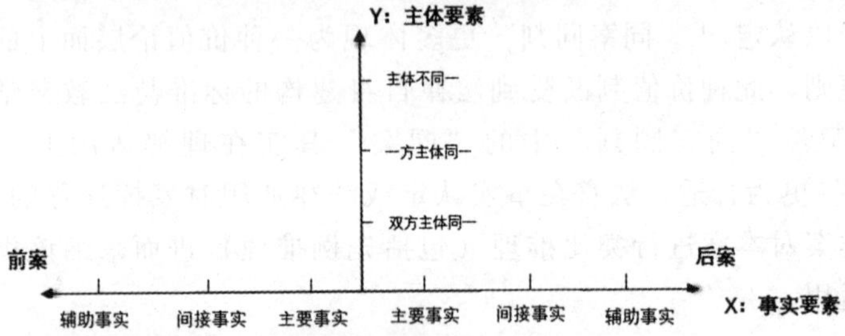

图 2　预决事实效力情境分析要素：主体类型与事实类型

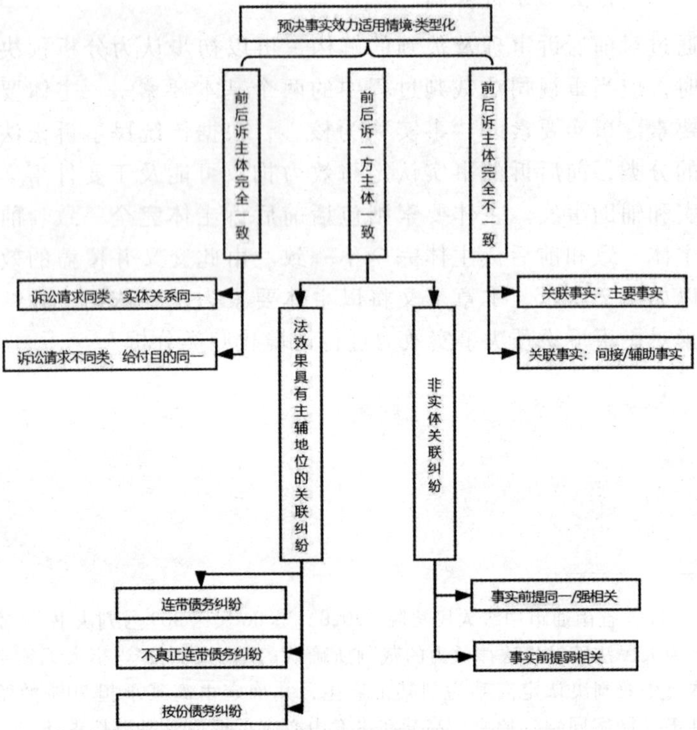

图 3　预决事实效力适用情境分析模型

（二）前后诉主体完全一致之情境

1. 诉讼请求同类、实体关系同一

【案例1】[①]甲与乙签订协议书，约定甲出资200万元、以2人共同合作投资的名义投资给丙公司，并以丙公司所有之房产办理抵押登记。4年后甲乙协议约定撤资，乙分三期返还甲的出资。后乙只归还第一期出资，余下两期逾期未返还，甲诉乙请求按约定返还第一期出资50万元并胜诉。其后，因乙亦未返还约定的第三期撤资金额，甲仍以撤资协议为依据再次起诉，要求乙返还第三笔出资，并请求行使抵押物权。后诉法院认定本案争议焦点为甲乙间是否存在合伙关系，并认为甲起诉所依据的《协议书》以及甲与乙之间的法律关系与前诉案件是基于同一事实、同一法律关系，先前诉判决已经发生法律效力，故认定甲与乙之间存在合伙关系，甲胜诉。

本案中甲与乙约定乙分三期返还甲的出资，依照判决法院的观点是，甲对乙该笔债权的行使具有选择权，即合并诉讼或者单独起诉。由于甲就第一期逾期未返还出资提起诉讼时，后两期的债还未届清偿期，因此甲先行起诉。从民法上请求权来看本案诉讼标的，三期债务虽基于同一事实发生，但是在期限和数额上彼此之间具有独立性，属于当事人依据同一请求权基础主张的三个独立的请求权。第二、三期债务已届清偿期后，后诉之提起系基于新的事实和理由，因此后诉不发生重复起诉的消极诉讼要件，不属于既判力约束或者部分请求的情形。[②] 该案前后诉当事人相同，甲后诉提出的新的同类请求，但是基于同样的事实，因此是诉讼请求同类、实体关系同一。

【案例2】[③]甲起诉请求确认甲与县房屋拆迁安置服务中心及A公司的城市房屋拆迁补偿安置协议合法有效，请求A公司及涉案房屋抵押权人、登记人乙协助甲将房屋过户至甲名下。法院认定涉案

---

① 参见黑龙江省绥化市中级人民法院（2020）黑12民终364号判决书。

② 伊藤真认为，若关于部分请求作出支持请求判决并经确定时，债权全部存在被既判力确定，不过对于剩余请求发生何种效力，则要区分该剩余请求是否被明示而异。若未被明示，那么该债权的金额则由被请求给付的金额确定，后诉不能作出与此相矛盾的主张，因为该主张违反既判力的双面性。相对于此，基于被明示的部分请求而提起的剩余请求诉讼中，原告是请求对已被既判力确定的债权的剩余部分予以给付，因此既判力对于剩余请求不生遮断效。参见［日］伊藤真：《民事诉讼法》，曹云吉译，北京大学出版社2019年版，第153页。

③ 江苏省宿迁市中级人民法院（2020）苏13民终1390号判决书。

商铺即拆迁补偿安置协议约定安置给甲的商铺，房屋拆迁补偿安置协议有效。但因房屋已被A公司抵押给乙，故驳回甲过户的请求。后A公司的抵押贷款已清偿，甲再次起诉，请求乙协助房屋过户。法院援用前案判决已认定的安置协议合法有效的事实，判定乙将案涉商铺上的抵押备案登记注销，并协助甲将案涉商铺的不动产权证变更登记在甲名下。

本案中后诉法院认为，法院判决书“本院认为”部分系作出有关判项的“判决理由”范畴，为判决书中之“事实”部分，系双方当事人的主张以及法院对已查明的事实进行认知的基础上所进行的推理并得出相应的结论，是法院作出有关判决的重要依据。在案件审理过程中，当事人未能提供相反证据足以推翻的，如果本案的事实已被人民法院发生法律效力的裁判所确认，可以作为直接证据使用而无须证明。乙之诉求实质是对前案生效裁判提出异议，并意图推翻前案生效裁判的判项。乙虽主张前案生效裁判有误，并已申请再审，但前案生效裁判并未经法定程序撤销，且前案生效裁判正确与否并非本案评判的范围。鉴于房屋拆迁补偿安置协议已经本院生效裁判确认为合法有效，涉案商铺亦认定为安置给甲，考虑涉案商铺的抵押贷款已清偿，涉案商铺的抵押物材料已交付给乙，故本案中阻却讼争房屋产权变更登记的法律上履行不能的情形业已消失。据此，甲主张乙注销讼争房屋的抵押备案登记并履行协助过户义务的理由成立，法院予以支持。此外，关于适用《证据规定》第10条之“基本事实”的含义，法院依据《民诉法解释》第335条进行了解释。[①] 并阐明了预决事实的适用范围和条件——前诉判决申请再审期间，不影响其认定的基本事实对后诉的预决效力，类似于申请再审审查期间不影响判决的继续执行。

【案例3】[②] 在一起遗产继承纠纷中，继承人甲在答辩时出具一份书写遗嘱，提出主张被继承人乙于2007年2月27日立下遗嘱，将立遗嘱时至去世后的生养死葬全部交给甲负责，并将本案涉拆迁房屋用遗嘱方式留给甲。甲据此主张乙在甲家中居住，并由甲负责

---

① 《民诉法解释》第335条规定：“民事诉讼法第一百七十条第一款第三项规定的基本事实，是指用以确定当事人主体资格、案件性质、民事权利义务等对原判决、裁定的结果有实质性影响的事实。”

② 参见辽宁省大连市中级人民法院（2020）辽02民终3703号判决书。

赡养的事实。法院经过审理后认为乙2011年12月19日之前一直在自家居住，此后一直住在本案另一当事人丙家里，周围邻居也很少见到甲去探望乙，因此对甲尽了生养死葬义务之事实不予以采信。在本案其他继承人针对不同遗产提起的后诉中，甲又提起相同主张，法院适用《证据规定》第10条认为，关于甲主张遗嘱继承问题，因前诉判决书已经作出认定，不再重复审查，亦不予采信。后甲不服提起上诉，认为虽前诉判决书中不予采信甲辩称意见，但前诉未对案涉遗嘱的效力进行分析确认。本案一审法院在遗嘱见证人到场作证的前提下，仅依据另案对上诉人答辩意见的理论性阐述，对本案重要证据的遗嘱采取了不予审查错误。二审法院认为一审判决理由中的事实认定，与前诉判决认定事实一致，因此并无错误，维持原判。

本案中，前诉遗嘱在后诉中系用于明确证据能力或证据力的事实，属于辅助事实，证明的效力相对最弱。

以上案例1—3皆为前后诉法律关系同一时的前诉事实认定对后诉的效力。此种情形下由于前后诉主体一致并脱胎于同一关系，在判决效力上应注意与既判力的区别。关于预决效力与积极既判力的边界，陈晓彤认为，若前后诉法律关系同一，共通的事实虽为主要事实，但后诉与前诉请求关联稍远应准许后诉重新争议，仅适用预决效力，但意图推翻前诉判决中判断的当事人须提出前诉中没有出现过的、较为有力的反证。[①] 何为后诉与前诉请求关联稍远？此处值得注意的是，陈所提前后诉“诉讼请求关联稍远”是一个较为模糊的说法。诉讼请求作为当事人基于个人立场与所掌握的证据方法提出的主张，彰显较强的主观性，甚至有当事人诉讼请求之主张与实际的法律关系不一致，或者系争基础事实与法律关系存疑的情况。诉讼请求之流变复杂，以其间的关联性远近作为两种效力边界的判别标准，在精确性和严谨度的考量上有待商榷。

① 参见陈晓彤：《比较法视角下中国判决效力体系化研究》，中国社会科学出版社2020年版，第169页。

2. 诉讼请求不同类、给付目的同一

【案例 4】[①] 1997 年某村委会因建学校需要资金，向甲借款并约定利息。2000 年甲因罪入狱服刑期间，村委会与甲约定以物抵债，以甲亲属的名义出借本息 40000 元转到村委会集体账交购学校资产。村委会出具收到"甲购买学校款（注：原单据抵款）40000 元"的内部收款专用凭据及证明。2017 年甲服刑期满回乡，村委会已将学校房屋和资产另作处分，甲起诉请求返还。法院认定双方抵债协议因协议违反法律、行政法规的强制性规定而无效，驳回甲诉讼请求；但未采信村委会借款已还清的抗辩。后甲起诉村委会请求偿还借款本息，村委会抗辩记账凭证是空账。后诉法院认为，前诉判决理由中已对借款事实予以确认，甲与村委会双方就案涉债权形成以物抵债协议的事实已作认定，乙无相反证据推翻该事实，因此不采纳村委会抗辩，判决甲胜诉。

案例 4 中前诉为返还原物之诉，后诉为返还借款之诉，前后诉主体同一，诉讼请求不同类。前诉甲主张对学校资产基于以物抵债合同的所有权，该合同违反法律、行政法规的强制性规定被认定无效，前诉被驳回。但是两诉的给付目的是一样的，即甲对村委会的债权之实现。这种情形一般是基于同一给付目的，前诉之诉讼请求未获判决支持，原告继而基于不同的请求权基础另行起诉，前诉判决理由中的认定事实，作为可推翻预决事实效力作用于后诉。类似于该种预决事实效力发生的前后诉关系类型，还有譬如前诉依据公司法主张抽逃出资，后诉依据合同法主张返还借款；前诉主张董监高损害公司股东利益的损害赔偿请求权，后诉主张证券虚假陈述侵权请求权等[②]。

（三）前后诉一方主体一致之情境

1. 法效果具有主辅地位的关联纠纷

就预决事实发挥效力时具有主辅地位的关联纠纷而言，关于实体牵连关系，实践中有法官解释为"原被告之间的法律关系和第三人与本诉当事人之间的法律关系在主体、客体或者标的物上有同一性，且原被告之间的诉讼对第三人与当事人之间的诉讼会产生预决

---

① 湖北省襄阳市中级人民法院（原湖北省襄樊市中级人民法院）（2020）鄂 06 民终 1361 号判决书。

② 类似案例江苏省南京市中级人民法院（2016）苏 01 民终 9878 号判决书。

效力”。[①] 法效果具有主辅地位的关联纠纷所产生的前诉判决理由认定事实的预决效力，包括基于连带债务关系的预决事实效力、基于不真正连带债务关系预决事实效力、基于转租关系的预决事实效力、基于共有物返还的预决事实效力等。

（1）连带债务纠纷。在《民法典》中对“连带责任”加以检索，明文规定的连带责任有21种之多。连带债务纠纷涉及三方法律关系，从程序公正与诉讼效率的角度来看，该类纠纷适用预决事实效力为佳。首先，连带债务为数个独立之债，连带债务纠纷为可分之诉，其诉讼标的不必合一确定。理论上诉讼形态属于普通共同诉讼，债权人可以单独、分别、部分提起诉讼。其次，连带责任案件在原则上应遵循“证据共通原则”。若连带债务纠纷合并审理，则对共同事实认定统一、避免出现歧义判决。若连带债务纠纷单独起诉、分别审理，则适用《证据规定》第10条第1款第6项预决事实效力之规则，前诉认定连带债务发生原因事实中的过错、因果关系等基本事实，在后诉中具有“证据共通”意义上的免证作用，需要强有力的反面证据才可以推翻。

（2）不真正连带债务纠纷。关于不真正连带责任是否成立，我国目前尚未达成理论共识。[②] 本文认为不真正连带责任为多数人之债中独立责任类型，但可以置于连带责任的整体语境下进行讨论研究。以下为不真正连带责任的案例。

【案例5】[③]甲公司向乙银行借款，丙公司提供连带责任抵押担保。甲公司逾期未还款，乙银行起诉甲公司承担还款责任获法院支持。后乙银行起诉丙公司，要求丙公司对甲公司在前诉判决中拖欠乙银行的债务承担连带清偿责任。法院依据前诉认定的债权债务关系之事实，判决丙公司承担连带责任，并指明丙公司承担连带责任后可向甲公司追偿。

【案例6】[④] 产品生产者责任纠纷中，甲（销售者）起诉乙工厂

---

① 参见陕西省高级人民法院（2019）陕民申867号再审裁定书。

② 有观点承认不真正连带债务，不真正连带责任作为独立责任类型。参见杨立新：《论不真正连带责任类型体系及规则》，载《当代法学》2012年第3期。也有观点将不真正连带责任归于连带责任之一种，参见李中原：《不真正连带债务理论的反思与更新》，载《法学研究》2011年第5期。

③ 江苏省徐州市中级人民法院（2020）苏03民初109号判决书。

④ 湖北省随州市中级人民法院（2020）鄂13民终687号判决书。

(生产经营者)，就用户提起的产品质量损害赔偿进行追偿。该诉的争议焦点之一为乙工厂所生产的水泥砖是否用于涉案沟渠建筑，该批水泥砖是否存在质量问题。就该事实有前诉判决书认定水泥砖为乙工厂生产。故本诉法院根据前诉判决认定的事实，在乙工厂无相反证据推翻的前提下，判决乙工厂作为生产者应对销售者的相应损失进行赔偿。

【案例7】① 在一起交通事故中甲驾驶车辆与乙相撞，造成乙死亡。交通事故责任书认定甲全责。事故车辆挂靠在A运输队，在B保险公司处投保交强险及商业三责险（不计免赔）。乙家属起诉要求B保险公司赔偿损失，经两审终审法院判决B保险公司赔偿。后B保险公司起诉甲及A运输队追偿。一审法院认为B保险公司仅对甲享有追偿权，挂靠公司A运输队不属于侵权人，不承担赔偿责任。B保险公司不服上诉，二审法院认为，A运输队与甲之间的挂靠关系已由前诉生效判决理由中认定，属于预决事实适用于本案；A运输队与甲之间的《分期付款汽车买卖合同》关于责任约定的效力无法对抗《交通事故损害赔偿解释》之规定，因此A运输队与甲对事故承担连带责任，保险公司可向其追偿。

案例5—7分别为连带担保关系、产品致害关系、责任保险关系为基础的，具有主辅地位的关联纠纷所产生的预决事实效力情境。而典型的不真正连带责任纠纷可以连带保证为例。② 连带保证的单方关系引起的关联前后诉类型主要有：（1）债权人前诉起诉债务人，后诉起诉保证人；（2）债权人前诉起诉保证人，后诉起诉债务人；（3）债权人前诉起诉债务人与保证人，后诉保证人提起追偿之诉；（4）债权人前诉仅起诉保证人，后诉保证人提起追偿之诉；（5）债权人前诉起诉保证人、债务人列为无独立请求，后诉保证人提起追偿之诉。

在类型（1）中，前诉主债务审理对后诉产生预决事实效力，主债务的成立与保证债务的成立具有主辅关系，前诉债权人、债务人

---

① 前诉为河北省石家庄市中级人民法院（2016）冀01民终3947号判决书；后诉为河北省石家庄市中级人民法院（2020）冀01民终7763号判决书。

② 《民法典》第700条规定："保证人承担保证责任后，除当事人另有约定外，有权在其承担保证责任的范围内向债务人追偿，享有债权人对债务人的权利，但是不得损害债权人的利益。"

就主债务业已充分争议，后诉关于主债务债权人可以在行为意义上免于举证，反证推翻的“证明之必要”在于保证人。类型（2）中前诉虽仅起诉保证人，但仍无法免于对主债务的审理，因为主债务存否是前诉裁判的先决事项。[①] 但是基于债务人未参与前诉、无法行使抗辩权，保证人享有固有、独立抗辩权因而与债务人不构成诉讼担当，且保证人可能超额履行保证债务，因此前诉对后诉不应具有强制性拘束力，仅为可反证推翻的预决事实效力。类型（3）中前诉属于普通共同诉讼，由于债务人作为共同被告具有当事人的诉讼实施权能，其已经过充分的程序保障，因此前诉关于主债务的审理判断在后诉中进行既判力积极效力的扩张。类型（4）与类型（2）原理相同。类型（5）中债务人在前诉中属于“证人型”无独立请求，并非真正当事人，功能类似于大陆法系的辅助参加地位。可由此借鉴大陆法系“参加效”原理赋予前诉事实强制性拘束力，但是该拘束力在本文中仍属于预决事实效力体系范畴，只是预决事实效力原则上无强制拘束力的例外。

（3）按份债务纠纷。司法实践中法院往往将可分按份之债前诉对后诉的拘束力定义为既判力。[②] 按份责任的认定与划分对侵权人参诉有较大的依赖性，若允许单独、分别、部分起诉，则过错与原因力大小的认定与划分可能损害未参诉当事人利益。若未参诉人原告主张事实存在抗辩事由，既判力扩张将导致责任分配对其不公正的状况。因此从程序保障的角度考虑，应在诉讼形态上以“合一确定判决”的必要共同诉讼形态，作为按份责任之债原则上应有的诉讼形态。在例外的允许将按份责任之债可分的诉讼中，应将前后诉影响定义为非既判力扩张的效力。在这种例外可分的按份之债中，前诉债权人在后诉中起诉剩余债权人，前诉主文以外的侵权事实以及责任比例的认定划分应当发生预决事实效力。但该种效力对反证的要求较高，当事人需提出非常有力的事实证据及抗辩理由方可推翻前诉认定事实。

① 参见陈杭平：《前诉与后诉视角下的连带保证人追偿之诉》，载《法学》2019 年第 3 期。

② 北京市第三中级人民法院（2014）三中民终字第 12161 号判决书。

2. 非实体关联纠纷

(1) 事实前提同一/强相关。

【案例8】[①] 甲诉乙、乙妻丙、乙丙担任董监高的丁公司请求三被告偿还债务，被告抗辩借款人为乙，丙及丁公司不应对该债务担责。法院审查后发现婚姻存续期间，丙担任丁公司监事，且银行流水显示乙、丙与丁公司存在财产混同。故两审法院认定乙将丁公司经营收入用于家庭共同生活，案涉借款为夫妻共同债务，判决乙、丙共同承担还款责任。后戊因债务纠纷起诉乙、丙还款，该案借款人为乙，借款合同约定丁公司对该笔债务承担连带保证责任。丙提出其非为借款人的抗辩，一审法院判决丙仅对该笔债务承担3%的偿还责任。戊不服上诉，二审法院根据前诉判决理由的认定事实，确认乙、丙与丁公司存在财产混同，本案应认定为夫妻共同债务，判决乙、丙共同还款。

本案中前后诉相同的事实基础是乙、丙与丁公司的财产是否混同、乙的债务是否属于夫妻共同债务。如果夫妻共同债务成立，即使仅以一人名义，另一人也可作为求偿的对象。此为连带责任之一种，但该案前后诉非连带责任关系引起的，只是有共同的事实前提。夫妻共同债务属于民事法律事实推定规范，若用要件事实论的角度看待债权人对夫妻共同债务的举证责任、请求与抗辩，则应遵照严格的"意思说"为原则，"用途说"为例外的逻辑顺位[②]，即主张"共债共签"—否认/抗辩—"用途论"再抗辩。该案前后诉认定共同债务的基础均为"用途论"，且特殊之处在于乙、丙与丁公司存在财产混同之虞，该事实也是前后诉的争议焦点。前诉依据对此进行事实推定后，后诉法院依据前诉认定的债务关系，适用《证据规定》第10条对后诉共同债务进行再次推定，即预决事实在后诉中推定为

---

① 河北省石家庄市中级人民法院（2020）冀01民终3294号判决书。类似案例可见前诉为江苏省启东市人民法院（2019）苏0681民初7626号判决书，后诉为江苏省南通市中级人民法院（2020）苏06民终1820号判决书；四川省成都市中级人民法院（2020）川01民终9624号判决书；广东省广州市中级人民法院（2020）粤01民终14169号判决书；浙江省温州市中级人民法院（2020）浙03民终1131号判决书。

② 参见王雷：《〈民法典（草案）〉婚姻家庭编夫妻共同债务制度的举证责任配置》，载《当代法学》2020年第3期；朱虎：《夫妻债务的具体类型和责任承担》，载《法学评论》2019年第5期。

真的效力。在笔者看来这有些“双轨推定”的含义。对此可以思考的问题是，前诉认定事实之方式对后诉预决事实效力的类型是否产生影响？

（2）事实前提弱相关。

【案例9】[①] 甲以买卖合同纠纷起诉乙公司，甲为出卖人，乙公司为买受人。审理中案外人丙出庭作证，表示丙让甲找车给乙公司送料，乙公司对丙结算料款，丙对甲结算运费。结合案件中其他相关事实及双方举证情况，法院认为甲与乙公司存在买卖关系的证据不足，裁定驳回起诉。后甲以运输合同纠纷起诉丙主张丙给付运费，丙抗辩运输合同关系不存在。后诉法院认为，正是基于丙在前诉中出庭作证陈述的事实，前诉法院没有认定甲与乙公司之间存在买卖合同关系。丙在前诉出庭作证时陈述，最后差15万元运费未结，丙认可的未结算运费单据亦为后诉甲提交的单据。故法院依据前诉丙作证时陈述之事实，认定甲对运输合同关系不再承担举证责任，丙否认该关系应反证推翻。因并未提交相反证据，认定甲丙之间存在运输合同关系，判决丙支付运费。

本案中前诉的主要审理对象为甲乙之间买卖合同关系，后诉的审理对象为甲丙之间的运输合同关系。该运输合同关系成立前提为甲丙之间合同订立、生效及履约事实，为后诉主张成立之要件事实。后诉法院基于前诉判决第四个理由即丙出庭作证的内容，认定甲丙之间存在运输合同关系。该事实在前诉中并非主要事实，只能作为法官心证过程中的一个间接事实或者据以推定的基础事实，其非前诉审判的对象，在前诉中甲丙未就该事实进行充分争议和辩论。对于运输合同关系而言，丙在前诉中的证言可以视为对后诉审理对象之于己不利事实的认可。因此在事实前提弱相关的情形下，后诉对前诉未经充分争议的事实进行直接适用，法官在一定程度上基于诚实信用原则进行审判，对丙在后诉中与前诉证言矛盾的抗辩理由不予采纳。丙并非辅助参加人，没有当事人地位。但是效果上属于辅助参加。

该案值得注意之处有三：第一，前诉法院审理时对甲主张买卖合同关系裁定驳回起诉，而非驳回诉讼请求，因前诉裁判文书未能找到，因此法官的做法存疑。第二，后诉法院说理中提及“甲对运

① 北京市第二中级人民法院（2020）京02民终4309号判决书。

输合同关系不再承担举证责任”，即将可反证的预决事实效力视为举证责任的转移。该问题关涉后诉对前诉预决事实是否有行为意义上或结果意义上的证明责任的变化，以及《证据规定》第10条的内部构造和外部与实体法的逻辑关联，下文将进行讨论。第三，丙在本案诉讼程序之外的司法程序中对于己不利的事实陈述是否作为自认？从其自认的性质来看，诉讼外所为的自认与大陆法系国家的理论一样，一般具有证据上的作用和效力。这亦符合本部分论述的观点。

（四）前后诉主体完全不一致的情境

【案例10】①某公司为新浪微博的运营商，甲为职业漫画人。甲起诉某公司，主张乙汽车公司的微博账号发布甲的漫画作品而未署名，侵犯甲的署名权、信息网络传播权，请求某公司承担侵权责任。法院认定某公司无过错，不承担侵权责任。后职业漫画人丙因乙公司未署名发布其漫画而诉乙公司承担侵权责任。乙公司抗辩其非为适格主体，后诉法院认为，根据现有证据，乙公司是否为侵权主体的事实真伪不明，无法确定涉案微博账号的注册主体是乙公司，故无法判定乙公司是否实施侵权行为。丙不服上诉，二审法院认为，前诉判决理由中明确记载“某公司向法庭提交了《说明》及涉案微博账号‘乙公司’注册信息，证明涉案微博的认证主体为乙公司”，故根据《证据规定》第10条，在乙公司无反证推翻的情况下，认定乙公司为侵权主体。

本案中前诉为甲起诉微博运营商某公司，后诉为丙起诉侵犯知识产权的侵权行为主体乙公司。前后诉的案由相同，但在前后诉主体完全不一致的情形下，前后诉的连接较为微弱，前诉认定事实在后诉中可能仅具有证据法意义上的参考作用。在本案中，前案虽然甲的侵权损害赔偿主张败诉，但是后诉判决采纳了前诉判决理由中的非要件事实——某公司向法院提交了涉案微博账号“乙公司”注册信息，证明涉案微博的认证主体为乙公司。该事实在后诉中可视为要件事实，判断乙公司是否有侵权行为、丙对其是否享有求偿权之法律效果中直接且必要的事实。在此情形下无论前诉判决理由认定事实为后诉的主要事实、间接事实或者辅助事实，其效力差别不大。

---

① 北京知识产权法院（2020）京73民终754号判决书。

三、判决理由预决事实效力规则的主客观二维构建

（一）解释路径：附条件的法定证明效

1. 法定证明效的积极条件

《最高人民法院新民事诉讼证据规定理解与适用》[①] 中对“反驳”与“推翻”之意涵进行对比，其认为“反驳”基本上是一种反证，暗示着事实推定与法律推定转移的是行为意义上的证明责任。而“推翻”指的是承担本证的责任，即《证据规定》第 10 条第 6—7 项所涉及的内容实质转移了结果意义上的证明责任。这种对事实推定和法律推定效力的规定同样存在于 2001 年《民诉法解释》中。本文对此观点持质疑态度。

就预决事实效力、证明效、既判力等的关系，在比较法上，日本《民事诉讼法》第 338 条将民事判决的证明效纳入再审事由的规定。[②] 我国有学者主张预决事实效力边界问题乃至判决效力边界问题，不仅要依靠理论回答，还要将制度协调纳入考量，包括诉讼标的问题、程序保障问题以及国家法律文化背景。原则上前诉法院生效判决所确认的事实对后诉法院没有强制性的约束力，仅有事实上的拘束与免于证明的影响，即“附条件法定证明效”。仅在有限的特类案件中对当事人、案外人或前诉第三人有强制性效力（下文将分类探讨）。积极条件可以理解为两方面：一是该事实效力须经当事人主张，二是后诉的再证有益性。

2. 法定证明效之辩论主义投影

预决事实法定证明效在辩论主义下的投影，即为后诉待证事实证明责任归属问题。

首先，厘清“本证”与“反证”在预决事实效力适用中的精确含义与术语适用的正确性。“本证”与“反证”的区分，主要意义在证明评价层面。日本理论界认为，本证系对己方负有证明责任的事实进行的立证活动，反证则为对方当事人负有举证责任的事实，

---

① 参见最高人民法院审判第一庭：《最高人民法院新民事诉讼证据规定理解与适用》，人民法院出版社 2020 年版。

② 参见［日］新堂幸司：《新民事诉讼法》，林剑锋译，法律出版社 2008 年版，第 285 页。

进行证立活动或者提出证据。[①] 就反证之证明活动而言，反对推定事实之一方，就该事实不应承担客观证明责任。反证的立证活动须就该事实不成立作出充分证明，而非仅为削弱和动摇。故在此情况下使用的“反证”，其实质为证明评价上“本证”的功能。将推翻某推定事实视为对其提出“反证”是不准确的，此处“反证”要表达的应有之义是“反面证明”。因此“反证”之术语的适用时常需要阐明。本文所述对于前诉预决事实加以“推翻”的活动，包括前文第一张所述“反证标准”之反证，实为“反面证明”之义。[②] 至于推翻前诉预决事实在证据理论上属于“本证”或者“反证”，需在自由心证原则下结合反面证明的标准进行讨论。

其次，关于确定“推翻”前诉事实的证明标准。有观点认为推翻前诉事实的标准为“合理动摇该判断足矣”而非“证立相反事实”。[③] 本文持质疑态度。因为“合理动摇该判断”属于反驳而非推翻，是将事实归于真伪不明的状态。推翻预决事实应是取二者其中，既非“证立相反事实”，亦非仅“合理动摇该判断”，而是达到“事实不为真”并足以使法官对此形成一般心证的程度即可。如果用证明标准衡量则为“高度可能性”。究其原因，预决事实“推翻”的证明要求程度理应高于“反驳”，否则该预决事实效力条款的设置就没有意义。这也是经司法裁判程序确认事实作为免证事实效力，比一般免证事实效力更强的特征所决定的。

最后，关于预决事实作用于后诉时，客观证明责任是否发生转移。客观证明责任之归属在诉讼中应是确定事项、由实体法构成要件决定，并贯穿于整个诉讼程序中，并不随诉讼程序的推进来回移转。修正后的《证据规定》生效后，实践中法官的观点一般用“举

---

① 参见［日］新堂幸司：《新民事诉讼法》，林剑锋译，法律出版社 2008 年版，第 341 页；参见［日］高桥宏志：《民事诉讼法——制度与理论的深层分析》，林剑锋译，法律出版社 2003 年版，第 427 页。

② 关于“反面证明”，普维庭阐述：“法官获得日期不正确的心证，根本不是反面证明，而是反证。因为主张人的目的不是说服法官形成‘合同是在另外一个日期签订的’，而是要动摇法官依据书面合同形成的临时心证，亦即‘书面的日期是正确的’。”参见［德］普维庭（Hanns Prütting）：《现代证明责任问题》，吴越译，法律出版社 2006 年版，第 214 页。

③ 参见陈晓彤：《比较法视角下中国判决效力体系化研究》，中国社会科学出版社 2020 年版，第 162 页。

证责任”发生转移进而适用预决事实效力，此处法官所表述“举证责任”一般为行为意义上的主观证明责任。[①] 所谓“证明责任倒置”一般情况下仅存在于特殊类型案件中（如当事人地位或举证能力不对等），并规定于各类实体法中，如《民法典》的侵权责任编、《消费者权益保护法》《知识产权法》等。修正后的《证据规定》已经将所谓的原“证明责任倒置”规则删去。因此本文持与实践中法官观点相同的立场，即不发生客观证明责任转移，仅以主观证明责任之转移以及“证明之必要”[②] 等足以推动诉讼程序中的举证活动与事实认定。

（二）预决事实效力之客观范围

1. “基本事实”的功能变迁

从我国法律及司法解释中对该术语进行溯源，并基于功能比较的方法比较法上加以审视[③]，我国民事诉讼法学家中的一些学者引进了国外关于主要事实、间接事实和辅助事实分类法，并使用主要事实的概念来说明解释有关民事诉讼的原理，尤其是在证据法领域。但在我国的民事审判实践和民事诉讼的规范中尚未使用对事实的这一分类方法和概念。直接对“基本事实”进行解释的是《民诉法解释》第 335 条。该规定从对象和效力上对基本事实加以描述，即对象为“主体资格、案件性质、权利义务”，效力为“对判决裁定有实质性影响”。这是一个较为笼统混乱的概述，因为三个对象范围如主体资格与权利义务甚至非同一阶层的诉之要件。因此仅用《民诉法解释》第 335 条的程序性事项不足以精确解释。

目前法律及司法解释规定的“基本事实”在地位上大致等同于比较法上“主要事实”。在功能层面上，我国民事诉讼法上“基本

① 实践中法官观点，参见北京市第二中级人民法院（2020）京 02 民终 4309 号判决书。该判决关于举证责任转移的叙述如下：“一审法院将刘某林所述‘自己让李某军找车给某公司送料，某公司对刘某林结算料款，刘某林对李某军结算运费’作为认定的案件基本事实，则在本案中，李某军对是否与刘某林之间存在运输合同关系不再承担举证责任。”

② 关于“证明之必要”，参见王亚新、陈杭平、刘君博：《中国民事诉讼法重点讲义》，高等教育出版社 2021 年版，第 107 页。

③ 关于功能比较，参见［德］K. 茨威格特（Konrad Zweigert）、［德］H. 克茨（Hein Kotz）：《比较法总论》，潘汉典等译，法律出版社 2003 年版，第 204 页。

事实”概念主要用于启动特殊程序时的程序条件设置。如申请再审(纠错程序)、发回重审、逾期证据效力等。在民事诉讼法和《民诉法解释》中使用的法律术语是“事实”和“基本事实”，如，“有关事实”“新的事实”。在表达事实的不同重要程度方面，使用“基本事实”这法律术语。[①] 在法律层面上，涉及“基本事实”的条款包括《民事诉讼法》第200条第2项关于再审事由的规定、第170条第3项关于发回重审事由规定。在司法解释层面上，涉及“基本事实”的条款包括体现在逾期举证证据效力，即《民诉法解释》第102条的规定。

相较于以上法律及司法解释中“基本事实”用于启动特殊的功能定位，《证据规定》与《知产证据规定》中“基本事实”显然已发生功能的变迁。后者的“基本事实”用来作为据以判断前诉生效裁判认定事实是否可作为“预决事实”的前提。核心问题为事实本身在诉讼程序与司法裁判中的地位。因此后者“基本事实”的定位属于实质性而非程序性功能。对“基本事实”的定位亦应考虑到这种功能的变迁。

2. “基本事实”的范围厘定

本文借助比较法上主要事实、间接事实与辅助事实的概念界定基本事实的含义，即预决事实效力的客观范围。第一，就基本事实的内部范围，基本事实是指案件审理中的主要事实（实体法上要件事实)，还是包括间接事实、辅助事实？第二，就基本事实的外部关系——前后诉联系而言，基本事实意指前案基本事实、后案基本事实还是前后案关联基本事实？

首先，就基本事实的内部范围而言，基本事实包括主要事实、间接事实与辅助事实。其次，就基本事实的外部关系而言基本事实应当是后案基本事实。如前文案例，后诉审理的争议焦点或者关键事实可能在前文中仅为间接事实、辅助事实甚至是边缘事实。一般情况下，记载于裁判理由中的事实，无论是主要事实、间接事实还是辅助事实，假如前诉无争议或前诉已经过充分争议，对后诉所争议的基本事实均可产生预决事实效力（排除极少数积极既判力的情形)。

---

① 参见张卫平:《民事诉讼法》，法律出版社2019年版，第238页。

（三）预决事实效力之主观范围

1. 预决事实对当事人的效力

前后诉当事人完全一致时，前后诉的主体关联紧密，前诉认定事实对后诉效力最强。预决事实对当事人的效力情境包括上文所述两种情况：（1）诉讼请求同类、实体关系同一；（2）诉讼请求不同类、给付目的同一。在诉讼请求同类、实体关系同一时，此种情况与既判力积极效力（积极既判力）最难以区分。对此应严格识别既判力与预决事实效力的边界，严格限制既判力客观范围突破主文的情形。在民事诉讼中，既判力是指确定判决之判断所被赋予的共有性或拘束力。[①] 关于既判力突破主文的情形，目前学界观点仍旧较为保守，认为既判力相对性应严格遵守。目前相对较为激进的观点是仅仅应就前诉的"基本要件事实"判断，禁止后诉的重复争执，对其他的判决理由，一般都应当准许当事人在后诉中提出反证。[②]

该说在一定程度上将部分涉及"基本要件事实"的判决理由与判决主文一体化。但妨碍权利发生的抗辩与再抗辩事实，以及权利消灭的事实，皆非既判力作用的对象。"基本要件事实"说或许在一定程度上受美国"间接禁反言"规则及日本"争点效"理论潜移默化的影响，将判决的强制拘束力扩张至判决中文的前提事项，以此呼应关于重复起诉规定的第三种情形（《民诉法解释》第 247 条）："（虽诉讼请求不同）后诉的诉讼请求实质上否定前诉裁判结果。"从法解释角度来看，该规定并未区分权利发生事项、权利妨碍事项、权利消灭事项，只是从法效果层面上约束前诉判决与后诉请求实质互斥的情形。上文案例显示，我国司法实践趋于认可严格的既判力相对性，对既判力适用处于整体限缩的趋势，这也和近年来免证事实的广泛适用、证据收集方式的先进多样以及第三人撤销之诉等的创设有关。实务中基于既判力相对性原则的承认，实质上提高了裁判者及民众对矛盾判决的容忍度。因此本文不认可"基本要件事实"来判断前诉判决理由的效力，应严格把握既判力客观范围与预决事实效力范围的边界，仅以载于前诉主文及实质厘定诉讼标的之事实

---

① 参见［日］高桥宏志：《民事诉讼法——制度与理论的深层分析》，林剑锋译，法律出版社 2003 年版，第 477 页。

② 参见王亚新、陈晓彤：《前诉裁判对后诉的影响——〈民诉法解释〉第 93 条和第 247 条解析》，载《华东政法大学学报》2015 年第 6 期。

为约束后诉的标准。《民诉法解释》第247条“后诉请求实质否定前诉判决结果”，指的是否定前诉诉讼标的层面上的判决结论。在此之外，其他事实应在后诉中仅作用为预决事实效力，赋予当事人反面证明以推翻的权利。

2. 预决事实对普通案外人的效力

有学者认为，生效裁判事实预决效力是公文书实质证明力推定规则的特殊情形，在解释论上可以将其适用范围限于相同两造再次对抗的后案诉讼。[①] 该观点对预决事实效力作用的主体进行了较为严格的范围限定，上文已通过案例分析充分论述了相同两造再次对抗的诉讼情形仅为预决事实效力发生情况之一种，实践中有大量案件是案外人、第三人与前诉当事人对抗的情形，有少量前后诉两造完全不同的情形，皆属于本文讨论的范畴。

（1）普通案件的一般效力。前文已述，在普通的前诉案外人作为后诉当事人的情境中，包括：法效果具有主辅地位的关联纠纷；以及事实前提强相关、事实前提弱相关的非实体关联纠纷；前后诉完全不一致的事实关系纠纷。第一，法效果具有主辅地位的关联纠纷，由于牵连关系的存在而预决事实效力发生的可能性较强，并需要强有力的反证才可以推翻。第二，非实体关联纠纷的事实前关系强弱，可能与作用于后诉争议事实为前诉事实类型相关——一般主要事实的前提关系较强，间接事实与辅助事实的前提关系并不那么紧密，但是仍对后诉事实认定产生相当的影响。第三，前后诉完全不一致的事实关系纠纷，一般很少用要件事实对此微弱的关联加以维系，很多情况下是前诉非诉讼标的核心争议的事实认定对后诉发生效力。以上情况包括下述的有独立请求权第三人参诉、“被告型”无独立请求权第三人参诉的情形，皆属于前诉预决事实效力对后诉的事实性效力，后诉可反证推翻。

（2）类型案件的特别效力。需对弱势群体倾斜保护的诉讼，如环境公益诉讼、消费者公益诉讼、受害人众多的产品责任纠纷诉讼等，可以有条件地设置拘束效力以实现“纠纷一次解决”以及弱势群体的有效保护。以上述《环境民事公益诉讼解释》第30条为例，前诉判决理由认定的侵权事实可向后诉被告（侵权主体）单向扩张，

---

① 参见曹志勋：《论公文书实质证明力推定规则的限缩》，载《国家检察官学院学报》2020年第2期。

被告无法反证防御。此为预决事实具有可推翻免证效力的例外情形，体系上仍属于预决事实效力的一部分，理论上参考德国的反射效。

3. 预决事实对前诉第三人的效力

因前诉有独立请求权第三人在诉讼权利义务地位上实质相当于当事人，因此我们仅讨论无独立请求权第三人在后诉中所受前诉已决事实的影响。无独立请求权第三人在我国的制度地位滥觞于苏联的辅助参加制度，但是在实践与发展中出现了异化，与大陆法系的辅助参加制度逐渐出现了较大分歧。尤其是判决无独立请求权第三人承担责任的相关制度，已丧失了“辅助参加”的功能，该种“被告型”无独立请求权第三人参与的诉讼，在诉讼结构上已非一元的两造对抗结构，在审理对象及诉讼标的上亦非单一的请求权或法律关系，在诉讼地位与程序权利上无独立请求权的第三人需要承担与其责任相对应的程序权利义务。① 在一定程度上相当于当事人地位，其所担责的事项亦纳入案件争议的诉讼标的，因此本诉判决效力对“被告型”无独立请求权第三人产生的效力为既判力。值得讨论的是本诉预决事实对“证人型”无独立请求权第三人在后诉中的效力。②

（1）允许第三人防御性主张预决事实、限制第三人进攻性主张预决事实。前诉无独立请求权第三人在后诉中的地位为被告，处于被动应诉的地位。对于“证人型”无独立请求权第三人而言，前诉裁判虽未使无独立请求权第三人承受判决结果的责任，但是在判决理由认定事实上对“证人型”无独立请求权第三人具有事实上的影响。该种事实上的影响包括权利型影响与义务型影响，前者可能让第三人获得在后诉中更为有利的地位与事实依据，后者的事实判断可能对第三人产生不利影响并使第三人在后诉中有败诉之虞。

---

① “被告型第三人”的称谓是以诉讼对其的实际效果为基础的，是一种事后观察的结果，即以第三人最终被判决承担民事义务的判决结果，来倒推其地位相当于“被告”，而并非以法律规范为依据。因为现行法律并未赋予第三人被告的独立诉讼地位，也没有允许本诉被告对其提起诉讼。

② 关于无独立请求权第三人，常见的分类方式有“被告型”与“辅助型”，“准当事人型”与“辅助参加型”，“权利型”“义务型”与“权利义务型”等，参见王亚新、陈杭平、刘君博：《中国民事诉讼法重点讲义》，高等教育出版社 2021 年版，第 221—225 页；江伟：《民事诉讼法》，中国人民大学出版社 2018 年版，第 155—156 页；张卫平：《民事诉讼法》，法律出版社 2019 年版，第 165—168 页。

对于前诉裁判理由事实对无独立请求权第三人为权利型影响的情况，本文的观点是：在“相当”的前诉程序保障前提下，允许第三人防御性主张预决事实、限制第三人进攻性主张预决事实。

首先，何为“相当”的前诉程序保障前提？司法实践关于前诉是否程序保障与预决事实效力关系的问题，不同法院的态度呈分野之势：有的法官以当事人未参加前诉，未获得相应程序保障为理由，否定前诉判决对本案的预决效力。[①] 有的法官认为前诉程序保障仅为预决事实效力发生的充分而非必要条件。认为与案件标的并无密切联系的，即使案件当事人曾参加前案诉讼并获得程序保障，也不能自然成为后案认定事实的基础。[②] 有的法院甚至直接适用了大陆法系“参加效”的原理，结合程序保障的前提条件，赋予前诉认定事实不可推翻的效力。[③] 本文认为若使前诉事实对后诉无独立请求权第三人产生拘束性效力，则应以“相当”的程序保障代替“充分”程序保障的说法。“充分”是一个模糊的概念，“相当”是一个形容比较量级的术语，即无独立请求权第三人的权利义务相当。“相当”的程序保障应包括：虽就诉讼标的无处分权、在诉讼中不承担判决责任，但就与己有利害关系的对象事实参与争议。并因协助被辅助参加人诉讼的地位，充分行使了参与对象事实争议的协助主张与抗辩的权利。值得注意的是，此处的协助主张与抗辩的权利不应定义为“诉讼实施权”以及相关权能。关涉以诉讼标的为基础的诉权，以及实施其他诉讼行为的权能。“证人型”无独立请求权第三人非以自己名义提起主张、亦非本案诉讼标的处分者，因此用“诉讼实施权能”来界定程序保障前提是不准确的。[④]

---

① 参见江苏省无锡市中级人民法院（2018）苏 02 民终 345 号判决书。

② 参见北京市第二中级人民法院（2020）京 02 民终 135 号裁定书。

③ 参见贵州省高级人民法院（2019）黔民申 4617 号裁定书。“该事实系生效判决所认定的基本事实，是在遵循程序保障原理、穷尽可能的攻击防御方法，经双方当事人充分举证质证和行使辩论权后法院根据正当程序所查明的事实，根据最高人民法院《关于民事诉讼证据的若干规定》第 10 条第 1 款第 6 项，该事实将对本案的事实产生预决效力，对双方当事人具有法律拘束力，双方当事人在本案中不能提出与该事实判断相矛盾的主张及举证。”

④ 使用“诉讼实施权能”界定程序保障条件的观点，参见陈晓彤：《比较法视角下中国判决效力体系化研究》，中国社会科学出版社 2020 年版，第 369 页。

其次，允许第三人防御性主张预决事实。基于上述无独立请求权第三人在前诉中“相当”的程序保障，若后诉不承认无独立请求权第三人经过参与争议、协助主张抗辩的结果，对该权利型影响不予采纳而对事实再行争执，则一方面与无独立请求权第三人在前诉中的程序保障无法对应，另一方面在诉讼经济与诉讼效率上有违“纠纷的一次性解决”。因此无独立请求权第三人在后诉中应被赋予防御性主张预决事实的权利，该事实无须争议、有强制性拘束效力。

最后，限制第三人进攻性主张预决事实。无独立请求权第三人的上述权利应该受到适当限制，仅以防御的情形可以主张适用。原因是考虑到关于争议事实，前诉无独立请求相对人可能并未将争议重点放置于其与无独立请求权第三人的权利义务关系上，出于对相对人的平等保护，第三人进攻性主张预决事实必须加以限制。这种限制可以设置条件，如第三人有证据证明前诉相对人有损害其权益的主观过错，或前诉基于不可抗的因素未达到“相当”程序保障的标准。

（2）禁止第三人被主张预决事实。大陆法系的辅助参加制度在主观范围方面，原则上仅约束参加人和被参加人。在客观范围方面，作用于判决主文和判决理由。在生效前提层面，依据豁免事由，本被拘束的主体可以获得不受参加效拘束的豁免。[①] 新堂幸司主张参加效应扩张至参加人和被参加人以外的对方当事人。[②] 本文的观点是，即使“证人型”无独立请求权第三人经过上述“相当”的程序保障，对其具有“义务型影响”即可能对后诉不利的事实，在后诉中应禁止无独立请求权第三人受强制拘束力影响。理由是：第一，即使“证人型”无独立请求权第三人更加贴近大陆法系的辅助参加诉讼制度原理，但是基于其程序保障为“因协助被辅助参加人诉讼的地位，充分行使了参与对象事实争议的协助主张与抗辩的权利”，而

① 参加效的豁免如《日本民事诉讼法》第46条规定，在下列情形下辅助参加人不受参加效的拘束：（1）辅助参加时诉讼的时机导致其不能实施某些诉讼行为（如在二审才申请参加诉讼）；（2）辅助参加人的诉讼行为与被辅助人的诉讼行为抵触而无效；（3）被辅助人对辅助参加人的诉讼行为进行妨碍；（4）对于辅助参加人不能实施的诉讼行为，被辅助人基于故意或者过失而未实施。

② 参见［日］新堂幸司：《新民事诉讼法》，林剑锋译，法律出版社2008年版，第568—569页。

非就诉讼标的独立主张和抗辩的权利，因此不应收到不利事实过于严格的拘束，否则“证人型”无独立请求的制度功能，和无独立请求权第三人的辅助参加地位的意义将大大削弱。第二，从诉讼法理上讲，义务型影响使其前诉裁判认定事实对第三人不利，该种不利与前诉中无独立请求权第三人的证人地位在权责上可能不相匹配。即便前诉中“证人型”无独立请求权第三人已获得了充分的程序保障，在诉讼地位、诉讼结构、程序权利上，与对抗两造仍有较大差异。因此应避免这种义务型影响对无独立请求权第三人的强制性拘束力，仅以一般的可反证推翻的免证效力作为此情形下预决事实效力。

区块链技术下电子证据的推定真实问题分析
——以技术核验为视角

侯芳郁*

从世界范围来看，区块链技术正从三个方面由表及里地介入司法。一是实现诉讼流程从“线下”到“线上”的全面转移，建立互联网审判新模式；二是通过智能合约固化执行程序，借代码之力吹法治之风；三是创造信任，使证据具有自我证成的公信力，实现“零知识证明”。2019年，全国首例“区块链存证案”[①]在杭州互联网法院宣判，判决以开放中立的态度认定了区块链技术下电子证据的效力，完成了区块链技术在司法舞台上的第一次完美亮相。

现有法律体系对区块链价值的认可和兼容为区块链在证据领域的应用提供宽广的发展空间，将区块链技术在司法领域中进行融合锻造，建立区块链存证新模式是时代的要求。最高人民法院《关于互联网法院审理案件若干问题的规定》规定，通过区块链技术取证存证能够证明其真实性的应当得到确认，自此区块链技术下电子证据的证据资格正式得到确认。《2018年区块链产业白皮书》和2019年最高人民法院编辑牵头制定的《中国法院互联网司法》《区块链司法存证应用白皮书》亦作出如是认定，认为“区块链技术防伪造、防篡改的优势，大幅提高电子证据的可信度和真实性”。2018年之后，区块链技术下的证据数量呈指数性增长，司法对于区块链技术下电子证据的认定由保守逐步转向开放。2021年5月，最高人民法院通过了《人民法院在线诉讼规则》（以下简称《在线诉讼规则》），明确了区块链技术下电子证据推定真实的效力，承认了区块链存证

* 中国政法大学刑事司法学院诉讼法学专业2021级博士研究生。

① 杭州某文化传媒有限公司与深圳某科技发展有限公司侵害作品信息网络传播权纠纷案，参见（2018）浙0192民初81号判决书。

的“技术自证”效力，并以技术核验作为电子证据推定真实的形式审查，规定了证据上链前后异议审查的方式，为区块链技术在证据领域的运用制定了标准。据此，“技术自证”和“技术核验”成为区块链技术下电子数据推定真实问题的重要组成。

区块链技术是智能时代的技术革新，区块链技术与证据的碰撞将法律与科技的问题直接呈现在司法实践中，学术界和司法界对此展开了众多热烈的讨论与大胆的实践①，目前区块链技术下电子证据认定也有了基础的立法支撑，恰是个全方位分析的极好时机。本文选择聚焦区块链技术下电子证据的推定真实问题，从区块链技术入手，窥探区块链技术下电子证据的“技术自证”机理，剖析我国目前区块链技术下电子证据技术核验的司法实践，尝试为区块链技术下的电子证据推定真实问题贡献微薄之力。

一、推定真实的区块链技术基础

分析区块链技术下电子证据的真实性问题，明确推定真实的依据，即“技术自证”的原理是十分必要的，探索证据背后的区块链技术能够在本质上支撑推定真实的合理性，提供审查规范的思考角度，有助于全方位地审查证据，防范可能出现的技术与法律危机，是规范和建立审查规则的基础。

目前的区块链司法中存在两种区块链技术下的电子证据形式。一种是直接产生于区块链系统中的证据，如智能合约，该类型证据的产生、提取、保存、认定全部过程都在区块链系统内部，笔者将这种类型的证据概括为全入链式证据；另一种是通过区块链技术进行保存的证据，如通过区块链技术进行固存的网络截图，该类型证据的产生途径多种多样，但自固存后全部的司法程序流转于区块链系统内部，笔者称之为半入链式证据。半入链式证据多采取以下方式适用：首先，当事人直接或者委托存证公司等单位保存证据，存证公司等单位将证据生成的哈希值写入区块链；其次，区块链系统

① 参见刘品新：《论区块链存证的制度价值》，载《档案学通用》2020 年第 1 期；段莉琼、吴博雅：《区块链存证证据的认证分析及完善路径》，载《人民司法》2020 年第 3 期；张玉洁：《区块链技术的司法适用、体系难题与证据法革新》，载《东方法学》2019 年第 3 期；陈全真：《区块链存证电子数据的司法适用》，载《人民司法》2019 年第 4 期。

返回存证编号；最后，当纠纷产生后，当事人将原始数据与存证编号上传，法官利用存证平台在线计算哈希值判断证据是否被篡改。相比全入链式证据，半入链式证据进入区块链系统较晚，属性受区块链技术影响的程度较低，辨明半入链式证据的真实性依据，全入链式证据的真实性则不言而喻。笔者将以半入链式证据为讨论点，从证据入链前后两个角度的技术保障展开分析。

（一）入链前的完备性证明审查

产生于链外的证据上链时，证据区块链系统通过对证据内容的形式审查初步保障真实性。为了维护历史的完备性，区块链系统会通过形式、语义、授权正确性三方面对上链证据进行审查：一是形式正确性，重点审查证据的完整性和格式；二是语义正确性，保证证据数据的意义和预期的结果是相符的；三是授权正确性，强调对当事人真实意思表示的审查，具体包括证据数据生成主体、时间、提取和固定手段以及验证等内容。当新的证据数据产生时，新的证据数据会按照发生的顺序依次存储在区块链数据结构中，保证证据数据的安全性、完整性和一致性，实现证据信息真实描述的保障。[①] 以交易为例，区块链系统通过两步骤对入链内容的真实性进行审查：一是明确交易信息的完整性；二是审查交易数据的有效性。区块链系统会针对交易的信息进行确认，包括原所有权账户的标识符、要交易的资产数量、交易完成的时间、支付的系统费用、证明原所有权人的真实承诺等，以确定所有权。当下一次通过汇总账本包含的交易数据来明确所有权的时候，新添加的交易数据将被包含在汇总的交易数据中，影响与之相关的所有权状态，交易数据按照发生的顺序依次存储在区块链中，任何不在该历史记录中的交易都视为没有发生，新区块添加后，由于区块中包含各方的账户信息以及交易的内容，区块链将对每个账户的所有权信息进行重建，实现通过完整性和有效性的审查明确所有权的目标。

完备性审查能够实现对虚假证据的初步核查，无法否定经修改或伪造的原始网页上链存储的可能性，故无法保证入链前证据的真实性，但经过完备性程序审查后，证据的可信度有了相对的提升。入链前的完备性审查，突破了传统电子数据对于权属证明收集和时

① ［英］丹尼尔·德雷舍：《区块链基础知识 25 讲》，马丹等译，人民邮电出版社 2018 年版，第 49—55 页。

间认证信息的缺失，从内容上保障了一般证明内容的生成和收集的完整性和真实性。区块链存证的原始数据要经过用户认可和签名后，才能上传至系统。一方面能够保证当事人的真实意愿表达，保证数据的真实有效性；另一方面排除了数据收集人的主观肆意，保证上传的数据脱离主观干扰因素的影响。同时国家授时中心将在数据上链时获取并加盖标准授时时间戳，将加盖时间戳的电子数据同步到司法鉴定中心、审计处、公证处、司法机关等节点的服务器，实现区块链系统各节点信息同步更新，为区块链技术下电子证据的形成提供时间保证。

在实践中，证据入链前的审查能够有效过滤出真实性有异的证据，通过同步记录相关过程和结果一起上传至区块链进行校验，保证形式真实，对于证据上链前的实质真实，同样可以通过与大数据、人工智能等技术结合的方式进行同步审查，对取证、存证全过程进行自动记录和辅助分析，比如人员身份识别、对象信息采集、现场经纬度定位、取证时间及流程、过程是否完整，相当于增加了一个“见证人”，为之后的数据的司法审查提供操作日志、校验方式、环境参数等实质性审查材料。[①]

（二）入链后的技术保障

在分析区块链技术作用于证据的真实性的基础过程中，有一个关键问题值得思考，区块链中的存储数据是否具有被篡改的可能性？回答这个问题必须回归区别于传统的哈希算法等的单独技术应用的区块链技术本身。

1. 探究区块链中的数据存储问题，需要对区块链的区块内部和区块之间的存储结构进行解构分析

在区块内部，证据区块链的链表中每份证据数据都包含着其他证据数据的哈希引用，将 Date1 存入区块链中可以得出哈希引用 R1，当新的证据数据 Date2 出现时，哈希引用会将前后的证据数据连接到一起，产生哈希引用 R2，R2 中包含着哈希引用 R1 和 Data2。通过层层嵌套的方法逐层记录证据数据，任何数据的细微变动，都会导致哈希值发生变化，极易被发现。各区块之间亦通过哈希算法进行衔接，除“创世区块”，所有的区块均含有自己和前区块的两个 ID 识

---

① 参见陈平祥等：《论运用区块链技术提取和审查刑事电子数据》，载《网络信息法学研究》2019 年第 1 期。

别号，通过识别号指向，按照时间顺序互相链接成一条长链，如果不知晓前区块的值，就无法生成当前的证据区块，每一个区块一般包括区块头（Hearer）和区块体（Body）两部分，区块体封装了当前版本号、前一区块地址、当前区块目标哈希值、当前区块 POW 类共识过程得解随机数、Merkle 根以及时间戳等信息。[①] 每个区块头包含上一个区块数据的哈希值，哈希值层层嵌套，最后形成牢不可破的链式存储结构。链式结构使得证据数据上传后自动保存在它之后的所有区块的父区块之中，阻断了区块链系统中单个节点的数据修改的传递可能性，解开一个区块的哈希难题、修改一个节点的数据无济于事，只有同时控制至少 50% 的节点才可能篡改数据，[②] 尽管目前司法区块链的节点数量不足够多，但在可见的未来中，技术和监管将围绕这个算法风险持续发力，提高链式存储结构的可信任度。哈希算法和区块链的链式结构是证据数据存储的两扇门，充分保障了证据数据存入后不被篡改。

2. 区块链存证平台的去中心化架构同样保障着存储的稳定性和安全性

实践中证据区块链并非完全的去中心化，完全去中心化存在认证时间过长的致命问题，在具体业务中无法满足即时性的要求，目前的区块链技术应用呈现出“弱中心、多中心”的特点，打破传统的 C/S 模式，允许资源在平等节点之间平等地实时交流，同时管理机构通过限制区块链上的验证机提高效率、避免群体性的失误，通过相对平等换取一定效率，适应了发展的必然要求，如天平链在证据管理领域，实现了“集中式”到“去中心化”的更新。天平链按照分级管理办法，在围绕着存证互通、电子诉讼平台胡同、法官办案平台互通、确权和侵权证据上链或链上验证的四个目的，在联盟许可链的途径上分别设立了一级节点、二级节点、接入节点和管理节点，随着一级、二级节点数的不断增加以及运用，不断扩展区块链的存证渠道和存证数量。北京互联网法院作为管理节点依旧稳稳地站在中心位置，各级节点之间的数据存储的去中心化极大地降低

① 参见张钧媛、刘经纬：《基于区块技术的联合环境感知模型设计与应用》，载《计算机与现代化》2018 年第 11 期。

② 参见华为区块链技术开发团队：《区块链技术及其应用》，清华大学出版社 2019 年版，第 25 页。

了中心节点的控制风险，同时通过分布式的节点链接方式保证数据的存储效率，在自由和效率的平衡中获得极大成功：一是排除了传统数据存放在服务器上因维护不到位遭受黑客攻击导致数据被篡改或者不完整的风险；二是排除了第三方存证平台因为私利而篡改数据的风险；三是以时间为维度形成一条封闭链，数据自生成、收集到最终进入庭审程序中始终处于“看得见”的状态，形成闭合的证据保管链，创造信任环境，保障传送证据链的真实有效性，消除诉讼中被质疑的可靠性风险，减少法院可能因为链条的真实性原因而拒绝采纳的可能。

3. 证据的真实性是主观性与客观性的统一

证据存在于认识之前，客观意义上的证据尚处在人的主观性尚未渗透的领域之中，只是一种纯粹的猜测，只有过渡到主观性的证据才具有实证的意义，诉讼证据必然同时具有内容客观性和形式主观性。在传统证明过程中，主观性贯彻了诉讼的始终，除司法适用中必要的主观判断外，也存在故意篡改证据的主观干扰因素，这些主观干扰因素始终影响着证据认定问题，如同幽灵般笼罩着减损着证据信任。最高人民法院《关于适用〈中华人民共和国刑事诉讼法〉的解释》第110条列举了真实性审查的几个方面，包括数字签名、完整性、重现性以及是否有增加、删除、修改等情形，这些内容的综合构成了电子证据真实性审查的具体指向。区块链技术能够从以上角度切入，通过证据入链前的完备性审查进行主体和时间认证，通过链式存储结构和去中心化架构保障数据的不可篡改，将主观干扰因素排除在程序外。具体地说，在证明过程的逻辑判断中，在具有常态联系的事实A与事实B的大前提下，区块链凭借链式存储结构、去中心化等技术，排除了主观干扰因素，深化了小前提事实A的真实性基础，使区块链技术下电子证据形成的推定事实与基础事实之间的伴生关系摆脱了传统意义上的不稳定状态，提高了事实B真实的结论可靠性，实现了区块链技术下电子证据的“技术自证”。

二、区块链技术下电子证据审查方式的整体实践

在进入审理程序后，当事人举证与区块链技术下存储的电子证据的一致性审查成为区块链技术下电子证据认定的新问题，结合区块链技术和审理要求，技术核验规定应运而生，适用何种技术进行

核验成为必须及早解决的问题。由于《在线诉讼规则》生效不久，技术核验的实践样本数量较少不足以进行讨论。但以往的司法实践存在充足的对区块链技术下电子证据的审查方式样本，这种审查方式建立在技术、平台和已有的电子数据审查方式上，具有相当大的合理性，基于实践中对于区块链技术下电子证据真实性的共识，审查方式虽然并不等同于技术核验，亦能够为现行立法下推定真实的技术核验方式提供相应参考。

随着区块链技术的成熟，最高人民法院信息中心以“一平台、两网络、高权威、全业务”为工作原则，牵头制定了《司法区块链技术要求》《司法区块链管理规范》，指导全国法院数据上链，目前“人民法院司法区块链统一平台”已完成超过1.7亿条存证数据上链，上链数据在成倍增长。我国三大互联网法院建立独立的区块链存证平台“天平链”“司法区块链”“网通法链”，上海、浙江、江苏、安徽四地法院引入蚂蚁区块链技术共同成立长三角司法链，推动长三角司法一体化。与此同时，区块链存证公司的发展势头不容小觑，法证链、IP360、真相科技等区块链存证机构不断增加，形成了多样态共同发展的存证市场，为区块链技术下电子证据认定问题提供丰富的平台基础，为综合考量不同平台下证据的真实性审查方式问题提供了充足的实践基础。

为理性认识区块链技术下电子证据在诉讼领域的认定状况，本文以中国裁判文书网作为数据取样平台，对中国裁判文书网截至2021年6月11日公开的文书进行了检索，在分别以“区块链存证”“天平链”“司法区块链“网通法链”“人民法院司法区块链统一平台”作为关键词搜索后，排除无关案例，共收集了涉及区块链技术下电子证据的94份文书，82个案件，表1是案件的适用情况。

从表1能看出目前区块链存证平台适用有以下特点：

第一，区块链存证平台适用较为集中。在收集的82个样本案例中，当事人在选择区块链存证平台时，40.24%选择以法院为重要节点的天平链、司法区块链；30.49%选择入链的第三方存证平台；10.98%选择独立的第三方存证平台。当事人的选择与各类型区块链存证平台的数量有相当大的关系，目前独立的第三方存证平台不多，选择空间较小，当事人多数选择官方区块链系统的联盟链节点。

表1　区块链技术下电子证据的认定与审查方式数据

维度		件数	占比（%）	审查方式	件数	占比（%）
存证平台类型	官方区块链平台①	33	40.24	哈希值校验	33	40.24
	入链的第三方存证平台②	25	30.49	跨链审查	2	2.44
	独立第三方存证平台	9	10.98	数字签名审查	9	10.98
	模糊说明	15	18.29	平台和程序审查	3	3.66
终审程序	一审	70	85.37	当庭取证演示审查	7	8.54
	非一审	12	14.63	证书审查	11	13.41
文书中明确表述当庭核验		54	65.85	模糊说明	17	20.73

第二，当事人对区块链技术下电子证据的认可度极高。区块链技术下的证据采信率极高，在全部的样本案例中，区块链证据真实性认可率为98.9%，只有一个法院否定了易保全的区块链电子认证的效力。③ 当然，这只能反映出一种趋势，改变搜索关键词，实践中存在其他没有采信的个案，但这一数据凸显了区块链技术下证据的高度可采性，支撑了推定真实的合理性。在全部样本中，70%的案件在一审程序终结，当事人双方认可区块链技术下电子证据的真实性。在少数的二审终审案件中，上诉人均认可区块链技术下证据的证明内容，上诉理由集中在赔偿数额过高④、区块链存证未当庭验证⑤、损害后果认定不当⑥等问题上。

第三，区块链技术下的电子证据审查方式呈现出以平台审查为主、其他方法为辅的多方式并存的状态。33%的案件是通过哈希值

① 为方便统计，笔者将天平链、网通法链、司法区块链以及人民法院司法区块链统一平台归纳为官方区块链。

② 入链的第三方存证平台是指官方区块链所在联盟链中的其他节点以及独立设立但在法院审理前接入联盟链的平台，包括IP360、数字版权保护平台等。

③ 四川省成都市中级人民法院（2019）川01民终1050号判决书。

④ 北京知识产权法院（2020）京73民终592号判决书。

⑤ 北京市第四中级人民法院（2020）京04民终309号判决书。

⑥ 北京市第四中级人民法院（2020）京04民终170号判决书。

校验的方式进行审查，此类型中的案件全部通过天平链、司法区块链等官方区块链存证平台进行证据验证。2.44%的案件通过跨链验证的方式审查，该类型案件全部是对于入链的第三方存证平台下证据的审查，通过官方区块链存证平台审查在第三方存证平台上保存的证据，实质适用的验证技术仍属于哈希值校验。证书审查是指仅仅通过存证证书即认定区块链技术下证据未经篡改①。相对于经过技术审查的案件，只审查证书的方式存在较大的法律风险，该种审查方式在《在线诉讼规则》生效后不再具有适用价值，本文不再讨论。这六种方式与存证平台之间并不存在对应关系，如对于IP360平台存储的电子数据的审查方式包括数字指纹验证、天平链哈希值校验、平台和程序审查三种，审查方式缺乏统一规定。

三、区块链技术下电子证据审查方式的类案分析

宏观数据能够让我们鸟瞰区块链技术下电子证据的审查方式状况，却无法准确观察中国实践中区块链技术下电子证据真实性审查方式的合理性，在法律逐步完善的道路中，低头在实践中摸索总结实务经验，窥探司法人员对于该问题的多方认识，能够为区块链技术下电子证据推定真实的技术核验方式的统一规范提供实践样本。为此，笔者从上述82个样本中选取4个极具代表性的、典型性、显示度的案例，对证据真实性审查方式进行分析比对和总结归纳，为推定真实的技术核验方式提供实践依据。

（一）哈希值校验型

该类型案件存证平台有三种：一是存证节点为天平链、司法区块链等官方区块链；二是官方区块链系统中的非法院存证节点，如IP360，其属于由法院、公证处、司法鉴定机构、第三方存证平台的组成的司法联盟链 legal Xchain 的节点之一，所有数据自申请时间起会通过区块链系统同步至各机构节点；三是独立的第三方存证平台，证据审查时已经跨链接入官方区块链系统，节点数据同步更新保存在官方区块链系统中。三种平台的证据直接存证节点不同，但属于同一区块链系统，平台的建立需要遵守相应的技术审查标准，基于区块链的存储结构，各节点数据是同步更新保存的，在审查认定程序中通过平台的哈希值校验进行审查具有一致的技术基础。典型案

① 四川省成都市郫都区人民法院（2020）川0124民初4871号判决书。

例为浙江某银行股份有限公司与臧某金融借款合同纠纷案①。被告臧某经支付宝实名认证后与原告在线签订《经营性贷款合同》，本案中的身份识别信息、个人消费贷款合同、放款记录、还款流水、账务明细等电子数据均是在原告与被告签订、履行借款合同过程中形成的，相关电子数据的哈希值通过区块链技术储存于杭州互联网法院司法区块链平台，原告通过智能合约技术平台提出立案申请，请求被告立即偿还贷款本金，并支付利息、罚息等。法院将上述电子数据的明文及哈希值上传至司法链平台进行核验，显示“比对结果一致，数据未被篡改”，法院认定了该证据的真实性。

该类型案件的哈希值校验方式较为快捷，如是通过入链的第三存证平台进行存证，可以通过比较第三方存证平台以及官方区块链的哈希值对证据的真实性进行审查。② 利用哈希值校验的方法充分利用了哈希算法的防碰撞性，哈希值的唯一性能够实现证据数据的对比，两份数据分别输入区块链系统中将得到两个哈希值，如哈希值相同则数据相同，如哈希值不同则数据不同，司法实践中比较两份证据数据的工作量极大，通过直接对比二者哈希值即可直接判断原始数据是否相同，极大地提高司法效率，同时具有极高的真实性技术基础。

（二）数字签名审查型

该类型审查方式目前存在9件案件，皆是对于IP360存证平台存储证据的审查，IP360平台下的数字指纹同步公安部电子数据保全平台监管，应用相对成熟，典型案例为苏州某文化科技有限公司吴江分公司与浙江某传媒有限公司侵害作品信息网络传播权纠纷案③。为证明被告的侵权行为，原告提交了证据名称为浙江某传媒有限公司的IP360取证数据保全证书，保全证书载明，证书签发机构为司法联盟链，证书签发节点为ip360，取证方式为互联网取证；取证类型为快照；取证时间为2020年9月16日。区块链保全ID以及SHA512摘要信息：本证书由司法联盟链legalXchain区块链系统签发，证明文件（电子数据）自申请时间起已经存在且内容保持完整，未被篡

---

① 浙江省杭州互联网法院（2020）浙0192民初69号判决书。

② 典型案例为某有限公司与某投资管理（北京）有限公司著作权侵权纠纷案，参见北京互联网法院（2019）京0491民初724号判决书。

③ 江苏省苏州市吴江区人民法院（2021）苏0509民初197号判决书。

改。经验证，苏州某文化科技公司吴江分公司提交的电子数据与IP360系统中的原始文件数字指纹相符，电子数据保全验证通过。

数字指纹是在原产品中嵌入与用户有关的信息，是被保护的作品的一个唯一的身份标记。[①] 通过区块链技术存储的数字指纹保障了证据入链后的不可篡改，数字指纹与区块链系统存证共同形成了真实性的具体指向。司法联盟链 legalXchain 是由法院、公证处、司法鉴定机构、第三方存证平台等组成的司法区块链系统，所有电子数据指纹自申请时间起已通过区块链系统同步各机构节点，该类型审查方式的突出点有二：一是利用数字签名进行证据审查，而非哈希值校验；二是审查节点是IP360本身，而非与其链接的官方存证节点，将区块链技术下证据的信任具体至第三方存证节点。

（三）平台及程序审查型

该类型案件的存证平台既包括官方区块链也包括独立的第三方存证平台，在法院审查认定过程中，根据已有文件规定的存证平台以及存证程序等要求进行证据认定的案件，典型案件为成都某信息科技有限公司与上海某展览服务有限公司侵害作品信息网络传播权纠纷案[②]。原告认为被告非经许可使用涉案作品构成侵权，提交固定侵权事实的区块链证据。法院通过三步审查确认了律诺公司的存证平台下证据的真实性。一是平台资质审查。以在国家互联网信息办公室进行境内区块链信息服务登记备案为标准，认定原告办理的存证平台具有第三方电子存证资质，即数据生成时的环境可信。二是存证过程审查。以实名身份认证、国家授时中心、中国信息协会法律分会等为审查点，确认数据存储的过程和方法的合规。三是数据真实性审查。通过哈希值校对，确保数据未经篡改，通过CA认证、可信时间戳确保内容客观真实、时间可信。围绕电子证据真实、合法、关联性的认定要素，从电子数据载体的安全架构、关键技术确保电子数据的真实可信、相关技术提升证据认定效率、链下治理辅助证据认定等层面实现对区块链存证的审核认定。

该类型案件在肯定区块链技术能够保障数据不可篡改的同时，选择在通过哈希值校验的方式之上，以平台资质和程序审查的方式

① 参见李学莲：《一种基于数字指纹的电子书版权保护方案》，载《情报探索》第7期。

② 四川省成都市郫都区人民法院（2019）川0124民初2176号判决书。

强化监督。在案件审理中重新审查官方区块链平台的存证资质，并无必要，独立的第三方存证平台的资质审查是该类审查方式的重点。独立的第三方存证平台是官方区块链的有益补充，不仅能够拓展数据的存储空间，还能够为区块链司法的回避提供多样选择。但不可否认的是，独立的第三方存证平台各节点的资质不同，平台设立的过程中缺少行业的技术规范制约，存证的过程中缺少统一的标准的程序要求，存在一定的证明风险，平台资质和程序审查的方式能够有针对性地降低怀疑，保障平台建设的安全性和合规性。

（四）当庭取证演示审查型

该类型审查的平台包括独立的第三方存证平台和官方区块链平台，利用不同的技术手段当庭重现取证过程。典型案例为丘区某百货店与上海某文化传播有限公司著作权权属侵权纠纷案件①。原告通过全链通进行侵权行为取证，通过全链通电子数据取证平台将相关界面保存在全链通的服务器上，由全链通出具《链上壹法取证证书》，法官经当庭手机登录并取证演示，演示与上海禾浩公司提交的证据内容一致。法院认为关于取证方式的问题，由记录和保存电子数据的中立第三方平台提供或者确认的，除有足以反驳的相反证据，人民法院可以确认其真实性。

当庭取证演示审查可以对存证平台存证的实效性检验，如在两个时间点分别适用相同技术进行取证，取证的内容一致则说明该平台的存储可信度极强，其实也是对平台资质的审查。“链上壹法”司法存取证平台已获得国家互联网信息办公室境内区块链信息服务备案，同时，作为首批接入北京互联网法院“天平链”的应用平台，经过了区块链、等保、合规等多项严格测试，满足北京互联网法院发布的《天平链应用接入技术规范》要求。在这种情况下，取证演示的意义不在于对平台资质的审查，而在于验证证明内容与区块链技术存证内容的一致性，相当于一次形式审查。

四、技术核验的适用问题

区块链技术本身保障了电子数据在入链后不能被篡改，支撑了推定真实的基本逻辑，在庭审中，技术核验衔接了当事人提交的证据与区块链存储的证据的一致性，如果技术核验一致，则足以推定

① 山东省济南市中级人民法院（2021）鲁 01 民终 310 号判决书。

区块链技术下电子证据的真实性；同时，技术核验也能够实现对存证平台的有效性审查，以案件为审查单元对该区块链的存储稳定性进行多次的持续性的观察，能够为对区块链存证平台的发展提供数据基础。基于以上整体和类案的数据分析，笔者认为有必要重新审视以下两个问题：

（一）平台和程序信任问题

基于以上的司法数据分析，区块链技术下电子证据的真实性审查形成了较为明显而稳定的两种态势：对于多数通过官方区块链的联盟链中各节点存储的证据，直接通过哈希值或数字指纹的方式进行真实性校验；对于多数通过独立的第三方区块链存证平台存储的数据，通过平台和程序审查或者当庭取证演示的方式进行校验，综合认定证据的真实性。数据是现实最直面的展示，区块链技术下证据极高的真实性认定率，代表着司法人员对于区块链存证技术的肯定；针对不同类型的平台的机动式审查方式，彰显了司法人员客观谨慎的工作态度，可以说，在区块链的种子在证据领域播下后，切实地开出了迷人的花。

《在线诉讼规则》基于区块链技术的可靠性，认可了“经技术核验一致”区块链技术下证据的真实性推定，实质上无视了官方区块链平台与独立的第三方区块链存证平台的区别，将两种区块链平台下存储证据的证明力赋予相同的推定真实的法律地位，除非存在真实性异议，即不论是官方区块链还是独立第三方存证平台下的证据，只需对其进行技术校验就可判断真实性。

司法实践中存在哈希值校验、数字指纹验证、平台及程序审查、当庭取证演示四种审查方式。从技术校验的广义上看，四种审查方式都是合乎逻辑的。从技术校验的严格意义上说，平台及程序审查以及当庭取证演示审查并不是“技术”校验，而是资格审查，即对于平台建立和取证技术的审查。存证平台的资格可靠性审查是区块链存证的前提，更是电子数据推定真实的前提，是否应当在庭审中进行平台和程序审查，是司法实践提出的第一个问题。探求这个问题的答案需要将视线重新聚焦在官方区块链平台与独立第三方平台的差异上。

从结构上看，官方区块链的关键节点包括法院、公证处等具有社会公信力的组织，而独立的第三方存证平台的节点多为私组织，组成节点的性质存在显著差异，但节点的性质并不能影响存证的效力，作为节点的法院背后同样是区块链技术公司，二者在技术成熟度层面没有实质差别。有学者认为，官方区块链的较高的可信度不仅来源于区块链技术同样来源于国家机关的公信力，忽视了区块链去中心化架构，人为地将各平等节点区分三六九等，虽在部分区块链中，法院作为管理节点权利较二级节点大，但与独立第三方平台的节点比，并无特殊权利，在可靠性相同的技术背景下法院节点只是普通节点的特殊形式，将两种区块链平台的差异归于公权力，可以说是对区块链技术的一种误解。

官方区块链系统上的存证平台与独立的第三方区块链存证的比较，应当以平台建立和运行的规范为思考点。官方区块链平台有相对完整的技术规范、管理规范，且相关技术标准、节点接入要求向全社会公开，如《天平链应用接入技术规范》《天平链应用接入管理规范》等规定共同为天平链制定了技术标准，公开的形式为各种形式的监督提供了参考的角度。而独立的第三方区块链存证平台没有相对统一的行业标准，并且第三方存证平台没有公开主要支撑的关键技术，接入节点相对较少，面对“双花危机”的抵抗力也显然薄弱，相较之下，独立的第三方区块链存证平台的信任度自然低于官方区块链系统中的存证平台。

在实践的要求下，平台和程序审查的必要性毋庸置疑，由于区块链技术的复杂性，平台和程序审查的主体和方式的确定同样需要斟酌，由此产生了三种可能情况：区块链技术人员案中审查（一案一查）、法官根据提交证据案中审查和区块链技术人员案前审查（专业机构进行司法存证技术评估）。在第一种情况下，验证每一个由独立第三方存证平台存储的数据都需要重新审查存证平台和具体的存储程序的方式，因可能存在的重复性审查而不具有适用的优势。第二种情况需要法官具有审查平台建构的专业能力，但实践中存证平台和程序审查责任实质上由区块链专业技术人员承担，由其根据平台的具体技术进行判断，法官书面检验的方式并不能实质满足审查要求。第三种情况，通过成立专业的区块链存证平台审查机构对第三方区块链平台进行检验无疑是最为合理和效率的，区块链信息服务备案管理系统的运行，目前不能够满足现实的需求，专业司法存证的审查机构具有相当的必要性。审查合格的区块链存证平台下的电子证据因其技术规范性能够取得和官方区块链系统下电子证据同样的可信度，设立专业机构对区块链存证平台进行案前验证，既能够提高区块链存证行业的技术水平，又能够高存证的规范性，统一电子证据推定真实前的技术核验方式。

（二）验证阶段问题

在整体数据分析中，54 个案件的一审裁判文书明确表述已当庭进行证据验证，并不排除有部分案件当庭验证后没有在诉讼文书中说明的可能性，根据目前样本文书，除仅凭借区块链存证证书审查外，仍存在较多审前验证的案例，对区块链技术下电子证据审查阶段的问题存在不同认识。同时，实践中也存在对验证阶段的质疑，在某案中，被告以“虽然原审通过区块链存证验证，显示与区块链存证文件一致，但原审法院并未在开庭时验证”等原因提出上诉，在没有新证据的情形下，二审法院似乎继续保持了对于证据当庭认证制度的回避态度，没有对未在庭审中进行验证的行为进行解释或说明，认为一审法院认定事实和程序适用并无不当，予以维持原判。区块链技术下电子证据的技术校验是推定真实的关键一步，而庭审是证据认定的集中环节，法院既未在法庭中当庭核验，也未在法庭中出示核验一致的证明，实则属于审查程序前置化行为。

目前，法律规范中同样缺少对于区块链技术下电子证据技术核验阶段的规定。基于区块链技术的系统性，技术核验必然需要在线上进行，即使《在线诉讼规则》认可了非同步审理的法律性，法庭调查、法庭辩论仍要遵循法律和司法解释的规定，线上核验的方式并不意味着切断了核验步骤与庭审之间的关系，不论是线上庭审还是线下庭审，都存在当庭核验的可行性，实践中即存在当庭利用手机进行验证的方式，技术设备的缺失不能成为庭前审查证据的借口。

根据《中共中央关于全面推进依法治国若干重大问题的决定》对全面贯彻证据裁判原则的要求，要“保证庭审在查明事实、认定证据、保护诉权、公正裁判中发挥决定性作用”，技术核验一致作为区块链技术下证据推定真实的前提，核验结果能够左右证据推定真实的效果，因此区块链技术下电子证据的技术核验应当在庭审中进行。对技术核验阶段的忽视可能引发新一轮的信任危机。在诉讼当事人对区块链技术的认知确有不足的情况下，将技术验证过程隐藏化，对于对方当事人来说无异于一场“黑暗审判”，当事人并无熟知区块链存证技术的必要性和义务，区块链技术下的证据真实性推定已然属于当事人认识的一场“跳跃”，在非庭审环节进行技术核验，无疑是蒙上了当事人的双眼，使其对于区块链存证技术本身和法院行为的怀疑激增，进而限缩区块链技术在证据领域应用的空间，“降低”法院裁判的公信力。

“我们即将走入另一个新的司法证明时代，即电子证据时代。”① 传统的电子证据存在着取证难、存证难、认证难等问题，司法适用现状也并不乐观。2018 年有学者统计，15541 个涉及电子证据的案件中，超过 90% 的法院对电子证据没有明确作出是否采信的判断，采信率不足 10%，并且极度依赖国家公信力，在电子证据的认定方式上也多选择将其转化为物证、书证或言词证据。② 传统电子证据的产生、收集和展示需要借助于存储介质，传统的存储介质由一个节点协调控制整个系统，中心控制牢牢把握住核心权限，这种集中式取证、固证的模式存在受攻击、易篡改的风险，使传统电子证据始终面对着真实性存疑的现实处境。区块链“技术背书”信任机制的成熟，回应着传统电子证据的难题，实现了对证据的有效管理。在这样的一种进步趋势下，证据当庭认证制度的缺失降低了区块链存证的应有价值，具有更为深远的消极影响，在庭审实质化改革的进程中，证据认定作为四个主要功能之一，必然要经历全面系统的规范改革，对于技术核验的当庭审查的规定无疑能够成为庭审实质化改革的“排头兵”。

五、结语

“技术自证”和“技术核验”与技治主义有着不可分割的关系。技治主义思想源远流长，虽分支变种较多，其基本的立场仍紧紧围绕着“科学管理”和“专家政治”两个核心③，技治主义显然夸大了技术的作用，在以公平优先的现代社会领域中，技术基于对效率的盲目追求并不具有适用的土壤。实际上，当代社会也不能够完全的摒弃技治主义思想，在与科学相关的交叉学科中仍需要在一定程度上遵循技治主义的原则，尤其是智能时代中，人工智能、大数据、区块链应用逐步改变了社会治理的方式，有学者认为目前已经出现

---

① 参见何家弘：《电子证据法研究》，法律出版社 2002 年版，第 115 页。

② 参见陈全真：《区块链存证电子数据的司法适用》，载《人民司法》2019 年第 4 期。

③ 参见刘永谋：《技术治理的逻辑》，载《中国人民大学学报》2016 年第 6 期。

技术专家统治政府的现象[①]，以修正的态度对技治主义进行具体建构是当代社会治理的必然选择。聚焦法律领域，在如此注重经验理性的领域，对技治主义的批判始终占据主流位置，但在主流观点之下，通过技术手段完成部分事实认定或裁判辅助的合理性却鲜少受到质疑，在目前社会模式下，技术绝不能够成为统治法律的主宰，但适用于部分环节、领域的技治主义倾向则逐渐扎根于法律的土壤中。

传统主义证据观认为客观证据、国家公信以及举证责任分配等是进行法律事实认定的主要角度，这种"法治"主义之下，国家公信被赋予极大的证明力，以至于能提升口供、客观证据的实际证明力。目前，科技的司法价值在不断提高，传统主义证据观的正统地位不断受到冲击，排除人的因素的科学技术逐步在证据法领域崭露头角，比如征信系统、医保异地结算等。在区块链存证第一案中，法院秉持极为审慎的态度，同时审查了区块链存证和关于取证工具puppetter程序与curl程序的技术可行性的公证文书，实则延续了"证据链+国家公证"的传统印证模式，并未正面区块链技术下证据的独立证明力。[②] 但透过形式的迷障，可以看到国家公证实则是"缓兵之计"，区块链技术下电子证据的技术自证才是关键。该案有力地揭示了区块链技术在证据领域的现状，在依赖公权力信用背书的垄断中，出现了依赖于科技的技术自证模式，无须公证助力，只遵循科技的科学性即可进行真实性认定，证据领域的技治主义倾向突破传统主义证据观的屏障，吸引了很多学者的注意。

在畅想证据领域的广阔未来时，回顾技术本身会为司法提供更加客观的思路。区块链技术自2008年诞生至今不过13年，虽然其技术力量有望催生颠覆性力量，但目前仍处于研发布局阶段，区块链体积过大、数据确认时间问题、处理交易频率问题等都是围绕在区块链发展过程中不可避免的障碍，系统性能、隐私性保护等技术风险有待攻克，必须承认的是区块链本身的技术成熟度将制约在证据领域的发展空间。但是区块链技术潜在的发展空间是可观的，区

① Marijin Janssen, George Kuk, The Challenges and Limits of Big Data Alorithms in Technocratic - Goverance, Government Information Quarterly, 2016, 371 - 377.

② 参见张玉洁：《区块链技术的司法适用、体系难题与证据法革新》，载《东方法学》2019年第3期。

块链技术下的证据凭借本身的科学性和中立性，构建了科技与法律的正当关性，这些问题的存在无法阻碍区块链在证据领域的发展步伐，侧链、闪电网络协议等技术成熟和应用，亦为老问题提供了解题的新思路。技治主义倾向作为传统证据观的有效补充，在证据领域甚至法学领域具有极大的适用意义，在把握好技治主义倾向的限度，在正视技术的科学性和自证性的同时，制定完善的系统的规则，能够很大程度上促进科技和法律资源的整合。

比较研究

法律控制下的技术规则之治：区块链技术的刑事诉讼适用*

李康震**

一、问题的提出：数字社会中的刑事诉讼

数字时代到来对社会与人产生深远影响。首先信息革命与现代社会的深度融合在基础性改变社会运行与发展逻辑，正如卡斯特所说，网络化逻辑的扩散实质地改变了生产、经验、权力与文化过程中的操作和结果。① 其次各类信息技术在社交网络、移动设备及传感器等的不断应用，使得人的存在形式、生活习惯、思维意识等可以被全方位且实时地以数据的形式记录下来②，泛在连接、泛在智能、泛在交互成为普遍现象，"数据人"与"现实人"的双重角色互动成为新常态，社会存在与运行场域变为虚拟空间与现实空间紧密融合的多元场域。与此同时，作为在社会基础之上运行的司法实践也在加速数字化，智慧警务、智慧检务、智慧法院建设如火如荼，疫

---

* 本文系中国政法大学刑事司法学院刘玫教授主持的项目"大数据与司法"（项目号：1041－23618130）的成果之一。

** 中国政法大学刑事司法学院诉讼法学专业2021级博士研究生。

① 参见［美］曼纽尔·卡斯特：《网络社会的崛起》，夏铸九、王志弘等译，社会科学文献出版社2001年版，第569页。

② 参见大数据战略重点实验室：《块数据3.0：秩序互联网与主权区块链》，中信出版社2017年版，第12页。

情防控下在线诉讼与远程庭审趋于常态化，司法实践的数字化程度不断加深。刑事诉讼作为查明认定案件事实、适用法律的多方参与的诉讼活动，其更多流程以线上化的形式展现，数字社会中的刑事诉讼运行基础已从传统的线下空间变为线上与线下交叉相容的双重空间，这对刑事诉讼结构与生态产生根源性影响并引发系列性适应问题，主要体现在如下两方面：

（一）刑事诉讼规则发展滞后于现代科技应用于司法实践的进程

近些年呈指数级增长的网络犯罪全过程均留痕网络空间，传统刑事案件的犯罪痕迹也大量分布在网络空间，更多案件信息以电子数据的形式展现。虽然公安司法机关积极应对证据痕迹形态变化，借助新兴信息技术指引证据收集方向、辅助案件事实认定，但在运用电子证据认定案件事实方面仍处于被动、滞后状态，犯罪网络化、动态化带来的证据形态变化对刑事证明活动以及证据规则都带来显著挑战。同时智慧司法建设催生刑事诉讼线上生态，呼唤线上刑事诉讼规则建设，但目前信息化系统与刑事诉讼不匹配的问题突出，表现为线上线下衔接性不足、重复性工作，以及公检法各系统内部及其之间存在的数据孤岛、数据壁垒等问题。根本原因在于受路径依赖影响，公安司法机关将线下刑事诉讼事务以电子化形式生硬“迁移”至线上，但没有建构有效的线上刑事诉讼规则实现线上行为的高效运行以及线上与线下行为的协同。

（二）对现代科技适用刑事诉讼的单向法律规制阻碍两者间深度融合

目前，大数据、人工智能在司法领域的深度应用在提高刑事诉讼效率同时，其带来的对公民个人信息权的侵犯以及司法数据资源集中导致控辩双方结构不平衡引发学界广泛焦虑，对其单向的法律规制研究成为主流。但其局限性在于数据天然地受代码的控制，不服从任何脱离代码的人为干预[①]。调整数据世界需要遵循由代码组成的技术规则的独有属性，不能想当然认为仅靠法律规制便会有效调整数据世界。换言之，法律规制并不能从自然规律的层面对技术产

① 参见梅夏英：《数据的法律属性及其民法定位》，载《中国社会科学》2016 年第 9 期。

生影响，过度或者不成熟的法律规制都会阻碍数字时代刑事诉讼的发展进程。

上述问题存在的关键在于对司法实践的认识不足。正如霍姆斯所说，我们存在一种谬误，即在法律的发展中唯一发挥作用的力量是逻辑①，而忽略了鲜活的社会实践是法律制度的底层逻辑。因此随着智慧司法建设的深入推进，如何建构与数字法治、智慧司法发展相适应的刑事诉讼，让现代科技的刑事诉讼适用在合规与有效的轨道上展开是亟待解决的问题。近年来，区块链技术在取证、存证、仲裁、执行、法律监督等司法领域得到深度运用，成为数字法治、智慧司法建设以及促进司法治理体系和治理能力现代化的重要加速器，也成为解决上述适应性问题的重要技术路径。区块链技术是基于多种计算机技术建构的全新分布式基础架构与计算范式，被誉为下一代信息技术的底层和核心。如果说司法领域的大数据、人工智能适用带来了不规则、不安全、不稳定，区块链技术的适用则让数字司法变得更有秩序、更加安全和更趋稳定。应该说，区块链技术将成为推进数字时代刑事诉讼制度现代化以及线上刑事诉讼规则建构的具有里程碑意义的信息技术。

二、区块链：展现技术规则之治的效力

（一）关于区块链技术

从广义上来说，区块链技术是构建在点对点网络上，利用链式数据机构来验证与存储数据，利用分布式节点共识算法来生成和更新数据，利用密码学的方式保证数据传输和访问的安全，利用由自动化脚本代码组成的智能合约来编程和操作数据的一种全新的分布式基础架构与计算范式。② 区块链有如下技术特性：一是共识机制。共识机制是指定义共识过程的算法、协议和规则，是一系列预先严格界定的激励和成本结构规则③。二是密码学原理。哈希算法、非对

---

① 参见［美］霍姆斯：《法律的生命在于经验：霍姆斯法学文集》，明辉译，清华大学出版社 2007 年版，第 216 页。

② 参见中国区块链技术和产业发展论坛：《中国区块链技术和应用发展白皮书》，2016 年版，第 5 页。

③ 参见［法］普里马韦拉·德·菲利皮、［美］亚伦·赖特：《监管区块链 代码之治》，卫东亮译，中信出版社 2019 年版，序言。

称加密、零知识证明等用于确保数据不可篡改以及完整和真实。三是分布式存储。区块链每个节点都按照块链式结构存储完整的数据，每个节点存储都是独立的、地位等同的。四是智能合约。智能合约中首先用编程语言开源公示给多方共同参与的合约的内容、触发的条件以及触发后的执行，然后各节点部署智能合约并上传合约代码到指定节点，最后事件信息传入智能合约后，若触发条件满足则由状态机根据预设规则选择合约自动执行。

（二）技术规则与法律规则

工业革命时代，法律制度是调整社会关系的重要手段，随着信息革命到来，信息科技的发展逐渐具有了调整社会关系的功能，正如劳伦斯·莱斯格（Lawrence Lessing）提出，造就网络空间的软件和硬件在规制网络空间，代码就是网络空间的“法律”。[①] 但技术规则与法律规则存在着不同的逻辑，法律规则是“外部施加的”，违反则会引发特定后果。而技术规则是“内在固有的”，违反则会反馈出错误但没有行为产生。[②] 也就是说，法律规则有事后性、滞后性；但技术规则具有事前性、前置性的效果，技术规则可实现传统法律制度无法实现的功能。关于技术规则与法律规则的关系，一方面技术的适用要在法律的控制之下展开，法律规则会约束技术的任性发展，提高技术的可信性与安全度，但过度化以及不遵循技术规律的法律规制会阻碍技术规则的良性发展；另一方面技术规则可能取代法律的一部分规范作用，成为法律规则的重要补充。在法律规则未能实施、无法有效实施、实施存在局限性时，技术规则可以代码形式组成的协议替代部分法律规则。

不同技术存在不同的技术规则，技术规则具有改变基础设置和逻辑的特征，可根源性塑造线上空间。不同于大数据、人工智能的扩张性技术规则，区块链技术规则具有规范性与自我约束性。一是区块链中共识机制可以让多节点在预设规则下通过节点间交互对某

① 参见［美］劳伦斯·莱斯格：《代码：塑造网络空间的法律》，李旭、姜丽楼等译，中信出版社2004年版，第7页。

② 参见英国政府首席科学顾问报告：《分布式账本技术：超越区块链》，万向区块链实验室编译，2015年版，第38页。

些数据、行为或流程达成一致。[①] 二是区块链是一种防篡改、可追溯、共享的分布式账本技术，密码学原理、时间戳技术可以实现数据的真实可信，分布式共识算法实现对数据的验证、存储与更新，建立规范、可信的线上行为生态。三是智能合约具有明晰、准确和可模块化的优点[②]，这可应用于线上的权限设置、协作与执行等。区块链技术规则具有天然的“法律规范”属性，其前置性、预防性的特点可为刑事诉讼中部分法律规则的落地搭建可操作的技术路径，将线下刑事诉讼规则写入由区块链网络支配的代码规则和软件协议中，促进刑事诉讼条款、实施机制、不同阶段的运行程序与区块链技术以及智能合约协议的深度融合，从而将刑事诉讼活动从以人为核心的操作模式部分转移到技术架构层面，以线上规则整体性控制线上行为并约束线下行为，实现法律控制下的技术规则之治。

三、通过区块链技术规则实现刑事诉讼制度现代化

数字社会中的刑事诉讼制度发展要与数字法治、智慧司法相适应，通过建构与司法实践相适应的刑事诉讼规则实现刑事诉讼制度现代化，这既是刑事法治科学化的有效保障，也是面向未来刑事诉讼的必然要求。为此需要在两方面着力：一是约束影响刑事法治以及司法公正与效率的各类线下因素，主要是基于人以及人与人形成的结构、组织、文化的影响。二是规范线上行为，建立互信、安全、有序的线上刑事诉讼规则，实现各阶段程序的线上有序衔接与协作。区块链用理性的技术规则替代人可能存在的主观倾向性判断，减少人为因素和不可控因素干扰，降低刑事诉讼各阶段的出错率。同时，区块链技术还塑造了客观、真实、可信的数据生态，依托智能合约自动执行基于代码的规则，把模糊不精准、多重解释意涵的法律条款部分转化为明确性的代码执行，使得部分诉讼事务可在链上自流程完成，建构规范有序的线上行为规则，以技术规则之治推动刑事诉讼制度现代化。

---

① 参见 腾讯 FiT（支付基础平台与金融应用线）、腾讯研究院：《腾讯区块链方案白皮书》（2017 年版），第 12 页。

② 参见［法］普里马韦拉·德·菲利皮、［美］亚伦·赖特：《监管区块链 代码之治》，卫东亮译，中信出版社 2019 年版，第 83 页。

（一）链上存证：数字时代刑事证据规则体系的完善

虽然电子证据时代已经到来，但就司法实务中电子证据的运用程度以及在案件事实认定中发挥的作用而言，是无法与时代相适应的。即使在相关条款中，对电子证据的范畴、原件形式以及运用规范、标准有所规定，但电子证据具有实效性强、依赖电子介质，易灭失损毁、易篡改复制等特性，导致在司法实践中采信比例不高，法庭对电子证据明确作出采信判断的仅占比 7.2%。[①] 该现象产生的原因在于电子证据的专业性同自由心证原则之间的天然冲突[②]，因此如何让电子证据的运用更加符合司法证明规则尤为迫切。电子证据本身是数据，解决电子证据证明难题的关键在于解决数据的信任、规范等问题，通过提升数据的价值实现从一般“数据”到可信的“证据”的转变。区块链技术是优化数据生态的补强技术，通过增强电子数据收集、存储、传输过程的真实性，增强电子证据在案件事实认定中的证明力，推动数字时代刑事证据规则体系的完善。

1. 区块链与电子证据存证

司法实务中公诉方提出的大量电子证据往往因为缺乏合法性、完整性而不能作为定案的根据。这首先涉及存储载体问题。传统上电子数据存证多是中心化的数据库，数据安全系数不高、容易被篡改。其次就是刑事案件中电子证据呈现分散度广、数量性大、实效性强的特点，公安司法人员轻微的操作瑕疵都会让电子证据的同一性、完整性认定受损，电子证据在庭审中的证明力显著下降，甚至被排除。

区块链技术在如下两方面推动问题解决。首先，区块链可有效确保电子数据存储载体的真实可信、不可篡改，提供安全可信的存证系统。其中，共识机制实现多节点验证共同参与、共同认可，去信任机制创造了去信任化的自动化组织，防篡改机制运用哈希算法有效地防止了数据被非法篡改和非法使用，共监管机制通过全网透明化共监管建立了网络安全秩序，可追溯机制实现数据追踪、信息

① 参见刘品新：《印证与概率：电子证据的客观化采信》，载《环球法律评论》2017 年第 4 期。

② 参见刘品新：《印证与概率：电子证据的客观化采信》，载《环球法律评论》2017 年第 4 期。

防伪、安全溯源[1]，分布式传播、存储方式确保多个节点同步保存全网信息副本提升数据完整性。其次，区块链技术可确保刑事诉讼流转中电子证据的完整性、真实性、可信性。哈希算法能有效保障数据私密、完整和不可篡改，零知识证明等匿名算法能保护个人隐私，防止信息泄露[2]，分布式账本技术确保账本里的任何数据改动都会在所有的副本中被反映出来[3]。区块链技术确保了电子证据在取证、移送、流转等诉讼过程中的同一性、完整性[4]，每次对电子证据的变动等行为均可追溯。在司法实践中，对于涉案电子证据，侦查人员可第一时间按照规范要求把电子证据上传或者仅上传摘要信息至司法链以及公证区块链系统、第三方区块链平台中，系统进行处理并广播后返还唯一哈希值的存证编号；当事人以及其他诉讼参与人也可根据不同诉讼阶段的要求，进行案件相关材料的上传并经系统认证后获取唯一存证编号，凭此标识实现可信的刑事诉讼中电子证据的流转和比对。

2. 区块链与电子证据审查与判断

区块链技术可提升司法人员电子证据认定效率，通过对技术的确信减免传统证据认定的非关键步骤。首先，区块链技术为电子证据存证提供了结构化的采集过程，可赋予电子证据在刑事诉讼流转中特定的“电子凭证”，并基于电子证据真实推导出内容真实，如哈希算法可提供存在性确权证明，时间戳可推定特定时间点，分布式账本可记录数据内容变化的过程。司法实践中公诉部门和诉讼参与人在庭前会议中可以向法院提交电子证据存证编号，法院会在区块链系统中进行验证，经过摘要实现法官对存证取证过程合法、真实的确信。其次，区块链形成的证据链条能够帮助司法人员多角度分

① 参见大数据战略重点实验室：《块数据 3.0：秩序互联网与主权区块链》，中信出版社 2017 年版，第 200 页。

② 参见贵阳市人民政府新闻办公室：《贵阳区块链发展与应用白皮书》(2016 年版)，第 14 页。

③ 参见英国政府首席科学顾问报告：《分布式账本技术：超越区块链》(2015 年版)，万向区块链实验室编译，第 5 页。

④ 参见可信区块链推进计划：《区块链司法存证应用白皮书》(2019 年版)，第 18 页。

析证据是否存在矛盾、能否相互印证[①]。因此在电子数据验证平台上司法人员判断完整性、真实性的同时，验证平台读取的各类信息可供司法人员进行关联性审查，电子证据推导出的信息可与其他证据互相印证，方便证据链完整性判断。

刑事诉讼开始后各项电子证据都可及时同步上链存证，推动由事后取证向同步取证转变[②]，有效预防取证程序后置导致的证据消失或损毁的现象。虽然上链前数据的安全真实没有解决，仍要结合取证信息、勘验提取笔录、取证过程录音录像等证据[③]进行完整性、真实性判断，但随着区块链在社会交往以及关键信息领域作为底层存储技术的逐步普及，以及公民自身数权意识的强化，源头数据的同步上链保存会成为常态，上链证据的时效性、原始性和真实性会得到有效保证。

（二）链上诉讼：建构秩序、规范、可信的智慧刑事诉讼

刑事诉讼本质是存在着制约、配合与协作的多元程序，传统刑事诉讼中存在制约不足、配合过度、协作不畅等结构性矛盾。首先，区块链技术进行线上大规模协作的分布式运算技术，可把部分线下刑事诉讼规则与标准以算法代码形式转移至区块链技术架构，协调各方以自动化的方式展开线上行为。其次，区块链中智能合约将各种规则聚集在组织内部创建一个具有硬编码关系的内聚网络[④]，多种智能合约的组合可将部分复杂的诉讼程序转化为具有确定性语言的代码规则，并由区块链底层网络自动执行，实现智慧刑事诉讼。

1. 区块链与刑事诉讼全过程法律监督

首先，区块链技术通过线上行为的分布式公开建构了动态监督空间。区块链分布式、不可篡改等技术特性以代码建构无需信任的信任，司法实务中可将刑事诉讼立案登记、提交、流转等关键节点上链，案件材料上链后无法篡改且权属责任清晰，经过时间戳记证

---

① 参见吕游：《论区块链技术在大数据背景下对检察工作的影响》，载上海市法学会编：《上海法学研究——上海市青浦区检察院文集》2019 年版。

② 参见吕游：《论区块链技术在大数据背景下对检察工作的影响》，载上海市法学会编：《上海法学研究——上海市青浦区检察院文集》2019 年版。

③ 参见陈平祥：《运用区块链技术提取和审查刑事电子数据》，载《检察日报》2019 年 10 月 14 日，第 3 版。

④ 参见［法］普里马韦拉·德·菲利皮、［美］亚伦·赖特：《监管区块链 代码之治》，卫东亮译，中信出版社 2019 年版，第 143 页。

的电子卷宗可追溯、难篡改，减少了因重复性证明、多层传递而带来的司法资源损耗，实现诸如网上阅卷、证据交换、电子送达等数据内容的安全真实，展现线上行为清晰的流转轨迹。同时分布式存储实现刑事诉讼中多主体节点数据的同步记录，当事人通过区块链系统可视化案件进度，并基于预设规则进行线上数据的上传和查阅，从而增加环节透明度减少因对案件材料的信任问题产生的司法损耗，并提升了从海量数据中发现各阶段程序中违规违法问题的能力。

其次，区块链技术可追溯、不可篡改的分布式系统提高了监督的精准与高效。区块链将案件办理各类要素固定在各个区块上，哈希值、时间戳等会形成具有“数据指纹”的数字身份，在区块链中可对公安司法人员的线上行为进行规范性验证，若线上行为违反预设的内含办案标准规则的智能合约则无法开展诉讼活动。同时各节点分布式存储案件信息，之后任何案件数据的录入、修改、删除均有源可溯、分布式记录，法律监督部门可溯源到各类数据记录链条。区块链使得数据从上链、流通、更改等到最终线上行为结束均全程留存，实现数据的永久留痕和留痕数据的完整性、可靠性和真实性，公安司法人员的“数字身份”也有助于促进司法责任制改革落实。在司法实务中，有检察部门推出基于区块链技术的“非羁码”App，实现非羁押人员的数字身份的留痕可记录、动态可查询、全程可追溯，从而在确保监管功能实现同时落实“少捕慎诉慎押”，切实体现司法人文关怀。

最后，区块链基于代码的动态监管框架可发挥司法标准前置的预防性作用，规避人为风险、外力干预。在司法实践中刑事诉讼程序因为公安司法人员自身的生理、心智层面以及行政干预、权力寻租等因素会出现办案错误。区块链系统中可把统一的“证据指引”与刑诉规则、标准以数字代码的形式转化为技术架构与智能合约，线上行为只有达到智能合约的触发节点才可被授权开展下一环节，这保障了刑事诉讼后一阶段标准严于前一阶段的内在要求，有助于管控刑事诉讼全过程中的案件状态以及可能发生的风险。此外，智能合约可替代部分低人工参与度、高数据重复度、高错误发生率的工作，让公安司法人员从重复性、机械性劳动中解脱出来，克服认识局限性和主观随意性，促进司法公正、提升司法效率。

2. 区块链与刑事诉讼全流程互信、配合与执行

首先，区块链为刑事诉讼多方主体配合建构了可信空间。信任

是行为落地的前提，区块链通过非对称密钥解决所有权问题，基于区块链的技术优势保障价值转移过程的安全可信，利用智能合约解决信任的执行问题[①]，从而通过数据运行的真实性、信息传递的有效性、后果的明确性和过程衔接的一致性，把刑事诉讼中对公安司法人员的信任部分转移至对技术的信任，实现刑事诉讼不同主体在缺乏共识情况下基于对线上运行规则的确信建立多方互信，以技术信任和公开实现制约、促进公正。

其次，区块链技术通过控制下共享建构了数据配合空间。目前公检法、司法行政部门间建立数据交换协议、推动数据资源共享，但数据不对称的问题依然较为突出。司法数据共享难题的本质在于对核心数据的顾虑，区块链可实现数据面向不同群体不同权限的控制下共享。区块链中区块头包含了区块高度、时间戳、本区块的交易数量等信息，区块体则包含了所有交易记录。[②] 在数据共享中可对摘要信息进行共享，数据主体信息则被加密保护。其次，时间戳技术可赋予数据权利唯一性认证，非对称加密算法下没有数权所有方提供的密钥其他主体无法使用加密后的数据。[③] 因此可将区块链技术嵌入刑事诉讼全流程办案平台中，将公检法、司法鉴定中心、公证处进行连接，建构真实、可信、高效的数据流转链条，实现数据的定期交换、维护与运用。

再次，区块链与智能合约技术可建构可信、智能线上行为协作，极大地促进过去由人力来完成的各种协调和确认。[④] 在刑事案件办理平台中，各阶段程序可借助计算机编程语言记录到智能合约代码中，并在各节点上以分布式方式写入和读取，条件触发后各节点就会自动化执行部分规则和程序，建构自流程的线上程序衔接、制约，实现线上行为的精准协作。智能合约也可以防止违反规则和程序的操作，对不符合标准的案件自动阻止，自动化的运行规则会最大限度

---

① 参见大数据战略重点实验室：《块数据 3.0——秩序互联网与主权区块链》，中信出版社 2017 年版，第 102—103 页。

② 参见大数据战略重点实验室：《块数据 3.0——秩序互联网与主权区块链》，中信出版社 2017 年版，第 63—64 页。

③ 参见李康震、陈刚、周芮：《区块链技术在侦查领域中的应用研究》，载《信息资源管理学报》2018 年第 3 期。

④ 参见［美］梅兰妮·斯万：《区块链：新经济蓝图及导读》，恭鸣、初夏虎等译，新星出版社 2016 年版，第 89 页。

地避免外力的干扰。区块链尤其适合主体多元、内容离散、流程复杂的领域[①]，在认罪认罚从宽各环节以及刑事诉讼全过程中发挥技术规则的治理作用。

最后，区块链技术通过自流程建构刑事执行全流程链条。目前司法实务中刑事执行因为工作链条长、涉及多方主体、封闭性强从而存在工作滞后脱节、程序瑕疵等问题，各地刑事执行信息平台可嵌入区块链技术为底层架构，实现数据录入查询、送达提示、交付执行以及减刑、假释、暂予监外执行等环节各类程序的防篡改伪造、实时动态、全程留痕。目前有司法行政部门运用区块链技术推动智慧矫正，建立动态可视、多方互联、精准高效的“社矫链”，基于分布式技术实现社区矫正人员的数据信息、行为轨迹的同步上链，为远程在线了解矫正人员提供了可视化平台。吉林、浙江等法院在运用区块链推进民事审执智能衔接，这为推进刑事涉财产部分智能化执行提供了思路，可将涉财产部分处理程序转化为预设多方行为规则的智能合约，把立案后扣押、冻结的相关财产以及采取拍卖、变卖等变价措施产生的财产与智能合约衔接，当被告人不履约便可以通过智能合约自动履行。

（三）链上数据：刑事诉讼数字化风险扩张的控制与损害修复

从诉讼效率来看，如何系统管理、配置、优化司法数据资源，发挥好数据最大的动能增量促进刑事法治现代化至关重要。从诉讼公正来看，要保护好公民个人信息隐私与安全，平衡因为司法数据资源集中导致的诉讼结构失衡，围绕现代科技的深度应用对刑事诉讼公平价值的损害进行修复。

1. 区块链技术与刑事诉讼领域中块数据

刑事诉讼领域中大数据分为三类状态：分散的点数据、条数据以及局部的块数据。点数据与条数据均存在数据效能低的问题，其中分散的点数据未能发挥数据之间的碰撞增值作用，条数据的缺陷在于不同条目之间产生数据壁垒、数据孤岛，难以实现数据的流通以及规则和标准的统一，不同司法机关数据平台之间缺乏互联共通共享机制，出现办案不协调、流转不畅的问题。而块数据实现了局部数据的堆砌化集合，有助于通过数据的局部体系化进而全貌式解

---

① 参见蔡欣：《区块链技术在检察工作中的应用场景》，载《检察日报》2019年11月11日，第3版。

释数据反映对象的整体，并通过数据的融聚提升数据价值含量，但这需要可信、稳定、安全的数据载体。

首先，区块链系统本身是块数据，实现了安全、可信的块数据局部系统。哈希值和时间戳技术让数据不可篡改、真实可信，分布式共识算法下数据的存储和更新更加安全、透明，链式数据结构实现对数据的全流程追溯，刑事诉讼相关主体可在现有的数据系统中嵌入区块链作为底层技术，实现刑事案件办理的全流程上链留痕，确保数据传输的可信与安全。其次，区块链技术支持在加密数据之上直接进行计算，同时不接触数据明文内容①，核心信息与普通信息分隔的方式有助于公检法在统一的数据规格和交换标准下实现数据共享，也可在技术控制下实现与其他政府部门、鉴定机构等的跨区域、跨领域数据共享。最后，随着刑事诉讼领域大量法律文书、案件信息等数据的堆砌，极度分散、高度相关、前后依存的碎片化数据被聚合起来形成块数据池，经过对比分析、碰撞挖掘、深度研判被打造成完整的、具备参考价值的信息，从而将基于生活经验和逻辑推理的决定部分转移至基于高价值含量数据融聚研判的决定，深刻揭示诉讼规律，增强刑事诉讼活动的精准与科学。

2. 区块链技术、隐私计算与个人信息保护

区块链技术为司法数据系统提供安全防护机制，保护诉讼中公民个人信息安全与隐私权。首先，区块链技术规范刑事诉讼中的数据使用行为，为线上数据的查询和使用行为设置线上规则。一方面，设立对敏感数据的访问、认证、控制等保护机制，用于限定某一主体是否有权查看、分享或修改数据②，并通过智能合约确保只有特定的机构或个人被认证、许可或授权，且行为会全程留痕可追溯。另一方面，对于案件办理需要的信息可以摘要的形式记录置于区块头，以发布的哈希值代表来验证和认证，但是无须披露其他详细信息。同时面向社会公开自主查询平台，不同身份的人拥有不同的信息访问权限，获取了私钥的查询申请方可链接转到原始数据存储方完成

---

① 参见马明亮：《区块链的兴起及其司法运用》，载《检察日报》2021年8月3日，第3版。

② 参见［法］普里马韦拉·德·菲利皮、［美］亚伦·赖特：《监管区块链 代码之治》，卫东亮译，中信出版社2019年版，第120页。

数据查询。[①] 其次，基于时间戳相连的区块链架构能够确保诉讼参与人对区块链上数据进行顺序追溯，从而保障个人信息权中的查询权、抄录权、复制权。[②] 再次，区块链技术可作为大数据、人工智能侦查对公民个人信息权利损害的“保险阀”，智能合约只能执行预先被写入代码的动作的条款，被违反的线上行为无法执行，实现在保护不同主体数据隐私前提下大数据、人工智能技术在链式架构上的安全、规范运用。最后，目前基于区块链技术的隐私计算成为个人信息保护、数据融合的新技术。隐私计算是参与方在不泄露各自数据的前提下通过协作对他们的数据进行联合机器学习和联合分析的新型技术[③]，隐私计算融入区块链将成为刑事司法领域数据安全与个人信息保护落地的重要技术路径。

四、法律控制下区块链技术适用风险的平衡

技术均具有两面性，在适用技术同时要规避技术引发的无序扩张风险。区块链技术的适用必须在公安司法机关的控制之下，不得存在超越法律规则的技术规则之治。

（一）区块链的技术性风险

其一，区块链技术自身存在发展瓶颈，区块链“可扩展性”差，需要提高交易吞吐量，在足够算力支撑下外力可以发起“51%攻击”[④]，或者对系统漏洞进行恶意攻击，区块链还需升级迭代提升自身安全防护能力。其二，区块链分布式存储会存在冗杂的问题，虽然上链同步的信息仅为哈希值，但一旦全国范围内开放区块链节点分布则会考验整个系统的运算量与承载量。其三，区块链电子存证平台资质和存证过程的技术标准不统一，区块链存证的效力被认可仍需司法机关加强对第三方区块链存证平台的认证和监管。其四，区块链技术应用会存在法律冲突、隐私与安全等实际问题。比如区

---

① 参见井底望天、武源文等：《区块链世界》，中信出版集团 2016 年版，第 273 页。

② 参见陈奇伟、聂琳峰：《技术 + 法律：区块链时代个人信息权的法律保护》，载《江西社会科学》2020 年第 6 期。

③ 参见腾讯计算机系统有限公司：《腾讯隐私计算白皮书》（2021 年版），第 8 页。

④ 参见［法］普里马韦拉·德·菲利皮、［美］亚伦·赖特：《监管区块链 代码之治》，卫东亮译，中信出版社 2019 年版，第 143 页。

块链可追溯功能会对个人的行为进行跟踪损害隐私权利，分布式存储与变更会带来对原始数据的泄露风险。上述风险都需要在技术适用中进行风险考量，并设计综合应用场景进行风险规避。

（二）区块链风险外溢引发的程序性风险

其一，区块链多中心化、弱中心化、多节点共治的运行体系与目前中心化的司法运行体系存在冲突，需要寻求两者之间的兼容共存。同时，区块链技术规则的确定性、代码的唯一性，与法律的包容性、解释性之间存在着天然矛盾，会影响到法律的非效率价值，也无法作出价值判断，因此如何在应用区块链技术同时保存法律的价值向度尚需进一步探索。[①] 其二，区块链自信任、自流程、多中心的运行方式与传统的刑事诉讼展开方式存在冲突，如果未能实现区块链技术特性与刑事诉讼规则的合理融入反而会带来负面影响，损坏刑事诉讼的价值和功能。其三，完善的数据生态是区块链技术得以落地适用的基础，数字法治、智慧司法建设在不同地区发展程度不同，超越数字化程度发展阶段进行区块链技术适用反而会产生负面效果。其四，代码虽然可以提前定义和规定一些标准化、逻辑简单的规则，但是刑事诉讼制度、程序和规则是复杂的，过度理性的技术规则无疑会缩减法律的丰富内涵以及巧妙的弹性空间。

（三）法律控制下区块链技术的有序适用

司法数据空间主权是网络空间主权的重要组成部分，任何现代科技的司法适用都必须在司法主权的控制范围内。大数据战略重点实验室提出主权区块链的概念，兼顾技术规则的可行性和法律规则的权威性。[②] 区块链在刑事诉讼中的适用也必须是主权区块链，无论是司法证据链、刑事案件办理链、刑事执行链都必须是主权区块链。

除此之外要注重适用的有序与科学展开，把握如下关系：其一，要尊重司法实践现状、需求和规律，小切口切入有实践需求以及易控制、设计的场景，在实现区块链效能同时规避技术风险。同时要寻找司法信息资源建设较为成熟，数字法治、智慧司法落地较为深入的地区更为适宜。其二，必须把有效的控制和监管置入区块链提前预设的技术规则以及智能合约中，源数据必须在公安司法机关控

① 参见郑戈：《区块链与未来法治》，载《东方法学》2018年第3期。

② 参见大数据战略重点实验室：《块数据3.0——秩序互联网与主权区块链》，中信出版社2017年版，第121页。

制下，防止司法数据被企业和第三方泄露。其三，目前区块链技术在民事诉讼领域应用较为成熟，刑事诉讼程序涉及公检法以及各方诉讼参与人，离散型、碎片化程度强，证据规则和司法证明标准更为复杂，因此区块链在刑事诉讼中的适用必须要考虑特殊性，更为稳妥移植和借鉴其他领域适用的合理置入。其四，区块链技术规则是刑事诉讼规则的补充而非替代，要重点发挥区块链技术在解决刑事诉讼瓶颈性难题上的突破，由目前的证据、执行、法律监督的适用扩展到鉴定、法律援助、个人信息保护等多领域。此外，区块链技术可作为大数据、人工智能的补强技术，约束和规范其在刑事诉讼中的适用。其五，面向未来法治的刑事诉讼既要运用现代科技提升刑事诉讼活动的效能，又要规避技术应用初期带来的无序与混沌，因此适用要把握渐进性与稳定性的原则，防止因对区块链技术的过度狂热引发的不可控司法风险。

五、结语：区块链与未来刑事诉讼

随着数字法治、智慧司法建设的深入推进，刑事诉讼线上化生态终将成为现实。梅特卡夫定律[①]启示我们，现代科技与智慧司法深度融合带来的司法价值将是平方式增长，目前各地开展的智能量刑以及智能辅助审判就是对数据资源价值的再运用。《人民法院在线诉讼规则》也已经开始实施，其中规定部分刑事案件可以适用在线诉讼。司法实务发展日新月异，学界必须直面区块链技术在司法实践中的适用进程，从技术发展的逻辑和角度出发，建构合乎规范的程序指引实现刑事诉讼中技术规则与法律规则的协同治理。

为此要注重以下三方面：首先要注重链上刑事诉讼与链下刑事诉讼的互动与融合。链上刑事诉讼是依靠代码规定好的协议和合约达成共识的线上行为，链下刑事诉讼是根据诉讼程序与主体合意达成共识的线下行为，两者共同目的均为推动刑事诉讼展开，要建构科学的线上刑事诉讼规则实现线上与线下行为的协同与互动。其次

---

① 梅特卡夫定律（Metcalfe's Law）是一个关于网络的价值和网络技术的发展的定律，由乔治·吉尔德于 1993 年提出，但以计算机网络先驱、3Com 公司的创始人罗伯特·梅特卡夫的姓氏命名，以表彰他在以太网上的贡献。其内容是：一个网络的价值等于该网络内的节点数的平方，而且该网络的价值与联网的用户数的平方成正比。该定律指出，一个网络的用户数目越多，那么整个网络和该网络内的每台计算机的价值也就越大。

要以解决刑事诉讼领域痛点难题为导向推进区块链技术适用。司法实践现状是多结构因素影响形成的，中间交叉着人、群体、组织间的复合联系，在短时间难以实现有效变化。但技术具有非感性、纯理性的特点，互联网技术的应用已经证明其对于人类司法文明进步的重要贡献。技术用数理方法处理诉讼事务问题，可替代部分线下事务避免因为人行为的不可控而产生的主观性倾向以及司法错误。最后要注重协调法律代码化与代码法律化融合的关系。法律代码化即区块链技术规则是刑事诉讼规则的重要补充，部分法律规则可以代码和协议的方式体现。代码法律化即区块链自身的技术规则是有效的执行、监管的平台系统，可以实现线上诉讼行为的自流程、自信任、自监管。

区块链技术的适用是数字法治、智慧司法建设进入高层次发展阶段的必然结果，当司法数据化程度逐步加深，必然需要可以规范数据要素的具有规则属性的技术来调整。如果说大数据、人工智能在刑事诉讼中的应用是基于工具性的浅层运用，抑或是依托于目前的法律规则进行的补充或完善，区块链技术的适用则是面向未来法治中线上刑事诉讼的规则治理和逻辑建构。从司法文明发展进程看，区块链技术建构了更加安全和有秩序的数字司法空间，是实现数字正义和塑造司法数字文明的底层信息技术。同时区块链技术也为未来数字世界中技术与法律间关系进行了启发：在司法主权控制下，技术与法律将是共存、共治关系，要从技术角度思考如何运用法律控制技术，而非从纯粹的法律理性层面建构单向的法律规制。

保护规范理论本土化的挑战与应对

楚天舒[*]

近年来，保护规范理论逐渐成为我国行政诉讼中判断利害关系的主流标准，但是学界对于该理论的适用不乏质疑。[①] 作为起源于德国的域外法学说，保护规范理论背后蕴含的主观公法权利观以及由此形成的个人权利保护制度体系，与我国行政法传统相去甚远。如何防止学说移植过程中的异化、实现保护规范理论与我国行政诉讼制度有效衔接，是当前行政法教义学的重要任务。保护规范理论本土化的命题应运而生。

一、争议中的保护规范理论

以2017年的“刘某明诉张家港市人民政府行政复议案”（以下简称“刘某明案”）为标志，我国最高人民法院开始个案运用主观公权利作为解释基准、保护规范理论作为论证方法，阐释原告资格中的利害关系问题。[②] 过去几年的司法实践表明，法院在保护规范理论的运用上存在以下问题：第一，形式化运用，部分法院在搬运“刘某明案”判词之后，径直宣称相关规范不具备保护起诉人权益的目的，缩减了最为核心的说理步骤，有套用保护规范理论外壳之嫌[③]；第二，机械化运用，部分法院虽对系争规范进行解释，但是未对相关行政实体法作整体性判断，仅着眼起诉人所主张的规范依据，只要从中无法读取起诉人所主张的个人权益，就直接否认其原告资

* 中国人民大学法学院宪法学与行政法学专业2021级博士研究生。

① 参见成协中：《保护规范理论适用批判论》，载《中外法学》2020年第1期。

② 参见（2017）最高法行申169号行政裁定书。

③ 参见（2019）辽02行终404号行政裁定书。

格;[①] 第三，偏激化运用，凡是提及保护规范理论的裁判文书几无例外地认定起诉人不具备原告资格，仿佛保护规范理论就是用来排除原告资格的必要说理工具。这种原告资格认定收紧的现象引发争议，有学者甚至警告："不应当恣意适用反射性利益理论或曰保护规范理论来对其加以限缩解释。"[②]

事实上，原告资格制度本身就是对原告的一种限制，如果行政诉讼对原告没有限制，也就不会存在所谓的原告资格问题[③]。我国引入保护规范理论，在规制诉权滥用、节省司法资源等方面的积极意义得到充分肯定。[④] 但是，我国学界主流观点认为行政诉讼原告的范围应该逐步扩大，法院在某些问题上对原告资格的认定却是收紧的，两者形成了鲜明对照。[⑤] 保护规范理论在我国司法实践中的运用可能与法律移植现象一样，受到了本国文化传统、社会条件、法治环境的复杂影响。因此，一个检视、碰撞、融合的保护规范理论本土化过程势在必行。

二、保护规范理论作为"地方性知识"

美国文化人类学家吉尔兹曾说，"法学和民族志，一如航行术、园艺、政治和诗歌，都是具有地方性意义的技艺，因为它们的运作凭靠的乃是地方性知识"。[⑥] 确实，任何法学理论都离不开特定的知识谱系与制度环境，我们不仅要关注微观层面的技术细节，更要重

① 参见（2019）鲁15行终6号行政裁定书。

② 杨建顺：《适用"保护规范理论"应当慎重》，载《检察日报》2019年4月24日，第1版。

③ 参见江必新主编：《新行政诉讼法专题讲座》，中国法制出版社2015年版，第109页。

④ 参见李年清：《主观公权利、保护规范理论与行政诉讼中原告资格的判定——基于（2017）最高法行申169号刘广明案的分析》，载《司法适用》2019年第2期；耿宝建：《主观公权利与原告主体资格——保护规范理论的中国式表述与运用》，载《行政法学研究》2020年第2期。

⑤ 参见赵宏：《原告资格从"不利影响"到"主观公权利"的转向与影响——刘广明诉张家港市人民政府行政复议案评析》，载《交大法学》2019年第2期。

⑥ ［美］吉尔兹：《地方性知识——事实与法律的比较透视》，邓正来译，载邓正来编：《西方法律哲学文选》（下），法律出版社2008年版，第87页。

视背后整体法律秩序的精神风格以及由此形成的思维方式与操作方法。① 保护规范理论诞生自德国魏玛时代的行政诉讼实践，传承至今已逾百年，被大陆法系诸国的公法理论所吸收。如果保护规范理论也是一种“具有地方性意义的技艺”，那么就要首先了解它运作背后的“德国知识”。

（一）主观公权利的学说基础

谈及保护规范理论时，总是绕不开它与主观公权利学说的关系。保护规范理论的基本定位是“主观公权利的重要基础”，而主观公权利也长期受到保护规范理论的支配。② 因此，抛开主观公权利的保护规范理论是无法想象的。从历史来看，主观公权利起源于封建时代臣民对君主享有的“既得权”。15 世纪神圣罗马帝国建立后，帝国枢密法院有权裁判君主对臣民既得权的干预是否正当③，彼时的臣民能够依据君主颁布的法令在诉讼中主张既得权，虽然这种既得权的保护范围和晚近资产阶级革命中兴起的“自由和财产”概念比起来要狭窄得多。伴随近代德意志民族国家的逐渐形成，“君主—臣民”的身份关系也开始过渡到“国家—公民”之间，既得权随之转化为主观公权利。19 世纪末，德国国家法学者格贝尔、耶利内克等人首先对公法权利进行概念化和体系化的理论建构。特别是耶利内克，他真正地使主观公权具有独立于客观公法的全新意义，打破盘踞于德国国家法学说中的“公权否定论”。首先，他强调“任何主观权利都以法制的存在为前提，主观权利被法制创设、承认，并被法制或强或弱地加以保护”④；其次，他受到耶林的利益论和黑格尔的意志论双重影响，认为主观公权利既是“法律保护的利益”，又是“个体化的法律权能”⑤。因此，主观公权利不仅要从客观法中产生，

① ［德］茨威格特、克茨：《比较法总论》，潘汉典等译，法律出版社 2003 年版，第 22 页。

② Ramsauer, Die Dogmatik der subjektiven öfentlichen Rechte, JuS 2012, S. 769.

③ Vgl. Bauer, Von dem Administrativjustiz zur Verwaltungsgerichtsbarkeit, 1996, S. 11 ff.

④ ［德］格奥格·耶利内克：《主观公法权利体系》，曾韬、赵天书译，中国政法大学出版社 2012 年版，第 62 页。

⑤ Vgl. Schmidt - Aβmann, in: Maunz/Dürig (Hrsg.), GG, 87. EL März 2019, Art. 19 Abs. 4 Rn. 136.

而且只有当客观法包含“对个人利益的确认或保护”，才会创设出主观公权利。耶利内克之后，主观公权利经历了绵延百年的学说发展，成为德国公法尤其是行政法的基石①，至今仍是德国乃至欧洲公法秩序中的结构性要素②。

（二）保护规范的理论兴起

从产生顺序上看，先有主观公权利学说，后形成保护规范理论。1914 年，德国学者布勒在其著作《主观公权利及其在德国行政审判中的保护》中最早提出保护规范理论。实际上，他当时提出了强制性法规、保护规范与法上之力三项主观公权利的判断标准，后来保护规范才成为判断主观公权利亦即行政诉讼原告资格的核心标准。在早期阶段，行政官受理诉讼案件的行政司法制度在德国比较普遍。1860 年以后，各州开始设立单独的行政法院控制行政。根据设立宗旨不同，形成北德型和南德型两种行政法院模式：北德型（又称普鲁士型）模式强调行政的自我审查，行政诉讼本质上也是行政活动的一种，应该在行政系统内部设立行政法院，以维护客观法秩序为主要目的；南德型模式认为行政诉讼并非行政的自我审查，而是司法权的控制，行政诉讼和民事诉讼本质上是相同的，单独设立行政法院只是技术性和专门性的考虑，因此行政诉讼的主要目的在于保护个人的主观公权利与反射权免受行政的侵害。19 世纪末期，南德模式最终占据上风③，很多州将“权利侵害”规定为行政诉讼要件，所谓“权利侵害”也就是指主观公权利受到行政行为侵害。在上述历史背景下，布勒当时综合归纳各州判例从而提出保护规范标准，实际上完成了“公权概念与行政诉讼制度间的解释论整合”④。随后保护规范理论被魏玛时代的行政审判实践广泛采纳，直至第二次世界大战后，通过巴霍夫的适时修正，至今还是德国法的通说性见

---

① Stober, in: Wolff/Bachof/Stober/Kluth, Verwaltungsrecht, Bd. I, 12. Aufl. 2007, S. 458.

② Kahl/Ohlendorf, Die Europäisierung des subjektiven öfentlichen Rechts, JA 2011, S. 41.

③ Vgl. Hufen, Verwaltungsprozessrecht, 11. Aufl. 2019, § 14 Rn. 54.

④ ［日］小早川光郎：《行政诉讼的构造分析》，王天华译，中国政法大学出版社 2014 年版，第 65 页。

解。[①] 因此，保护规范理论的生命力可谓“紧紧地与行政诉讼制度联系在一起”[②]。

（三）行政诉讼构造的接纳

如法谚云，有权利即有救济，有救济斯为权利。自中古时代既得权观念产生以来，权利的概念就与可诉性的概念密不可分。19 世纪末南德型行政诉讼将“权利损毁”作为原告资格要件予以实定法化，意味着原则上只承认自身权利受行政行为侵害者提起“个人侵害诉讼”，而排斥任何人都可以提起的“民众诉讼”。[③] 第二次世界大战后，《德国基本法》第 19 条第 4 项规定：“任何人的权利受到公权力行为侵害时，均享有权利救济途径。”受基本法之委托，德国行政诉讼成为个人权利的保护体系，首要保障公民的主观公权利，其次才是行政的客观合法性控制[④]，因此这是一种主观化的法律保护[⑤]。由于继承大陆法系诉讼传统，德国将行政诉讼分成适法性和实体理由性两个审查阶段。[⑥] 在适法性审查阶段，依据《行政法院法》第 42 条第 2 款规定，法院对于大部分诉讼类型都要进行诉讼权能审查，它与我国行政诉讼法上的原告资格要件非常相似。诉讼权能审查主要通过保护规范理论将客观法秩序个别化保护的利益作为主观公权利加以证成，进而判断原告是否具有权利受行政行为损害的可

---

① Vgl. Maurer/Waldhoff, Allgemeines Verwaltungsrecht, 19. Aufl. 2017, § 8 Rn. 8.

② 王天华：《主观公权利的观念与保护规范理论的构造》，载《政法论坛》2020 年第 1 期。

③ Vgl. Wahl/Schütz, in：Schoch/Schneider/Bier（Hrsg.）, VwGO, 36. EL Februar 2019, § 42 Abs. 2 Rn. 5.

④ Vgl. Schübel - Pfister, Aktuelles Verwaltungsprozessrecht, JuS 2010, S. 407.

⑤ Vgl. Voβkuhle/Kaiser, Grundwissen - öffentliches Recht：Das subjektiv - öfentliche Recht, JuS 2009, S. 17 ff.

⑥ 这种“两段式审查构造”可追溯至罗马法上的程式诉讼。程式诉讼的审理程序被分为“法律审”和“裁判审”两个阶段。在“法律审”阶段，由执法官制作书面程式，列明被请求的权利和所涉及的事实，包括请求原因、原告主张和判决程式；进入“裁判审”阶段，再由审判员审查列入程式的请求和反请求，以及双方提出的证据，最终依照裁判官的训示作出判决。参见［意］彭梵得：《罗马法教科书》，黄风译，中国政法大学出版社 2018 年版，第 78—79 页。

能性。[1] 随后进入实体理由性审查阶段，除了审查行政行为的客观违法性，法院还必须进一步检验行政行为是否真实地侵害到原告的权利，所谓“违法者未必侵害权利，但侵害权利者必违法”[2]，而进一步审查权利侵害，势必仍然需要借助保护规范理论对主观公权利的查明功能。由此，主观诉讼、诉讼权能、权利侵害、主观公权利、保护规范理论等一系列概念得以统合整序，形成制度闭环，展现出德国行政诉讼的“体系化均衡发展”。[3]

三、保护规范理论的“体系紧张感”

通过对保护规范理论的历史考察，可以发现它是特殊学说背景与制度环境下的理论产物。现在要将该理论嵌套在我国行政诉讼制度之中，势必会对现行法秩序产生强烈的冲击，如何消弭它所带来的“体系紧张感”是保护规范理论本土化面临的巨大考验。

（一）传统观念之击动

首先，我国行政诉讼法中的“利害关系”很难说直接与“权利侵害”画等号。利害关系通常是指“已经或将会产生实际影响”，[4] 至于实际影响的客体是利益、权利还是二者皆有之（所谓合法权益），一直存在很大争议。[5] 最早1989年行政诉讼法的规范表述是“具体行政行为侵害其合法权益”；随后2000年最高人民法院关于行政诉讼法的司法解释补充规定，“与具体行政行为有法律上利害关系”也具有原告资格；2014年行政诉讼法修正后，“行政行为的相对人以及其他与行政行为有利害关系”成为最新的规范表述。一方面，合法权益、法律上的利害关系、利害关系三者之间究竟是何关系，尚无统一性观点。另一方面，主观公权利作为德国法对权利概念的特殊表达，也不能简单地与我国语境下的利益、权利或合法利益画上等号。总体而言，将我国的利害关系作为德国的权利侵害来

---

① Vgl. Wahl/Schütz, in: Schoch/Schneider/Bier (Hrsg.), VwGO, 36. EL Februar 2019, §42 Abs. 2 Rn. 68.

② Vgl. Schenke, Verwaltungsprozessrecht, 13. Aufl. 2012, Rn. 730.

③ Vgl. Alexy, Theorie der juristishcen Argumentation, 1989, S. 307.

④ 江必新：《中国行政诉讼制度之发展》，金城出版社2001年版，第156页。

⑤ 何海波：《行政诉讼法》，法律出版社2016年版，第194页。

理解，必然意味着行政诉讼对公民利益的保护范围是有限度的，法解释者面对不断出现的新纠纷类型，必须以请求权的解释论构成将值得保护的利益翻译成实体法的语言，这可能导致两种不利后果："受制于旧体系，而忽视了下纠纷类型值得法解决；或者虽然承认特定利益值得保护，但因为找不到适合于体系的构成而不得不否定权利保护。"[①] 德国法批评其为主观公权利的"法规依赖性"。[②] 因此，如果法律在客观上就是对主观公权利供给不足的，那么保护规范理论也就成了无源之水、无本之木，限缩原告资格也就在所难免。我国立法倾向公共利益的维护或者客观秩序的表达，现实问题就是缺乏主观公权利的话语传统，因而可能构成保护规范理论的适用障碍。

其次，我国行政诉讼的构造存在争议，未必能为保护规范理论提供合适的背书。最高人民法院在"刘某明案"中谨慎地提出，"现行行政诉讼法在确定原告主体资格问题上，总体坚持主观诉讼而非客观诉讼理念"，但是最高人民法院并未说明我国行政诉讼的其他方面是否为主观诉讼。虽然原告资格制度体现出主观诉讼的特征，但它不能抹杀其他方面客观诉讼的色彩。[③] 总体上，我国行政法学属于行为方式的法教义学，《行政诉讼法》第6条明确规定对行政行为是否合法进行审查，随后行政诉讼证据规则、审理规则的具体展开也带有强烈的"行政客观合法性审查"基调，因而有学者认为我国行政诉讼构造是"内错裂"的。[④] 因而，保护规范理论能在多大程度上与我国诉讼构造调和，在解释论上面临很大挑战。

（二）法秩序之整合解释

面对原告资格解释论与行政诉讼构造论等方面的挑战和质疑，保护规范理论主要从以下方面予以回应：

---

① ［日］小早川光郎：《行政诉讼的构造分析》，王天华译，中国政法大学出版社2014年版，第105—106页。

② Vgl. Wahl/Schütz, in: Schoch/Schneider/Bier (Hrsg.), VwGO, 36. EL Februar 2019, §42 Abs. 2 Rn. 46.

③ 而且，那种"切断"的方法看似可行，实际却暗含诸多矛盾。如果行政合法性的监督才是行政诉讼的核心，那么逻辑上必然要求法院对原告范围进行更宽泛的权衡，以便将更多的行政活动纳入司法审查的控制轨道，这种理解反过来又对原告资格制度本身提出质疑。

④ 薛刚凌、杨欣：《论我国行政诉讼构造》，载《行政法学研究》2013年第4期。

1. 保护规范的界限功能

首先，从立法权与司法权的关系来看，保护规范理论最大程度上符合依法裁判的要求。在我国的权力分配秩序中，法院行使审判权必须依法进行，法官在审判中的角色只能是法律适用者，而非法律创造者。[①] 因此，法官不能依靠主观意志评判原告资格，应当以规范而非事实来评价利害关系。过去，因诉讼法采列举主义，原告资格只得囿于"有救济才是权利"这样落后的诉讼法思考而变得十分窄化；当诉讼法从列举主义转向概括主义之后，受案范围、行政行为等概念统统失去对原告资格的澄清作用，必须从行政诉讼法转向广阔的行政实体法，进行"有权利必有救济"的实体法思考。而保护规范理论刚好符合这一现实动向的旨趣，它通过解释方法可以将实体法规范的原材料翻译为公民提起行政诉讼所需的主观公权利，这样法院在适用保护规范理论时，其实是在遵循法律的规范意旨施以救济，最大限度地保证行政诉讼制度是一种"法律性救济制度"，而非法官把持价值决断的"特权性救济制度"。同时，保护规范理论可以作为法律适用的统一框架，因而构成审判的内在约束[②]，即使这不是真正的法律约束力，但习惯性也能够塑造一种法官不能自由偏离的准则，从而将法律解释的主动权从个人法官转移到集体司法手里[③]，最大限度地避免原告资格委身于"凌乱的司法判断"或者干脆沦落为"司法的暗箱操作"[④]。实践中我国法院比较能够坚守司法权相对谦抑的性格，即使 2014 年行政诉讼法将"法律上的利害关系"改为"利害关系"，审判实务仍然强调利害关系应限于法律上的利害关系，这背后蕴含的法理其实是司法权的自我抑制。[⑤]

其次，从立法权和行政权的关系来看，保护规范理论因应了分

---

① 正如法官法规定，法官必须忠实执行宪法和法律；法官审判案件，应当以事实为根据，以法律为准绳。

② ［美］理查德·波斯纳：《法官如何思考》，苏力译，北京大学出版社 2009 年版，第 161 页以下。

③ Nathan Isaacs, Limits of Judicial Discretion, 32 Yale L.J. 339 (1922 - 1923).

④ ［日］小早川光郎：《行政诉讼的构造分析》，王天华译，中国政法大学出版社 2014 年版，第 295 页。

⑤ 参见（2018）最高法行申 6306 号裁定书；（2018）最高法行申 1491 号裁定书；（2018）皖 02 行终 55 号裁定书；（2017）苏 03 行终 378 号裁定书。

配行政的兴起。在社会利益多元化、复杂化的今天，行政机关的规制任务不断膨胀，它凭借自身优势积极介入社会运转、处理私人关系、调节资源分配，而形成一个“利益调整场域”，施密特·阿斯曼将这种秩序化和给付现象混合一起的行政形态命名为“分配行政”。[①] 问题在于，行政做成私人间利益的分配时拥有多大程度的自主空间呢？施密特·阿斯曼强调，应该由立法者执掌私人间利益冲突的解决优先权。[②] 而德国另一位学者普罗伊斯也认为，法律规范中会为私人利益冲突预设了一个“冲突调节公式”[③]，法律中存在评价、限制或者衡量水平关系中私人冲突利益的秩序规范，该秩序规范能够决定私人在多大范围内能够牺牲具有相反或者替代关系的他人利益以实现自身的利益。[④] 尽管很多时候，“在应付许多新问题和力图保障一个正在变化的经济秩序中许多新产生的利益方面，法律不符合人们对它的期望”[⑤]。基于司法权的功能定位[⑥]，行政诉讼不适合成为立法、行政和司法功能混合的“大杂烩”[⑦]，这正如美国法理学家庞德指出的：“利益的范围——人类的主张，要求或愿望的范围——我们认为法律应该尽其可能地保护这个范围内应该受到的保护和利益；它是立法者作为道德或者政治意义上考虑的事，而不是法官作为法律意义上考虑的事。”[⑧] 在法治国家形象突起、社会转型加剧的我国，利益分配的天平今天还是应该由法律来执掌，在这个

---

① Vgl. Schmidt – Aβmann, Der Beitrag der Gerichte zur verwaltungsrechtlichen Systembildung, VBlBW 1988, S. 383 f.

② Vgl. Schmidt – Aβmann, in: Maunz/Dürig (Hrsg.), GG, 87. EL März 2019, Art. 19 Abs. 4 Rn. 127.

③ Vgl. Schmidt – Preuβ, Kollidierende Privatinteressen im Verwaltungsrecht. Das subjektive öffentliche Recht im multipolaren Verwaltungsverhältnis, 1992, S. 247 ff.

④ Vgl. Schmidt – Preuβ, a. a. O., S. 130 ff.

⑤ ［美］庞德：《通过法律的社会控制》，沈宗灵等译，商务印书馆 1984 年版，第 7—8 页。

⑥ Richard A. Posner, The Meaning of Judicial Self – Restraint, 59 Ind. L. J. 1 (1983).

⑦ Abram Chayes, The Role of the Judge in Public Law Litigation, 89 Harv. L. Rev. 1281 (1976).

⑧ ［美］庞德：《普通法的精神》，唐前宏等译，法律出版社 2001 年版，第 144 页。

意义上，保护规范理论以法律作为判断利害关系的底线和准绳，把充当价值决定的角色交还给了更具民主正当性的法律，既捍卫了立法权对于行政权的优先地位，也进一步明晰了司法权的边界。

2. 诉讼构造的解释论

接受保护规范理论代表的主观诉讼逻辑，其实符合我国行政诉讼的总体构造。在客观诉讼模式下，行政诉讼只有特别深入行政权运作的内部，才能真正落实客观合法性的审查，所以最佳的选择是将其作为行政权的内部组成部分，否则行政权与司法权的界限冲突就会不可调和。法国行政法院是采取客观诉讼模式的典型，它的越权诉讼即脱胎于行政系统内部的层级监督，只是形式意义上的司法，实际意义上仍是行政性质。[①] 与法国不同，我国的行政诉讼毫无疑问是司法性质的，而且作为司法一环与民事诉讼共通分母。[②] 在"作为司法的行政诉讼观"之下，行政在对法院的关系中是服从于审判权、与私人同处于水平位置的纠纷当事人一方，因此权利救济是我国行政诉讼合逻辑的展开。相反，将行政诉讼的重心放在客观合法性审查上，容易忽视公民的权利，造成公民对国家主体地位的真空。而适用保护规范理论，符合行政诉讼以权利救济为主线的制度理念，摆脱传统权力关系对公民主体地位的抹杀，所以我国各级法院总体上都接受以权利救济为中心的诉讼理念。[③]

现代行政诉讼制度具有功能竞合性是毋庸置疑的，实定法本来就是作为客观且现实的法规范复合而存在的。即便行政诉讼程序规则侧重于行政合法性监督的面向，它可能只是基于诉讼便宜主义进行的重心取舍，仍可以将其解读为：借由对公民施以权利救济的展开，同时还发挥着依法行政原理对行政作用的整合。通常，原告要在行政诉讼中最终获得胜诉判决，权利的存在、行政行为的违法、权利受侵害这些要件都不可或缺。从诉讼原理来看，权利的存在

① ［法］奥尔森：《法国行政诉讼中的原告》，张莉译，载《行政法学研究》2009 年第 3 期。

② 《行政诉讼法》第 4 条规定："人民法院设行政审判庭，审理行政案件。"而且 1982 年《民事诉讼法（试行）》第 3 条第 2 款规定："法律规定由人民法院审理的行政案件，适用本法规定。"

③ 参见（2019）辽 02 行终 365 号裁定书；（2019）新行申 9 号裁定书；（2018）吉 24 行终 117 号裁定书；（2017）鄂 06 行终 111 号裁定书；（2016）最高法行申 2560 号裁定书。

（亦即原告资格）属于诉讼要件，而行政行为违法、权利受侵害则属于本案要件。出于现代诉讼对审理效率的追求，法定序列主义已经消失[①]，所以法院在实际案件中对要件的审理顺序和审理重心并不相同[②]。如果以撤销诉讼为例，出于审理效率的需要，重心显然是行政行为的违法性，因为断定行政行为违法，可以基于行政行为自身的澄清效果反向推定原告资格的存在，而权利是否受到行政行为侵害通常也是一目了然的，这时候行政行为合法性审查成为撤销诉讼的核心，并不能说明问题，只是依法行政原理的实效性将主观诉讼的侧面加以遮盖；但是观察视角一旦转入课予义务诉讼，作为客观审查对象的行政行为基本上不存在，而权利的判断非常急切，主观诉讼的特性也就自然而然地显露出来，例如在“陈某与重庆市科学技术委员会履行职责申请再审案”中，法院首先认定本案属于履行法定职责之诉，进而主要审查的是“实体法上的请求权基础”[③]，凸显了行政诉讼的公民权利救济属性，保护规范理论的积极作用也愈加体现。

四、保护规范理论的本土化展开

以上证明，保护规范理论带来的体系紧张感可以在解释论努力之下消弭。既然它能为行政审判提供相对清晰的判断基准，也能为行政法基础学理提供新的整序线索，我们与其排斥和否定它，毋宁从中汲取灵感，建构出一套适合我国的本土化保护规范理论。但是在此过程中，要重视保护规范理论的适用场域和解释规则，避免落入形式主义与功能主义的陷阱。

（一）适用场域的探索

依据《行政诉讼法》第25条，目前我国原告资格包括相对人和利害关系人两类。行政审判中通常首先判断起诉人是否为相对人，其次才会判断是否为利害关系人。[④] 需要明确的是，保护规范理论主

① ［日］高桥宏志：《重点讲义民事诉讼法》，张卫平、许可译，法律出版社2007年版，第2—3页。

② ［德］弗里德赫尔穆·胡芬：《行政诉讼法》，莫光华译，法律出版社2003年版，第136页。

③ 参见（2018）渝行申731号裁定书。

④ 参见（2019）苏01行终263号裁定书。

要适用于利害关系人的判断，对于行政相对人原则上不应适用保护规范理论。

1. 常规结构：行政相对人与利害关系人

我国传统观点认为，行政相对人天然具有原告资格。[①] 其通常是指“具体行政行为法定文书中载明的人”[②]，最高人民法院指导案例77号“罗镕荣诉吉安市物价局物价行政处理案”（以下简称“罗镕荣案”）间接地否定这种观点[③]。在该案中，最高人民法院回避了举报人作为答复行为书面相对人的身份，反而以举报行为是否出于自身合法权益作为判断原告资格的标准，本质上是将举报人作为利害关系人来判断。2018年最高人民法院《关于适用〈中华人民共和国行政诉讼法〉的解释》（以下简称《行政诉讼法解释》）第12条第5项也承继了这一思路，因此行政相对人与利害关系人的界限正在变得相对化，两者之间的区分标准从形式主义走向了实质主义。那么将来如何判断谁是实质的行政相对人？

现代公法法理论认为，行政相对人之所以天然具有原告资格，本质上源于公民自由权的防御功能。[④] 任何公权力措施只要“完整或部分地导致个人不可能或难以从事基本权利保护范围内的活动，且不论这种影响是直接还是间接的，最终或非最终的，法律或事实的，命令性或非命令性的”，即构成对公民行动自由的干预。[⑤] 在双边行政法律关系之下，只要行政机关作出一个负担性的行政行为，就意味着公民的自由权受到了行政机关的干预，此时公民作为行政相对人寻求救济途径当然不应被否认，所以无须考虑而应直接推定保护规范的存在。[⑥] 这一法理基础对我国以往的行政诉讼制度实践也是具有解释力的。据此，在类似“罗镕荣案”的投诉举报类案件中，通常不能认定投诉举报人为相对人，原因在于：第一，投诉举报行

---

① 梁凤云：《新行政诉讼法讲义》，人民法院出版社2015年版，第144页。

② 江必新主编：《新行政诉讼法专题讲座》，中国法制出版社2015年版，第110页。

③ 参见最高人民法院指导案例77号，2016年12月28日发布。

④ Vgl. Köpfler, Die Bedeutung von Art. 2 Abs. 1 Grundgesetz im Verwaltungsprozess, 2008, S. 17 ff.

⑤ Vgl. Kahl, Grundfälle zu Art. 2 I GG, JuS 2008, S. 596.

⑥ Vgl. Wahl/Schütz, in: Schoch/Schneider/Bier, VwGO, 36. EL Februar 2019, §42 Abs. 2 Rn. 49.

为主要发生在“公民—国家—公民”多元法律关系中，投诉举报人希望通过投诉举报行为使行政机关对他人施加某种行政作用；第二，起诉人的诉求是撤销一个答复处理行为或者要求行政机关履行答复处理职责，他的形式相对人地位实际是由投诉举报这一申请行为衍生而来，行政机关无论是否答复处理，本质上都不构成“干预”其基本权利。所以投诉举报人通常不能凭借相对人地位而直接获得原告资格，相反，应该通过保护规范理论确定其是否为利害关系人。

此外，2018年《行政诉讼法解释》规定的“要求行政机关依法追究加害人法律责任”的情形也面临同样的问题，通常认为，公民不具有一般的法律执行请求权，受害人也显然不是行政相对人，因而不能一概承认受害人的原告资格，而是应该从法律中分别寻找特定的保护规范基础，以确定其原告资格。例如，在“陈某玲诉宁波市公安局鄞州分局交通警察大队道路行政强制案”中，法院认为交警部门在完成事故调查取证工作后作出解除车辆扣留的行为，事故受害方与解除扣留行为不存在法律上的利害关系。[①] 但是在“孙某等诉凤城市环境保护局等处罚案”（以下简称“孙某案”）中，法院认为第三人擅自排放粉尘、污水对其居住的周边环境造成极大的污染，本案原告既是举报人也是受害人，按照司法解释直接认定其具有原告资格。[②] “孙某案”表明原告资格的扩大动向，但背后的论证逻辑不无可商榷之处，如果所有基于自身利益受损的“投诉举报人”都可被认定为“受害人”，那么行政机关将不可避免地介入越来越多的私人利益纠纷，不仅增加诉讼负担，而且僭越立法的形成自由。在总体方向上，相对人与利害关系人的两层判断结构及其各自适用保护规范理论的方法应该得到坚持。

2. 特殊机制：诉讼实施权

在特殊情况下，行政相对人与利害关系人的二元判断机制可能失效。现代社会的发展越来越离不开政府对土地、建筑、交通、设备的规划、审批和许可等，这类“大型决定”往往以“物”或者“不特定多数人”为规制对象，并以此形成巨大的社会覆盖面，其中既可能产生具体清晰的个人负担，也可能只是现代工业化国家对公

---

① 参见（2012）甬鄞行初字第52号裁定书。

② 参见（2018）辽06行终2号裁定书。

民无可避免的干扰，此时的原告资格殊难断定。[①] 例如，环境行政诉讼往往关涉特定区域居住者的共同利益，如果一概排除原告资格，显然违背了实质法治；然而逐一承认原告资格，又有违诉讼经济。正如日本学者原田尚彦指出的："环境上的行政诉讼，与其说是围绕着个人权利的纠纷，倒不如说是具有相关区域共同体的集团利益性质的纠纷。"[②] 在环境行政诉讼的压力面前，作为母法国的德国背离保护规范理论的趋势逐渐显现，主要是受到了《奥胡斯公约》以及欧洲法院的持续影响。《奥胡斯公约》第 9 条第 2 款规定环境诉权的主体是"受影响的公众"，德国作为该公约的缔约国，考虑到该公约广泛诉诸司法的总体目标及欧洲法院判例法的示范，不得不突破传统保护规范理论对原告资格的限制，由传统的"权利侵害诉讼"模式朝向法国式的"利益诉讼"模式以及欧盟化的保护规范理论发展，这些改变包括承认公民的环境信息获取权、环境保护规划颁布请求权，以及承认程序瑕疵的独立可诉性等。[③] 不仅如此，德国《联邦自然保护法》中还加入了"利他团体之诉"，根据该法第 61 条规定，得到承认的环保团体在特定条件下无须主张自身权利受到侵害，只需主张行政行为违法就能为环保利益而提起诉讼。因此，法院对环境领域原告资格的认定呈现越来越客观化的倾向，将行政救济范围拓展到保护规范理论通常不予保护的环保组织、居民团体甚至普通个人。[④]

在与之相关的规划行政诉讼中，我国法院对原告资格的认定则比较严格，经常以保护规范理论否定原告资格。例如，在"关某春等 193 人诉浙江省住房和城乡建设厅等复议案"中，最高人民法院否定周边居民基于地域性对城乡规划部门核发的焚烧车间选址意见提起行政诉讼的原告资格[⑤]；而在"扬州市某驾培有限公司与扬州

① ［德］弗里德赫尔穆·胡芬：《行政诉讼法》，莫光华译，法律出版社 2003 年版，第 242 页。

② ［日］原田尚彦：《环境法》，于敏译，法律出版社 1999 年版，第 185 页。

③ Vgl. Hong, Subjektive Rechte und Schutznormtheorie im europäischen Verwaltungsrechtsraum, JZ 2012, S. 380 ff.

④ Vgl. Siegel, Ausweitung und Eingrenzung der Klagerechte im Umweltrecht, NJW 2014, S. 974.

⑤ 参见（2017）最高法行申 4361 号裁定书。

市自然资源局、江苏省自然资源厅行政复议案”中，法院否定了起诉人基于相邻关系对道路规划许可提起行政诉讼的原告资格①。但是，也有法院提出了不同的思路，例如在“张某炳、艾某文等诉南京市建邺区发展和改革局不履行法定职责案”②（以下简称“张某炳案”）中，法院通过考察司法解释相关规定认为，我国行政诉讼原告资格法律规范中蕴含着诉讼实施权的法理③。所谓诉讼实施权，是指“谁主张他自己享有权利，谁就有权对该权利实施诉讼”④，它起源于民事诉讼中的形式当事人观念⑤，是对当事人概念的诉讼法纯化。在形式当事人观念下，当事人的诉讼地位不依赖于客观的权利状况，而仅依赖于自己的主张，这样诉讼地位与实体法权利的分离就成为可能。例如，在上述“张某炳案”中，我国法院提出，如果起诉人能够证明其人数或者资产份额在集体经济组织中达到一定条件，就能具备对涉及集体资产的事项提起行政诉讼的原告主体资格。在这种情形下，起诉人成为一种法定化诉讼担当⑥，可以以自己的名义对不属于自己的权利提起诉讼，从而绕开实体权利的审查。同样，在“胡某与南京市鼓楼区阅江楼街道办事处拆迁行政强制案”“陈甲与陈乙、王某等城市规划管理行政许可案”⑦中，法院也承认足够数

① 参见（2019）苏01行终251号裁定书。

② 参见（2018）苏01行终709号裁定书。

③ 例如，最高人民法院《关于审理涉及农村集体土地行政案件若干问题的规定》第3条规定：“村民委员会或者农村集体经济组织对涉及农村集体土地的行政行为不起诉的，过半数的村民可以以集体经济组织名义提起诉讼。农村集体经济组织成员全部转为城镇居民后，对涉及农村集体土地的行政行为不服的，过半数的原集体经济组织成员可以提起诉讼。”《行政诉讼法解释》第16条规定：“股份制企业的股东大会、股东会、董事会等认为行政机关作出的行政行为侵犯企业经营自主权的，可以企业名义提起诉讼。”第18条规定：“业主委员会对于行政机关作出的涉及业主共有利益的行政行为，可以自己的名义提起诉讼。业主委员会不起诉的，专有部分占建筑物总面积过半数或者占总户数过半数的业主可以提起诉讼。”

④ ［德］罗森贝克、施瓦布、戈特瓦尔德：《德国民事诉讼法（上）》，李大雪译，中国法制出版社2007年版，第286—287页。

⑤ ［德］尧厄尼希：《民事诉讼法》，周翠译，法律出版社2003年版，第81页。

⑥ Vgl. Paulus, Zivilprozessrecht, 6. Aufl. 2017, § 2 Rn. 76.

⑦ 参见（2018）苏01行终236号裁定书、（2017）苏01行终948号裁定书。

量小区业主构成原告团，代表区域实施行政诉讼。本文认为，面对类似缺乏清晰规制对象的行政作用所引发的行政纠纷，承认作为整体的原告团请求解决区域性纠纷的原告资格，比适用保护规范理论逐一否定单个个体的原告资格，更符合现代行政诉讼法的发展方向。它背后蕴含的诉讼实施权及形式当事人法理，能够有效适应行政行为复杂化所伴生的扩大原告资格的要求。因此，在带有明显区域性的行政纠纷中承认法定化的诉讼担当并赋予其诉讼实施权，作为判定原告资格的特殊机理，可以解决特定情形下主观诉讼对公民合法权益保护不够充分的弊端，保护那些在法律上很难清晰描述、但又非常值得保护的权利与利益；相反，不以特定个体为规范对象的行政行为主要是为了追求公共秩序，法律对其羁束密度也相应地降低，有时甚至不存在能够作为裁判依据的规范，从中析出个体保护规范的可能性也就微乎其微，这种情形下继续严格审查保护规范以及个人的主观权利，与维护公民合法权益、实质化解行政争议的现代行政诉讼法精神是相左的。我国法院在该问题上已经迈出了试验性的步伐，从立法论和解释论上值得进一步发展。

（二）法律解释的探索

本质上，保护规范理论是一种法律适用框架，它作为方法论的意义要大于作为规则本身。最高人民法院在“刘某明案”的裁判理论中以大量篇幅来论证和示范的是如何进行保护规范的法律解释，不仅提示了语义解释、体系解释、历史解释、立法意图解释和法理解释等多种保护规范的解释方法，而且强调要从整体上进行判断，“适用一个法条，就是在运用整部法典”。[①] 但是就保护规范本身的理论构造而言，“刘某明案”仍有一些论述未尽之处，需要以后的司法实践在适用时注意。

1. 公法规范的界定

按照“刘某明案”确立的保护规范定式，首先必须寻找“应适用”的法规范。有学者认为，这里的法规范必要时可以向私法领域拓展，但这种观点值得商榷。[②] 一般以为，对保护规范最准确的表达

---

① 参见（2017）最高法行申 169 号裁定书。

② 章剑生：《行政诉讼原告资格中“利害关系”的判断结构》，载《中国法学》2019 年第 4 期。

是“相关法规范不仅保护公共利益，而且至少也保护个人利益”[①]。这种法规范原则上必须是公法规范，在公私法二元论的观点下，公法规范为公共利益赋予行政机关为一定行为的义务；而私法规范为个人利益而赋予其他民事主体为一定行为的义务。[②] 依据主观权利的构造原理，私法规范由于鲜明的个益保护特性往往直接就产生主观权利（主观私权利）；但公法规范不一定服务于个人利益，需要先通过保护规范理论识别有无个益保护目的，进而判断能否产生主观权利（主观公权利）。[③] 私法规范不可能产生公法权利，但私法规范中可能附带涉及公共利益（所以有涉及第三人利益可能），如同公法规范中的情形一样，也是一种反射利益，得不到法律保护。所以将私法规范作为公权保护规范的来源，在法理上并不能够成立。[④] 我国很多判决也都确认，法律上的利害关系一般仅指“公法上的利害关系”[⑤]，不包括私法上的利害关系，背后的基本法理也应如此。

除了前述强调的“公法”，其实还要强调“规范”。这里的“规范”并非广义理解下的法律、法规、规章及规范性文件等，相反，它限定于实质意义上的规范，亦即具有民主正当性的立法者制定的规范，因为只有他们才拥有法律保留资格和解决冲突优先权。[⑥] 德国法中，实质意义上的规范主要包括议会法律、法规命令和地方自治立

---

① Vgl. BVerfGE 39, S. 235 ff.; BVerfGE 27, S. 297 ff. (S. 307); BVerfGE, NJW (1978), S. 62 ff. (S. 63).

② Vgl. Detterbeck, Allgemeines Verwaltungsrecht mit Verwaltungsprozessrecht, 9. Aufl. 2011, S. 126.

③ ［德］格奥格·耶利内克：《主观公法权利体系》，曾韬、区天书译，中国政法大学出版社 2012 年版，第 65 页。

④ 需要指出的是，由于德国《基本法》第 19 条 4 款构建的无漏洞权利救济制度，主观私权利也可能成为公法的保护客体，但它必须是主观化的权利，而不是一种反射利益，和这里讨论的不是一种情形，不再细论。Vgl. Schulze-Fielitz, in: Dreier, GG, Bd. 1, 3. Aufl. 2013, Art. 19 Abs. 4 Rn. 61; Krebs, in: v. Münch/Kunig, GG, Bd. 1, 6. Aufl. 2012, Art. 19 Rn. 65.

⑤ 参见（2019）苏 01 行终 10 号判决书、（2018）甘 08 行终 10 号裁定书、（2018）湘 0626 行初 24 号裁定书。

⑥ Vgl. Schmidt-Aβmann, in: Maunz/Dürig, GG, 87. EL März 2019, Art. 19 Abs. 4 Rn. 127.

法，还特别承认行政判决和持续性行政行为也具有法规范意义。① 同时主流观点认为，应该排除行政规则作为主观公权利的产生依据②，理由在于：第一，行政规则通常为内部性规则，是上级机关对下级机关、领导对下属发布的一般性、抽象性命令，不产生对外的效果；第二，行政制定规范本身也是行使公权力的一种形式，它自己就可能以抽象或间接的方式构成对主观公权利的侵害③，又作为证明主观公权利的规范依据，在逻辑上是自相矛盾的。

但是与德国法不同，我国最高人民法院在“刘某明案”中诉诸的保护规范是《国务院关于投资体制改革的决定》，其法律性质为行政规范性文件。应该承认，基于各国宪法秩序及立法结构的不同，对于什么是“规范”的理解需要结合实际情况。在我国，全国人大制定的法律毋庸置疑，其部分行政法规、地方性法规和规章获得立法授权也不存在问题，但对于行政规范性文件不能一概而言。试想如果行政规范性文件本身是针对行政系统内部的，那么要求它照顾和考虑外部公民的个人利益就无疑是“水中捞月”。德国学者施密特·阿斯曼则认为，现代行政中很多行政规范性文件属于规范解释型的和规范细化型的行政规则，它们在法律概念具体化的过程中以自己的方式调整和约束外部关系④，这种情形下它们的规范性格总体上可以得到承认⑤。因此，当行政规范性文件（行政规则）将第三人保护内容作为法定构成要件，并以特殊的命令产生客观的外部规范效果或者形成规律的行政效果时，可以例外地从中产生主观公权利。⑥ 结合阿斯曼的启发以及我国的立法体制现状，可以确立下述规

① Vgl. Schmidt - Aβmann, in: Maunz/Dürig, GG, 87. EL März 2019, Art. 19 Abs. 4 Rn. 70.

② Vgl. Schmidt - Preuβ, Kollidierende Privatinteressen im Verwaltungsrecht. Das subjektive öfentliche Recht im multipolaren Verwaltungsverhältnis, 1992, S. 248 ff.

③ Vgl. Schmidt - Aβmann, in: Maunz/Dürig, GG, 87. EL März 2019, Art. 19 Abs. 4 Rn. 131.

④ Vgl. Schmidt - Añmann, Verwaltungsrechtliche Dogmatik. Eine Zwischenbilanz zu Entwicklung, Reform und künftigen Aufgaben, 2013, S. 75.

⑤ Vgl. Sauerland, Die Verwaltungsvorschriften im System der Rechtsquellen, 2005, S. 190 ff.

⑥ Vgl. Schmidt - Añmann, in: Maunz/Dürig, GG, 87. EL März2019, Art. 19 Abs. 4 Rn. 132.

则：第一，原则上应该以法律作为保护规范主要来源，这是现代民主法治国家的必然要求；第二，不存在专门调整该领域的单行法律时，尽量考虑将涉及该领域的一般性法律或有立法授权的下级规范作为主要保护规范来源；第三，不应以行政规范性文件单独作为保护规范来源；第四，同等条件下，优先以具有外部效果的、规范解释型的或规范细化型的行政规范性文件作为保护规范来源。

2. 规范的整体性解释

最高人民法院在“刘某明案”中提出，在依据法条判断是否具有利害关系存有歧义时，可参酌整个行政实体法律规范体系、行政实体法的立法宗旨以及作出被诉行政行为的目的、内容和性质进行判断，以便能够承认更多的值得保护且需要保护的利益，属于法律保护的利益，从而认可当事人与行政行为存在法律上的利害关系，并承认其原告主体资格，以更大程度地监督行政机关依法行政。站在客观解释的立场上，最高人民法院强调在寻找保护规范时要整体性解释、扩张性解释，但后续许多司法实践仍然站在主观解释立场，简单、孤立地进行法律解释。

例如，在“陈某山诉诸暨市住房和城乡建设局案”（以下简称“陈某山案”）[①] 中，原告租下第三人所有的房屋用于经营餐馆，行政机关要求拆除该房屋的部分违章建筑，因此导致原告关门停业。但是行政机关后来又向第三人房屋的违章建筑部分核发了临时建筑许可，这导致原告与第三人之间签订的房屋租赁合同在双方的民事纠纷中被认定为部分有效[②]，原告遂向法院请求撤销该临时建筑许可。法院认为原告作为承租人，凭租赁关系对承租房屋的规划行政许可提起诉讼，缺乏行政法上的保护规范基础，因此不承认其原告资格。

同样是房屋租赁关系引起的行政纠纷、同样是援引保护规范法理，最高人民法院在原告资格认定的立场上明显比“陈某山案”宽松很多。在“北京某立房地产开发有限责任公司诉北京市东城区人

---

① 参见（2017）浙06行终374号裁定书。

② 参见最高人民法院《关于审理城镇房屋租赁合同纠纷案件具体应用法律若干问题的解释》第3条规定：“出租人就未经批准或者未按照批准内容建设的临时建筑，与承租人订立的合同无效。但在一审法庭辩论终结前 经主管部门批准建设的，人民法院应当认定有效。”

民政府行政复议案”（以下简称“某立案”）① 中，行政机关向房屋承租人核发了幼儿园的办学许可，房屋实际所有人却向法院请求撤销该许可。该案争议也在于原告资格，最高人民法院最终认定原告与许可存在利害关系。在“某立案”中，《北京市房屋租赁管理若干规定》对房屋所有权人的风险负担分配严格来说并不构成保护规范基础，但是最高人民法院认为，行政机关在作出决定时应该参酌整体行政实体法规范的宗旨进行通盘考量，如果行政机关没有考虑某些因素，而使得特定的利害关系人“具体且特别地”受到行政决定影响，并且相关民事救济渠道不能较好地解决争议时，应该对受到行政决定特别影响的利害关系人的寻求救济的权利予以“强化”。从某种意义上看，最高人民法院在“某立案”中对之前在“刘某明案”中形成的保护规范理论有所“修正”，这种修正契合了突破传统保护规范理论束缚、扩大第三人保护的“考虑要求理论”。由于按照传统保护规范理论，认定第三人保护规范非常困难，因此形成了一项新的解释规则，当法规范原则上仅具有客观法性质时，只要第三人受到违反法律的、超过平均水平的、有形且个别的损害，就必须考量其特殊的法律地位，例外承认客观法具有保护第三人的主观权利性质。② 如此一来，通过“事实影响”就能导出主观公权利，极大修正了保护规范理论的传统教义。实际上，这是赋予法官的一种特殊的个案裁量权，因此被称作“考虑要求”。由此可见，保护规范理论在进入我国后是一直变化和流动着的，只有不断地修正和调试，才能克服保护规范理论在第三人保护方面不尽如人意之处。但是需要注意，无论如何，主观公共权利的衍生仍需要规范性要素，纯粹的事实影响依然是不足够的。③

总体而言，主观解释立场是实践中我国原告资格认定可能受到不当限缩的要害，法律规范的保护目的通常不是排他的，也不限于开篇规定的立法目的，也不应依据孤立的条文、单部的法律就一概否定保护规范的存在，真正从公民权利保障的角度出发，法院就必

---

① 参见（2019）最高法行申 293 号裁定书。

② Vgl. Voβkuhle/Kaufhold, Grundwissen – ? ffentliches Recht: Das baurechtliche Rücksichtnahmegebot, JuS 2010, S. 497 ff.

③ Vgl. Ramsauer, Die Dogmatik der subjektiven öfentlichen Rechte, JuS 2012, S. 775.

须认真考虑相邻规范构造和整体制度框架，尝试以整体制度环境发挥主观化效果。[①]

3. 基本权利的价值

从理论发展进程上看，基本权利教义学的兴盛给保护规范理论注入了不竭的动力。如学者施密特·阿斯曼所言，“基本权的‘主观化委托’赋予历史上非常古老的主观公权利概念一个统一的实体基础，并证明其为行政法不可或缺的制度”。[②] 首先，宪法基本权利本身具有主观权利的属性，极大地消解了行政法上证成主观公权利对客观法的依赖；其次，基本权利作为客观价值秩序，也能透过法律的概括性条款或价值开放性概念，发挥出客观法作用。[③] 因此我国也有学者主张，法院应该“借助宪法基本权的内涵与精神用以判断应否承认私主体的主观公权，甚至可以考虑直接将宪法基本权作为裁判依据”[④]。问题在于，我国传统公法理论并未采纳基本权利的规范外效力理论，亦即以宪法基本权利直接作为裁判依据在我国是缺乏理论和制度土壤的。但必须承认，基本权利是宪法用以建构国家生活的特定文化和价值体系，它具有整合性功能，是特别法的解释规则[⑤]。正如卡尔·拉伦茨所说，“作为解释准则的许多法伦理原则中，其享有宪法位阶者更显重要”。[⑥] “国家尊重和保护基本人权”被庄严地写入我国宪法，相关人权保障的立法也陆续出台，应该及时将这些法治国家建设的成果切实转化成为公民的权利保障。毫无疑问，在进行保护规范法律解释过程中落实宪法上“国家尊重和保护基本人权”的价值目标，能够为扩大我国行政诉讼原告资格提供

① Vgl. Schmidt – Aβmann/Schenk, in: Schoch/Schneider/Bier, VwGO, 36. EL Februar 2019, Ein., Rn. 20.

② ［德］阿斯曼：《秩序理念下的行政法体系建构》，林明锵译，北京大学出版社 2012 年版，第 73 页。

③ Vgl. Schmidt – Añmann/Schenk, in: Schoch/Schneider/Bier, VwGO, 36. EL Februar 2019, Ein., Rn. 20.

④ 丁国民、马芝钦：《行政诉讼中原告“利害关系”的司法审查新标准——以“保护规范理论”的规范化适用为中心》，载《河北工业大学学报(社会科学版)》2019 年第 1 期。

⑤ ［德］鲁道夫·斯门德：《宪法与实在宪法》，曾韬译，商务印书馆 2019 年版，第 202 页。

⑥ ［德］卡尔·拉伦茨：《法学方法论》，陈爱娥译，商务印书馆 2003 年版，第 216 页。

更多的助力，期待我国法院未来在保护规范理论的适用中更多地发挥其能动性。

五、结语

保护规范理论背后承载着特殊的公法权利观以及由此形成的制度体系，它们共同折射出德国公法学对于个人与国家关系的宏观思考，这种宏观思考是使它生机勃勃的真正奥秘，也是我们经常忽视之处。虽然保护规范理论目前在司法实践中可能产生一些负面效果，很多问题不能归结于保护规范理论自身。总体而言，保护规范理论对于利害关系判断具有“较强的实践指导价值”，它为原告资格提供了较为清晰的审查标准，同时也为我国行政法吹来了一股公法权利的清风。施密特·阿斯曼将保护规范理论称为“方法与规则的准则”(Kanon von Methoden und Regeln)①，言下之意，它本身就具有适度的开放性，只是为法律适用提供一种分析框架和论证思路，而不能决定法律的实体内容。因此，一个保护规范理论本土化的过程既是可能的，也是正在进行中的。现代行政法律关系的复杂性决定原告资格必然进行个案决疑②，只有在个案争议的碰撞中，保护规范理论才能获得新的发展契机。随着行政审判实务的深入运用，保护规范理论的本土展开必然呈现出不一样的风景。

① Vgl. Schmidt - Aβmann, in: Maunz/Dürig, GG, 87. EL März 2019, Art. 19 Abs. 4 Rn. 128.

② 最高人民法院对此指出：“同一起诉人对同一行政行为的起诉，可能由于其所诉请保护的权益类型、诉讼请求和诉讼理由的不同，其是否具备原告主体资格的结论可能会有所不同。此也意味着，起诉人起诉行政机关许可其邻人建房的同一个行政许可行为，人民法院可能会由于其诉请保护土地使用权，或者通风采光权，或者通行权，或者环境权益等权益类型的不同，结合其提供的初步证据以及上述各种权益受到侵犯的可能性，分别认可或者不认可其原告主体资格。”参见（2017）最高法行申 4361 号裁定书。

●博士生论坛

刑事司法改革的双重面向：定位、协同及冲突

李振洋*

刑事司法改革的双重面向是以审判为中心的诉讼制度改革与认罪认罚从宽制度的确立。以审判为中心的诉讼制度改革从党的十八届四中全会首次提出到侦查、审查起诉、审判等各环节的制度重塑，已经成为我国刑事司法体制改革的主动脉。认罪认罚从宽制度的确立作为2018年刑事诉讼法修改的重中之重，是多地试点工作的经验总结和成果汇集。两种制度有何内在关联，是否存在冲突，是当下理论界亟待解答的时代命题。本文希望通过对两种制度的比较分析，从制度定位、程序协同和权力冲突三个维度厘清二者关系，以期为司法实践提供些许参考价值。

一、制度定位：体系、价值和范式之比较

梳理两种制度的逻辑关系，应从制度的设立初衷和构建脉络上入手，在刑事诉讼体系中的地位、价值层面上的趋向、范式视野里的异同，都应当成为把握二者关系的起点。以审判为中心的诉讼制度改革是一项系统工程，横向上关涉侦查、起诉、辩护、审判四方结构再造；纵向上牵连整个刑事程序的多方互动。① 以审判为中心其

---

* 中国政法大学刑事司法学院诉讼法学专业2021级博士研究生。

① 栗峥：《推进以审判为中心的诉讼制度改革》，载《求索》2020年第1期。

本质是一种司法理念，这种理念是认罪认罚从宽制度的根本依托，认罪认罚从宽是以审判为中心在制度建构上的重要体现，二者共同构建起我国刑事诉讼新范式。

（一）两种制度的体系解释

2018 年刑事诉讼法颁布以来，围绕两种制度“孰先孰后、孰轻孰重、孰优孰劣”的理论争鸣愈加激烈。主要观点不外乎以下三种：种属包含、对立矛盾、辅助配套。准确把握两种制度的内在关联，不能反复纠结于法条的具体适用，而应从规范分析和语义阐释的角度条分缕析。

2014 年 10 月 28 日，《中共中央关于全面推进依法治国若干重大问题的决定》在“推进严格司法”中提出“推进以审判为中心的诉讼制度改革”，在“优化司法职权配置”中提出“完善刑事诉讼中认罪认罚从宽制度”。虽然之前两种制度的探索已经开始“预热”，从地方试点到“两高”发文，但更多指向经验的总结。直到党的十八届四中全会后，两种制度的地位才得以正式确立。2018 年《刑事诉讼法》第 15 条对认罪认罚从宽进行了规定，因此，从产生来看，两种制度同根同源，无分先后，二者并不存在种属包含的逻辑关系。

以审判为中心的诉讼制度改革，含义丰富、内容博大。“以审判为中心”的诉讼制度改革是一场事关司法方式改进、职权配置优化乃至诉讼程序重构的一场革命性变革。其核心要义包括：法官定罪科刑的权威性，庭审在刑事诉讼中的实质性，证据裁判原则的重要性，控辩双方地位的平等性，侦查审查起诉环节的规范性，司法资源配置的合理性等。认罪认罚从宽制度，其主要面向有两个：一是针对当前案多人少的现实困境，通过精简诉讼流程，缩短办案时间，来缓解检察官、法官的办案压力，使其将主要精力集中在疑难、重大、复杂等案件中，实现司法资源的合理高效配置。二是协商性司法模式的构建，通过认罪认罚，将被追诉人的诉讼地位提升到前所未有的高度，参与性的提高意味着我国诉讼模式将逐步转向合意式诉讼，这也是认罪认罚从宽有别于以审判为中心的特点之一。因此，将认罪认罚从宽制度仅仅理解为优化司法资源配置的手段，是一种狭隘的限缩解读，降低了认罪认罚从宽制度的立法位阶。

2016 年 7 月，“两高三部”联合颁布《关于推进以审判为中心的刑事诉讼制度改革的意见》（以下简称《改革意见》），提到了要进一步完善认罪认罚从宽制度。[1] 仅从文本上看，认罪认罚从宽似乎是以审判为中心诉讼制度改革的“配套措施”，实则不然。形式上之所以出现以审判为中心是“纲”，认罪认罚从宽是“目”，根源在于两种制度设计架构上的交叉与融合。诸如《改革意见》等文件将认罪认罚从宽以“被包含”或者“被辅助”的姿态呈现，只不过是基于制度安排系统全面的立法需求。两种制度是“和而不同”的。学界有观点指出，认罪认罚从宽起到提高诉讼效率的效果，这种效果面向的是以审判为中心诉讼制度改革的推进。从实践意义上讲，这种“辅助性”“配套性”的制度呈现也是实情，但在理论意义上却忽视了认罪认罚从宽的独立制度属性和价值。

有学者认为，认罪认罚从宽制度一定程度上消解了以审判为中心的诉讼制度改革成效，尤其是对庭审实质化造成了冲击，因此二者存在不可调和的矛盾。笔者看来，这种观点的错误之处就在于曲解了以审判为中心的内涵，限缩了庭审实质化的格局。部分学者提出，以审判为中心语境下，对于认罪认罚案件的法庭调查和法庭辩论被大幅简化甚至省略，法院已不太可能对定罪问题进行实质化审理。[2] 其实，一方面，庭审实质化的设计初衷就在于保证不认罪、不认罚、重大、疑难、复杂、新型等案件查明事实、认定证据、形成裁判在法庭。另一方面，从规范分析的角度我们虽然无法明确庭审实质化对于案件“区别对待”的正当性，但从实证分析的角度我们可以感知，庭审实质化并非要求所有类型的案件按部就班地完成所有流程，认罪认罚案件与完全没有必要与其他案件采取相同的诉讼策略。从这个维度来看，二者并不存在根本性冲突或者矛盾。

（二）价值层面的基本面向

如果说以审判为中心的诉讼制度改革倾向于刑事诉讼“公平正义”的价值取向，认罪认罚从宽制度则更加注重司法效率的提升。

侦查中心主义模式下，侦查、审查起诉、审判各个环节“流水线”作业，定罪科刑更像最后阶段的“产品包装”。以审判为中心

---

① “两高三部”《关于推进以审判为中心的刑事诉讼制度改革的意见》，在“推进案件繁简分流，优化司法资源配置”中提到“完善刑事案件速裁程序和认罪认罚从宽制度”。

② 李奋飞：《以审查起诉为重心：认罪认罚从宽案件的程序格局》，载《环球法律评论》2020 年第 4 期。

的诉讼制度改革，其主要解决的就是“流水线”作业所带来的侦查“盖过”审判的问题。具体而言，侦查机关在证据收集、事实认定上享有强大话语权，其症结就在于嫌疑人未决羁押、涉案财物强制处分、证据采集完全封闭。在此基础上移送审查起诉，检察机关往往是将侦查机关提供的“证据和事实”打包整理提交法院，而审判环节就是对“证据和事实”进行最终确认，导致庭审空洞化。控辩不平等、监督失灵、庭审虚化不可避免导致司法不公、冤假错案的出现，这与侦查中心主义对“无罪推定、疑罪从无”原则的侵蚀紧密相关。这种缺陷是体制性，必须从系统上进行“根治”，通过全新的诉讼理念引导和体制机制搭建，来确保公平正义的实现，避免错案的出现，这正是以审判为中心的诉讼制度改革的终极要义。

有学者认为，“以审判为中心”的诉讼制度改革除了力求改变控、辩、审三方的关系，使其回归正常状态，更是要求实现审判实质化，充分保障被告人辩护权，控辩双方依照法定程序举证、质证、发表辩论意见，推动证人、鉴定人出庭，健全非法证据排除规则等，无一例外让审判程序趋于复杂化、精细化，对于司法实务中缓解“案多人少”的矛盾并非利好消息。[①] 笔者看来，这正是价值取向方面有所侧重的体现。我们不能要求以审判为中心在全力保证公平正义价值实现的同时，还要求其全方位提高诉讼效率。就像一台急诊手术，既要争分夺秒抢救生命，更要按照标准的操作流程实施监测、麻醉、开刀、供氧、缝合。以审判为中心就是制定这样一套“手术标准”，控辩审就好比主刀医生、护士各司其职，以规范的步骤、密切的配合来保证不出现医疗事故。司法实践中，切合实际的做法只能是在公正与效率两者之间寻求一个平衡状态，而这个平衡状态的呈现，就需要通过认罪认罚从宽等制度确立来搭建通道。

通过对诉讼结构的重置，认罪认罚从宽制度在很大程度上提升了司法效能，将有限的资源布局在更为合理的位置，这是认罪认罚从宽效率面向的具体表现。根据最高人民法院《关于适用〈中华人民共和国刑事诉讼法〉的解释》规定，要求对于认罪认罚案件，程序从简、实体从宽。根据最高人民检察院公布的数据，认罪认罚从

---

① 魏晓娜：《完善认罪认罚从宽制度：中国语境下的关键词展开》，载《法学研究》2016 年第 4 期。

宽制度实施以来，审查起诉平均周期减少4.5天。[①] 从各地试点实践来看，诉讼效率的提升是最显著的改革成效，不少地方出现了3小时甚至1小时内审结案件的情况。虽然一些地方的司法实践中也存在着效率唯一化的问题，有着被追诉人话语权被打压、信息不对称等风险，但不能因此否认认罪认罚从宽的效率价值。

此外，认罪认罚从宽的价值面向也兼顾了公正。主要体现就是在不降低证明标准的同时，通过犯罪嫌疑人、被告人的自愿认罪、悔罪，规避了刑讯逼供行为和口供中心主义所带来的弊端。认罪认罚从宽制度中的证明标准并没有降低，只是因为案件证明难度降低而促成了程序简化。[②] 以往侦查人员在尽快破案的心理驱使下，难免逾越合法讯问的底线，口供中心主义冥顽不化。顶层设计虽采取了诸多举措，但口供治理“措施不断发展、演变，但成效不彰”。[③] 随着认罪认罚从宽制度的落地，刑讯逼供、口供中心主义的现实空间被大大压缩，很大程度上使司法人员的刑讯逼供等行为失去了滋生土壤。

（三）诉讼范式的重新建构

按照熊秋红教授的观点，“合意式诉讼”是继弹劾式诉讼、纠问式诉讼、控辩式诉讼之后的全新诉讼模式。[④] 部分学者认为，控辩式诉讼模式已然成熟稳定，而且在相当长的时期内不会改变，甚至是诉讼模式的“终结版”。细枝末节的调整也只是目前控辩式诉讼模式的内容补充和体系完善。可问题的关键在于，融入认罪认罚程序的控辩式诉讼模式是否从根本上改变了诉讼解构，答案是肯定的。无论是诉讼价值还是程序设计，被告人权利保障、辩护意见、裁判证据、证明标准等，都体现出刑事司法模式的根本性变革。而且这种变革的范围之大、影响之深都是前所未有的。这种变革并非认罪认罚从宽单方面产生，同时蕴含了以审判为中心的内在诉求。

---

① 满宁等：《认罪认罚从宽：为司法办案赋能》，载《检察日报》2019年9月3日，第1版。

② 谢澍：《认罪认罚从宽制度中的证明标准——推动程序简化之关键所在》，载《东方法学》2017年第5期。

③ 李训虎：《口供治理与中国刑事司法裁判》，载《中国社会科学》2015年第1期。

④ 熊秋红：《比较法视野下的认罪认罚从宽制度——兼论刑事诉讼“第四范式”》，载《比较法研究》2019年第5期。

从纵向发展角度看，控辩式诉讼特点是由控辩审三方推进诉讼，只不过在具体权重上有所区别；合意式诉讼，主要是公权力机关通过给予犯罪嫌疑人、被告人在定罪量刑上某种程度的激励，使其同意简化或放弃一定的刑事诉讼程序。从横向比较角度看，无论是英美法系还是大陆法系，如美国的辩诉交易、德国的量刑协商等，或者已经实现第四范式的定型，或者已呈现出向第四范式转型的发展趋势。各国在制度建构、程序设计等方面不尽相同，“规范型”“效率型”价值选择也各有侧重①。

从价值选择角度看，合意式诉讼的显著变化在于控辩双方依照达成的共同意思表示来选择诉讼程序和实体裁量。从范式建构角度看，合意式诉讼范式应当是以审判为中心作为基石，以刑事和解、简易程序、速裁程序和认罪认罚从宽为特点，兼顾公正与效率价值为导向的全新诉讼体系。合意式诉讼范式是以认罪认罚从宽等“放弃审判”为标志，这些制度无不指向效率优先，那么这是否意味着合意式诉讼范式的核心价值由传统的公正兼顾效率的多元取向转为效率优先的一元取向？其实不然，合意式诉讼解构并非仅注重成本效益，也不是以实用主义为依归，而是兼顾公正与效率，效率的提升与公正的保障并行不悖。这就是以审判为中心的公正价值与认罪认罚从宽的效率价值在诉讼范式上的合并重构。

从合意形成角度看，在合意式诉讼范式中，延续成熟的抗辩式诉讼模式中以审判为中心的基础性框架，以此为前提，在各个环节引入协商机制。侦查阶段，合意的达成只是一种“合意行为”，具体包括犯罪嫌疑人作出认罪认罚的意思表示，侦查机关的告知和相关记录的移送等。② 这种协商并非侦查机关积极主导运作，而是处于如实告知和记录的状态。侦查机关无法与犯罪嫌疑人达成协商意见的好处就在于避免了证据收集的消极和证明标准的降低。从这点来看，侦查阶段的合意作为一种“铺垫式合意”，与以审判为中心的诉讼制度改革“去侦查中心主义”的初衷不谋而合。审查起诉是达成合意的主要场所，合意的内容主要包括罪名、刑罚和程序。检察机关根据认罪认罚具结书的签署情况，分别采取不同的处置措施，作出不

① 熊秋红：《比较法视野下的认罪认罚从宽制度——兼论刑事诉讼“第四范式”》，载《比较法研究》2019 年第 5 期。

② 王新清：《合意式刑事诉讼论》，载《法学研究》2020 年第 6 期。

起诉决定或者起诉至法院，最终的裁判结果形成依旧在法院，这并没有消解法院的裁判终局地位。

通过横向、纵向梳理比较，以及价值选择与合意形成角度的深入剖析，我们可以看出，认罪认罚从宽制度的确立无论是在实体结果的产生还是程序选择的适用上，都体现出刑事司法的结构性变革，都蕴含着第四范式的萌发。而在这一结构性变革中，以审判为中心仍然是主轴。一切合意的达成都是围绕审判的中心地位展开，这一点延续了当事人主义、职权主义为代表的控辩式构造的核心内容。如果说以审判为中心是合意式诉讼的“路基”，那么，认罪认罚从宽就是“标记线”，“实线”直达审判，“虚线”掉头回撤。如此，合意式诉讼之路方能畅通无阻。

二、程序协同：司法资源的优化配置

（一）繁简分流的现实路径

面对检察机关和法院“案多人少”的供给侧结构性矛盾，繁简分流在理论和实务界早已进行大胆探索并总结出一套行之有效的分流模式。2018 年刑事诉讼法颁布以前，繁简分流的主要是面向适用简易程序的“分案机制”，也就是根据案件的复杂程度，将其分门别类，归入不同的办案部门或者团队进行处理，选择适用简易程序或者普通程序。

检察机关分案的主要措施是优化办案组织和智能分案辅助。优化办案组织主要依托司法责任制改革，通过调整职能部门，繁简案件进入相应的办案团队，继而选择是否适用简易程序。智能辅助系统主要包括语音录入识别、案件自动分类，凭借大数据和人工智能的技术支持，替代原先的人工分案。

分案一方面是让不同配置的团队处理不同类型的案件，进而优化办案效能；另一方面按照认罪认罚与否、案件轻重程度等，让不同种类的案件进入不同的诉讼程序。主要表征就是简易程序的适用，门槛不高，一般没有异议的案件都可以进入简易程序。相比普通程序，简易程序在询问讯问、出示证据、法庭辩论等方面简化甚至省略了诸多环节，着实提高了诉讼效率。但是，简易程序的简化效能在日益增多的案件面前越发显得力不从心。既有诉讼体系下案件效率提升已经达到极限，案多人少的矛盾并没有从根本上得到缓解。在此背景下，认罪认罚从宽制度应运而生。2018 年刑事诉讼法不仅明确了认罪认罚从宽的适用条件和具体标准，还对认罪认罚从宽的实施路径——速裁程序进行了全面界定，司法资源配置方案有了实质性突破。

比之简易程序，速裁程序的“速”主要体现在法庭调查环节的简化。虽然案件范围限定在 3 年有期徒刑以下，但司法实践中这类案件占据了八成以上，所以覆盖面还是很广的。另外，“三年有期徒刑以上”案件属于传统意义上的“重罪”，需要控辩双方的交叉质询，证据材料的充分辨认，适用速裁程序也确实欠妥。速裁程序从试点走向立法，作为认罪认罚从宽的重要构成，充分体现出繁简分流的结构性改善。

因此，以审判为中心诉讼制度和认罪认罚从宽制度缺一不可，二者共同构建了具有中国特色的刑事案件繁简分流制度，它们在刑事程序改革大框架之下是相互协调、相得益彰的关系。[①] 认罪认罚从宽对于司法资源的优化配置效能还将在后续的程序配套改革中进一步提升，速裁程序并非终点，如当前人工智能的加入，将会对繁简分流产生进一步影响。

（二）庭审实质化的制度依托

围绕以审判为中心的概念讨论，始终离不开庭审实质化。庭审实质化的理想构造应当是审判居中、控辩平等的“等腰三角形”结构。证据裁判、直接言词、控辩平等是贯穿整个庭审活动的三条准绳。这无疑是确保裁判结果公平、避免冤假错案的必由之路，但随之而来的“代价”就是司法资源的大量投入。一方面，简易程序中，无论是独任制审判还是合议庭审判，法庭调查程序都不能省略。这对于实践中存在的大量的情节轻微案件来说，有流程冗杂之弊端。另一方面，司法资源有限的情况下，无论是检察机关还是人民法院，集中力量办理新型、重大、疑难、复杂案件都是迫切需要解决的难题。以往的诉讼体系中，无论是简易程序还是普通程序，满负荷运载势必挤占新型、重大、疑难、复杂案件的司法资源。

庭审实质化视角下，需要讨论程序分流情境下的正当性和公正性问题。一是将案件依照认罪认罚与否一分为二，进而选择不同的诉讼程序，适用不同的处理结果，通过分门别类使案件层次化处理，

---

① 王昱蕴：《认罪认罚从宽与“以审判为中心”诉讼制度的关系辨析》，载《阜阳师范大学学报（社会科学版）》2020 年第 6 期。

这样的操作是否具有正当性，是否有违庭审实质化的初衷。二是在具备正当性前提下，认罪认罚从宽案件的“一切从简”是否会有损案件的公正性，是否会消解以审判为中心的制度初衷。首先，如前文所述，认罪认罚从宽制度业已确立，具备法理基础，在制度定位、价值取向、诉讼范式等方面与以审判为中心并无龃龉；其次，繁简分流所带来的不仅仅是诉讼效率的提升，更有助于案件公平正义的实现，尤其是“新重疑杂”案件。具体来说，比之简单案件，“新重疑杂”案件往往更容易出现裁判不公或者冤假错案，以审判为中心理念的贯彻在这些类型案件上往往更具有现实意义。因此，司法资源势必要向“新重疑杂”案件倾斜，在侦查、审查起诉、审判各个环节都投入足够的人力、物力保障，在证据采纳、事实认定上，需要更多的时间和精力进行控辩交锋、交差质询、非法证据排除等。这种倾斜考量到了法官的双重心态：法官适用该程序的最大诉求是在单位时间内最大限度地处理更多的刑事案件，从而获得解放、释放办案压力。①

如果说以审判为中心是“仰望星空”擘画出的是现在刑事诉讼应该发展的方向，应该选择的路径和应该坚守的价值，认罪认罚从宽就是“脚踏实地”规制出的是司法系统“降压减负”的切实可行的方案，为“仰望星空”排列出最佳的“观赏时间”。正如有学者指出，这两种制度是“应然要求”和“实然需要”的关系。② 因此，司法资源的合理配置是以审判为中心诉讼制度改革的应有之义，实践表明认罪认罚从宽这一制度是司法资源合理配置的有效方式，为庭审实质化的实现创造了广阔场域，为以审判为中心的全面实现提供了基本依托。

（三）认罪认罚从宽的程序优化

如前文所述，以审判为中心的诉讼制度改革迫切需要司法资源的重新配置，而以往的诉讼体系面对案多人少的现实困境已然束手无策。认罪认罚从宽制度的确立，一方面增加了新的程序选项——速裁程序，繁简分流有了更为坚实的程序支撑；另一方面通过赋予检察机关量刑建议权，作为法官裁判的参考，也节省了诉讼资源。

---

① 陈瑞华：《刑事诉讼的公力合作模式》，载《法学论坛》2019 年第 4 期。

② 顾永忠：《以审判为中心背景下的刑事辩护突出问题研究》，载《中国法学》2016 年第 2 期。

同时，针对部分学者提出的“速审”与“续审”之间的矛盾问题，其实也并非不可调和，从诉讼机理的角度审视，二者没有根本上的冲突。

其一，速裁程序为繁简分流提供了坚实的程序支撑。从2014年试点到2018年立法确认，速裁程序伴随着认罪认罚从宽制度从无到有、从点到面，在司法实践中为诉讼效率的提升发挥了重要作用。速裁程序中，与简易程序不同的是，一般不进行法庭调查和辩论，送达期限不受限制、审理期限也进一步压缩。司法实践中，大量案件进入速裁法庭，审理周期大为压减，甚至出现了不到十分钟审结案件的现象，被告人服判、被害人认可，公平与效率兼顾，彰显出和谐司法的理念。

其二，量刑建议最大限度地节省了法院裁判资源。2018年刑事诉讼法明确赋予了检察机关认罪认罚案件量刑建议权。相关文件也对于适用速裁程序、简易程序以及普通程序所对应的庭审方式作出了细化规定，以上三种程序中的法庭调查和法庭辩论，分别以不再进行、不再区分、适当简化的方式进行。关于量刑的讨论自然也就极大缩减，对于特定情境下的量刑建议，人民法院应当采纳。[①] 据统计，2020年，检察机关量刑建议采纳率达到94.9%，法院在庭审环节减少了量刑讨论的“负累”，裁判阶段只需审查确认量刑建议，司法资源得到高效利用。

其三，“速审”与“续审”之间的矛盾具有可调和性。所谓的“续审”指的是二审终审制，有学者认为认罪认罚从宽可能从根本上颠覆这一制度的根基。基于“实事求是”原则所作的上诉审制度安排，与简化、快捷的一审程序之间存在难以调和的矛盾。[②] 一是认罪认罚的激励机制可能被滥用，容易激起检察机关的“报复性抗诉”；二是二审中一旦出现不利情形，被告人将无法获得救济机会。笔者看来，这种现象的出现不应归咎于制度本身，而是源于以下几个方面的缺失。首先，认罪认罚的真实性、自愿性需要得到保证。具体而言，只有犯罪嫌疑人真正悔罪且协商同意检察机关的程序适用、

---

① “两高三部”《关于规范量刑程序若干问题的意见》明确，对于事实清楚，证据确实、充分，指控的罪名准确，量刑建议适当的，人民法院应当采纳。

② 孙长永：《认罪认罚从宽制度实施中的五个矛盾及其化解》，载《政治与法律》2021年第1期。

量刑建议等，才能最大程度保障其认罪认罚的激励成果不被侵蚀。其次，认罪认罚案件任何时候也不可能达到100%的不上诉率。一旦上诉，就不能纠结于司法资源的浪费，而是应当转为非认罪认罚案件处理。此时的二审实际上更多承担的是一审的职能，应当开庭审而非书面审，合议庭审而非独任制审，刑事诉讼法中有关二审开庭的规定应当适时修订完善。

三、权力冲突：求刑权与裁量权的"较量"

以审判为中心强调法院在定罪科刑上的唯一性和权威性，而认罪认罚从宽制度赋予了检察机关提出量刑建议的权力，即"求刑权"。有学者指出，检察机关的量刑建议虽然提高了法院的诉讼效率，但也不可避免地侵蚀了法院的终局裁判权。笔者认同的观点是，检察权对审判权的监督节制并不在审判过程与裁判结论，并不能动摇审判中法官的主导性与指挥权，也不能掀翻裁判效力的终局力与权威性，而仅限于控制法官裁判的入口，把关审判的门槛，即"不告"对"不理"的限制。[①] 认罪认罚从宽制度背景下，检察机关求刑权与人民法院量刑权之间的制度安排，并非与以审判为中心的司法理念相悖，反而恰恰印证了两种制度的有机统一。

（一）检察机关的主导责任

检察机关的"主导"表现在两个方面。一是主持协商，制作认罪认罚具结书；二是根据表现，提出量刑建议。主持协商是认罪认罚的前提，量刑建议是认罪认罚的激励。

检察机关的"求刑权"，主要指的就是提出量刑建议。2018年《刑事诉讼法》第176条对于量刑建议的提出范围和提出条件做出了规定。[②] 量刑建议并非新生事物，在2018年刑事诉讼法实施以前，司法实践中就已普遍存在。部分地区的地点工作中也总结了不少关于量刑建议的经验，检察机关的主导性地位是各地普遍呈现的特点。2018年刑事诉讼法修改直接明确授予了检察机关这项权力，是结合以往量刑建议实施效果的经验总结，也是认罪认罚从宽制度实施的

---

① 栗峥：《推进以审判为中心的诉讼制度改革》，载《求索》2020年第1期。

② 《刑事诉讼法》第176条规定："犯罪嫌疑人认罪认罚的，人民检察院应当就主刑、附加刑、是否适用缓刑等提出量刑建议"。

内在要求。因此，即使学界有反对量刑建议呈扩大化趋势，也不应归罪于认罪认罚从宽制度的出台，这是本末倒置。域外量刑建议也是方兴未艾，多数国家的检察官在量刑建议程序中也起着主导性作用。

检察机关提出量刑建议，发挥主导作用，这是最优的制度选择，否则认罪认罚从宽将无法落地。具体而言，认罪认罚从宽从本质上讲就是“以激励换效率”，而激励要“看得见、摸得着”，检察机关就必须提出犯罪嫌疑人有所期待的量刑建议，不论是否达到他们的心理预期。这一点在立法上也以“应当提出”的表述进行了明确。另外，检察机关量刑建议的提出，是犯罪嫌疑人、辩护律师（值班律师）与检察机关、被害人等多方讨论达成的一种诉讼合意，至少在理论上不存在强制、胁迫抑或利诱的意思表示。

量刑建议要实现其制度目的，一要确保量刑建议提出过程公开、公平和公正，二是必须提高其科学性、合理性和准确性。量刑建议的科学性、合理性、准确性并不仅仅建立在双方协商达成合意的基础上，检察机关在实践中探索总结出的量刑经验是保障其科学合理的重要支撑。如南京市建邺区检察院推出的“量刑建议计算表”，起点刑、基准刑加之刑罚增减百分比，将办案经验“数字化”“可视化”“流程化”，为量刑建议的科学性、合理性地提升搭建了全新载体。

2020 年 2 月，最高人民检察院提出，要将认罪认罚从宽制度保持 70% 以上适用率的基础上，实现“两提高、一降低”的目标。[①]有学者担心，检察院主导认罪认罚从宽将不可避免地走向“检察官司法”，持这种观点的不在少数。其实，除法定、酌定、附条件不起诉外，其他案件始终是要进入庭审程序。而一旦进入庭审程序，检察官的主导责任就基本宣告结束，交接棒已经给了法官，怀有这种担忧的原因是低估了人民法院的终局裁判作用。

（二）人民法院的终局裁判

保障人民法院的终局裁判地位是以审判为中心诉讼制度改革的应有之义。对于检察机关的量刑建议，刑事诉讼法中采用了“一般

---

① “两提高、一降低”的目标即提高确定刑量刑建议率、提高法院对量刑建议的采纳率、降低被告人上诉率。参见孙长永：《认罪认罚从宽制度实施中的五个矛盾及其化解》，载《政治与法律》2021 年第 1 期。

应当采纳”的表述。“一般应当”的提法并非解释学维度的“模棱两可”，反而精辟地概括了法院对待量刑建议所应持有的基本态度。

“一般应当”包含两层意思，无特殊事由应当采纳和有特殊事由不予采纳。部分学者认为正是无特殊事由应当采纳的规定造成了法院裁判权的流失。笔者认为，此种观点所假定的情境会让检察机关和人民法院陷入进退两难的尴尬境地，量刑建议的提出也将变成可有可无的“傀儡”。一方面，无特殊理由的驳回，意味着检察机关庭前所有努力付诸东流，甚至得不到一个回应犯罪嫌疑人、辩护人的合理解释，量刑建议的效力性也荡然无存，检察机关的积极性将大打折扣；另一方面，法院本就面临案多人少的现实困境，对于没有争议、没有特殊事由的认罪认罚案件“鸡蛋里挑骨头”，这种情况并不多见。法庭上审查确认的过程其实就是终局裁判权行使的过程。

虽然司法实践中量刑建议的采纳率极高，但法院的终局裁判作用更为明显地体现恰恰就是不予采纳和调整量刑的少数案件。除刑事诉讼法规定的5种情形直接不予采纳外，法院审理认为量刑建议明显不当或者提出量刑建议异议的案件，法院可通知人民检察院进行调整，不调整或者调整后仍然明显不当的，法院应当作出判决。也就是说，最后定罪科刑的决定权还是掌握在法官手中，通知调整而不是直接改判，一是出于对检察机关前期量刑建议工作的尊重，二是由检察机关先行调整更具合理性和可操作性。如此一来，所有认罪认罚案件在法庭上形成一个闭环，这一闭环的最终面向只有一个，那就是法院的终局裁判地位。

也应该看到，2018年刑事诉讼法颁布后两年多的司法实践中，确实存在法官对量刑建议有抵触情绪，进而不采纳量刑建议的情形。一些法官可能担忧，悉数采纳检察建议会使自己的裁判权可有可无、自己的权威地位岌岌可危，体现在实践中就是往往不采纳量刑建议，具体做法就是在量刑建议附近“微调”。此外，也有人担心检察机关的“精准型量刑建议”在法庭上会成为新的“诉累”，使得庭审看上去变得“毫无意义”。法官作为刑事诉讼中的“人”，无论是否采纳量刑建议，都是其自由裁量、内心确信的结果。即使确有不公，还有检察监督、二审程序等后续的救济措施，因此不必担心因为这种抵触情绪的存在而造成误判。

(三) 精准刑与幅度刑的主次之分

量刑建议中，精准与幅度的区分是学界讨论较多的问题，表面上看这只是“技术性问题”，实际上关涉求刑与量刑的关系问题，也就是求刑权是否侵犯了裁判权。2018 年刑事诉讼法并没有明确量刑建议应当是幅度还是精准。精准刑面向诉讼效率的提升，幅度刑面向量刑裁判的慎重，二者都有其存在的现实合理性，且呈互补状态。进一步讲，求刑权与量刑权之间、认罪认罚与以审判为中心之间也不存在冲突。

首先，精准刑量刑建议更为直接地推动诉讼效率的提升。有学者认为，精准刑量刑建议往往用在“事实清楚”，证据确实、充分的简单案件，法院可以在审查确认的基础上直接采纳检察机关量刑建议。反之，不精准的量刑建议更容易产生争议，诉讼程序反复无常，造成司法资源的耗费。如前文所述，精准刑量刑建议也存在天然的弊病，就是某种程度上侵蚀了法院的终局裁判作用。客观上，无论量刑建议多么科学、合理，在法官眼中，都会进行重新审视，加之以自己的裁判观点。除非，所在法院案多人少的问题极为突出，法官无暇顾及每一个案件的细枝末节，检察官提交的量刑建议便成了“及时雨”。

其次，幅度刑为法官实质性地享有、行使审判权创造了条件。与精准刑相比，幅度刑呈现在法官面前的是一个范围，法官依据庭审感知和自由心证，最终确定适用的刑罚。这在尊重检察机关量刑建议的同时，也体现出了法官终局裁判地位。另外，面对新型、重大、疑难、复杂案件，或者是出现新情况、新事实，检察机关囿于期限截至或者经验不足，不能保证量刑建议的科学性、合理性。这些案件往往需要在庭审阶段进行更为有效的控辩交锋，法官居中审慎抉择，一旦出现新情况、新事实，裁判的作出也可以有更大的转圜余地。

最后，量刑建议应当采取幅度刑为主、精准刑为辅的模式。部分学者持相反观点，相关文件也明确了检察机关提出量刑建议的原则性规定和补充性规定。原则性规定即“确定刑量刑建议”，补充性规定即“幅度刑量刑建议”。笔者看来，当前顶层设计的精准为主，幅度为辅原则，应当说是权宜之计，而非长久之策。认罪认罚从宽制度实施的初衷是提高诉讼效率，程序上的简化已经初步达成了此目标，在此基础上，量刑建议的提出更是进一步减轻了法官的负担，但减除负担不意味着减除责任。精准刑量刑建议，一方面，可能让很多不堪诉累的法官“欣喜”；另一方面，也可能让不少试图维护裁判权威的法官“别扭”。这种“别扭”的心理往往是无形的，转变为行动就是不予采纳、重新提起和径行裁判。如此一来，诉讼效率提升的目的不但没有实现，反而拖累了诉讼进程。

在认罪认罚案件中，幅度刑量刑建议具备现实可行性，诉讼双方的稳定状态既能尊重彼此的执业价值，也能充分体现认罪认罚从宽的制度价值。精准刑量刑建议的最大优势在于诉讼效率的提升，力求司法资源的最大优化，但唯有幅度刑才能最大限度地保证裁判结果公平公正。

综上所述，认罪认罚从宽制度与以审判为中心的诉讼制度作为刑事司法体制改革的重点内容，二者并非“包含”“辅助”抑或“互斥”的逻辑关系，而是相辅相成，共同构成了现代司法理念的有机内核。学术界对于两种制度孰轻孰重的讨论背后，是对制度安排在理论上是否存在逻辑矛盾和价值冲突，在实践中是否应当彼此妥协和退让的忧虑。两种制度体系上交融、价值上互补、程序上协同、构造上安定，全面把握二者的上述关系，才能避免认知上的偏颇，在司法实践中减少龃龉，共同搭建起行稳致远的中国刑事诉讼新范式。

认罪认罚视域下裁量不起诉制度的反思与重塑

李佳威*

检察机关视案件的具体情形，作出不起诉决定，发挥审前分流作用，是其正确行使起诉权的重要内容。就节约司法资源的限度而言，阻止案件进入审判阶段的分流作用要比审判阶段对程序适用进行划分的分流作用大得多，因为随着追诉活动的不断推进，诉讼耗费的人力、物力、财力也将不断增多。在“以审判为中心”的大背景下，认罪认罚从宽制度的设立不仅不是对这一改革方向的背离，反而可以通过审前阶段对案件进行分流，在节约司法资源的同时对实质化庭审起到推进作用。

一、问题的提出：裁量不起诉缘何落于形式化的窠臼

从狭义界定上来看，程序分流主要为终止案件进入刑事诉讼程序，体现为案件的撤销或是不起诉。① 随着认罪认罚从宽在刑事诉讼法 2018 年的修改中被确立为一项基本原则，不起诉制度的内涵和外延也得到了进一步的丰富和扩张。《刑事诉讼法》第 182 条规定了认

---

* 中国政法大学刑事司法学院诉讼法学专业 2020 级博士研究生。

① 参见张小玲：《论刑事诉讼中的“程序分流”》，载《政法论坛：中国政法大学学报》2003 年第 2 期。

罪认罚特殊不起诉[①]，并随着司法实践的不断发展，进化出了具有中国特色的暂缓起诉制度——企业合规不起诉，极大地扩充了不起诉制度的体系。

从学理上看，我国的不起诉制度大体被区分为法定和裁量两种样态。[②] 长期以来，我国的不起诉制度都面临着适用率较低，机制流于形式化的困境，这一问题难以得到解决，在裁量不起诉制度的适用中尤甚。对目前学界的研究和学者的观点加以总结，本文将问题的成因大体归纳为以下两个方面：一是从程序的制度设计层面来看，无论是酌定不起诉、附条件不起诉还是特殊不起诉，尽管具体的表现不一，但都面临着条件严苛或是对条件的理解不清而导致的适用率较低的问题。二是从权力运行的方面来看，检察机关作为行使起诉裁量权的主体，在适用这一制度时往往出于对错案风险承担的顾虑，对绩效考核的不当追求以及审批手续的繁复而使不起诉的裁量权力虚置。

在刑事诉讼中，检察机关因其性质与定位，主要承担起诉与监督的职能。但实际上正是由于审查起诉是决定案件是否进入审判阶段的第一道程序，检察机关就更应当承担审前程序分流的责任，在

① 对于此类不起诉的命名，有学者称之为“控辩协商不起诉”，参见宋志军、毛泽金：《论认罪认罚从宽场域内不起诉的适用》，载《政法学刊》2020 年第 4 期。有学者称之为“核准不起诉”，参见刘根：《核准不起诉：一种新型的不起诉》，载《南昌大学学报》2020 年第 1 期。但大部分学者称之为“特殊（别）不起诉”，参见陈卫东：《检察机关适用不起诉权的问题与对策研究》，载《中国刑事法杂志》2019 年第 4 期；董坤：《认罪认罚从宽中的特殊不起诉》，载《法学研究》2019 年第 6 期；刘刚学：《浅析认罪认罚案件不起诉的三种模式》，载《中国检察官》2019 年第 24 期。从司法实践和学界的观点来看，本文采通说，以“特殊不起诉”指代《刑事诉讼法》第 182 条规定的不起诉类别。

② 即法定不起诉和裁量不起诉，其中裁量不起诉包括酌定不起诉、附条件不起诉、特殊不起诉及最近实践中出现的合规不起诉四个类别。对于裁量不起诉的归纳，参见朱孝清：《认罪认罚从宽制度相关制度机制的完善》，载《中国刑事法杂志》2020 年第 4 期。本文探讨的不起诉，是除现行《刑事诉讼法》第 16 条规定的法定不起诉之外的几种不起诉，主要规定于《刑事诉讼法》第 177 条第 2 款、第 182 条及第 282 条，由于与法定不起诉相比均涉及检察官自由裁量权的行使，因此统称为裁量不起诉制度。易延友教授将不起诉制度区分为法定不起诉和酌定不起诉两大类，参见易延友：《刑事诉讼法——规则、原理与应用》（第五版），法律出版社 2019 年版，第 443 页。

源头上把控进入庭审的案件的数量，进而更好地弥补仅在审判阶段进行程序分流的不足。因此，本文将在对裁量不起诉制度进行反思的基础上，试图以认罪认罚从宽制度为指导，重塑裁量不起诉的制度格局，并借此解决其在程序运行层面与制度设计层面的困境，推动审前程序分流进一步落到实处。

二、裁量不起诉制度理论基础之再考查

（一）裁量不起诉制度的基本原理

1. 机制运行角度：公共利益之考量

从公共利益的角度分析裁量不起诉的制度意义，主要可以从国家和个人两个层面进行。首先，从国家的角度来看，在某些特殊的犯罪案件中，特殊的犯罪主体侵害的法益可能具有特殊性，追诉的过程和后果因而也就具备了不同于一般刑事案件的特征，在这种情况下，追诉与否就成为检察官必须考虑的内容。以暂缓起诉制度为例——作为域外裁量不起诉的一种类别，其主要适用对象为企业犯罪，出发点为对公共利益的考量，如法国“基于公共利益的司法协议”制度[①]。对于企业的经济犯罪，如果动辄便采取严厉的刑事追诉，必然带来较大的社会损失，因此检察官在作出起诉与否的决定时必须考虑国家利益和社会公共利益。[②] 其次，从个人的角度来看，公共利益也当然地将被害人的意见包括在内[③]，因此案件的处理也应当吸收被害人的意见。在被害人与被追诉人之间已经达成和解或者调解协议的情况下，国家的追诉权可以在一定程度上让步于被害人的自主决定权，这并不是对国家刑罚权力的轻视，反而是国家权力对公民自由意志附条件的尊重。对于此类案件，检察机关通过作出不起诉决定即可化解社会矛盾，并在修复受到破坏的社会关系的同

---

① “基于公共利益的司法协议”即法国的暂缓起诉制度。根据这一制度，对于涉嫌腐败、洗钱等特殊犯罪的企业，检察机关可以与涉案企业通过控辩协商的方式，达成附条件的暂缓起诉协议。涉案企业需要在法国反腐败机构的监督下，在一定期间内履行相关的义务，否则将会受到刑事追诉。参见陈瑞华：《法国〈萨宾第二法案〉与刑事合规问题》，载《中国律师》2019 年第 5 期。

② 参见陈瑞华：《企业合规视野下的暂缓起诉协议制度》，载《比较法研究》2020 年第 1 期。

③ 参见易延友：《刑事诉讼法——规则、原理与应用》（第五版），法律出版社 2019 年版，第 445—446 页。

时避免对被追诉人作犯罪的标签化处理，对于被追诉人回归社会有着相当的积极意义[①]，也符合恢复性司法理念的基本要求。

起诉便宜主义与公共利益的考量紧密相关。[②] 与起诉便宜主义对应，起诉法定主义在职权主义国家长期占据的主体地位说明其当然地具有制度上的优势，但是随着司法实践出现的新问题与刑事政策的轻缓化趋势，轻罪入刑导致的犯罪圈扩大为整个刑事犯罪体系的构造带来了根本性的改变。同时，伴随着恢复性司法理念的逐渐深入，刑罚的目的也逐渐由报应走向改造。无论是在哪一个国家，单一的起诉法定主义已经难以满足刑事司法实践面临的新挑战，因此根据案件的具体情况兼采起诉法定主义与起诉便宜主义，成了大多数职权主义国家的检察机关行使起诉权力的具体方式。在这样的刑事司法环境中，裁量不起诉制度逐渐得以产生，并不断发展成一项重要的审前程序分流模式。

2. 诉讼资源分配角度：程序分流与诉讼经济

刑事诉讼之所以需要程序上的分流，是因为在任何一个国家和地区，司法资源的稀缺性都决定了程序设置的多样性，在审前阶段即表现为检察机关作出的不起诉决定。

随着交叉学科的研究不断深入，对法学进行经济原理分析的研究也不断深入，诉讼的经济效益逐渐成为改革的理论基础与追求目标之一。从诉讼经济的角度而言，程序分流与实现诉讼效率同样密不可分。理论上看，刑事诉讼公正与效率价值的同时实现并不存在问题，甚至是可以并行不悖的，但是在司法实践中二者却常常因为无法同时得以实现而经常出现矛盾与冲突。[③] 刑事诉讼中的部分案件具有复杂的特征，因此经常出现耗费时间增加，诉讼周期变长的情况。然而，如果对简单、轻微的犯罪案件和复杂、重大的犯罪案件不加以区分，均适用同样复杂的刑事诉讼程序，必然会造成司法资

① 参见童建明：《论不起诉权的合理适用》，载《中国刑事法杂志》2019年第4期。

② 起诉便宜主义，是指与起诉法定主义相对应的，对案件进行侦查后，即使有足够的证据证明犯罪嫌疑人有罪，检察官也可以通过行使自由裁量权决定是否对其提起公诉的一种制度。参见易延友：《刑事诉讼法——规则、原理与应用》（第五版），法律出版社2019年版，第445页。

③ 参见李明：《论普通程序简易审与简易程序普通审》，载《国家检察官学院学报》2004年第6期。

源的浪费。而程序的繁简分流对于司法资源的合理利用和诉讼参与人各项权利的保障作用非常显著，可以在化解案多人少矛盾的同时，使案情简单的刑事犯罪案件得到及时有效的处理，检察机关通过裁量不起诉制度可以严格把控进入审判阶段的案件数量，与审判阶段的程序分流相比，对于认罪的案件作出不起诉的决定，符合对有限的司法资源作出最大化利用的要求。这更有利于将有限的司法资源投入重大复杂的案件之中，将最大限度地促进诉讼效率的提高。

（二）认罪认罚从宽制度与裁量不起诉

1. 以审判为中心的诉讼制度改革的要求

1996年刑事诉讼法就已经提出了“以审判为中心”的命题，并对审前程序分流机制中的免予起诉制度进行了修改。免予起诉制度由1979年刑事诉讼法确立，代表着检察机关也分享了法院的部分定罪权力——因为免予起诉实质上是一种有罪的处理，只是案件没有起诉到法院并得到有罪的判决。按照无罪推定的要求，定罪权只能由中立的审判机关行使，因此1996年《刑事诉讼法》第12条明确了人民法院的定罪权力，同时确定了酌定不起诉制度。与免予起诉相比，尽管两者的形式和内容相同，但酌定不起诉的法律后果是无罪的，实质上是在审前阶段对被追诉人作出的出罪处理。随后，我国的刑事诉讼也一直在向着以审判为中心的方向发展，并随着认罪认罚从宽制度的确立再一次迎来了新的生机。认罪认罚从宽制度的确立，对于刑事案件繁简分流、司法资源利用效率的提高具有重要的作用。① 从裁量不起诉制度的内容上来看，认罪认罚从宽的内涵都或多或少地存在于机制运行的条件之中，与其存在相当多的重合之处。

① 最高人民法院、最高人民检察院、公安部、安全部、司法部《关于适用认罪认罚从宽制度的指导意见》（以下简称《指导意见》）中写明：适用认罪认罚从宽制度，对准确及时惩罚犯罪、强化人权司法保障、推动刑事案件繁简分流、节约司法资源、化解社会矛盾、推动国家治理体系和治理能力现代化，具有重要意义。同时，《指导意见》在第30条明确规定了不起诉的适用——在认罪认罚案件中逐步扩大酌定不起诉制度的适用，并且对于有可能判处免刑的轻微刑事案件，也可以依法作出不起诉的决定。

2. 宽严相济刑事政策的制度化

法律作为衍生于社会生活基础的上层建筑，必须随着社会的发展而不断发生变化，在不同的时代背景下体现出不同的特征。从刑事法律的角度来看，我国的刑事司法理念在近年来已经发生了巨大的变化。与过去对犯罪的惩罚和预防相比，刑事政策如今已经开始探求惩罚犯罪的合理性与正义性。① 随着现代刑事诉讼理念的不断引入，宽严相济的刑事政策已经从灵活多变的政策逐渐发展成为更加稳定的法律规范，在实体法和程序法领域均有体现。但在刑事诉讼法 2018 年修改之前，刑事司法对于具有认罪认罚从宽精神的规定有明显的重实体轻程序的倾向。② 因此，此次认罪认罚从宽制度的确立，是这一政策在刑事程序法上的显著进步。

在刑事诉讼法确立认罪认罚从宽制度之前，宽严相济的刑事政策在我国已经有所体现，刑法中有关自首、坦白等的相关规定，都是实体法中对犯罪嫌疑人、被告人认罪后能够得到优待加以规定的条款。当前我国的司法实践也在推动刑事诉讼在被告人自愿认罪、接受处罚的条件下，探索刑事诉讼程序上的简化以及诉与不诉的程序分流。③ 如在杭州发生的一起案件中，被告人由于疏忽大意导致一个儿童受伤，公安机关对其以涉嫌过失伤害罪立案侦查，但由于被告人主动投案自首，态度端正，认罪认罚并且积极承担赔偿责任，检察院依法对其作出了不起诉的决定。④ 这样的处理方式，不仅有利于节约司法资源，也是宽严相济政策在程序法方面的重要体现——对于主观恶性不强，犯罪情节轻微且被追诉人认罪态度良好的刑事案件，不起诉决定的作出具有多个方面的积极意义。

---

① 参见莫洪宪：《改革开放以来我国刑事政策总体评估和启示》，载《东方法学》2008 年第 5 期。

② 参见顾永忠：《关于完善“认罪认罚从宽制度”的几个理论问题》，载《当代法学》2016 年第 6 期。

③ 参见孟建柱：《完善司法管理体制和司法权力运行机制》，载《人民日报》2014 年 11 月 7 日。

④ 参见《浙江杭州拱墅区：审慎办理一起高空坠物案》，载最高人民检察院网站，https://www.spp.gov.cn/dfjcdt/202010/t20201028_483247.shtml，2020 年 11 月 3 日访问。

三、裁量不起诉制度存在的问题及其成因

数据可以最直观的方式反映裁量不起诉制度在司法实践中的适用情况，因此笔者分别以2012年和2018年为节点，第一阶段择取2013年至2015年的数据，第二阶段择取2018年至2019年的数据，将两个阶段的数据作为分析比对的载体，以酌定不起诉为考察对象①，对裁量不起诉制度的适用进行分析。

表1 检察机关适用酌定不起诉制度情况②

项目	2013年	2014年	2015年	2018年	2019年
起诉人数	1324404	1391225	1390933	1692846	1818808
法定不起诉人数	16427	23269	25778	34398	41409
酌定不起诉人数	51393	52218	50787	102572	148849
不起诉人数合计	67820	75487	76565	136970	190258
总人数	1392224	1466712	1467498	1829815	2009066
不起诉人数占比	4.9%	5.1%	5.2%	7.5%	9.5%
酌定不起诉率④	3.7%	3.6%	3.5%	5.6%	7.4%
相对酌定不起诉率⑤	75.8%	69.2%	66.3%	74.9%	78.2%

从表1可以看出，2013年至2015年，尽管检察机关作出不起诉决定的人数增多，但酌定不起诉人数所占比例及相对酌定不起诉率

① 以酌定不起诉为主要分析数据是基于以下几个原因：一是酌定不起诉占据了裁量不起诉的绝大部分，数据最为直观；二是未成年人附条件不起诉样本较小，部分年份数据缺失。特殊不起诉目前在司法实践中适用非常有限，样本几近个位数，难以满足数据分析的要求。

② 数据来源于最高人民检察院历年工作报告及2019年全国检察机关主要办案数据，载最高人民检察院网站，https://www.spp.gov.cn，2020年11月13日访问。

③ 2020年数据来源于《最高人民检察院工作报告》（审议版），其中酌定不起诉人数为20.1万人，法定不起诉人数为4.1万人。载最高人民检察院网站，https://www.spp.gov.cn/spp/gzbg/202103/t20210308_511658.shtml，2021年3月9日访问。

④ 酌定不起诉率，反映酌定不起诉人数在总人数中的占比。

⑤ 相对酌定不起诉率，反映酌定不起诉人数在不起诉人数合计中的占比。

却在持续减低，二者呈负相关的走向表明检察机关适用酌定不起诉的明显下降趋势。在认罪认罚从宽原则得以确立之后，2018 年至 2019 年检察机关决定不起诉的人数及酌定不起诉的人数均大幅攀升，酌定不起诉率及相对酌定不起诉率的人数占比也随之明显改善，同样的表现在最高人民检察院发布的办案数据中也可以发现[①]。可是尽管如此，和其他国家与起诉率基本持平的不起诉率相比[②]，我国以酌定不起诉制度为主要代表的裁量不起诉制度仍然面临着适用率较低，难以较好地发挥审前程序分流作用的问题。接下来，笔者将从制度设计层面及程序运行层面对这一问题的成因加以分析。

（一）制度设计层面——裁量不起诉的条件设置

1. 酌定不起诉条件设置不明

首先，适用酌定不起诉的条件设置导致其在司法实践中无法得到充分适用。[③] 对此，学界出现了以下两种观点：一是被追诉人行为构成犯罪，同时满足该款规定即可；二是在此基础上，将"免除处罚"条件限定为刑法明确规定的情节，并依据不同情况作出处理。[④] 从通说及现有的研究来看，大部分的刑事诉讼法学者均主张充分发挥检察官自由裁量权的作用，满足第一种情况即可适用酌定不起诉

---

① 参见《2020 年 1 月至 9 月全国检察机关主要办案数据》，载最高人民检察院网站，https：//www. spp. gov. cn/xwfbh/wsfbt/202010/t20201019_482434. shtml#1，2020 年 11 月 13 日访问。

② 以日本为例，从 2019 年的统计数据上看，检察机关作出酌定不起诉（即"起訴猶予"）决定的人数基本与决定起诉的人数持平，占据了全部刑事案件的 37.4%。数据来源：《最高検，高検及び地検管内別罪名別被疑事件の通常受理，起訴，起訴猶予及び家庭裁判所送致の人員》，载日本法务省《检察统计：统计表》，http：//www. moj. go. jp/housei/toukei/toukei_ichiran_kensatsu. html，2020 年 11 月 16 日访问。

③ 根据《刑事诉讼法》第 177 条第 2 款的规定，"犯罪情节轻微，依照刑法规定不需要判处刑罚或者免除处罚的"案件，为检察机关作出酌定不起诉决定的适用条件。

④ 参见黄云波、敦宁：《酌定不起诉适用条件的规范化判断》，载《江西社会科学》2015 年第 12 期。作者将"免除处罚"情节区分为单一幅度应当免除处罚、单一幅度可以免除处罚和多幅度的免除处罚三类，认为单一幅度可以免除处罚存在起诉的例外，多幅度的免除处罚需要综合考量其他情节考量是否应当作出不起诉的决定。

制度。[1] 但尽管如此，条件规定上的不确定性以及对刑事实体法理解上的不一致都导致大多数检察官抗拒作出酌定不起诉的决定，甚至在某一地区近半数的司法工作人员都认为酌定不起诉制度实际上的操作性并不强。[2] 检察机关对酌定不起诉的适用条件进行解读时存在的差异和理解不到位的情况在一定程度上导致了其较低的适用率。

其次，检察机关作出不起诉决定后的救济方式和监督管理的明显缺位也是其抗拒作出酌定不起诉决定的重要原因。[3] 单从规定上来看，尽管法律明确赋予了被害人对不起诉决定的救济途径，但是在司法实践中，被害人在申诉失败后往往很难通过直接起诉的方式得到救济，一旦出现这种情况，被害人就会倾向于寻求其他的非常规手段维护个人的合法权益。从对被不起诉人的监督管理来看，酌定不起诉的决定一经作出，被不起诉人即告“出罪”，对其之后的行为和表现不再做监督和评价。从表面上看，这似乎是符合“一事不再理”的原则以及国家机关作出决定的稳定性要求，但实际上在与附条件不起诉进行对比时，会发现其极易造成一种实质上的不公。这种事后监督的缺失，同样会使检察机关作出的不起诉决定面临较大的风险，进而导致检察机关减少甚至拒绝作出酌定不起诉的决定。

2. 附条件不起诉适用范围有限

附条件不起诉是一种主体特定，范围有限，配有严格事后评价机制的一类裁量不起诉。其在刑事诉讼法 2012 年的修改中被正式写入特别程序一章，不仅体现了刑事司法对未成年人的特殊保护，也丰富了裁量不起诉制度的内容。正如上文所说，与酌定不起诉相比，该制度很有可能会导致实质上的不公，原因就在于尽管附条件不起诉制度的主体和范围都有限缩，甚至与酌定不起诉相比范围更窄，

---

① 参见陈光中：《刑事诉讼法》（第六版），北京大学出版社、高等教育出版社 2016 年版，第 349 页；易延友：《刑事诉讼法——规则、原理与应用》（第五版），法律出版社 2019 年版，第 444 页；郭烁：《酌定不起诉制度的再考查》，载《中国法学》2018 年第 3 期。

② 参见张树壮、周宏强、陈龙：《我国酌定不起诉制度的运行考量及改良路径——以刑事诉讼法修改后 S 省酌定不起诉案件为视角》，载《法治研究》2019 年第 1 期。

③ 从被害人的救济方式而言，根据《刑事诉讼法》第 180 条的规定，在检察机关作出酌定不起诉的决定之后，被害人不服的，可以进行申诉或者直接向人民法院起诉。

但同时对被不起诉人的限制和考察却更多。

首先，从适用条件上来看，与酌定不起诉相比，附条件不起诉的适用条件更为明确和具体，随之而来的限制也就更多，作用的范围非常有限。[①] 其次，在作出附条件不起诉决定时，根据刑事诉讼法的规定，被不起诉人仍需要接受由检察机关进行的为期 6 个月到 1 年的监督考察，这也被学者称为“起诉保留但附带处分”的裁量不起诉[②]，适用条件相对于酌定不起诉更加严格。

3. 特殊不起诉条件难以把控

在整个裁量不起诉制度中，从内容上来看，特殊不起诉与认罪认罚从宽制度的关系最为紧密[③]，同时也是非常具有革新性的一项审前程序分流举措。因此，在修改刑事诉讼法之前，特殊不起诉就已经被认为“是对现行刑事诉讼法的重大突破”，需要按照“严格控制、慎重适用、防止滥用”的原则，对其适用的案件范围、适用程序和审批流程进行严格的限制。[④] 然而，正是由于特殊不起诉的条件规定得最为严苛，适用条件涉及大量边界模糊的评价，适用对象被严格限制，才导致了该制度从设立至今几乎毫无用武之地，处于无人问津、无人敢用的尴尬境地。

一方面，特殊不起诉将整个裁量不起诉制度的适用范围由轻微刑事案件扩大到了整个刑事诉讼体系——原本的裁量不起诉均集中为轻微的刑事案件，然而特殊不起诉制度并没有适用的范围限制，这是对裁量不起诉制度的极大扩充。另一方面，从特殊不起诉的适用条件上来看，检察官的自由裁量权也大范围扩张：不仅要对被追

---

① 如适用附条件不起诉的主体条件为未成年犯罪嫌疑人，罪名条件为刑法分则第四、五、六章规定的犯罪，刑罚条件为可能判处一年有期徒刑以下刑罚。

② 参见何挺：《附条件不起诉扩大适用于成年人案件的新思考》，载《中国刑事法杂志》2019 年第 4 期。

③ 2016 年“两高三部”印发的《关于在部分地区开展刑事案件认罪认罚从宽制度试点工作的办法》第 9 条和第 13 条分别规定，对于犯罪嫌疑人自愿如实供述犯罪事实的，有重大立功或者案件涉及国家重大利益的，经最高人民检察院批准，公安机关可以撤销案件，人民检察院可以对一项或者多项不起诉。这是第一次以文件的形式出现了特殊不起诉制度的雏形。

④ 参见孙谦：《“刑事案件认罪认罚从宽制度”试点工作这九大问题要注意》，载正义网，http://www.jcrb.com/gongsupindao/FXTX/201702/t20170208_1713961.html，2020 年 11 月 3 日访问。

诉人认罪认罚的前提加以审查，还要对实质上是否有重大立功行为及是否涉及国家重大利益进行认定。这是适用特殊不起诉的实质条件，也是适用条件中与实体法衔接最为密切、最难以把控的条件。从“立功”以及“重大立功”的具体含义上来看①，实体法中对“重大”的衡量，一般是指量刑较重或者影响较大，采用的是一种概括性的说明方式。然而与“重大立功”在相关的法律规定中有所不同的是，“涉及国家重大利益”并不是明确的量刑情节。② 因此，特殊不起诉制度在适用层面，不仅承继了“重大立功”的条件难以认定的老问题，还伴随着“涉及国家重大利益”的条件范围过窄的新问题，二者共同形成了检察机关适用特殊不起诉的新困境。

（二）权力运行层面——风险负担与僵化意识

从裁量不起诉适用主体的角度来看，检察机关在司法实践中往往抗拒适用这一制度，除了在制度设计方面存在的问题之外，在程序运行方面，导致该问题的成因主要表现为以下两个方面：

1. 不起诉决定的风险负担

不起诉决定的“风险自负”，使得检察机关出于对可能出现的错误后果的担忧，使本不应进入审理程序的案件无法通过不起诉制度实现审前分流。由于我国刑事诉讼的“线性构造”模式，在刑事诉讼的整个运行过程中，一般而言下一个阶段会对上一个阶段的诉讼活动成果加以检验，以发现上一阶段可能存在的错误。与此同时，检察机关作为我国的法律监督机关，更是对诉讼全流程起到整体的监督作用。而作为不起诉制度的适用主体，检察机关一旦作出酌定不起诉的决定，即在程序上阻却了案件进入正式庭审③，除相对主体、机关行使救济权利或申请复议之外，案件处理即告终结，检察院作为最终的处理机关将承担错误决定或者是犯罪嫌疑人出现反复

---

① 参见《刑法》第 68 条、最高人民法院《关于处理自首和立功具体应用法律若干问题的解释》第 7 条第 2 款。

② 在 2012 年刑事诉讼法修改之前，“涉及国家重大利益”只是在原《人民检察院刑事诉讼规则》第 45 条关于特别重大贿赂犯罪的规定中有所涉及，即案件涉及国家重大利益的，属于特别重大贿赂犯罪。

③ 参见陈卫东：《检察机关适用不起诉权的问题与对策研究》，载《中国刑事法杂志》2019 年第 4 期。

带来的风险。[①] 除此之外，检察机关还面临着社会公众对司法进行监督带来的压力，担心不起诉决定会带来舆论上的风险[②]，因而不敢作出不起诉的决定。从本质上来看，此处论述的问题之成因在于，作为不起诉决定的作出主体和风险负担主体，检察机关不敢或不愿在审前将案件分流出去，而是选择将其正常起诉，以此方式实现风险的转嫁，但同时也造成了司法资源不必要的浪费。

2. 审批手续复杂与考核规定僵化

长期以来，不仅是在审查起诉阶段，我国刑事诉讼存在的问题之成因，很大一部分都源于内部复杂的审批手续以及僵化的、不合理的考核规定，裁量不起诉制度也不例外。除风险负担问题之外，在整个裁量不起诉制度的程序运行层面，如同其他的诉讼程序一样，诉讼的推进通常以大量的文书工作为载体，辅之以内部严格的考核机制作为对相关诉讼工作的检验。从刑事诉讼法的规定上来看，检察机关无论适用何种不起诉，检察官都没有独立作出决定的权力[③]，出于对起诉裁量权加以限制的考虑，检察机关内部将通过逐层上报该决定的方式实现对适用不起诉制度的严格把关[④]，进而伴随着审批手续的烦琐与复杂。与直接提起公诉相比，不起诉决定会大大加重检察官的工作压力和负担，提高其工作成本。从考核规定上来看，尽管没有明文规定，但司法实践中检察机关内部仍将“不起诉率”作为工作考核的评价机制之一，出于对在考核中影响办案业绩的考虑，检察机关将选择提起诉讼。[⑤] 尽管观念上的偏差、长期以来法定起诉主义下的司法实践形成的固有逻辑都是导致问题出现的重要成

---

① 参见陈卫东：《检察机关适用不起诉权的问题与对策研究》，载《中国刑事法杂志》2019 年第 4 期。

② 参见童建明：《论不起诉权的合理适用》，载《中国刑事法杂志》2019 年第 4 期。

③ 以某地为例，办案人员通常没有决定权，需要对拟不起诉的案件逐级上报，最终经检委会讨论决定。参见张树壮、周宏强、陈龙：《我国酌定不起诉制度的运行考量及改良路径——以刑事诉讼法修改后 S 省酌定不起诉案件为视角》，载《法治研究》2019 年第 1 期。

④ 参见朱孝清：《认罪认罚从宽制度相关制度机制的完善》，载《中国刑事法杂志》2020 年第 4 期。

⑤ 参见张树壮、周宏强、陈龙：《我国酌定不起诉制度的运行考量及改良路径——以刑事诉讼法修改后 S 省酌定不起诉案件为视角》，载《法治研究》2019 年第 1 期。

因，但不当的审批机制和考核机制也束缚了检察机关适用不起诉制度的能力和想法，并导致当前不起诉难以实现审前程序分流的问题，最终使得司法资源难以得到有效的分配和充分的利用。

四、认罪认罚之于裁量不起诉制度的重塑路径

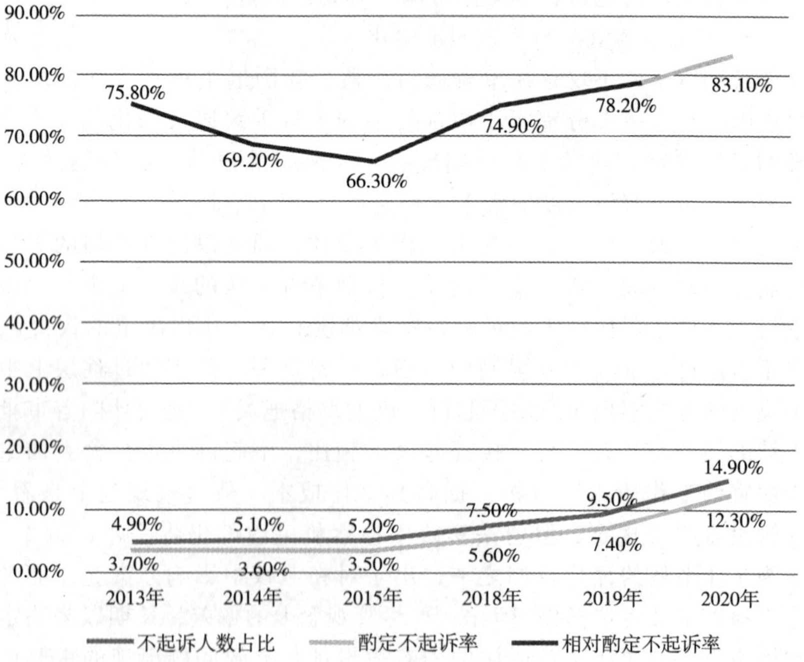

图1　酌定不起诉比例分布

由图1可知，从2013年至2015年，尽管不起诉人数占比走势上扬，但酌定不起诉率和相对酌定不起诉率却呈现了逐年下降的趋势，二者走势均呈负相关的关系；然而，在2018年认罪认罚从宽制度正式确立后，无论是不起诉人数占比、酌定不起诉率还是相对酌定不起诉率均呈现出上升的态势，且二者走势呈现了正相关的关系。认罪认罚从宽制度持续深入推进的2020年，不起诉人数占比以及酌定不起诉率均突破了10%的大关，这代表着认罪认罚从宽制度的确立不仅带动了整个不起诉制度的发展，也大大改善了其中酌定不起诉的适用情况。因此，认罪认罚从宽制度将对整个裁量不起诉制度的完善起到关键性的作用。

从制度设计上来看，认罪认罚从宽制度的确立对于完善裁量不

起诉制度具有重要作用①，也是其包含的价值之一。认罪认罚从宽与裁量不起诉具有内涵的契合之处，主要体现为以下两点：首先，对于认罪认罚从宽制度中“从宽”的理解，不仅包括量刑上的从宽、程序上的简化，也应当包括程序上的不诉。② 其次，从程序分流的意义上来看，“繁简分流”是认罪认罚从宽本源性的立法目的。③ 认罪认罚从宽制度与宽严相济的刑事政策的紧密关系决定了其应当在高效地处理轻微刑事案件方面发挥重要的作用，这一作用的实现仅靠简化的速裁程序是远远不够的，同时应当发挥庭前的分流作用，即阻止案件进入刑事诉讼程序的功能。④ 因此，在问题的解决部分，本文以认罪认罚从宽制度作为解决技术进路，主要包括以下两个方面：

（一）制度设计层面——对适用条件与审查机制进行调整

1. 增设酌定不起诉的适用条件

提高检察机关适用裁量不起诉的比率，关键在于酌定不起诉的充分适用，可以借《指导意见》的“东风”，增设不起诉的适用条件。结合认罪认罚从宽制度的确立，在《刑事诉讼法》第 177 条增设酌定不起诉的适用条件——如果被追诉人认罪认罚，并且检察机关认为有可能判处的刑罚为拘役、缓刑、管制或单处附加刑，可以作出不起诉的决定，并设置相应的监督考查措施。从目前的研究来看，有的学者认为“认罪认罚”应当与《刑事诉讼法》第 177 条第 2 款结合起来共同作为适用酌定不起诉的条件，这种观点有待商榷。因为，如果在原有条件的基础上增加认罪认罚的条件，实质上这种条件的附加将会使得适用条件更为严苛，缩小酌定不起诉的适用范围，这与认罪认罚从宽制度的理念和司法实践情况均不符合。同时，如果仅是在《刑事诉讼法》第 177 条第 2 款中将认罪认罚作为作出

① 通过“探索认罪认罚从宽案件中适用酌定不起诉的条件和程序机制，推动不起诉权的合理适用”。参见陈卫东：《检察机关适用不起诉权的问题与对策研究》，载《中国刑事法杂志》2019 年第 4 期。

② 不起诉作为一种程序上的终结性处理，实际上用程序上的从宽实现了实体上的从宽，符合认罪认罚从宽处理的基本要求。参见何挺：《附条件不起诉扩大适用于成年人案件的思考》，载《中国刑事法杂志》2019 年第4 期。

③ 参见张泽涛：《认罪认罚从宽制度立法目的的波动化及其定位回归》，载《法学杂志》2019 年第 10 期。

④ 参见何挺：《附条件不起诉扩大适用于成年人案件的思考》，载《中国刑事法杂志》2019 年第 4 期。

酌定不起诉充分但不必要的条件，认罪认罚就成为了附属条件，难以发挥实际的效果。因此笔者建议，将被追诉人认罪认罚与量刑相结合，共同作为适用酌定不起诉的条件，与《刑事诉讼法》第177条第2款之间是平行的关系，符合二者其中一种即可作出酌定不起诉的决定。

从人民法院的历年判决来看，在被追诉人认罪认罚的基础上，检察机关综合利用《规范量刑程序意见》[①] 对量刑加以预判，不失可以成为一个好的选择，因此，笔者择取特定年份，对刑事一审案件总量及判决生效情况进行了如下统计：

表2　2018年刑事一审及判决生效情况[②]

案件	免予刑事处罚人数	拘役人数	缓刑人数	管制人数	单处附加刑人数	五类判决总数人数	生效判决总数人数	五类判决占比
危害公共安全罪	4150	111212	139540	763	103	255768	340629	75.1
侵犯财产罪	1714	38400	59664	1789	6206	107773	310216	34.7
妨害社会管理秩序罪	2656	30029	90305	3304	2752	129046	283126	45.6
侵犯公民人身权利和民主权利犯罪	2155	8182	57329	1493	174	69333	168019	41.3

笔者择取2018年刑事一审案件数量最多的四类犯罪作为分析样本，并对其中免予刑事处罚及判处拘役、缓刑、管制及单处附加刑的情况进行了统计。由表2可以明显看出，在占据刑事一审案件总量大部分的以上四类案件中，大部分被追诉人都被判处了相对而言较为轻微的刑罚，且多数为短期自由刑及以缓刑方式执行的判决。尤其是在危害公共安全罪中，接近3/4的案件都获得较为轻缓的判决，这与酒驾入刑、犯罪轻缓趋势关系极大。

“加强量刑研判，逐步提高认罪认罚案件相对不起诉适用率，完

---

① 即2020年11月5日出台的，最高人民法院、最高人民检察院、公安部、国家安全部、司法部《关于规范量刑程序若干问题的意见（试行）》，以下简称《规范量刑程序意见》。

② 数据来源于最高人民法院网站，http://gongbao.court.gov.cn/Details/c70030ba6761ec165c3c2f0bd2a12b.html，2020年11月10日访问。

善认罪认罚后不起诉处理与行政处罚、民事诉讼程序的衔接机制。”[①] 基于此，结合《规范量刑程序意见》，通过对量刑进行预判的方式明确酌定不起诉的适用条件，主要出于以下考量：从认罪认罚从宽制度的内容来看，检察机关在此类诉讼进程中毋庸置疑地起到主导的作用。[②] 因此，检察机关行使决定案件是否进入正式审判程序的权力，有其合法性来源。同时，对于增设适用条件带来的范围扩大的问题，检察机关可以在作出不起诉决定后，有选择地责令对被不起诉人进行一定的行为限制并采取后续的监督考查措施。以危险驾驶罪为例，根据此类犯罪特点，对于拟作出不起诉决定的被追诉人，检察机关可以责令其在一定时间内禁止驾驶机动车并接受司法行政机关的监督。在监督期内，被不起诉人一旦违反该禁止令，司法行政机关可以根据其违反规定的情节严重情况分别加以处理。对于其他的轻微刑事案件，可以责令被不起诉人在司法行政机关的监督下进行社区矫正，或是提供保证金或保证人作为替代性处罚措施，以及处以罚金等，设置相应的后续监督管理机制，以监督不起诉决定实际发挥的效果。

2. 扩大附条件不起诉适用范围

早在认罪认罚从宽制度试点之初，就已经有学者提出通过扩大附条件不起诉制度适用范围的方式来实现认罪认罚在审前起到的分流作用。[③] 因此，在认罪认罚从宽制度下对附条件不起诉加以完善，是一个既能促进该程序的适用，又有利于实现程序繁简分流的方案。从整个裁量不起诉制度来看，酌定不起诉面向的是轻微的犯罪，特殊不起诉面向的是特殊类别的犯罪，而附条件不起诉面向的是特殊主体的犯罪，主体的有限性、范围的有限性以及明确的事后考查机制是附条件不起诉的主要特征。认罪认罚从宽为附条件不起诉的扩大适用提供了制度空间，附条件不起诉同样为认罪认罚案件提供了

---

① 《最高检提出28条意见“十个着力”积极贯彻落实全国人大常委会对适用认罪认罚从宽制度情况报告的审议意见》，载最高人民检察院网站，https://www.spp.gov.cn/spp/xwfbh/wsfbt/202012/t20201210_488555.shtml#1，2020年12月11日访问。

② 参见汪海燕：《认罪认罚从宽制度中的检察机关主导责任》，载《中国刑事法杂志》2019年第6期。

③ 参见熊秋红：《认罪认罚从宽的理论审视与制度完善》，载《法学》2016年第10期。

非犯罪化的处理方式。[①] 因此，附条件不起诉制度进一步扩大适用出现了新的可能。

扩大附条件不起诉适用的具体路径为，在适用主体方面，可以将范围扩大至成年人，结合《规范量刑程序意见》，将成年人附条件不起诉适用的案件范围扩大至刑法分则第二章、第四章、第五章及第六章的犯罪，刑罚条件设置为有可能判处一年有期徒刑以下刑罚的犯罪案件。同时，辅之以审查起诉阶段的社会调查[②]，由司法行政机关对拟作出附条件不起诉决定的成年人进行社会调查，综合评估是否应当作出附条件不起诉的决定，并保留原有的未成年人附条件不起诉的事后评价考查机制，统一由司法行政机关进行事前的社会调查与后续的审查工作。

3. 细化特殊不起诉适用情形

在刑事诉讼法 2018 年修改之前，裁量不起诉制度的适用范围主要为轻微刑事案件，随着特殊不起诉机制的确立，裁量不起诉的适用范围不再受到这一限制，检察机关决定不起诉的权力也大大扩张。在原有的问题已经十分突出的情况下，这样一种权力的延展似乎使得裁量不起诉制度的适用“雪上加霜”。但从认罪认罚从宽制度的确立上来看，特殊不起诉机制的确立，将会带来新的生机。因此，在特殊的制度背景下，可以通过细化特殊不起诉适用情形的方式，促进其在司法实践中的适用。

首先，从适用前提上来看，检察机关作出特殊不起诉的决定必须以被追诉人认罪认罚为前提，这是程序开启的必要条件。其次，从适用条件上来看，适用特殊不起诉的案件必须满足有“重大立功情形”或者“涉及国家重大利益”的条件，有学者认为应当将重大立功限定为“特别重大立功”[③]，本文对此持肯定态度。最后，对于“涉及国家重大利益”难以判断的问题，可以参考速裁程序初期试点

---

① 参见何挺：《附条件不起诉扩大适用于成年人案件的思考》，载《中国刑事法杂志》2019 年第 4 期。

② 《指导意见》第九章规定，对被追诉人认罪认罚的案件，可以委托相应的社区矫正机构进行社会调查评估，且评估意见是人民法院判处管制或者宣告缓刑的重要参考。

③ 参见董坤：《认罪认罚从宽中的特殊不起诉》，载《法学研究》2019 年第 6 期。

的列举方式[①]，对过去司法实践中的相关案件进行总结与筛选，并对其类别划分，明确适用的案件范围，对特殊不起诉制度的初期适用加以指导。

（二）权力运行层面——革除检察机关的后顾之忧

1. 设置公开机制淡化风险负担问题

首先，检察机关内部需要转变不当的“风险负担思想”，明确没有分工负责，互相配合、互相制约就无处可谈。检察机关负责审查起诉是其职能中的应有之义，因此务必以审慎的态度行使不起诉的权力，而不是出于对风险负担的担忧而一味地将案件推入审判程序。

其次，可以在事后监督救济的基础上，设置事中公开机制来降低检察机关对风险的担忧。目前，根据刑事诉讼法的规定，对裁量不起诉制度监督通常具有事后性，如附条件不起诉的监督考查及酌定不起诉的救济和复议。2020 年 10 月出台的《人民检察院审查案件听证工作规定》（以下简称《听证工作规定》），已经明确了对拟不起诉案件可以进行公开的听证。[②] 然而，从《听证工作规定》的规定内容上来看，需要进行公开听证的不起诉案件范围较窄，一般是存在争议或者影响重大的案件。目前，随着网络视频技术的发展，从各地检察院的司法实践来看，通过公开听证的方式对不起诉决定进行监督的案件并不仅仅限于案情复杂、存在争议的案件，主要是检察机关因被追诉人认罪认罚拟作出不起诉决定的案件。[③] 因此，可以放宽对不起诉案件举行听证的条件，对所有裁量不起诉的案件进行听证。在听证会上对案件进行全面说明。对于特殊的、不宜公开

---

① 如《关于在部分地区开展刑事案件速裁程序试点工作的办法》第 1 条，列举了对危险驾驶、交通肇事、盗窃、诈骗、抢夺、伤害、寻衅滋事、非法拘禁、毒品犯罪、行贿犯罪、在公共场所实施的扰乱公共秩序犯罪 11 种犯罪，明确试点中可以适用速裁程序审理的案件。

② 《听证工作规定》第 4 条规定，人民检察院办理拟不起诉案件，在事实认定、法律适用、案件处理等方面存在较大争议，或者有重大社会影响，需要当面听取当事人和其他相关人员意见的，经检察长批准，可以召开听证会。

③ 如南昌市对一起认罪认罚酌定不起诉的案件举行了听证会，参见最高人民检察院网站，https：//www. spp. gov. cn/dfjcdt/202010/t20201022_ 482747. shtml，2020 年 11 月 10 日访问；山东曹县对一起未成年人的酌定不起诉案件进行了不公开的听证会，参见最高人民检察院网站，https：//www. spp. gov. cn/dfjcdt/202010/t20201012_ 481596. shtml，2020 年 11 月 10 日访问。

的不起诉案件，则可以通过网上公开材料进行说理的方式接受监督。通过听证方式对不起诉决定的作出过程进行公开，充分听取听证员的意见，主动接受社会监督。对包括由于被追诉人认罪认罚作出不起诉决定在内的全部裁量不起诉案件进行公开听证，不仅有利于广大公民对裁量不起诉的逐渐接受，更有利于打消检察机关适用裁量不起诉制度的风险疑虑。

2. 改革审批制度及考核规定

如上文所述，目前检察机关作出不起诉决定，需要“逐级上报，层层把关”，通过严格的审批手续保障不起诉决定的准确性，导致检察官往往难以独立作出不起诉的决定，这样的规定也同样不利于实现司法责任制改革下检察官行使权力的权责对应目标。对于这一问题，已经有很多学者建议保障检察官行使起诉裁量权的独立性①，本文对此同样持肯定的态度，但对于此类“权力下放”，笔者认为不能完全采用一刀切的规定方式。对于适用酌定不起诉及附条件不起诉的案件，由于案情较为轻微，权力下放面临的风险不多，检察官倾向于主动适用。然而对于特殊不起诉案件，由于案情复杂且适用条件往往涉及各方面的评价与审查，应当对权力的下放施加适当限制，就目前而言，可以保留检察长决定或检委会讨论决定的方式，以避免改革步伐过于激进，反而降低检察官适用的积极性。

同时，对于长期以来的不合理的考核规定，应当对其进一步加以变革与完善，破除内部僵化的考核指标，关键在于检察官观念的转变。因此，可以通过上文所提及的各种促进裁量不起诉适用的手段和方式，解决检察官的后顾之忧，鼓励检察官适用不起诉制度，积极作出不起诉决定。只依赖于规定的变化或者是口号，没有办法从根本上扭转检察官的抗拒态度。只有向积极适用的方向迈出步伐，通过司法实践的广泛适用与整体司法环境的不断完善，裁量不起诉制度才会出现革故鼎新的机遇。

---

① 参见张树壮、周宏强、陈龙：《我国酌定不起诉制度的运行考量及改良路径——以刑事诉讼法修改后S省酌定不起诉案件为视角》，载《法治研究》2019年第1期；陈卫东：《检察机关适用不起诉权的问题与对策研究》，载《中国刑事法杂志》2019年第4期；朱孝清：《认罪认罚从宽制度相关制度机制的完善》，载《中国刑事法杂志》2020年第4期。

五、余论：裁量不起诉制度应何去何从

在整个认罪认罚从宽制度中，由于案件处理的整体格局向审前程序倾斜，检察机关的角色和地位逐渐发生变化。作为在该制度内起主导作用的国家机关，检察机关对于繁简分流的制度目标的实现同样应当起到积极的推进作用。与审理程序的简化相比，审前的程序分流在节约司法资源方面拥有天然的优势地位，而司法资源的合理利用与以审判为中心的诉讼制度改革同样休戚相关。因此，无论是从宏观的司法改革角度，还是从微观的制度完善角度，裁量不起诉制度的落实与适用均具有重要的现实意义。用“认罪认罚”新方法解决“不起诉难以适用”的旧问题，不失为一个可以探求的路径。

本文的探讨并没有涵盖认罪认罚从宽制度中审前程序分流机制的全部问题，如司法实践与学界研究中新兴的“企业合规”问题，作为一种新型的裁量不起诉，其在适用主体、适用范围、适用方式与评价考核机制等方面都为裁量不起诉制度带来了新的问题。本文拟通过对裁量不起诉制度的制度设计和权力运行加以完善，解决制度存在的各种问题，尝试为同属于裁量不起诉制度大框架内的“企业合规”机制的构建提供可供参考的方案，以期实现我国审前程序分流机制的进一步完善与发展。

举报人行政诉讼原告资格：规范、理论与重塑

李　策*

最高人民法院指导案例77号[①]和2018年最高人民法院《关于适用〈中华人民共和国行政诉讼法〉的解释》（以下简称《行诉法解释》）第12条第5项[②]认可了私益举报人[③]的原告资格。但实践中出现了不少否定举报人原告资格的案例。以2017年"刘某明案"[④]为起点，一些法院开始引用保护规范理论来解释利害关系，进而用主观公权利来作为判断举报人是否有原告资格的必要条件。如法院在毛某旺与兴化市民政局不履行法定职责案中指出，只有主观公权利可能受到行政行为侵害的当事人才具有原告资格。[⑤]

司法实践和司法解释的矛盾如上所述。学界对举报人原告资格的争论也是众说纷纭，大致形成了三种观点：一是依据《行诉法解

---

* 中国政法大学法学院宪法学与行政法学专业2020级博士研究生。

① 最高人民法院指导案例77号首次明确，"举报人就其自身合法权益受侵害向行政机关进行举报的，与行政机关的举报处理行为具有法律上的利害关系，具备行政诉讼原告主体资格"。参见最高人民法院指导案例77号（2016年）罗某荣诉吉安市物价局物价行政处理案。

② 《行诉法解释》第12条第5项规定，为维护自身合法权益向行政机关投诉，具有处理投诉职责的行政机关作出或者未作出处理的，属于《行政诉讼法》第25条第1款规定的"与行政行为有利害关系"。

③ 所谓私益举报人，是指因为自身利益受到了他人违法行为的侵害，进而向行政机关举报该违法行为的人。例如，消费者因购买假冒伪劣商品而向监管部门举报商家。所谓公益举报人，是指出于维护公共利益的考虑，而对与自身利益没有直接关系的违法行为进行举报的人。例如，居住于北京的公民向黑龙江有关部门举报黑龙江的环境污染情况。

④ 参见最高人民法院（2017）最高法行申169号裁定书。

⑤ 参见江苏省泰州市海陵区人民法院（2017）苏1202行初267号裁定书。

释》第12条第5项，主张较广泛地认可举报人的原告资格。[①] 二是从法政策角度，主张仅仅在部分行政管理领域认可举报人的原告资格。[②] 三是依据保护规范理论，收紧举报人原告的范围，只承认有主观公权利的举报人的原告资格。[③] 应当说，既有研究取得了丰硕的成果。但是，既有研究在引入保护规范理论时忽视了我国行政诉讼法及其司法解释的独特功能，导致投诉人原告资格被大大限缩；司法实践中出现了很多有价值有意义的案例，既有研究对此关注较少。

有鉴于此，本文综合运用文本分析法、案例分析法和比较分析法，首先分析举报人原告资格的法律规范及其困境，其次梳理司法案例对举报人原告资格的认定标准，尤其是分析保护规范理论的影响，最后借鉴保护规范理论，并结合国情对其进行反思，在此基础上重构举报人原告资格的构成要件。

一、举报人原告资格的规范基础剖析

法教义学以法律规范作为处理法律问题的核心。[④] 故对于举报人原告资格的研究，应当首先考察法律规范对举报人原告资格的界定。从1989年行政诉讼法到2018年《行诉法解释》，举报人原告资格界定标准[⑤]经历了数十年的嬗变，其随着经济政治体制改革而发展，但也引发了种种争议。笔者将在梳理法律规范的基础上归纳演变逻辑并指出适用困境，以期为后文保护规范理论的引入和举报人原告资格构成要件的重塑打下基础。

（一）举报人原告资格规范基础的嬗变

1989年《行政诉讼法》第2条、第24条第1款、第41条第1

---

① 参见彭涛：《举报人的行政诉讼原告资格》，载《行政法学研究》2019年第2期。

② 参见赵鹏：《惩罚性赔偿的行政法反思》，载《法学研究》2019年第1期。

③ 参见伏创宇：《行政举报案件中原告资格认定的构造》，载《中国法学》2019年第5期。

④ 参见［德］卡尔·拉伦茨：《法学方法论》，陈爱娥译，商务印书馆2003年版，第76页、第112页。

⑤ 需要说明的是，本文在提到（举报人）原告资格界定、认定的“标准”一词时，是将其作为（举报人）原告资格的构成要件之一——很多情况下就是核心要件——来使用的。

项规定了原告资格。从字面上看，由于这里用了“认为”的字眼，故很多学者将其解读为主观标准[①]；而所谓“侵犯”，可以理解为因果关系要件，但是该要件却被“认为”的强烈主观性消解。合法权益，可以理解为权益要件，即起诉人必须拥有合法权益才能成为原告[②]。公民、法人或者其他组织是主体要件。据此，从文义上看，(举报人）原告资格的构成要件为主观要件、主体要件和权益要件。但这种规定过于原则，缺乏实质内容，不能发挥对诉讼的指引和规范作用；而且在司法实践中，部分法院错误地将该规定理解为只有行政相对人才有权起诉。[③] 实践中，业主被许可建造高层建筑的，如果相邻人针对该行政许可提起行政诉讼，法院一般否认其原告资格。[④] 因此，这里尽管没有使用“直接利害关系”，但实务中，直接利害关系往往是法院判断原告资格的实体要件[⑤]，所以实务中（举报人）原告资格的要件可以归纳为主观要件、主体要件、权益要件和直接利害关系要件。

2000 年实施的最高人民法院《关于执行〈中华人民共和国行政诉讼法〉若干问题的解释》（以下简称 2000 年《若干解释》）第 12 条规定了“法律上利害关系”标准。所谓法律上利害关系，并非仅指直接利害关系，也包括间接利害关系，因此，原告不限于与行政行为有直接利害关系的行政相对人。[⑥] 在一些情况下，权利义务受到行政行为实际影响的行政相关人，也可以作为原告。[⑦] 该解释第 13

---

① 参见何海波：《行政诉讼法》，法律出版社 2016 年版，第 194 页。

② 合法权益的范围只包括人身权和财产权，不包括政治权利等。参见王万华：《行政诉讼原告资格》，载《行政法学研究》1997 年第 2 期。

③ 参见江必新主编：《新行政诉讼法专题讲座》，中国法制出版社 2015 年版，第 110 页。

④ 参见张树义主编：《寻求行政诉讼制度发展的良性循环》，中国政法大学出版社 2000 年版，第 80—81 页。

⑤ 参见黄锴：《行政诉讼中举报人原告资格的审查路径——基于指导案例 77 号的分析》，载《政治与法律》2017 年第 10 期。

⑥ 参见最高人民法院行政审判庭编：《〈关于执行《中华人民共和国行政诉讼法》若干问题的解释〉释义》，中国城市出版社 2000 年版，第 27 页。

⑦ 例如，甲规划部门许可乙公司修建一幢大楼，由于该大楼的修建致使丙家采光不足，丙虽然不是行政许可的相对人，但是其权利义务受到该行政许可行为的实际影响，故其可以作为行政诉讼的原告起诉。

条进而列举了四种有利害关系的相关人。[1]

相比于1989年行政诉讼法，2000年《若干解释》“取消了对原告资格的不当限制”。[2] 法律上利害关系是一个比较客观的标准[3]，原告资格的判断不能仅依赖于起诉人的主观看法。由此，（举报人）原告资格的构成要件为主观要件、主体要件、权益要件，以及客观要件即法律上利害关系要件。但实践中，对法律上利害关系的理解较为混乱，缺乏确定的标准。[4] 一些法院进行了限制性的解释和适用。有的法院把合法权益解释为法定权利，有的理解为原告应当是行政行为所直接指向的对象，即行政相对人；有的认为原告应当与具体行政行为有直接利害关系，这些理解和适用对原告资格有过多的限制，导致部分案件以起诉人不具有原告资格为由裁定不予受理或驳回起诉。[5]

2014年修正的《行政诉讼法》第25条第1款[6]对原告资格作出修改。2017年修正行政诉讼法时延续了这一规定。该规定去掉了“法律上利害关系”的“法律上”而采用“利害关系”标准，延续了2000年《若干解释》关于相对人和相关人的区分，并明确肯定相对人和有利害关系的相关人的原告资格。这种修改意在避免实践中因“法律上”的定语而不当限缩原告资格，有利于根据实际需要，

---

① 2000年《若干解释》第13条规定：“有下列情形之一的，公民、法人或者其他组织可以依法提起行政诉讼：（一）被诉的具体行政行为涉及其相邻权或者公平竞争权的；（二）与被诉的行政复议决定有法律上利害关系或者在复议程序中被追加为第三人的；（三）要求主管行政机关依法追究加害人法律责任的；（四）与撤销或者变更具体行政行为有法律上利害关系的。”

② 江必新：《中国行政诉讼制度之发展：行政诉讼司法解释解读》，金城出版社2001年版，第33页。

③ 参见信春鹰主编：《〈中华人民共和国行政诉讼法〉释义》，法律出版社2014年版，第69页。

④ 参见江必新、邵长茂：《新行政诉讼法修改条文理解与适用》，中国法制出版社2015年版，第82页、第83页。

⑤ 参见全国人大常委会法制工作委员会：《行政诉讼法立法背景与观点全集》，法律出版社2015年版，第282—283页。

⑥ 《行政诉讼法》第25条第1款规定：“行政行为的相对人以及其他与行政行为有利害关系的公民、法人或者其他组织，有权提起诉讼。”

将应当纳入受案范围的行政争议纳入受案范围。[1] 这对于司法实践根据需要扩展原告资格，尤其是举报人的原告资格，具有重要意义。不过利害关系和法律上利害关系的立法精神是一致的，[2] 其指的仍是法律上的利害关系，且此时2000年《若干解释》仍然有效，所以（举报人）原告资格的构成要件在2014年修改行政诉讼法前后并无实质变化。

为了适用修正后的行政诉讼法，以及应对行政不作为的现实困境，《行诉法解释》第12条规定了其他利害关系人的范围[3]。该条延续了2000年《若干解释》规定的四种行政相关人。此外，增加第5项以肯定为维护自身合法权益向行政机关投诉的人的原告资格，由于该项是有关"投诉举报者的原告资格"[4] 的规定，故该条也适用于举报人。根据该条，公益举报人没有原告资格；而似乎所有的私益举报人都具有原告资格，不必问行政实体法的规定。据此，举报人原告资格的构成要件为主观要件、主体要件、权益要件。这里的主体要件是指，举报人必须是为维护自身合法权益而举报的人，即私益举报人。权益要件指的是行政法上的权益，而非民事权益，举报人拥有何种行政法上的权益，是人身权、财产权，还是其他权益[5]，与举报的内容和请求密切相关。需要说明的是，由于该条直接将私益举报人定性为"有利害关系"，所以这里的利害关系不是作为一个独立的要件，而是被融入和消解于主体要件和权益要件之中。

① 参见全国人大常委会法制工作委员会行政法室：《〈中华人民共和国行政诉讼法〉解读与适用》，法律出版社2015年版，第57页。

② 参见最高人民法院行政审判庭编著：《最高人民法院行政诉讼法司法解释理解与适用》，人民法院出版社2018年版，第96—105页。

③ 《行诉法解释》第12条规定："有下列情形之一的，属于行政诉讼法第25条第1款规定的"与行政行为有利害关系"：（一）被诉的行政行为涉及其相邻权或者公平竞争权的；（二）在行政复议等行政程序中被追加为第三人的；（三）要求行政机关依法追究加害人法律责任的；（四）撤销或者变更行政行为涉及其合法权益的；（五）为维护自身合法权益向行政机关投诉，具有处理投诉职责的行政机关作出或者未作出处理的；（六）其他与行政行为有利害关系的情形。"

④ 最高人民法院行政审判庭编著：《最高人民法院行政诉讼法司法解释理解与适用》，人民法院出版社2018年版，序言第6页。

⑤ 2014年修改后的《行政诉讼法》第12条第1款把合法权益的范围由"人身权、财产权"扩展至"人身权、财产权等合法权益"。

满足了主体要件和权益要件，也就有了利害关系，所以没有必要把“利害关系”作为单独的要件了。

（二）举报人原告资格规范基础的嬗变逻辑

法律规范对举报人原告资格的界定标准经历了数十年的嬗变，其发展变化并非杂乱无章、其适用落实也并非一帆风顺。经过考察可以发现，法律规范对举报人原告资格界定标准的嬗变呈现出以下逻辑：

第一，界定标准呈现出逐渐放宽原告资格的趋势，私益举报人的原告资格被明确认可。这与当下法治建设、权利保护的趋势是相适应的。[①] 具体而言，这种放宽体现在三方面，首先，主体要件放宽。1989 年行政诉讼法中（举报人）原告仅限于行政相对人。[②] 2000 年《若干解释》规定，原告不限于行政相对人，相邻权人等相关人也可作为原告。《行诉法解释》将私益举报人认定为有利害关系的相关人，扩展了相关人的范围。总体而言，主体要件的放宽大致呈现相对人→相对人 + 相关人（不含举报人）→相对人 + 相关人（含私益举报人）的模式。其次，权益要件放宽。2014 年行政诉讼法将 1989 年行政诉讼法的规定扩展至“人身权、财产权等合法权益”，如环境权等。最后，利害关系要件逐步消解。从直接利害关系到法律上利害关系，再到利害关系，利害关系概念的内涵逐步泛化，外延也越来越不确定。直到《行诉法解释》，举报人原告资格的利害关系要件被完全消解和融入主体要件和权益要件之中，利害关系对举报人原告资格的限制逐步减小。

第二，界定标准从主观标准转向主客观标准[③]，类型化方法得到重视和应用，原告资格的明确性有所增加。主观标准更多依赖当事人的主观判断，客观标准更多依赖客观情况，能够避免主观臆断。一方面，1989 年《行政诉讼法》第 2 条的“认为”二字，多被学界

① 参见王名扬：《美国行政法》，中国法制出版社 1995 年版，第 618 页。

② 参见江必新主编：《新行政诉讼法专题讲座》，中国法制出版社 2015 年版，第 110 页。

③ 参见章剑生：《行政诉讼原告资格中“利害关系”的判断结构》，载《中国法学》2019 年第 4 期。

解释为主观判断标准。[1] 为了减少这种主观标准的不确定性，2000年《若干解释》引入法律上利害关系、2014年行政诉讼法引入利害关系——实践中多将其解释为实际影响[2]——这种相对客观的不以人的意志为转移的标准，来考察起诉人（举报人）和行政行为的关系。另一方面，1989年行政诉讼法对（举报人）原告资格的规定采用了概括主义的立法模式，而2000年《若干解释》、2014年行政诉讼法和《行诉法解释》在概括主义的基础上，通过类型化的方法，总结实践中原告的类型，将原告区分为相对人和相关人，并进一步列举了相关人的具体形态，如相邻权人、私益举报人等，增加了原告资格的明确性。

（三）举报人原告资格规范基础的困境

举报人原告资格界定标准的适用困境，不仅包括利害关系的适用困境，也包括《行诉法解释》第12条第5项有关私益举报人原告资格规定的适用困境。

利害关系是一个典型的不确定法律概念，其适用困境体现为缺乏明确的判断标准。其原因在于利害关系的主观性过强、可操作性差[3]，具体表现为利害关系的客观认定标准不明确、不统一。过去应对利害关系不确定性的方法是通过司法解释将利害关系的具体情形类型化，但是这种应对仍然不足以弥补利害关系的不确定性，无法保障利害关系界定标准的一贯和连续性。一方面，私益举报人的原告资格受到质疑。私益举报人的原告资格是《行诉法解释》明确承认的，但是由于利害关系的适用困境，许多学者和实务部门倾向于认为全部或者部分私益举报人与行政行为没有利害关系。[4] 另一方面，在《行诉法解释》第12条列举的利害关系人之外的公民、法人、其他组织起诉时，法院缺乏明确的、可以判定其是否具备原告

① 虽然在实践中并非如此，但如果仅从文本的角度看，原告资格的认定标准是主观的。

② 参见最高人民法院行政审判庭编：《〈关于执行《中华人民共和国行政诉讼法》若干问题的解释〉释义》，中国城市出版社2000年版，第26页。

③ 参见马怀德、孔祥稳：《改革开放四十年行政诉讼的成就与展望》，载《中外法学》2018年第5期；江必新：《行政审判中的立案问题研究》，载《法律适用》2018年第3期。

④ 参见赵宏：《保护规范理论在举报投诉人原告资格中的适用》，载《北京航空航天大学学报（社会科学版）》2018年第5期。

资格的标准，这就使得以利害关系作为判断标准的原告资格缺乏开放性，无法适应实践的发展和需要。

《行诉法解释》第12条第5项的规定似乎已经相当明确，但是如果仔细思考，尤其是结合相关案例，会发现其在具体的适用上，还存在以下困境：其一，主体方面。该条表明具有原告资格的主体是“为维护自身合法权益向行政机关投诉的人”。但是在我国法律中，举报和投诉大多是被一起规定的。[①] 那么，如何区分举报人和投诉人呢？其二，权利方面。举报人起诉，必然有诉讼请求，那么举报人可以向行政机关提出何种要求呢？法院应当如何处理呢？例如，如果举报人对于行政机关答复处理结果的行为不服而起诉，法院是否受理？沈阳市的法院拒绝受理[②]，重庆市的法院却予以受理[③]。也即，举报人拥有哪些行政法上的权利？进一步的问题是，这些权利的法律依据是什么？行政法律（狭义）是否提供了足够的依据？其三，滥诉问题。该条承认私益举报人原告资格，而且似乎没有作任何限制。这使笔者不得不考虑的问题是，如果“职业打假人”“投诉专业户”[④] 等利用购买商品并举报的契机使自己成为私益举报人并起诉，面对如此数量繁多的诉讼，如何确保正常行政和有效利用司法资源呢？实践中甚至出现了举报人频繁滥诉的极端案件[⑤]，不可不察。

二、举报人原告资格的司法认定标准考察

司法实践对举报人原告资格的认定标准呈现出多元化的趋势。

① 如《广告法》第53条规定，“任何单位或者个人有权向市场监督管理部门和有关部门投诉、举报违反本法的行为。”

② 参见辽宁省沈阳市中级人民法院（2018）辽01行终132号裁定书。

③ 参见重庆市第五中级人民法院（2018）渝05行终427号判决书。

④ 实践中，职业打假人的问题比较突出。参见赵鹏：《惩罚性赔偿的行政法反思》，载《法学研究》2019年第1期。

⑤ 参见山西省太原市杏花岭区人民法院（2018）晋0107行初116号裁定书。

"刘某明案"是最高人民法院首个明确引入保护规范理论的案例[①]，此案前后举报人原告资格的认定标准发生了较大变化，值得进一步考察。

（一）举报人原告资格的司法认定标准

根据对相关案例和法律规范、理论的梳理、归纳和分析分类，笔者发现，"刘某明案"之前法院对举报人原告资格的认定标准主要三种：

第一，实际影响标准。2000 年《若干解释》规定的法律上利害关系，意指被诉行为"对公民、法人和其他组织的权利义务已经或将会产生实际影响"。该解释第 1 条第 2 款第 6 项也认为只有产生实际影响的行为才可诉。但实践中，受到行政行为实际影响的人都有原告资格吗？如果是，那么原告的主体范围将无限扩展，处于不确定状态。[②] 这是该标准的问题所在。

根据笔者的梳理，以实际影响作为举报人原告资格的认定标准，可以按照举报人是为私益还是公益举报，分两种具体情况：对于公益举报人，法院以公益为由认定没有实际影响。在黄某洲与梅州市物价局举报答复纠纷案中，法院认定，上诉人的举报不涉及自身合法权益，属于公益举报，物价局的答复不会对其造成实际损害或者不利影响。[③]

对于私益举报人，虽然都适用实际影响标准，但判决结果却不甚统一，甚至相互矛盾。大体而言，法院有两种态度：在较多案件中，认定行政机关的行为，包括受理、答复[④]、查处，不产生实际影

① 在刘某明诉张家港市人民政府行政复议案中，最高人民法院指出，"判断是否具备原告主体资格的标准多重，呈逐渐扩大和与时俱进态势。其中，保护规范理论或者说保护规范标准，将法律规范保护的权益与请求权基础相结合，具有较强的实践指导价值"。参见最高人民法院（2017）最高法行申 169 号裁定书。

② 参见陈鹏：《行政诉讼原告资格的多层次构造》，载《中外法学》2017 年第 5 期。

③ 参见广东省梅州市中级人民法院（2014）梅中法行终字第 38 号裁定书。

④ 举报答复行为是不是行政行为，存在争议，由于本文的研究对象不在于此，故对之不多讨论。参见黄小波：《试论举报答复行为的行政法属性》，载《行政法学研究》2007 年第 4 期。

响。具体而言，对于答复行为，法院认为其只是一种传达、告知，没有设定新的权利义务，故没有实际影响。[①] 对于受理和查处行为，法院也认定不产生实际影响。[②] 在少数案件中，法院认定答复行为有实际影响，认可举报人的原告资格。不过法院在论证有实际影响时，又有不同的理由：一是以答复是具体行政行为为由，认定有实际影响[③]。二是以举报人是私益举报人为由认定有实际影响。[④]

第二，举报监督权利标准。我国很多行政管理法律、法规、规章都规定公民有权举报[⑤]，同时还规定了行政机关受理举报、答复、奖励、保密、查处被举报行为的义务。一般情况下，没有法律的明确规定，举报人不能仅依据这种举报权而成为原告。行政诉讼法规定的合法权益是否包含作为民主政治权利的举报权在内，不无疑问。[⑥] 对此，法院的观点是，“只有当行政机关对公民的检举权的处理既影响其民主政治权利，同时还影响其人身、财产权利的情形下，行政机关对公民的检举权的处理才能纳入行政诉讼的受案范围”。[⑦]

实践中有部分法院在少数案件中认可私益举报人的举报权，进而认可其原告资格。但需要说明的是，法院认可的只是私益举报人要求答复结果的权利，而不认可举报人（无论公益私益）要求查处被举报行为的权利。在叶某良不服广州市工商局举报答复案中，法院指出，被告不受理举报的行为有可能影响到原告的举报监督权，因此，原告与被告的行为之间存在法律上利害关系，具有原告资格，但是，“立案查处，因其涉及的是其他市场竞争者的公平竞争权益，与原告的合法权益之间并无联系，与原告之间并无利害关系，故原

---

① 参见湖南省长沙市中级人民法院（2015）长中行终字第00794号裁定书。

② 参见温州市鹿城区人民法院（2016）浙0302行初177号裁定书。

③ 参见南京市栖霞区人民法院（2013）栖行初字第3号行政判决书。

④ 参见黑龙江省哈尔滨市中级人民法院（2016）黑01行终691号裁定书。

⑤ 如《食品安全法》第12条规定，任何组织或者个人有权举报食品安全违法行为。

⑥ 参见彭涛：《举报人的行政诉讼原告资格》，载《行政法学研究》2019年第2期。

⑦ 广东省梅州市中级人民法院（2014）梅中法行终字第38号裁定书。

告对此并无诉权，本院对此不予审查”[1]。

第三，“不履行法定职责的相对人”标准。依据《行政诉讼法》第12条第1款第6项，如果把私益举报人视为不履行法定职责的相对人，那么作为相对人的举报人当然具有了原告资格。[2] 该标准可以说是“刘某明案”之前举报人原告资格认定的主要标准。一般而言，只要举报人不是为公益举报，法院都会据此认可举报人要求行政机关受理、查处、答复、奖励的权利和原告资格。

具体而言，在大量案件中，法院认可了私益举报人要求行政机关受理、答复、查处的权利和原告资格。其典型案例为最高人民法院公报发布的彭某纯诉上海市工商局不履行法定职责纠纷案。在该案中，法院判决上海市工商局对彭某纯投诉的专题报道节目是否构成违法医疗广告进行调查处理，并将处理结果告知本人。[3] 对于私益举报人要求奖励的，法院也倾向于认可。在陈某某诉深圳市市场监督管理局某分局不履行法定职责纠纷案中，法院认定，原告陈某某举报的情况已经查证属实，被告是受理举报的部门，遂判决被告对举报行为是否奖励作出处理。[4] 此外，尤其值得注意的是，对于公益举报人要求奖励的，也有法院将奖励作为一种预期利益，纳入了行政法上的权利范畴，认可其原告资格。[5] 但如此广泛承认举报人原告资格，也带来了滥诉和制约行政机关正常行政的弊病。

（二）作为司法认定标准的保护规范理论

“刘某明案”之后，法院对举报人原告资格的认定标准开始转向保护规范理论，《行诉法解释》为保护规范理论的进一步适用提供了契机。为此，需要梳理“刘某明案”后举报人原告资格的案例情况，提炼保护规范理论对举报人原告资格的认定思路。

---

① 参见广州市天河区人民法院（2011）穗天法行初字第68号判决书。

② 参见黄锴：《行政诉讼中举报人原告资格的审查路径——基于指导案例77号的分析》，载《政治与法律》2017年第10期。

③ 参见彭某纯诉上海市工商局不履行法定职责纠纷案，载《最高人民法院公报》2003年第5期。

④ 参见广东省深圳市龙岗区人民法院（2013）深龙法行初字第94号判决书。

⑤ 参见河南省郑州市中原区人民法院（2013）中行初字第187号判决书。

1. 案例概况

“刘某明案”之后、《行诉法解释》施行之前，一些法院开始在举报人原告资格案件中适用保护规范理论，呈现出否定举报人原告资格的倾向。《行诉法解释》之后，“为维护自身合法权益向行政机关投诉”成了实践中普遍采用的标准，由于制定法的权威性，很多法院径行承认私益举报人要求行政机关受理举报、答复处理结果的原告资格，而不采用其他标准。这在一定程度上压缩了保护规范理论的适用空间，但在少数案例中也激起了涟漪——“为维护自身合法权益向行政机关投诉”和保护规范理论等标准形成了对峙，这为学术探讨和立法的进一步细化创造了契机。

结合实践中运用保护规范理论的典型案例，可以从举报人的类型、权利类型等角度作一番梳理。对于公益举报人，由于其是为公益而举报，而相关实体法旨在保护公共利益，故公益举报人没有要求行政机关答复结果、奖励的原告资格。在杨某柱与南京市市场监督管理局、南京市人民政府行政复议纠纷案中，法院引用保护规范理论认定，杨某柱对于泰州市国土局的行政行为仅具有反射性利益，不具有法律上的利害关系。[①] 不仅如此，公益举报人也没有要求行政机关查处被举报行为的原告资格。[②]

对于私益举报人，法院认为虽然其是为私益举报，但相关实体法并非以保护该举报人为目的，故私益举报人不具有原告资格。具体而言，其一，私益举报人请求行政机关受理举报（包括销案）、答复结果、奖励的，不具有原告资格。在孙某丁与江阴市市场监督管理局、无锡市食品药品监督管理局行政复议案中，法院认为，原告要求获得奖励属于反射利益。[③] 其二，私益举报人请求行政机关查处被举报行为的，不具有原告资格。在高某军与南京市雨花台区市场监督管理局工商行政管理行政处罚案中，法院认为，根据保护规范理论，市场监管局作出处罚决定依据的法律规范没有要求其保护高奎军的利益，故其不具备原告资格。[④]

① 参见江苏省泰州市中级人民法院（2018）苏12行终234号判决书。

② 参见辽宁省大连市中级人民法院（2019）辽02行终365号裁定书。

③ 参见江苏省江阴市人民法院（2018）苏0281行初54号裁定书。

④ 参见南京铁路运输法院（2019）苏8602行初665号裁定书。

2. 保护规范理论简述

主观公权利是公民要求国家为或者不为一定行为的资格，是行政诉讼原告资格的必要条件。[①] 其条件有二：一是存在规定行政机关应当为特定行为的法律[②]，二是该法律至少也以保护个人利益为目的[③]。

保护规范理论是分析法律规范中主观权利构成的解释规则或解释方法的总称，强调循序渐进的解释准则[④]：首先，当规定行政义务的法律明确规定主观公权利时，则肯定之。其次，当规定行政义务的法律是否规定个人保护目的不明确时，需要进行法律解释。最后，在进行法律解释判断有无个人保护目的时，不仅要依据规定行政义务的法律，还要考虑与该义务相关的整个规范体系和整体制度环境。[⑤] 其旨在赋予主观公权利的认定以灵活性，法官可以根据"整个规范体系和整体制度环境"来扩大或缩小主观公权利的范围。[⑥] 此外，基本权对于主观公权利的影响不容忽视，其主要功能在于，"对一般法中是否包含主观公权利予以限定和澄清"，此之谓基本权的规范内效果；很多学者还主张在特定情形下公民可以直接以宪法基本权作为主观权利，此谓之基本权的规范外效果。[⑦] 这种做法的背后是希望借由基本权利内涵的"先法律性"，防止主观公权利为立法

① 参见［德］哈特穆特·毛雷尔：《行政法学总论》，高家伟译，法律出版社 2000 年版，第 152—153 页。

② 需要说明的是，上述"法律"指的是立法机关制定的法律，行政规则、法规命令和政策声明不足以设定权利。参见［德］汉斯·J. 沃尔夫、奥托·巴霍夫、罗尔夫·施托贝尔：《行政法》（第 1 卷），商务印书馆 2002 年版，第 508 页。

③ 参见［德］弗里德赫尔穆·胡芬：《行政诉讼法》，莫光华译，法律出版社 2003 年版，第 252 页。

④ 参见鲁鹏宇：《德国公权理论评介》，载《法制与社会发展》2010 年第 5 期；赵宏：《主观公权利、行政诉权与保护规范理论——基于实体法的思考》，载《行政法学研究》2020 年第 2 期。

⑤ 参见鲁鹏宇：《德国公权理论评介》，载《法制与社会发展》2010 年第 5 期。

⑥ 参见赵宏：《保护规范理论的历史嬗变与司法适用》，载《法学家》2019 年第 2 期。

⑦ 参见鲁鹏宇：《德国公权理论评介》，载《法制与社会发展》2010 年第 5 期。

随意处置。[①]

3. 保护规范理论对举报人原告资格的认定思路

保护规范理论引入我国后，被很多法院作为举报人原告资格的认定标准，为举报人原告资格的认定提供了新思路、新方法，具有较强的实践价值和理论价值，能够替代实际影响标准、举报监督权利标准、“不履行法定职责的相对人”标准。根据上述对案件的梳理和归纳，我们可以总结保护规范理论对举报人原告资格的认定思路如下：其一，将利害关系限定为法律上的利害关系，排除反射利益；其二，将法律上利害关系限定为公法上的利害关系，排除私法上的利害关系；其三，将公法上利害关系解释为主观公权利受到行政为行为侵害；其四，以行政实体法律、法规、规章是否保护举报人的个人利益为标准判断是否存在主观公权利。[②]

（三）保护规范理论适用评析

保护规范理论的优点是明确性和客观性，为利害关系的认定提供可行的判断方法[③]，同时从“整个规范体系和整体制度环境”中推导主观公权利，也有利于保持原告资格认定的开放性。具体而言：受到行政行为影响的既可能是主观公权利，也可能是反射利益，而保护规范理论保留前者、排除后者，如此，实际影响的“多米诺骨牌”就会在恰当位置被截断，举报人原告的范围回归理；举报乃为公益而设置，不是主观公权利，故举报监督权利标准不适用；作为不履行法定职责的相对人的举报人是否具备原告资格，也要看其是否具备主观公权利，也即相对人未必有原告资格，故“不履行法定职责的相对人”标准不再适用；保护规范理论用行政实体法来检视私益举报人是否有主观公权利，不仅有助于细化《行诉法解释》第12条第5项，同时由于保护规范理论对举报人原告资格的严格认定，也使得滥诉问题不再紧要。

但是，保护规范理论引入后，在一定程度上限缩了原告资格，

---

① 参见赵宏：《主观公权利的历史嬗变与当代价值》，载《中外法学》2019年第3期。

② 关于前两个思路，章剑生教授也有类似阐述。参见章剑生：《行政诉讼原告资格中“利害关系”的判断结构》，载《中国法学》2019年第4期。

③ 参见王天华：《有理由排斥保护规范理论吗?》，载《行政法学研究》2020年第2期。

不利于解决“立案难”问题。[1] 究其原因，是保护规范理论与我国国情有些许不兼容、不适应之处，需要结合国情进行反思，具体有如下四点：

第一，对实质法律的依赖性。保护规范理论强调从实质法律中推导、解释出主观公权利。这是典型的“权利法定主义”。[2] 但我国的情况却比较特殊。一方面，法律条文“立法极简主义”[3] 倾向导致行政实质法律对主观公权利的规定不全面、不明确，甚至不规定。例如，城乡规划法没有规定相邻权人的主观公权利，从相关条款中也很难推导出个人保护目的，但在相关行政规章中却有对于相邻权人保护的条款。有鉴于此，《行政诉讼法》第63条才会把法律、行政法规、地方性法规作为审理案件的依据，并明确规定参照规章。另一方面，我国行政立法秉持的是实用主义，缺乏主观公权利和保护规范理论作为理论基础。这就导致在制定行政实体法和程序法时，不会刻意去考虑立法的用语与主观公权利的关系，不会刻意为保护规范理论的适用留下空间。我国法律规定在涉及主观公权利时，几乎都采取规定行政义务的间接方式，很难从中解释出主观公权利。例如，公平竞争权人的主观公权利和原告资格为实践和理论普遍认可，但我国反不正当竞争法、反垄断法对公平竞争权人的主观公权利的规定，采取的是规定行政义务的间接方式，而没有采用“有权要求”“可以要求”等可以明确推导出主观公权利的表述。因此，在我国，如果把权利和实质法律挂钩的话，会发现很多主观公权利无法用保护规范理论推导出来。

第二，过度抽象的“整个规范体系和整体制度环境”。“整个规范体系和整体制度环境”过于抽象，缺乏明确、具体的判断方法和步骤。一方面，无论我国还是德国等大陆法系国家，实行的都是成文法，而非判例法。法官是法律适用者，其擅长的不是作出政策层

---

① “立案难”是行政纠纷解决体系呈现“大信访、中诉讼、小复议”格局的重要原因。参见马怀德：《论我国行政复议管辖体制的完善——〈行政复议法（征求意见稿）〉第30—34条评介》，载《法学》2021年第5期；马怀德、李策：《行政复议委员会的检讨与改革》，载《法学评论》2021年第4期。

② ［日］小早川光郎：《行政诉讼的构造分析》，王天华译，中国政法大学出版社2014年版，第234页。

③ 林来梵、张卓明：《论法律原则的司法适用——从规范性法学方法论角度的一个分析》，载《中国法学》2006年第2期。

面的判断。因此，法官在适用“整个规范体系和整体制度环境”时，可能会无所适从。另一方面，我国法院受同级政法委领导，而同级行政机关的政治地位高于政法委和法院。因此，法官在理解“整个规范体系和整体制度环境”时，难以避免来自行政机关的压力，影响其判断的客观性、公正性。综上，“整个规范体系和整体制度环境”过于抽象，为主观公权利的认定带来一定的不确定性，从而导致适用保护规范理论的目的即增加原告资格的明确性大打折扣。

第三，对实体法、程序法和诉讼法的严格区分。在德国法律实践和法学理论看来，行政实体法、程序法和诉讼法虽然同属行政法，但有着重要区别，它们的性质并不相同。主观公权利只能产生于行政实体法（部分程序法），而不能产生于行政诉讼法。行政诉讼法是诉权的依据，诉权是主观公权利在诉讼法上的投射。[①] 但我国情况有所不同。我国有诸法合一的传统，不区分诉讼法、实体法、程序法。[②] 这种传统直到今天仍然存在，实体法、程序法或诉讼法出现在一部法律中的情况也不少见[③]。所以我国行政诉讼法虽然名为诉讼法，但是其所规定的并非都是诉讼法内容，有很多实体和程序内容。由此，主观公权利的依据不仅是行政实体法和程序法，还可以是行政诉讼法及其司法解释。如果认为我国行政诉讼法不能产生实体权利，则会出现公民在具体案件中只有诉权而没有实体权利的“怪相”。

行政诉讼法及其司法解释创设主观公权利的方式是间接的，即通过赋予诉权的方式间接创设主观公权利。具体而言，有三种类型：一是完全创设型。即行政实体法和程序法没有明确规定（也无法解释出）主观公权利，但是行政诉讼法（包括其司法解释）明确规定了诉权，由诉权可以推导出主观公权利。典型的例子如公平竞争权人的主观公权利。二是补强创设型。即行政实体法和程序法没有明确规定主观公权利，从相关条款中是否能够解释出主观公权利有较大疑义，但是行政诉讼法明确规定了诉权，由诉权可以推导出主观公权利。典型的例子如相邻权人的主观公权利。三是确认型。即行

① 参见赵宏：《主观公权利的历史嬗变与当代价值》，载《中外法学》2019 年第 3 期。

② 参见王立民：《我国古代法的一个重要特点——兼论部门法法典与诸法合体法典问题》，载《法学》1996 年第 2 期；公丕祥、夏锦文：《历史与现实：中国法制现代化及其意义》，载《法学家》1997 年第 4 期；等等。

③ 例如，《行政处罚法》第 17 条、第 63 条。

政实体法和程序法规定了主观公权利，行政诉讼法用赋予诉权的方式对主观公权利表示认可。严格地讲，这不是创设，而是确认。典型的例子如警察行政中受害人的主观公权利。

第四，对基本权辐射效果的强调。在我国，基本权利的规范内外效果一直是阙如的。[①] 对于基本权的规范内效果，我国宪法基本权利对于整体法秩序的"放射效果"的阙如，更有可能使我们在判定个人保护目的时，趋向传统的严苛标准，而无法为扩张的权利保护需求提供教义空间。[②] 对于基本权的规范外效果，即便在德国，援用基本权的规范外效果胜诉的案件也是极其稀少的，所以其只具有补充意义。[③] 那么，把这种规范外效果引入我国，即使我国法院有权依据宪法判决，当事人有权依据宪法起诉，基本权利的规范外效果也十分有限。[④] 更何况我国法院无权引用宪法判决、当事人无权依据宪法起诉，此时规范外效果就更是微乎其微。所以，对基本权规范内效果的借鉴虽然意义重大但难度太大，对基本权规范外效果的借鉴意义不大且难度很大。

三、举报人原告资格的构成要件重塑

在梳理我国法律规定和分析实践案例的基础上，可以将举报人原告资格的构成要件归纳为主观要件、主体要件和权利要件。主观要件是自1989年行政诉讼法以来一直存在的；主体要件是《行诉法解释》明确规定的；权利要件是对保护规范理论引入、反思并完善后得出的。

（一）主观要件

所谓主观要件，是指举报人"认为"其合法权益受到被诉行政行为的侵犯。行政诉讼法及其司法解释使用了"认为""不服"等词汇来描述主观要件。据此可知，只要举报人"认为"其权益受到

---

① 参见成协中：《保护规范理论适用批判论》，载《中外法学》2020年第1期。

② 参见赵宏：《主观公权利的历史嬗变与当代价值》，载《中外法学》2019年第3期。

③ 参见鲁鹏宇：《德国公权理论评介》，载《法制与社会发展》2010年第5期。

④ 参见霍振宇：《举报投诉人行政诉讼原告资格探讨》，载《法律适用》2019年第6期。

被诉行为侵犯，就具备了原告资格的主观要件[①]，无须再附加诸如损害、因果关系等客观条件限制。也就是说，合法权益是否受到行政行为的侵犯，起诉人是否具备主观要件，原则上由当事人自行判断，行政机关和法院应当对当事人的判断保持高度的尊重。合法权益是否受到侵犯，起诉人无疑最有发言权，其判断起来成本也较低，有利于最大限度地承认起诉人的原告资格，保护其合法权益。同时，也无须担忧因此而可能过度放宽原告资格，进而造成滥诉。因为若想具备原告资格，除了需要满足主观要件外，还须符合主体要件和权利要件。

（二）主体要件

所谓主体要件，是指举报人必须是为维护自身合法权益而向行政机关举报的公民、法人或者其他组织。之所以要有主体要件，是因为一些与自身合法权益没有关系或者与被投诉事项没有关联的职业打假人、投诉专业户通过举报反复提起行政诉讼。[②] 规定举报人原告资格的主体要件，可以起到限制职业打假人、投诉专业户滥诉的效果，对于行政机关正常行政、充分利用司法资源、保障公民正当的投诉权利具有重要意义。理解主体要件，主要有三点：自身合法权益[③]；举报行为；公民、法人或者其他组织。需要展开阐述的是前两点。

1. 自身合法权益：举报人与投诉人

举报人，按照被举报人及其行为违反的法律规范的不同，有广义和狭义之分。广义的举报人，既包括行政管理举报人也包括行政

① 参见马怀德主编：《行政诉讼法学》，北京大学出版社 2015 年版，第 109 页。

② 参见最高人民法院行政审判庭编著：《最高人民法院行政诉讼法司法解释理解与适用》，人民法院出版社 2018 年版，序言第 6 页。

③ 这里的合法权益，必须是民事权益，存在于私益举报人和被举报人的民事法律关系中，不同于《行政诉讼法》第 2 条规定的“合法权益”，后者是行政法上的权益。

监察举报人。[1] 我国法律法规中，这种规定也比较多。狭义的举报人有两种，分别是行政管理举报人和行政监察举报人。本文研究的举报人是前者。所谓行政管理举报人，指对违反行政管理法律规范的行为向有关国家机关报告的公民、法人或者其他组织。我国法律法规中，这种规定较多。投诉人与举报人类似，也可以分为行政管理投诉人和行政监察投诉人。本文研究的投诉人是指前者。所谓行政管理投诉人，指对违反行政管理法律规范的行为向有关国家机关报告的与被投诉事项有关的公民、法人或者其他组织。我国法律法规中这种规定比较多。

举报人和投诉人的相同之处在于，其举报（投诉）的都是违反行政管理法律规范的公民、法人或者其他组织。不同之处在于：一是主体不同。举报人是任何公民、法人或者其他组织，无论与被举报事项有关或者无关；而投诉人一定与被投诉事项有关。二是目的不同。举报的目的是维护公共利益、他人利益，也可以是维护举报人的私益；投诉的目的只能是维护投诉人的私益。所以，举报人的范围更广，包括投诉人；而投诉人是举报人的一种，相当于私益举报人。[2] 在司法实践中，应当区分举报人和投诉人，区分公益举报人和私益举报人，按照《行诉法解释》第12条，只有投诉人、私益举报人才符合原告资格的主体要件。

2. 举报人的类型

按照不同标准，举报人有不同的分类，其是否符合主体要件，需要具体分析。

第一，公益举报人和私益举报人。这是按照举报人的举报所维护的利益的不同所作的分类。后者符合主体要件，前已述及，不赘述。

第二，权利性举报人和义务性举报人。这是按照法律规定举报

① 行政监察举报人，指对国家机关及其工作人员违反行政监察法律规范的行为向有关国家机关报告的公民、法人或者其他组织。我国法中，这种情况比较少见。例如，《政府信息公开条例》第51条规定：“公民、法人或者其他组织认为行政机关在政府信息公开工作中侵犯其合法权益的，可以向上一级行政机关或者政府信息公开工作主管部门投诉、举报，也可以依法申请行政复议或者提起行政诉讼。”这里的举报人就仅仅指行政监察举报人。

② 参见彭涛：《举报人的行政诉讼原告资格》，载《行政法学研究》2019年第2期。

是权利还是义务作的分类。权利性举报人指法律规定其“可以”“有权”举报，也可以不举报，不作强制要求。大多数举报属此。权利性举报人如果是私益举报人的话，具备主体要件。义务性举报人是指法律规定当事人有义务报告、必须报告。由于不存在权利，所以义务性举报人不符合主体要件，没有原告资格。①

第三，受理举报人、答复结果举报人、查处举报人、奖励举报人和保密举报人。这是按照举报人的诉讼请求所作的分类。它们分别是诉请法院判决行政机关受理举报、答复处理结果、查处被举报行为、奖励自己、为自己保密的举报人。这几类举报人如果是权利性、私益举报人，则符合主体要件，但是否有原告资格，还要视其有无相应的行政法权利。

第四，消费者举报人、受害人举报人、相邻权举报人、公平竞争权举报人、债权人举报人。这是按照举报人私益的不同所作的分类。由于有私益，一般而言，这几种举报人都符合主体要件，除非法律有例外规定，如债权人。② 需要说明的是，受害人举报人、相邻权举报人、公平竞争权举报人，不仅符合《行诉法解释》第 12 条第 5 项的主体要件，还符合第 1 项、第 3 项的主体要件，既可以以第 5 项为依据起诉，也可以以第 1、3 项为依据起诉。区别在于，以第 5 项为依据起诉，必须先举报再起诉；且未必有权要求行政机关对第三人作出无瑕疵行政行为，其请求权不完满，私益保护不彻底。以第 1 项、第 3 项为依据起诉，不需要以举报为前提；且有权要求行政机关对第三人作出无瑕疵裁量行政行为，其请求权更完满，私益保护更彻底。

3. 举报行为

所谓举报行为，是指举报人必须向行政机关举报违法行为。之所以要有举报行为，是因为如果没有举报行为，也就不存在举报人。在此，举报行为成了一个连接点，其意义在于区分举报人和一般的公民。一般公民由于没有举报，和行政机关没有联系，不符合主体要件，否则将会引发“民众诉讼”；由于没有举报，行政机关一般也

① 参见彭涛：《举报人的行政诉讼原告资格》，载《行政法学研究》2019 年第 2 期。

② 参见《行诉法解释》第 13 条规定。

无行政的义务，若有，其义务也属于没有相应主观权利的义务[①]，公民因此而获得的利益属于反射利益。如果是私益举报人，其由于举报行为这一连接点而和行政机关发生联系，才有可能符合主体要件，而且由于举报行为的限制，“民众诉讼”的压力也可以得到缓解；行政机关根据举报行为而产生作为义务，该义务与私益举报人的主观公权利相对应。举报的形式包括口头和书面，书面举报更正式。

（三）权利要件

所谓权利要件，是指举报人若想获得原告资格，必须具有行政法上的权利，即行政法律规范赋予举报人要求行政机关为或者不为一定行为的权利，也即德国法所谓的主观公权利。如上所述，鉴于保护规范理论引入后的问题，应当结合我国国情对其进行完善，总体思路是防止保护规范理论对原告资格的不当限缩、增加明确性和可操作性，以适应国情。具体思路有二：一是将行政法规、地方性法规、规章作为产生主观公权利的依据，目的是弥补我国法律（狭义）不（明确）规定主观公权利、“整个规范体系和整体制度环境”过于抽象的弊端；二是将行政诉讼法及其司法解释作为产生主观公权利的依据，目的是使保护规范理论适应我国不严格区分诉讼法、实体法、程序法的国情，这也有助于降低“整个规范体系和整体制度环境”的抽象性。[②]

按照上述思路，笔者完善保护规范理论的具体规则如下：首先，如果行政行为依据的法律、法规、规章明确规定主观公权利，则承认之。其次，如果上述法律规范没有明确规定主观公权利，则应通过法律解释探求个人保护目的。此时，不仅要以行政行为依据的行政法律规范为依据，还要斟酌与行政行为相关的整个规范体系和整体制度环境。最后，如果通过上述方法不能解释出主观公权利，或存在有较大疑义时，则诉诸行政诉讼法；如果行政诉讼法及其司法解释明确规定诉权，则原则上承认个人保护目的，承认该诉权对应的主观公权利。

---

① 正如凯尔森所说：“法律权利没有相应法律义务是不可设想的，但没有任何相应法律权利的法律义务却完全可以有。”参见［奥］凯尔森：《法与国家的一般理论》，沈宗灵译，商务印书馆2013年版，第140页。

② 参见李策：《行政投诉案件中原告资格的本土逻辑与实践反思》，载《行政法学研究》2022年第1期。

1. 行政法律、法规、规章与主观公权利

“明确规定主观公权利”一般体现在法律规范使用了“有权要求”“可以要求”“有权获得赔偿”① 等可以明确识别出权利主体、客体、义务主体的表述。根据梳理，可以从以下两方面分析我国法律法规规章有没有明确规定主观公权利：一方面，举报条款没有用“权利”“要求”等字眼。我国有关举报人的法律规范几乎都只是规定了行政的义务，即用“应当”“必须”“不得”“有责任”“有义务”等，从这些规范中只能识别出义务主体和客体，但无法识别出权利主体，所以这种规定没有明确主观公权利。如《价格违法行为举报处理规定》（2014 修订，现已失效）第 11 条就使用了“应当”用语，但是“应当”仅仅是行政机关的义务而已。如果用“有权要求”的表述，那么就可以认定主观公权利。另一方面，很多法律规范在“举报”之前用了“有权”的表述。实践中有的法院据此认为，举报是一项权利，举报人有权以原告身份起诉。很多学者则持反对意见，认为举报权不是一项权利。② 笔者认为，如果仅仅立足于文义解释的立场的话，不能否认，“有权”的表述确实很像在赋予权利。但即便如此，举报人获得的权利也仅仅是程序权利而非实体权利。“没有对应实体地位的程序权利，原则上只有客观法性质。”③ 综上，与举报相关的行政实体法没有明确规定举报人的主观公权利。

2. 整个规范体系和整体制度环境与主观公权利

行政机关法定的受理、查处、答复、奖励、保密义务，是否构成举报人的主观公权利，要以整个规范体系和整体制度环境为依据，从功能定位、奖励条款、执法能力等角度，评价其是在保障举报人的个人利益，还是在保障公共利益。具体而言：

从功能定位上看，举报是一项制度，而不是一项主观公权利。以价格法中的举报为例，其第 38 条规定，“政府价格主管部门应当建立对价格违法行为的举报制度”。本条旨在建立价格违法举报制

① 例如，《国家赔偿法》第 6 条规定：“受害的公民、法人和其他组织有权要求赔偿。受害的公民死亡，其继承人和其他有扶养关系的亲属有权要求赔偿。受害的法人或者其他组织终止的，其权利承受人有权要求赔偿。”

② 参见赵宏：《保护规范理论在举报人投诉人原告资格中的适用》，载《北京航空航天大学学报（社会科学版）》2018 年第 5 期。

③ ［德］汉斯·J. 沃尔夫、奥托·巴霍夫、罗尔夫·施托贝尔：《行政法》（第 1 卷），商务印书馆 2002 年版，第 484 页、第 510 页。

度，故举报是对政府部门工作的协助。[①] 举报属于客观法律制度的一部分，而不是为了保护举报人。[②] 举报不是一项权利，行政机关受理、奖励、答复、保密、查处的义务都是举报制度的一部分，都是在维护客观法律秩序。

从奖励条款上看，《食品安全法》第115条第1款、《价格法》38条第2款、《劳动保障监察条例》第9条第3款等均规定要对举报人进行奖励。从法理上讲，如果举报的目的是维护举报人的个人利益的话，那么行政机关一方面要保护举报人的利益，另一方面又要对举报人进行奖励，举报人由于自己的举报而获得了超出其损失的双份收益[③]，不仅不符合权益保障原则，而且容易引发职业举报，于理不合。仅在认可举报制度旨在维护公益之时，举报奖励制度的存在才符合逻辑。因为举报人的行为维护了公共利益，所以行政机关要代表公众对举报人进行奖励。从奖励条款看，举报条款意在维护公共利益，而不是维护举报人的权利。

从受理举报的行政机关的执法能力看，一方面，违法行为数量众多、社会危害程度不一；另一方面，受理举报的行政机关的执法能力是有限的。[④] 所以，应当将有限的行政资源用到危害大、数量多的违法行为方面，以最大限度地实现良法善治。基于此，如果承认举报是一项权利，就意味着任何一个公民都可以“指挥”行政机关，结果是“公器私用”。如此将导致行政机关疲于应对举报，无法有效履行职责以维持社会秩序、保障公民权益，还会导致滥诉增加、浪费司法资源。因此，从执法能力上看，举报不能成为举报人的主观

---

① 卞耀武主编：《中华人民共和国价格法释义》，法律出版社1998年版，第124页、第126页。

② “没有无法律义务的主观权利，但没有相应主观权利的义务却是大有可能的。”参见［德］哈特穆特·毛雷尔：《行政法学总论》，高家伟译，法律出版社2000年版，第154页。

③ 这一点可以借用民商法中的惩罚性赔偿和补偿性赔偿来说明，惩罚性赔偿强调赔偿大于损害；补偿性赔偿坚持填补原则，强调赔偿等于损害。如果所获赔偿超过损失，会引发道德风险，如为了获得大于损害的利益而故意制造损失等。参见孙效敏、张炳：《惩罚性赔偿制度质疑——兼凭〈侵权责任法〉第47条》，载《法学论坛》2015年第2期；黄军、李琛：《损失填补原则探微》，载《法学评论》2006年第2期。

④ 参见余凌云：《行政法讲义》，清华大学出版社2019年版，第189页。

公权利。

综上，依据整个规范体系和整体制度环境，从功能定位、奖励条款、执法能力角度看，行政机关的受理、查处、答复、奖励、保密的义务，旨在维护公共利益，而非举报人的个人利益，不构成主观公权利。

3. 行政诉讼法及其司法解释与主观公权利

依据笔者结合我国国情完善的保护规范理论，《行诉法解释》第12条第5项明确规定了私益举报人的诉权，也即肯定了对私益举报人的个人保护目的，也即肯定了该诉权对应的主观公权利。

从文义①上看，第12条第5项的“处理投诉职责的行政机关作出或者未作出处理的”中的“处理”似乎可以做两种解释，一是该“处理”仅仅指对举报本身的处理，如受理、答复等；二是该“处理”不仅包括对举报本身的处理，还包括对被举报行为的查处。但仔细斟酌，似乎应该采取第一种解释，因为“处理投诉职责”的表述表明是对举报（投诉）本身的处理，如果是处理被举报（投诉）的违法行为的话，应该用“处理被投诉违法行为”“查处违法行为”等用语。因此，仅从字面上看，受理、答复、奖励、保密可能，但查处义务不太可能构成举报人的主观公权利。

从目的上看，第12条第5项旨在限制职业打假人、投诉专业户起诉，避免其干扰行政机关的正常管理、浪费司法资源、影响其他公民的投诉权利②，也即允许私益举报人起诉。可见，私益和举报构成举报人原告资格的必要条件，缺一不可，行政机关的受理、答复、奖励、保密、查处义务，只有以举报为前提，并且涉及私益时，才构成主观公权利，也即对其举报人权利的认定，应当以私益和举报为限。

受理、答复义务以举报为前提，且涉及私益，因此是主观公权利。具体而言，一方面，受理和答复本身表明行政机关可能对被举

① “文字的解释都始于字义……之所以先考虑语言的用法，应该可以假定，当大家想表达些什么，通常会以一般人能够理解的方式来运用语词。立法者会运用一般的语言，因为他是针对国民而立法，希望他们可以了解。”参见［德］卡尔·拉伦茨：《法学方法论》，陈爱娥译，商务印书馆2003年版，第200页以下。

② 参见最高人民法院行政审判庭编：《最高人民法院行政诉讼法司法解释理解与适用》，人民法院出版社2018年版，序言第6页。

报人采取一定的行为，而被举报人和私益举报人之间有民事法律关系，行政机关的行为会间接影响私益举报人。另一方面，没有举报就没有受理和答复，故受理和答复义务以举报为前提。但需要特别说明的是，这两项权利属于程序权，虽然不具有实体地位的程序权利原则上只有客观法性质[①]，但是由于《行诉法解释》赋予了私益举报人以该两项权利为依据的原告资格；且2014年修改的《行政诉讼法》第12条将合法权益由“人身权、财产权”扩展至“人身权、财产权等合法权益”，这为举报人的该项程序权利纳入法院的保护范围提供了依据，故该两项权利是主观权利，也即该两项程序权利被司法解释赋予了主观权利的性质。

奖励和保密义务以举报为前提，但不涉及私益，因此不是主观公权利。一方面，只有举报后才可能奖励和保密，故奖励和保密以举报为前提。另一方面，相对于受理和答复义务，奖励和保密属于第二层法律关系[②]，它是行政机关和私益举报人之间的行政法律关系；而私益涉及的是举报人和被举报人之间的民事法律关系，所以无论是否以及如何奖励和保密，均不涉及私益。

查处义务虽涉及私益，但不以举报为前提，故不构成主观公权利。如同受理、答复义务一样，查处义务和私益也有间接的联系，因为查处行为会通过影响被举报人的利益而间接影响举报人的私益。但无论是否存在举报，行政机关都有概括地查处违法行为的职责，这是由行政管理的职权主义决定的，行政机关在查处违法行为方面具有主动性和裁量性。[③]

因此，从目的上看，受理、答复义务既以举报为前提，又涉及私益，构成主观公权利；奖励、保密义务以举报为前提，但不涉及私益，不是主观公权利；查处义务涉及私益，但不以举报为前提，不是主观公权利。

从体系上看，受害人原告资格和私益举报人原告资格存在类似

---

① 参见［德］汉斯·J. 沃尔夫、奥托·巴霍夫、罗尔夫·施托贝尔：《行政法》（第1卷），商务印书馆2002年版，第484页、第510页。

② 参见霍振宇：《举报投诉人行政诉讼原告资格探讨》，载《法律适用》2019年第6期。

③ 我国大量的法律法规规章为此提供了依据，如《价格法》第33条规定：“县级以上各级人民政府价格主管部门，依法对价格活动进行监督检查，并依照本法的规定对价格违法行为实施行政处罚。”

之处。查处义务直接涉及被举报人的主观公权利，其属于第三层法律关系。在该法律关系中，私益举报人、被举报人、行政机关构成了不同于传统双方行政法律关系的三方行政法律关系。① 毫无疑问，这和受害人原告资格（《行诉法解释》第12条第3项）存在很大程度的竞合。基于此，从制定司法解释的角度讲，直接把私益举报人原告资格放到第3项中，作为一种特殊情况对待即可，没有必要单独增加第5项。但实际情况恰恰相反，这表明从该条"上下文脉络"② 的体系上看，私益举报人不同于受害人，前者不属于后者的一种类型。③ 因此，私益举报人无权要求行政机关查处被举报行为。

私益举报人原告资格之所以不同于受害人原告资格，一方面是因为实体法的规定。《治安管理处罚法》第97条④具有较明确的保护受害人的目的，而举报条款却并没有类似的内容。另一方面，从理论上看，私益举报人原告资格之所以不同于受害人原告资格，原因有二：一是纠纷性质不同。受害人和加害人主要是治安纠纷，如打架斗殴；私益举报人和被举报人的纠纷是民事纠纷，如合同纠纷。二是救济途径不同。受侵害人放弃了"以暴制暴"的私力救济权，不能通过其他途径获得救济，只能通过请求公安机关履行职责才能保护自己的权益。此时，对加害人的处罚具有维护公益和保护受害

---

① 受害人、加害人和行政机关之间也存在三方法律关系，参见赵宏：《保护规范理论在举报投诉人原告资格中的适用》，载《北京航空航天大学学报（社会科学版）》2018年第5期。

② ［德］卡尔·拉伦茨：《法学方法论》，陈爱娥译，商务印书馆2003年版，第204页。

③ 可能有人认为，在肯定私益举报人作为受害人的一种，具有要求行政机关查处被举报行为的原告资格的同时，单独增加《行诉法解释》第12条第5项来规定私益举报人的原告资格，是为了增加私益举报人要求行政机关答复举报事项处理结果的原告资格。但是，这种说法缺乏说服力。因为，如果肯定私益举报人具有要求行政机关查处被举报行为的原告资格的话，那么肯定私益举报人要求行政机关答复举报事项处理结果的原告资格就显得很多余，因为前者完全可以代替后者，并且会在保护权益、促进严格执法等方面发挥比后者更加有力的作用。所以，应当认为，第12条第3项关于受害人原告资格的规定并不包含私益举报人。

④ 《治安管理处罚法》第97条规定，作出处罚决定后，有被侵害人的，公安机关应当将决定书副本抄送被侵害人。

人的双重价值。[1] 所以，一般承认受害人要求公安机关履行职责的无瑕疵裁量请求权，但受害人并不拥有要求公安机关作出某项具体决定（如加重处罚）的权利。[2] 而私益举报人则不然，其仍可通过民事诉讼等途径获得救济，故对被举报人的处罚旨在维护公益，而非保护举报人。因此，从体系上看，私益举报人不同于警察行政中的受害人，其不具备要求行政机关查处被举报行为的权利。

四、结论

举报人原告资格问题是理论和实践中的热点问题。在《行诉法解释》明确肯定私益举报人原告资格的背景下，理论和实务部门应该摒弃以原告资格来限制公民、组织起诉的陈旧观念[3]，积极构建举报人原告资格的构成要件，着力化解"立案难"问题[4]。此外，保护规范理论对举报人原告资格的认定产生了重大影响。基于此，笔者重构举报人原告资格的构成要件为主观要件、主体要件和权利要件。而权利要件的探求需要依据保护规范理论。应当结合国情引入法规、规章、诉讼法及其司法解释作为主观公权利的依据，对保护规范理论进行完善。据此，行政机关的五项义务，即受理、答复、奖励、保密、查处被举报行为中，只有受理和答复构成私益举报人的权利。笔者期待这一结论能够为法院依法审判、举报人权益保障、行政机关正常行政提供一个既均衡兼顾又突出重点的解决方案。

---

① 参见最高人民法院行政审判庭编：《〈关于执行《中华人民共和国行政诉讼法》若干问题的解释〉释义》，中国城市出版社 2000 年版，第 30 页；龙非：《行政诉讼中"受害者"原告资格的反思——以德国法作为比较》，载《法律适用·应用案例》2017 第 22 期。

② 参见赵宏：《保护规范理论在举报投诉人原告资格中的适用》，载《北京航空航天大学学报（社会科学版）》2018 年第 5 期。

③ 参见应松年主编：《当代中国行政法》（第 8 卷），人民出版社 2018 年版，第 3080 页。

④ 参见马怀德：《论习近平法治思想中的法治政府理论》，载《政法论坛》2020 年第 6 期。